Drunvalo Melchizedek

Die Blume des Lebens

BAND 1

KOHA

Wichtiger Hinweis

Die im Buch veröffentlichten Empfehlungen wurden von Verfasser und Verlag sorgfältig erarbeitet und geprüft. Eine Garantie kann dennoch nicht übernommen werden. Ebenso ist die Haftung des Verfassers bzw. des Verlages und seiner Beauftragten für Personen-, Sach- und Vermögensschäden ausgeschlossen.

Titel der Originalausgabe:
»TheAncient Secret Of The Flower Of Life«
Light Technology Publishing, Sedona, USA
Computergrafiken von Tim Stouse und Michael Tyree

Aus dem Englischen von Silvia Autenrieth
Deutsche Ausgabe: © KOHA-Verlag GmbH Dorfen
Deutsche Erstauflage erschien 1999
1. Auflage: 2020
Lektorat: Franz Simon
Umschlag und Gesamtherstellung:
Karin Schnellbach
Druck: CPI Moravia Books
ISBN 978-3-86728-335-9

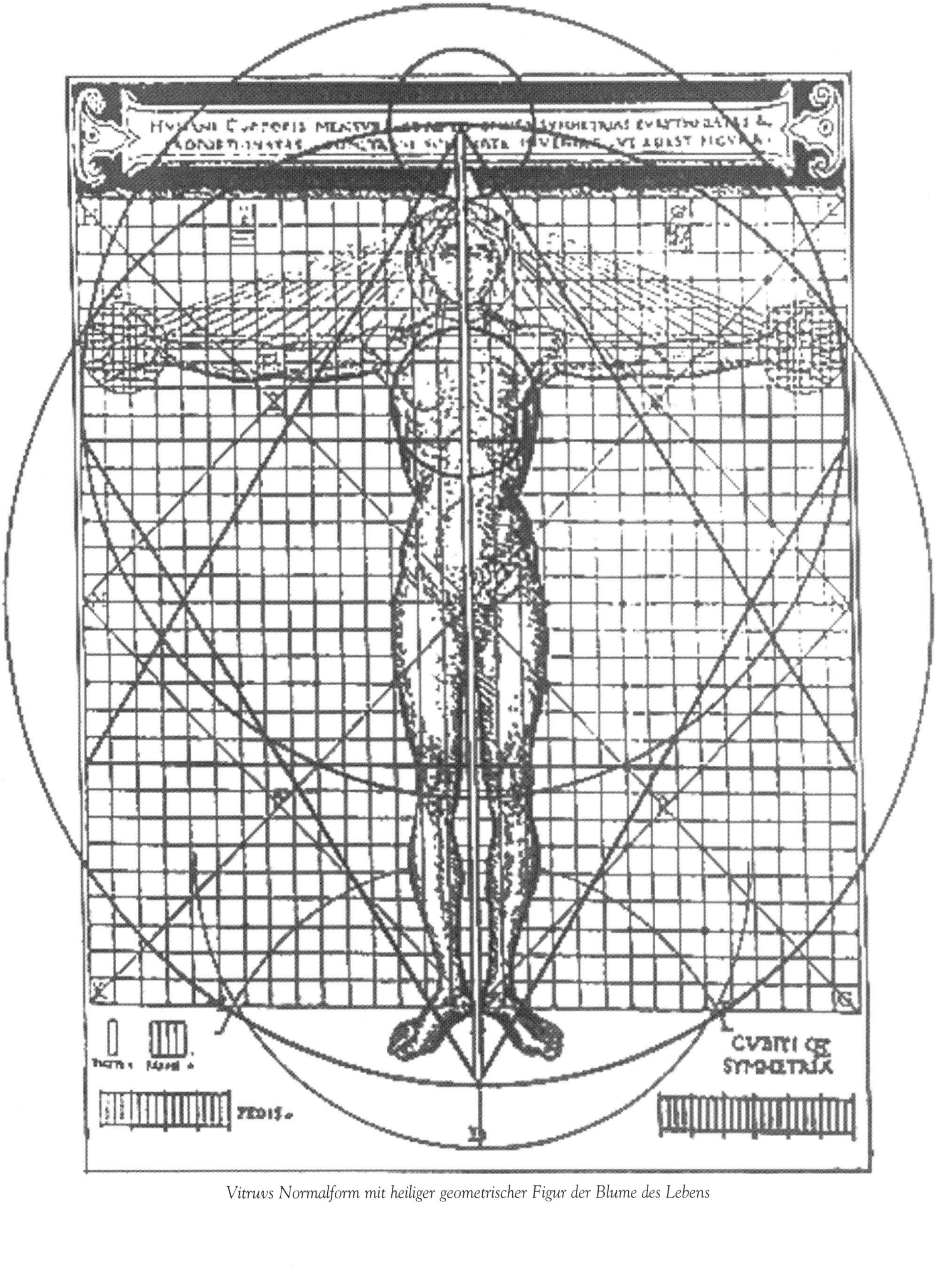

Vitruvs Normalform mit heiliger geometrischer Figur der Blume des Lebens

Danksagungen

Es gibt so viele – an die Hunderte –, die dabei behilflich waren, dieses Werk zu vollenden. Ich kann gar nicht alle namentlich nennen, ein paar jedoch *muss* ich für mein Empfinden einfach aufführen.

Da wären zunächst einmal die beiden Engel, die vor langer Zeit in mein Leben traten und es liebevoll geleitet haben – seid hoch geehrt. Thot, der Aufgestiegene Meister aus Atlantis, Ägypten und Griechenland, hat mir einen beträchtlichen Teil der Informationen übermittelt, die in diesem Buch stehen. Meine Familie, meine Frau Claudette und meine Kinder, denen in meinem Leben meine größte Liebe gilt, und die mir die größte Inspiration sind. Die 200 Gruppenleiterinnen und -leiter, die in 33 Ländern diese Arbeit rund um die Blume des Lebens weitervermitteln und durch die ich unendlich kostbare Rückmeldungen, Unterstützung und Liebe erhalten habe, die mir den Rücken gestärkt haben. Die Tausenden von Menschen, die sich mit dieser Arbeit befasst haben und mir liebevolle Briefe geschrieben haben, in denen sie mir sagen, wie diese Arbeit ihr Leben verändert hat – sie haben mir die Kraft zum Weitermachen verliehen. Livea Cherish, die im Rahmen dieser Arbeit aus einer Videoaufzeichnung ein Buch gemacht hat, und Margaret Pinyan, deren fein ausgebildete Gaben als Redakteurin es ermöglichten, dass sich dieses Buch so flüssig liest. Tim Stouse, der ungefähr die Hälfte der Computergrafiken erzeugt hat, und Micheal Tyree, von dem die andere Hälfte stammt – sie haben es ermöglicht, dass man das hier Gesagte auch versteht. Und O'Rin Swanson, Eigentümer von Light Technology Publishing, der genug Glauben an mich hatte, um dieses Werk zu veröffentlichen.

Dem Rest von euch – ihr seid zu zahlreich, um euch alle namentlich zu erwähnen, danke ich von ganzem Herzen mit dem Gebet, dass diese Arbeit wirklich dazu beitragen möge, dass Menschen verstehen, wer sie wirklich sind, so dass wir zusammen eine liebevollere Welt erschaffen können – und vielleicht ein liebevolleres Universum. Danke, ihr Lieben.

Vorwort

Nur ein Großer Geist.
Lange bevor Sumeria existierte, bevor die Ägypter Saqqara errichteten, bevor das Industal zur Blüte gelangte, lebte der Geist im Körper der Menschen und tanzte in Hochkulturen. Die Sphinx kennt die Wahrheit. Wir sind viel mehr als wir wissen. Es ist nur in Vergessenheit geraten.

Die Blume des Lebens war und ist etwas, was allen Lebewesen bekannt ist. Alle Formen von Leben, nicht nur hier, sondern überall, wussten, es war das Schöpfungsmuster – der Weg hinein, der Weg hinaus. Der Große Geist hat uns diesem Bild entsprechend geschaffen. Ihr wisst, dass das wahr ist; es steht in eurem Körper geschrieben, im Körper von uns allen.

Vor langer Zeit stürzten wir von einem sehr hohen Bewusstseinszustand in einen erheblich niedrigeren, und erst jetzt kommt die Erinnerung an damals an die Oberfläche. Die Geburt unseres neuen/alten Bewusstseins hier auf Erden wird uns für immer verändern und uns das Gewahrsein zurückgeben, dass es wirklich nur einen Großen Geist gibt.

Wovon ihr hier lesen werdet, das ist meine Lebensreise durch diese Wirklichkeit, davon, wie ich vom Großen Geist erfuhr und über die Beziehungen, die jeder und jede einzelne von uns mit den Lebewesen überall unterhält. Ich sehe den Großen Geist in den Augen von allen, und ich weiß, dass Er/Sie in euch ist. Ihr tragt in eurem tiefsten Sein bereits sämtliche Informationen, die ich an euch weitergeben werde. Wenn ihr davon lest, kommt es euch vielleicht zunächst wie etwas vor, von dem ihr noch nie zuvor gehört habt, aber so ist es nicht. Es sind uralte Informationen. Ihr könnt euch an Dinge erinnern, die tief in euch sind, und meine Hoffnung richtet sich darauf, dass dieses Buch genau das auslösen wird, damit ihr euch erinnern könnt, wer ihr seid, warum ihr hierher gekommen seid und was euer Daseinszweck hier auf der Erde ist.

In meinem Gebet bitte ich darum, dass dieses Buch ein Segen in eurem Leben werden möge und es euch ermöglicht, aufzuwachen, was euch selbst und etwas an euch angeht, das sehr, sehr alt ist. Danke, dass ihr diese Reise mit mir teilt. Ich liebe euch zutiefst, denn in Wahrheit sind wir alte Freunde. Wir sind eins.

Drunvalo

Inhalt

Hinweis an unsere Leserinnen und Leser

Der Workshop »Die Blume des Lebens« wurde von Drunvalo auf internationaler Ebene zwischen 1985 und 1994 abgehalten. Das vorliegende Buch basiert auf einer Mitschrift der dritten offiziellen, auf Video mitgeschnittenen Fassung des Workshops, als dieser im Oktober 1993 in Fairfield, Iowa, USA, abgehalten wurde. Die einzelnen Kapitel dieses Buches entsprechen mehr oder weniger dem Videoband mit der gleichen Nummer, das von diesem Workshop aufgenommen wurde. Wir haben die schriftliche Fassung jedoch dort, wo es nötig war, geändert, um den Sinn so klar wie möglich zu machen. Von daher wurden von uns Passagen und Sätze so verschoben, und gelegentlich sogar ganze Abschnitte, dass sie an die für sie ideale Stelle gewandert sind und es so euch, liebe Leserinnen, liebe Leser, ermöglichen, mit größtmöglicher Leichtigkeit über diese Seiten zu gleiten.

Da im Workshop so viel an Informationen eingebracht wurde, haben wir das Buch nach Themen in zwei Teile untergliedert, von denen jeder mit einem eigenen Inhaltsverzeichnis versehen ist. Später wird noch Band 2 folgen.

Einleitung

Die vorliegende Arbeit wird von mir unter anderen dazu präsentiert, Menschen dabei zu unterstützen, sich bestimmter Ereignisse bewusst zu werden, die auf diesem Planeten stattgefunden haben beziehungsweise derzeit stattfinden oder bald geschehen werden. Es sind Ereignisse, die einen radikalen Einfluss auf unser Bewusstsein und unsere heutige Lebensweise haben. Indem wir unsere derzeitige Situation verstehen, können wir offen werden für die Möglichkeit eines neuen Bewusstseins und dafür, dass ein neues Menschengeschlecht hier auf der Erde auftaucht. Darüber hinaus ist der Zweck des Buches – und das bedeutet mir vielleicht am meisten –, in euch die Erinnerung daran zu wecken, wer ihr wirklich seid. Und ich will euch Mut machen, eure einzigartige Gabe in diese Welt einzubringen. Denn Gott hat jedem und jeder von uns ein einzigartiges Talent gegeben, das, wenn es *wirklich* ausgelebt wird, die physische Welt in eine Welt aus reinem Licht verwandelt.

Ich werde hier auch mathematische und wissenschaftliche Beweise bringen, um aufzuzeigen, wie wir als spirituelle Wesen in einer physischen Welt hierher gekommen sind. Sie sollten die analytische Seite von uns, die linke Gehirnhälfte, davon überzeugen, dass es nur ein Bewusstsein und einen Gott gibt, und dass wir alle Teil dieser Einheit sind. Das ist wichtig, denn es bringt die beiden Gehirnhälften ins Gleichgewicht. Dieses Gleichgewicht öffnet die Zirbeldrüse und erlaubt es dem Prana, der Lebenskraft, in den allerinnersten Teil unseres physischen Seins hineinzugelangen. Dann, und nur dann, kann der Lichtkörper, der Mer-Ka-Ba genannt wird, ins Dasein treten.

Versteht jedoch bitte, dass die Belege, aus denen ich diese Informationen ursprünglich abgeleitet habe, für sich genommen nicht wichtig sind. Die Informationen könnten in den meisten Fällen völlig verändert werden, sie könnten ganz anders lauten, ohne dass etwas anderes dabei herauskäme. Außerdem sind mir viele Fehler unterlaufen, weil ich derzeit ein Mensch bin. Höchst interessant ist für mich dabei, dass jedesmal, wenn ich einen Fehler machte, mich dieser Fehler zu einem tieferen Verständnis der Wirklichkeit und einer höheren Wahrheit führte. Also sage ich zu euch: Wenn ihr auf einen Irrtum stoßt, schaut tiefer. Wenn ihr merkt, dass ihr an einer Information klebt, sie überbewertet, verpasst ihr vollkommen, worum es hier geht. Was ich gerade gesagt habe, ist von zentraler Bedeutung für das Verständnis dieser Arbeit.

Ich werde auch meine persönlichen Erfahrungen an euch weitergeben, von denen viele, wie ich zugeben muss, nach den Maßstäben der normalen Welt an den Haaren herbeigezogen sind, doch es bleibt euch überlassen, zu entscheiden, ob sie wahr sind oder einfach nur Geschichten – beziehungsweise, ob das überhaupt eine Rolle spielt. Hört intensiv auf euer Herz, denn euer Herz kennt immer die Wahrheit. Außerdem möchte ich euch, soweit ich kann, im zweiten Band eine besondere Atemtechnik vermitteln, die euch helfen wird, zu dem unermesslich höheren Bewusstseinszustand zurückzukehren, von dem wir alle hergekommen sind. Es ist die Erinnerung an das Atmen, das mit dem Lichtkörper der Mer-Ka-Ba verbunden ist. Das ist eines der Hauptziele dieser Arbeit.

An diesem Punkt sind wohl ein paar Worte zum Werdegang dieses Buches durchaus angebracht. Ihr werdet später noch etwas über die Engel lesen, damit fange ich also nicht an, sondern mit den späteren Ereignissen. 1985 hatten die Engel mich gebeten, ich solle beginnen, die Mer-Ka-Ba-Meditation zu lehren. Ich hatte sie ursprünglich 1971 erlernt und seitdem praktiziert, aber ich wollte kein Lehrer werden. Ich führte ein einfaches und erfülltes Leben. Im Grunde war es so, dass ich mich wohlfühlte mit der Situation und nicht so hart arbeiten wollte. Die Engel sagten, wenn jemandem spirituelles Wissen verliehen würde, dann müsse er oder sie andere daran teilhaben lassen. So wollte es, wie es hieß, das Gesetz der Schöpfung.

In dem Wissen, dass die Engel recht hatten, veranstaltete ich im Frühjahr 1985 meinen ersten öffentlichen Kurs. Als wir das Jahr 1991 schrieben, waren meine Workshops voll, ja sogar überlaufen – Hunderte standen auf der Warteliste. Ich wusste nicht, wie ich alle erreichen sollte, die diese Informationen wollten. De facto konnte ich es gar nicht. Also traf ich 1992 die Entscheidung, ein Video von einem meiner Workshops zu veröffentlichen und der Welt zugänglich zu machen.

Innerhalb von weniger als einem Jahr explodierten die Verkaufszahlen, aber es gab da ein großes Problem. Die meisten, die sich die Videos ansahen, konnten nicht wirklich verstehen, was ihnen da präsentiert wurde, denn es stand außerhalb des Kontexts und der Inhalte ihres spirituellen Verständnisses. Ich hielt eine Vorlesung vor neunzig Menschen im US-Bundesstaat Washington, die allesamt die Videos gesehen, jedoch nie einen Live-Workshop von mir besucht hatten. Und das war der Punkt, an dem mir deutlich wurde, dass nur etwa 15 Prozent wirklich allein durch die Anweisungen auf den Videos wussten, wie sie die Meditation praktisch umsetzen sollten. Es funktionierte nicht. Für 85 Prozent waren die Anweisungen verwirrend und unklar.

Ich nahm die Videos sofort vom Markt. Das jedoch verhinderte nicht, dass sie noch weiterhin verkauft wurden. Die Leute wollten die Informationen, also begannen sie die existierenden Aufnahmen zu überspielen und an Menschen in aller Welt weiterzureichen, zu verkaufen oder auszuleihen. 1993 waren weltweit schätzungsweise 100.000 Videos dieser Art im Umlauf. So fiel eine Entscheidung. Sie lautete, dass die einzige Weise, mit diesen Informationen verantwortlich umzugehen, darin lag, jemand Geschultes im Raum zu haben, wenn Leute sich die Videos ansahen. Geschult bedeutet, dass wir eine Person sorgfältig darin unterwiesen hatten, die Mer-Ka-Ba zu kennen und dieses Wissen zu leben. Diese Person konnte es dann mündlich einer anderen vermitteln. So entstand das Programm für die »*Flower of Life*«-Gruppenleiterinnen und -leiter. Es gibt mittlerweile über 200 geschulte Kräfte in mindestens 33 Ländern. Und das System funktionierte bislang hervorragend.

Derzeit verändert sich nun wieder etwas. Überall beginnen Menschen das höhere Bewusstsein, seinen Wert und die dazugehörigen Vorstellungen zu verstehen. Es ist jetzt an der Zeit, dieses Buch der Allgemeinheit zugänglich zu machen, die nun unserem Eindruck nach dafür bereit ist. Ein Buch hat den Vorteil, dass die Menschen sich mehr Zeit nehmen können, eingehend und mit Muße die Zeichnungen und Fotos zu betrachten. Und es enthält auch aktuelle, aktualisierte Informationen, wie etwa die folgende:

Aktueller Hinweis: Die Zeiten ändern sich, soviel steht fest! Nach einem Bericht der American Dow Jones Company Inc. in ihrer Zeitschrift *American Demographics*, Ausgabe Februar 1997, hat eine zehnjährige wissenschaftliche Studie gezeigt, dass derzeit in Amerika und im Westen eine brandneue Kultur im Entstehen begriffen ist. Mancherorts wurde diese Kultur *New Age* genannt, aber sie hat, je nach Land, auch andere Namen. Ausgehend von eigenen Erfahrungen glauben wir, dass das eine

Kultur ist, die weltweit in Erscheinung tritt. Eine Kultur, die zutiefst an Gott glaubt, an die Familie, Kinder, das Geistige, Mutter Erde und eine gesunde Umwelt, das weibliche Element, Ehrlichkeit, Meditation, Leben auf anderen Planeten und die Einheit des Lebens allerorts. Wer dieser neuen Kultur angehört, so das Ergebnis der Studie, glaubt, es gäbe nur wenige Menschen dieser Art, und sie seien in alle Winde zerstreut. Zur allseitigen Überraschung ergab die Untersuchung jedoch, dass es sich bei dieser »Minderheit«, auf amerikanische Verhältnisse bezogen, um *jeden vierten Erwachsenen handelt – erstaunliche 44 Millionen Menschen*! Da ist etwas gewaltig in Bewegung. Und nun, wo diejenigen, die riesige Geldsummen bewegen, diesen enormen neuen Markt wahrnehmen, wird sich – darauf kann man wetten – etwas ändern. Alles – vom Inhalt von Film- und Fernsehsendungen bis zur Nutzung von Energie und den Nahrungsmitteln, die wir zu uns nehmen und noch vieles mehr – wird davon berührt sein. Schließlich mag sich sogar unsere ganze Auslegung der Wirklichkeit ändern. Ihr seid nicht allein, und es wird nicht lange dauern, bis diese Tatsache allen unzweifelhaft deutlich ist.

Seit damals, 1971, als die Engel erstmals in Erscheinung traten, bin ich ihren Eingebungen gefolgt. Das trifft auch heute noch zu. Die Engel waren es auch, die mir die Mer-Ka-Ba-Meditation gaben, und worauf es hier ankommt, das ist die Meditation, es sind nicht die vermittelten Informationen. Die Informationen werden nur dazu eingesetzt, uns an einen Punkt der Klarheit zu bringen, so dass wir Zugang zu einem bestimmten Bewusstseinszustand finden.

Ihr müsst wissen, dass ich, als ich die wissenschaftlichen Informationen erhielt, also etwa in den Jahren 1971 bis 1985, anfangs dachte, das sei für mein persönliches Wachstum bestimmt. Wenn ich eine wissenschaftliche Abhandlung las oder eine Zeitschrift, bewahrte ich die Artikel nicht auf – ohne zu erkennen, dass ich in der Zukunft würde belegen müssen, was ich sagte. Die meisten Artikel waren wieder ausfindig zu machen, aber nicht alle. Und dennoch müssen diese Informationen weitergegeben werden. Ihr, als Leserinnen und Leser habt eindringlich darum gebeten. Von daher werde ich, soweit es mir möglich ist, meine Aussagen belegen, und doch sind einige Belege verlorengegangen, im Moment zumindest.

Dazukommt, dass ein Teil der Informationen aus nichtwissenschaftlicher Quelle stammt, wie etwa von den Engeln oder aus der Kommunikation mit anderen Dimensionen. Uns ist klar, dass »klipp und klar Wissenschaftliches« von Informationen aus Quellen zu trennen ist, die als übernatürlich gelten. Die Wissenschaft fragt sich mit Sorge, ob diese glaubwürdig seien. Am Rande möchte ich hier einflechten, dass das so ähnlich ist, wie wenn ein Mann zu einer Frau sagt, ihre Gefühle hätten keine Gültigkeit – wahr oder gültig sei allein die Logik, und man *müsse* sich an die Logik halten. Natürlich kennt die Frau einen anderen Weg: Es ist der Weg des Lebens selbst. Es fließt. Es hat keine »männliche Logik«, aber es ist gleichermaßen wahr. Ich glaube an beides, an Ausgewogenheit von beidem.

Wenn ihr euch eine Person vorstellen könnt, die sowohl wissenschaftliche wie auch übernatürliche Fähigkeiten nutzt, um die Wirklichkeit zu ergründen, so seid ihr hier richtig. Wo immer es möglich ist, werde ich zwischen diesen beiden Quellen unterscheiden, damit hier Klarheit besteht. Das heißt, dass ihr in euch gehen müsst, um euch anzuschauen, ob die jeweilige Information in eurer Welt zutreffend ist. Wenn sich etwas nicht richtig anfühlt, lasst ab davon und geht zum nächsten über. Wenn es sich richtig anfühlt, dann lebt danach und seht euch an, ob es wirklich wahr ist. Für mein Verständnis jedoch ist es so, dass der Geist solange nicht die Wirklichkeit kennen wird, wie er sich nicht mit dem Herzen vereinigt hat. Männliches und Weibliches ergänzen einander.

Wenn ihr diese Arbeit hier lest, habt ihr zwei Möglichkeiten: Ihr könnt, von eurer linken Gehirnhälfte ausgehend, an sie herangehen, eurer maskulinen Seite, und euch Notizen machen und ganz genau auf die Logik bei jedem Schritt achten, oder ihr könnt, ausgehend von eurer rechten Gehirnhälfte herangehen, über eure weibliche Seite, und einfach loslassen und nicht denken – fühlen, euch das Ganze ansehen wie einen Film, innerlich weit, nicht eng. Beide Herangehensweisen funktionieren. Ihr habt die Wahl.

Dann war da beim Verfassen dieses Buches noch eine weitere Entscheidung zu fällen. Sollten die letzten Stufen der Meditation, die Mer-Ka-Ba selbst, preisgegeben werden? Ich habe immer noch das Gefühl, dass die mündliche Weitergabe durch einen Lehrer oder eine Lehrerin am besten ist. Würdet ihr als Überflieger die letzten Stufen des tibetischen Buddhismus erklimmen, nachdem ihr gerade einmal ein Buch gelesen habt? Die Entscheidung fiel am Ende so aus, dass alles hier weitergegeben wird, was in die Zeit bis zum Video von 1993 fällt – mit der Vorsichtsmaßnahme, sich vorsichtig in die Mer-Ka-Ba zu begeben und sich dennoch eine(n) »*Flower of Life*«-Helfer(in) zu suchen. Diese Informationen werden sich am Ende des zweiten Bandes finden. Vieles von dem, was nach Verfassen dieser Texte und außerhalb von ihnen gelernt wurde, kann nur mündlich und auf dem Erfahrungsweg weitergegeben werden.

Der Grund dafür, dass ich die vollständigen Informationen preisgebe, ist der, dass es mittlerweile mindestens sieben Verfasser gibt, die diese Arbeit in der einen oder anderen Form nachgedruckt haben. Manche haben sie Wort für Wort übernommen, manche haben mich sinngemäß zitiert, und manche haben meine Illustrationen und die Zeichnungen zur heiligen Geometrie verwendet. Manche haben mich dabei um Erlaubnis gefragt, manche auch nicht. Im Endeffekt jedenfalls sind die Informationen an die Öffentlichkeit gelangt. Vieles wurde verzerrt dargestellt, und manches ist auch ganz platt unwahr. Wisst bitte, dass es nicht darum geht, mich selbst zu schützen, sondern darum, verantwortungsbewusst die Integrität der Arbeit zu gewährleisten. Diese Informationen gehören dem Universum, nicht mir. Meine Sorge gilt nur der Reinheit der Informationen, und mir geht es lediglich darum, dass ihr ein klares Verständnis von ihnen erlangt.

Die genauen Anweisungen für die Meditation finden sich im Internet [www.floweroflife.com], nicht jedoch natürlich das verborgene Wissen. Das lässt sich nur erfahren. Ihr müsst es leben. Es gibt noch andere Informationen im Internet, die, so wird behauptet, von mir stammen, was jedoch nicht stimmt. Es sind auch Informationen über die Blume des Lebens herausgegangen, die schlichtweg falsch oder überholt sind. Ich hoffe, dass diese Arbeit das klären wird, was hierbei verschleiert oder verzerrt wurde. Mir ist klar, dass diese Menschen von ihrem Herzen kamen, dass sie auf der Suche nach der Wahrheit waren, aber dennoch trage ich diese Verantwortung euch gegenüber.

Um der Klarheit willen, und um diese Dinge zurechtzurücken, schreibe ich dieses Buch – für euch alle, die wirklich die Wahrheit verstehen und wissen wollen.

In Liebe und Dienen
Drunvalo Melchizedek

EINS

Erinnerungen an unsere ferne Vergangenheit

Wie der Untergang von Atlantis unsere Wirklichkeit verwandelte

Vor etwas weniger als 13.000 Jahren geschah in der Geschichte unseres Planeten etwas höchst Dramatisches, auf das wir hier recht detailliert eingehen werden, denn das, was da in der Vergangenheit geschah, beeinflusst sämtliche Aspekte unseres heutigen Lebens. Alles, was wir in unserem Alltag erfahren, einschließlich der Technik, die wir uns zunutze machen, der ausbrechenden Kriege, der Nahrungsmittel, die wir zu uns nehmen, und sogar die Art und Weise, wie wir unser Leben wahrnehmen, ist unmittelbares Ergebnis einer bestimmten Abfolge von Ereignissen gegen Ende der Zeit von Atlantis. Die Konsequenzen dieser lange zurückliegenden Begebenheiten haben unsere Art zu leben, und die Wirklichkeit zu interpretieren, völlig verändert.

Alles ist miteinander verbunden! Es gibt nur eine Wirklichkeit und einen Gott, aber es gibt viele, viele Weisen, wie sich die eine Wirklichkeit interpretieren lässt, ja man kann sogar sagen, dass die Wege, die uns zur Interpretation der Wirklichkeit offenstehen, gegen Unendlich gehen. Es gibt bestimmte Wirklichkeiten, über die sich jeweils viele Menschen einig sind, und diese Wirklichkeiten nennt man Bewusstseinsebenen. Aus Gründen, auf die wir noch eingehen werden, gibt es ganz bestimmte Wirklichkeiten, auf die sich eine außerordentlich große Zahl von Menschen ausrichtet, und zu diesen gehören auch die Wirklichkeiten, die du und ich jetzt in diesem Augenblick erfahren.

Es gab einmal eine Zeit auf der Erde, da existierten wir auf einer sehr hohen Bewusstseinsebene, die alles, was wir uns nun auch nur vorstellen können, weit überstieg. Wir sind sogar kaum imstande, uns vorzustellen, wo wir einmal waren, denn wer wir damals waren, steht in so gar keinem Zusammenhang mehr damit, wer wir jetzt sind. Durch die ganz bestimmten Ereignisse, die in der Zeit vor 16.000 bis 13.000 Jahren stattfanden, stürzte die Menschheit von einem sehr hohen Punkt ihrer Entwicklung durch viele Dimensionen und Obertöne von zunehmend größerer Dichte hinab, bis wir diesen Ort erreichten, den wir die dritte Dimension auf dem Planeten Erde nennen: die moderne Welt.

Bei unserem Sturz – und es war eine Art Sturz – befanden wir uns in einer unkontrollierten Bewusstseinsspirale, die sich durch die Dimensionen des Bewusstseins abwärts wandte. Wir hatten nicht mehr die Kontrolle, und es war so ähnlich wie ein Absturz durch das All. Als wir in der dritten Dimension angelangten, fanden ganz bestimmte Veränderungen statt, sowohl physiologisch wie auch im Hinblick darauf, wie wir in der Wirklichkeit funktionierten. Die wichtigste Veränderung bestand darin, wie wir den Prana, ein indisches Wort für die Energie der Lebenskraft dieses Universums, atmeten. Prana ist für unser Überleben entscheidender als

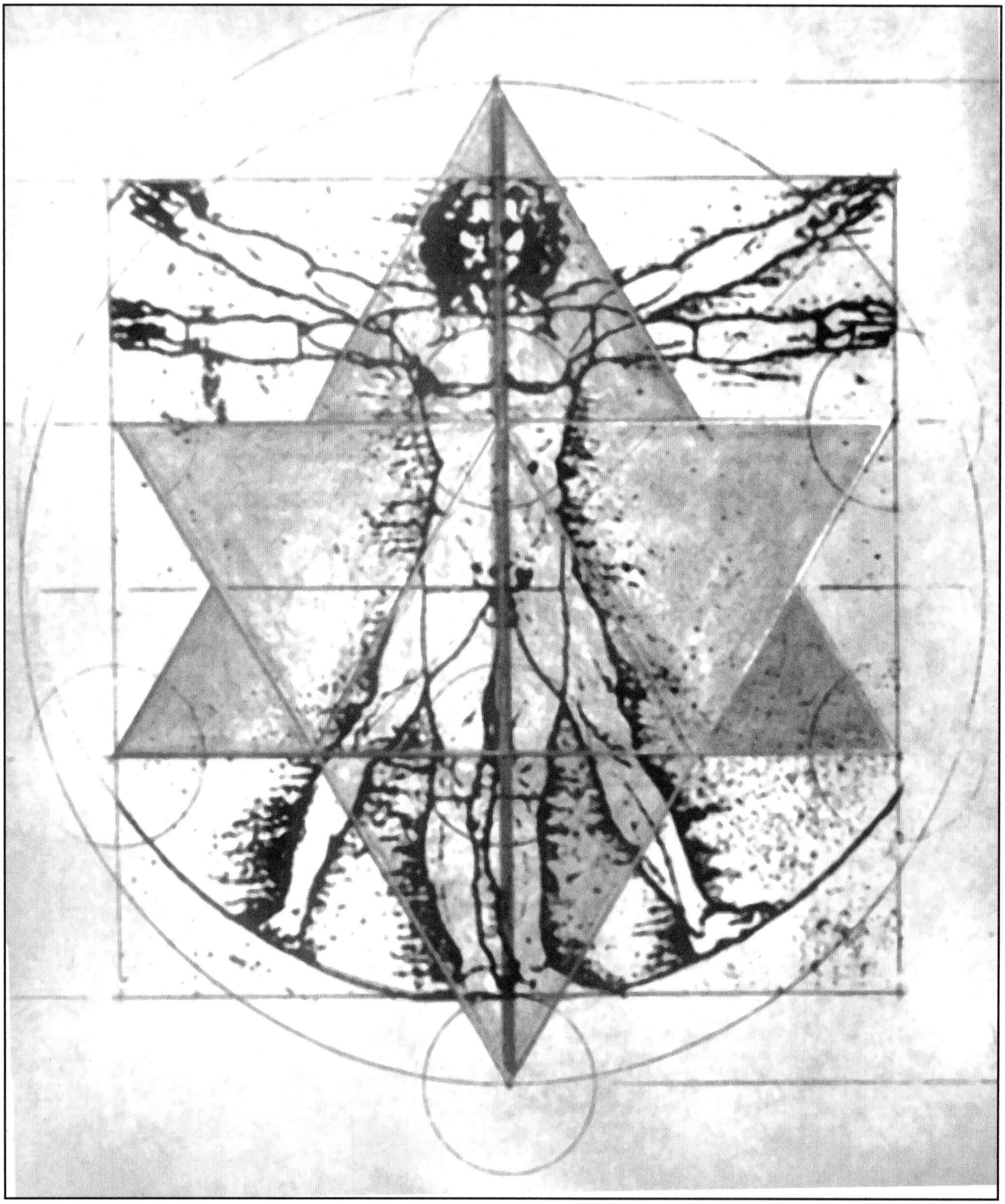

Abb. 1-1. Das Energiefeld in Form eines sternförmigen Tetraeders, das uns alle umgibt.

Luft, Wasser, Nahrung und jede sonstige Substanz, und die Art und Weise, wie wir diese Energie in unseren Körper aufnehmen, hat einen radikalen Einfluss darauf, wie wir die Wirklichkeit wahrnehmen.

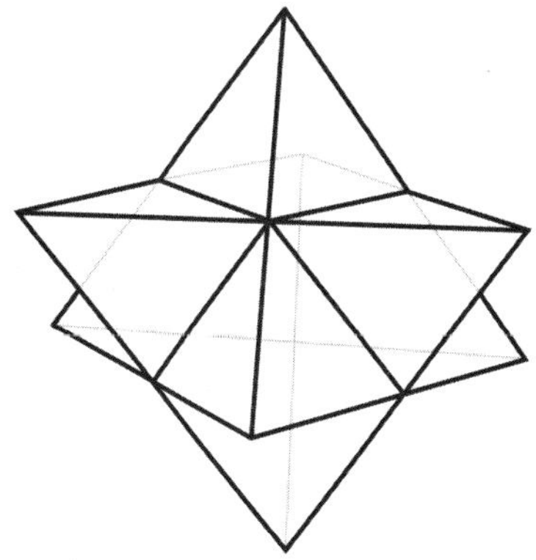

In den Tagen von Atlantis und davor stand die Weise, wie wir Prana atmeten, in direktem Zusammenhang mit den elektromagnetischen Energiefeldern um unseren Körper. Alle Energieformen in unseren energetischen Feldern sind geometrisch, und das, womit wir arbeiten werden, ist ein sternförmiges Tetraeder, das aus zwei ineinander verschachtelten Tetraedern besteht [Abb. 1-1]. Man kann es sich auch als dreidimensionalen Davidsstern denken.

Die Spitze des nach oben zeigenden Tetraeders endet eine Handlänge weit über unserem Kopf, und die Spitze des nach unten zeigenden Tetraeders endet eine Handlänge weit unter den Füßen. Eine Verbindungsröhre führt von der oberen Spitze zum unteren Punkt durch die zentralen Energiezentren des Körpers, die Chakras. Diese Röhre hat, für deinen Körper betrachtet, genau den Durchmesser des Kreises, der entsteht, wenn du mit deinem längsten Finger und deinem Daumen einen Kreis bildest. Sie sieht aus wie eine fluoreszierende Glasröhre, nur dass sie an den Enden ein kristallines Gebilde aufweist, das in die beiden Spitzen des sternförmigen Tetrahedrons passt.

Vor dem Untergang von Atlantis ließen wir in dieser Röhre Prana gleichzeitig aufwärts und abwärts wandern, und die beiden Pranaströme begegneten sich innen in einem unserer Chakras. Wie und wo die Pranaströme aufeinandertreffen, das war immer ein wichtiger Aspekt dieser uralten Wissenschaft, die heute noch im ganzen Universum studiert wird.

Ein weiterer zentraler Punkt im menschlichen Körper ist die Zirbeldrüse, die sich annähernd in der Mitte des Kopfes befindet und in Sachen Bewusstsein ein immens wichtiger Faktor ist. Diese Drüse ist von ihrer ursprünglichen Größe, vergleichbar mit der eines Tischtennisballs, zu ihrer gegenwärtigen Größe degeneriert, die der einer Trockenerbse entspricht, weil wir vor langer Zeit vergessen haben, wie wir sie nutzen können – und was man nicht mehr gebraucht, das verliert sich.

Die pranische Energie floss ehemals durch das Zentrum der Zirbeldrüse. Diese Drüse sieht laut Jacob Liebermann, Autor von »Die heilende Kraft des Lichts«, wie ein Auge aus, und in mancher Hinsicht ist sie auch buchstäblich ein Augapfel. Sie ist rund und hat auf einer Seite eine Öffnung; in dieser Öffnung befindet sich eine Linse, mit deren Hilfe sich Licht fokussieren lässt. Sie ist hohl und im Innern mit Farbrezeptoren ausgestattet. Ihr Gesichtsfeld – wenngleich das nicht wissenschaftlich nachgewiesen ist – ist primär aufwärts ausgerichtet, in Richtung Himmel. Genauso wie unsere Augen abweichend von der Richtung, in die sie gerade blicken, bis zu 90 Grad seitwärts blicken können, so kann auch die Zirbeldrüse 90 Grad von ihrer festgelegten Richtung zur Seite »sehen«. Und ebenso wie wir nicht hinten aus unserem Kopf herausblicken können, kann die Zirbeldrüse nicht in Richtung Erde hinunterschauen.

In der Zirbeldrüse – selbst in ihrer geschrumpften Größe – finden sich die gesamten heiligen geometrischen Figuren und das genaue Verständnis, wie die Wirklichkeit geschaffen wurde. Alles das ist da, in jedem einzelnen Menschen. Doch dieses Verständnis ist uns nun nicht zugänglich, da wir während des Absturzes unsere Erinnerung daran verloren haben, und ohne unsere Erinnerung begannen wir anders zu atmen. Statt Prana durch die Zirbeldrüse aufzunehmen und in der Röhre in unserer Körpermitte auf und ab zirkulieren zu lassen, begannen wir ihn durch Mund und Nase einzuatmen. Das bewirkte, dass der Prana an der Zirbeldrüse vorbeigeführt wurde, wodurch wir alles vollkommen anders sahen, gefärbt von einer anderen Auslegung (dem Bewusstsein von Gut und Böse, auch Polaritätsbewusstsein genannt) der Einen Wirklichkeit. Das Ergebnis dieses Polaritätsbewusstseins bringt uns dazu zu denken, wir seien in einem Körper und schauten nach draußen, irgendwie getrennt von dem, was »da draußen« ist. Das ist pure Illusion. Es fühlt sich real an, und doch ist an dieser Wahrnehmung kein Körnchen Wahrheit. Es ist nur die Sicht der Wirklichkeit, die von diesem Zustand nach unserem Absturz herrührt.

Es verhält sich zum Beispiel nicht so, dass mit irgendetwas, was geschieht, etwas nicht in Ordnung ist, denn Gott hat die Schöpfung unter Kontrolle. Doch von einem bestimmten Blickwinkel aus betrachtet, einer Sicht der Polarität, hätte es, wenn wir uns den Planeten und seine Entwicklung so ansehen, besser nicht passieren sollen, dass wir dort hinuntergestürzt sind. Eine reguläre Entwicklungskurve hätte nicht vorgesehen, dass wir hier sind. Uns ist etwas widerfahren, was nicht hätte passieren sollen. Wir haben eine Mutation durchlebt – einen Chromosomenbruch, könnte man sagen. Von daher besteht für die Erde seit fast 13.000 Jahren Alarmstufe rot, und viele Wesen und Bewusstseinsebenen haben gemeinsam daran gearbeitet, eine Möglichkeit zu finden, uns wieder auf den Weg (zu der DNS) zu führen, auf dem wir uns zuvor befanden.

Der Effekt dieses »versehentlichen« Niedergangs des Bewusstsseins und der darauf folgenden Bemühungen, uns wieder in die richtige Bahn zu lenken, ist etwas *wirklich* Gutes – etwas Unerwartetes, etwas Erstaunliches, das sich daraus ergab. Wesen von überallher aus dem Universum, die uns bei diesem Problem behilflich zu sein suchten, haben diverse Experimente an uns in die Wege geleitet in dem Bemühen, uns zu unterstützen, bei manchen war es rechtens und manche waren gar nicht dazu befugt. Und da ist ein bestimmtes Experiment, das zu einem Szenario führt, von dem sich niemand wo auch immer je hätte träumen lassen, dass es Wirklichkeit würde – bis auf eine Person in einer einzigen, ganz bestimmten Kultur aus einer lange zurückliegenden Vergangenheit.

Die Mer-Ka-Ba

Da ist noch ein weiterer zentraler Faktor, auf den wir uns in dieser Geschichte konzentrieren werden. Vor 13.000 Jahren nahmen wir an uns bewusst etwas wahr, das wir seit damals vollkommen vergessen haben: Die geometrischen Energiefelder um unseren Körper kann man auf eine bestimmte Weise aktivieren, die ebenfalls mit unserem Atem zusammenhängt. Diese Felder pflegten sich ehemals annähernd mit Lichtgeschwindigkeit um unseren Körper zu drehen, nach dem Sturz jedoch verlangsamten sie sich und hörten schließlich auf, sich zu drehen. Wird dieses Feld reaktiviert und beginnt sich wieder zu drehen, so wird es Mer-Ka-Ba genannt, und sein Nutzen in dieser Wirklichkeit ist unvergleichlich. Es verleiht uns ein erweitertes Bewusstsein dessen, wer wir sind, bringt uns mit höheren Bewusstseinsebenen in Verbindung und stellt die Erinnerung an die unendlichen Möglichkeiten unseres Seins wieder her.

Eine gesunde, sich drehende Mer-Ka-Ba hat einen Durchmesser von fünfzehn bis achtzehn Metern, je nach Körpergröße. Die Drehbewegung einer wirbelnden Mer-Ka-Ba kann man mit Hilfe der entsprechenden Instrumente auf einem Computermonitor sichtbar machen, und von ihrem

Abb. 1-2. *Infrarotaufnahme einer Galaxie namens Sombrerogalaxie mit Hitzehülle.*

Aussehen her gleicht sie der infraroten Wärmehülle der Galaxie [Abb. 1-2] – die gleiche Grundform wie die vielzitierte fliegende Untertasse.

Das Wort Mer-Ka-Ba setzt sich aus drei kleineren Worten zusammen, Mer, Ka und Ba, die so wie wir sie gebrauchen, aus dem Altägyptischen kommen. In anderen Kulturen findet man sie auch als *Merkabah*, *Merkaba* und *Merkavah*. Es gibt verschiedene Aussprachen dafür, im allgemeinen jedoch wird das Wort so ausgesprochen, als wären die drei Silben voneinander getrennt, mit der gleichen Betonung auf einer jeden. *Mer* meint eine ganz bestimmte Art von Licht, die man in Ägypten nur zur Zeit der achtzehnten Dynastie verstand. Man sah zwei gegeneinander rotierende Lichtfelder, die sich im gleichen Raum drehten und von bestimmten Atemmustern erzeugt werden. *Ka* bezeichnet den individuellen Geist, und *Ba* die Interpretation, die der Geist von seiner ganz bestimmten Wirklichkeit hat. In *unserer* Wirklichkeit definiert sich *Ba* gewöhnlich als der Körper oder die physische Wirklichkeit. In anderen Wirklichkeiten, wo der Geist keinen Körper hat, meint es die Vorstellungen oder Interpretationen von Wirklichkeit, die der Geist mitbringt.

Die Mer-Ka-Ba ist also ein gegenläufig rotierendes Lichtfeld, das Geist und Körper gleichermaßen beeinflusst. Sie ist ein Fahrzeug, das Geist *und Körper* (oder die eigene Interpretation der Wirklichkeit) von einer Welt oder Dimension in eine andere befördern kann. De facto ist die Mer-Ka-Ba viel mehr als das, da sie Wirklichkeiten *erschaffen* wie auch sich durch Wirklichkeiten hindurchbewegen kann. Für unsere Zwecke werden wir uns hier jedoch hauptsächlich auf ihren Aspekt als interdimensionales Fahrzeug konzentrieren (im Hebräischen bedeutet Mer-Ka-Vah *Kutsche*), das uns dabei helfen wird, zu unserem ursprünglichen höheren Bewusstseinszustand zurückzukehren.

Die Rückkehr zu unserem Ausgangszustand

Um es ganz klar zu sagen: Die Rückkehr zu unserem ursprünglichen Zustand ist ein natürlicher Prozess, der sich einfach oder schwierig gestalten kann, je nach unseren Überzeugungsmustern. Sich schlichtweg nur mit den technischen Aspekten der Mer-Ka-Ba zu befassen, wie etwa unser Atemmuster zu korrigieren oder zum Beispiel geistig die unendlichen

Liebe Leserin, lieber Leser: Es gibt Vorgehensweisen in den Workshops, die sich nicht auf Band oder in diesem Buch wiedergeben lassen, weil sie vollkommen erfahrungsorientiert sind. Sie sind genauso wichtig wie das Wissen, denn ohne sie ist das Wissen wertlos. Die einzige Möglichkeit, diese Erfahrungen nun zu vermitteln, liegt in der mündlichen Weitergabe durch einen lebendigen Workshop. Aber das mag sich zukünftig ändern.

Verbindungen zu allen Lebensmustern zu erkennen, reicht nicht aus. Da ist zumindest noch ein weiterer Faktor, der noch wichtiger ist als die Mer-Ka-Ba als solche, nämlich das Verstehen, Erkennen und Leben der göttlichen Liebe. Denn diese göttliche Liebe, manchmal auch bedingungslose Liebe genannt, ist der hauptsächliche Faktor, der es der Mer-Ka-Ba ermöglicht, ein lebendiges Lichtfeld zu werden. Ohne göttliche Liebe ist die Mer-Ka-Ba nur eine Maschine, und diese Maschine wird ihre Grenzen haben, die es dem Geist, der sie geschaffen hat, nie erlauben, nach Hause zurückzukehren und die höchsten Bewusstseinsebenen zu erreichen – den Ort, wo es keine verschiedenen Ebenen gibt.

Wir müssen bedingungslose Liebe erfahren und zum Ausdruck bringen, um über eine bestimmte Dimension hinauszugelangen, und die Welt ist eiligen Schritts zu diesem höheren Ort unterwegs. Wir haben die Richtung eingeschlagen, uns von einem Ort des Separatismus fortzubewegen, wo wir uns als in unserem Körper und nach draußen blickend sehen. Diese Sichtweise wird bald verschwunden sein, um von einer anderen Sicht der Wirklichkeit abgelöst zu werden, bei der wir das Empfinden und Wissen der absoluten Einheit mit allem Leben haben werden; und dieses Empfinden wird mehr und mehr wachsen, während wir damit fortfahren, uns auf unserer Reise nach Hause durch die einzelnen Ebenen aufwärts zu bewegen.

Später werden wir auf bestimmte Wege eingehen, das Herz zu öffnen – mitfühlende, bedingungslose Liebe zu entzünden, damit du eine unmittelbare Erfahrung durchleben kannst. Wenn du das einfach geschehen lassen kannst, entdeckst du vielleicht Dinge an dir selbst, von denen du vorher gar nichts gewusst hast.

Eine höhere, alles einschließende Wirklichkeit

Eine weitere Komponente, mit der wir uns hier befassen werden, hat zwar viele Namen, wird aber dem aktuellen Jargon zufolge für gewöhnlich das Höhere Selbst genannt. In der Wirklichkeit des Höheren Selbst führen wir buchstäblich ein gleichzeitiges Dasein in anderen Welten als dieser. Es gibt so viele Dimensionen und Welten, dass es fast das menschliche Fassungsvermögen übersteigt. Diese Ebenen sind sehr spezifisch und mathematisch, und die Abstände und Wellenlängen in und zwischen ihnen entsprechen den Relationen innerhalb der Oktaven in der Musik und anderen Aspekten des Lebens. Aber derzeit ist dein drittdimensionales Bewusstsein wahrscheinlich von deinem höheren Aspekt abgetrennt worden, so dass du dir nur dessen bewusst bist, was sich hier auf der Erde abspielt. Das ist für Wesen, die ein Dasein in einem natürlichem Zustand, ohne Absturz, führen, nicht die Norm. Die Norm ist die, dass sich die Wesen zuerst mehrerer Ebenen gleichzeitig bewusst werden, wie bei den Akkorden in der Musik, bis sie schließlich mit zunehmendem Wachstum alles überall gleichzeitig wahrnehmen. Das nachfolgende Beispiel ist zwar ungewöhnlich, demonstriert aber, wovon hier die Rede ist.

Ich stehe derzeit in Kontakt mit einer Frau, die viele Ebenen gleichzeitig wahrnimmt. Die Wissenschaftler, die sich mit ihr befassen, sind sprachlos; sie verstehen nicht, wie sie das anstellt, was sie da macht. Sie mag in einem Zimmer sitzen, behauptet dabei aber, sie würde aus dem All zusehen. Die NASA fühlte ihr einmal auf den Zahn, indem sie gebeten wurde, einen ganz bestimmten Satelliten zu »sehen« und spezifische Informationen anzugeben, die nur jemand haben konnte, der tatsächlich dort war. Sie las also die Instrumente der Wissenschaftler ab, was diesen, da bin ich sicher, unmöglich vorkam. Sie sagte, sie flöge neben den Satelliten her und lese die Werte ganz einfach ab. Ihr Name ist Mary Ann Schinfield. Sie ist von Rechts wegen blind, und dennoch kann sie in einem Raum herumgehen und keiner merkt, dass sie nichts sieht. Wie macht sie das?

Neulich rief sie mich einmal an, und während unseres Gesprächs fragte sie, ob ich gerne einmal mit ihren Augen sehen würde. Natürlich sagte ich ja. Es dauerte nur ein paar Atemzüge und mein Gesichtsfeld erweiterte sich, und ich blickte auf oder durch etwas, das wie ein riesiger Fernsehbildschirm aussah, der mein ganzes Gesichtsfeld ausfüllte. Was ich sah, war erstaunlich. Es wirkte, als würde ich mich sehr schnell durch den Weltraum bewegen, und zwar ohne einen Körper. Ich konnte die Sterne sehen, und in diesem Augenblick wanderten Mary Ann und ich, der ich mit ihren Augen sah, an einer Kette von Kometen vorbei. Sie war sehr dicht an einem von ihnen.

Es war eines der realsten Erlebnisse, meinen Körper zu verlassen, die ich je gehabt hatte. Um diesen »Fernsehbildschirm« herum waren vielleicht zwölf oder vierzehn kleinere Bildschirme, von denen alle extrem schnelle Bilder wiedergaben. Aus einem von ihnen oben rechts in der Ecke schossen rasant sich bewegende Figuren wie Dreiecke, Glühbirnen, Kreise, Wellenlinien, Bäume, Quadrate etc. Und dieser Bildschirm war es, der ihr sagte, was sich in dem unmittelbaren Umfeld befand, in dem sich ihr Körper befand. Sie konnte durch diese scheinbar unzusammenhängenden Bilder »sehen«. Es gab noch einen weiteren Bildschirm ganz unten links, wo sie mit anderen außerirdischen Formen von Leben innerhalb dieses Sonnensystems kommunizierte.

Hier haben wir eine Person, die in einem dreidimensionalen Körper auf der Erde ist, aber dennoch voll erinnert und erfährt, wie es ist, in anderen Dimensionen zu leben. Diese Art und Weise, die Wirklichkeit zu unterbrechen, ist ungewöhnlich. Normalerweise sehen Menschen keine inneren Fernsehbildschirme, doch wir existieren in der Tat in vielen anderen Welten, auch wenn die meisten von uns sich dessen nicht bewusst sind.

Du existierst wahrscheinlich auf fünf oder noch mehr Ebenen. Obwohl es einen Bruch zwischen dieser und anderen Dimensionen gibt, brauchst du nur die Verbindung mit deinem Höheren Selbst, um diesen Bruch zu heilen, und danach werden dir zusehends die höheren Ebenen bewusst, und die höheren Ebenen schenken dir mit einem Mal mehr Aufmerksamkeit – die Kommunikation beginnt! Diese Verbindung mit dem Höheren Selbst ist wahrscheinlich das Allerwichtigste, was dir in deinem Leben passieren kann – wichtiger, als die Informationen zu verstehen, die ich dir hier geben werde. Die Verbindung zum Höheren Selbst herzustellen ist wichtiger, als die Mer-Ka-Ba zu aktivieren lernen, denn wenn du die Verbindung zu deinem Selbst herstellst, wirst du absolut klare Informationen dazu erhalten, wie du Schritt für Schritt durch jede Wirklichkeit hindurch vorgehen kannst und wie du dich zurück nach Hause, zum vollen Bewusstsein Gottes, führen kannst. Wenn du die Verbindung zu deinem Höheren Selbst herstellst, geschieht der Rest ganz von selbst. Du musst immer noch dein Leben führen, aber alles, was du tust, wird große Kraft und Weisheit haben – in deinen Handlungen, Gedanken und Gefühlen.

Wie man das im einzelnen anstellt, die Verbindung zu seinem Höheren Selbst zu gewinnen, ist etwas, das schon viele, ich selbst inbegriffen, zu verstehen versucht haben. Viele Menschen, die irgendwie diese Verbindung hergestellt haben, wissen oft nicht genau, wie es dazu gekommen ist.

In diesem Kurs werde ich mich bemühen, genau zu erklären, wie du die Verbindung zu deinem Höheren Selbst herstellen kannst. Ich werde mein Bestes geben.

Linke und rechte Gehirnhälfte: zwei Wirklichkeiten

Diesem Bild ist noch eine weitere Komponente beizufügen. Ich werde vielleicht die Hälfte unserer Zeit für Informationen aufwenden, die der linken Gehirnhälfte angehören, wie Geometrie und Fakten und alle erdenklichen Informationen, die vielen spirituellen Menschen vollkommen unwichtig vorkommen werden. Das tue ich, da wir uns bei unserem Absturz in zwei – eigentlich in drei, aber in erster Linie in zwei – Hauptbestandteile aufsplitteten, die wir männlich und weiblich nennen. Die rechte Gehirnhälfte, die für die Steuerung unserer linken Körperseite zuständig ist, ist unsere weibliche Komponente, obwohl sie in Wirklichkeit weder männlich noch weiblich ist. Hier ist unsere psychische und emotionale Seite beheimatet. Diese Komponente in uns weiß, dass es nur einen Gott gibt, und dass da allein Einheit ist. Obwohl sie es nicht wirklich erklären kann, kennt sie einfach die Wahrheit. Die weibliche Komponente macht also nicht weiter Probleme.

Das Problem ist auf der linken Seite des Gehirns angesiedelt – bei der männlichen Komponente. Aufgrund der Natur der Ausrichtung des männlichen Gehirns – spiegelbildlich zum weiblichen – ist seine logische Komponente vorwärtsgerichtet (stärker dominant), während beim weiblichen die logische Komponente rückwärtsgerichtet ist (weniger dominant). Die linke Gehirnhälfte erfährt keine Einheit, wenn ihr euch die Wirklichkeit betrachtet; sie sieht nur Teilung und Trennung. Aus diesem Grund hat es der männliche Aspekt von uns hier auf der Erde recht schwer. Selbst unsere bedeutendsten heiligen Bücher, etwa der Koran, die hebräische Bibel und die christliche Bibel, haben alles in Gegensatzpaare eingeteilt. Die linke Gehirnhälfte erfährt, dass es Gott gibt, aber dann ist da auch noch der Teufel – vielleicht nicht ganz so stark wie Gott, aber dennoch von immensem Einfluss. Also wird selbst Gott dual gesehen, als ein Pol der gegensätzlichen Kräfte von Licht und Finsternis. (Das trifft nicht auf alle Untergruppen dieser Religionen zu. Ein paar davon sehen durchaus, dass es nur Gott gibt.)

Solange die linke Gehirnhälfte nicht die Einheit sehen kann, die alles durchzieht, solange sie nicht weiß, dass es wirklich nur einen Geist, eine Kraft, ein Bewusstsein gibt, das sich durch absolut alles bewegt, was existiert, wird der Geist von sich selbst, von seiner Ganzheit und von der Fülle seines Potentials getrennt bleiben. Selbst wenn da nur der leiseste Zweifel an der Einheit ist, wird uns diese in der linken Gehirnhälfte beheimatete Seite unserer selbst bremsen und wir schaffen es nicht mehr, über das Wasser zu gehen. Denkt daran, selbst der Apostel Thomas ging einen kurzen Moment lang über das Wasser, als Jesus ihn dazu aufforderte, aber dann sagte eine kleine Zelle in seinem großen Zeh: »Warte mal, das kann ich aber nicht«, und Thomas versank in den kalten Fluten der von Polarität geprägten Wirklichkeit.

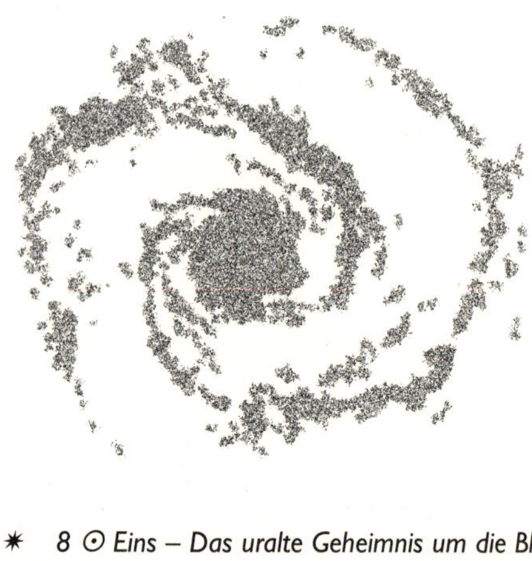

Wohin diese Informationen uns führen

Ich verwende hier viel von unserer Zeit darauf, dir so, dass nicht der Schatten eines Zweifels bestehenbleibt, zu zeigen, dass es wirklich nur ein Bild in allem gibt. Es gibt ein, und nur ein, Bild, das alles geschaffen hat, was existiert, und dieses Bild ist das gleiche Bild, das das elektromagnetische Feld um deinen Körper geschaffen hat. Die gleiche Geometrie, die sich in deinem Feld findet, umgibt auch alles andere – Planeten und Galaxien und Atome und was nicht noch alles. Wir werden dieses Bild noch sehr genau untersuchen.

Außerdem werden wir auch auf die Erdgeschichte eingehen, denn sie ist sehr wichtig für unsere gegenwärtige Situation. Wir können nicht wirklich verstehen, wie wir hierher gekommen sind, wenn wir nicht den Prozess kennen, der uns an diesen Punkt gebracht hat. Wir werden also eine beträchtliche Zeit darauf verwenden, über das zu sprechen, was sich vor langer Zeit ereignete; dann werden wir langsam weiter voranschreiten, bis wir zu dem kommen, was sich heute abspielt. Es hängt alles zusammen. Die gleiche alte Geschichte hat sich die ganze Zeit über abgespielt, und sie läuft noch immer – sie hat letztendlich nie aufgehört.

Diejenigen von euch, bei denen die rechte Gehirnhälfte dominiert, sind vielleicht geneigt, dieses auf die linke Gehirnhälfte ausgerichtete Material zu überspringen, und dennoch ist es von höchster Wichtigkeit, dass ihr euch damit befasst. Es braucht nämlich Ausgewogenheit, damit die spirituelle Gesundheit wiederkehrt.

Wenn die linke Gehirnhälfte absolute Einheit sieht, beginnt ihr euch zu entspannen, und das Corpus callosum (die Fasern, die die beiden Hälften verbinden) öffnet sich auf eine nie gekannte Weise und ermöglicht so eine Integration zwischen den beiden Seiten. Die Verbindung zwischen der linken und rechten Gehirnhälfte wird verstärkt, es kommt zu einem Fluss, Information wandert hin und her, und die gegensätzlichen Seiten des Gehirns beginnen mit ihrer Integration und Synchronisation. Wenn ihr euch dann an die entsprechenden Messgeräte für Biofeedback anschließen lasst, könnt ihr regelrecht beobachten, wie das geschieht. Diese Aktivität kurbelt auch die Zirbeldrüse ganz anders an und macht es möglich, dass eure Meditation den Lichtkörper, die Mer-Ka-Ba, aktiviert. Dann kann der ganze Prozess der Erneuerung und Wiedererlangung unserer früheren höheren Bewusstseinsebenen fortschreiten. Es ist ein Wachstumsprozess.

Wenn ihr euch mit einem anderen spirituellen Weg befasst, braucht ihr nicht mit euren Übungen aufzuhören, um die Arbeit mit der Mer-Ka-Ba zu beginnen – es sei denn natürlich, euer Lehrer oder eure Lehrerin will keine Vermischung unterschiedlicher Traditionen. Andere Meditationen, die auf der höchsten Wahrheit basieren, können außerordentlich nützlich sein, wenn sich die Mer-Ka-Ba erst einmal dreht, denn dann können sich sehr schnell merkliche Ergebnisse entwickeln. Ich wiederhole es jetzt noch einmal, nur damit ihr es ein für allemal wisst: Der Lichtkörper, die Mer-Ka-Ba, widerspricht oder hemmt keine andere Meditation oder Religion, die daran glaubt, dass es nur einen Gott gibt.

So weit zum ABC der Spiritualität. Das sind nur die Anfangsschritte. Doch diese ersten Schritte sind die wichtigsten, die ich kenne.

Deine linke Gehirnhälfte mag diese Informationen lieben und in fein säuberlich beschrifteten Fächern ablegen; das ist in Ordnung. Oder du kannst dich einfach entspannen und das Ganze wie einen Abenteuerroman lesen, etwas, das deinen Geist beansprucht wie ein Produkt der Phantasie. Jedenfalls liest du es, und darauf kommt es an: dass du dieses Buch liest. Und dann wirst du bekommen, was auch immer du bekommen sollst. Lasst uns also im Geist der Einheit gemeinsam zu dieser Entdeckungsreise aufbrechen.

Überzeugungsmuster unserer Eltern auf dem Prüfstand

Vieles an den Vorstellungen, von denen wir heute überzeugt sind und von den »Fakten«, die uns in der Schule beigebracht wurden, ist schlichtweg nicht wahr, und diese Erkenntnis beginnt sich nun weltweit durchzusetzen. Natürlich hielt man diese Muster zu der Zeit, wo sie vermittelt wurden, in der Regel für wahr, aber dann änderten sich die Vorstellungen und Ideen, und die nächste Generation bekam wieder ganz andere Wahrheiten vermittelt.

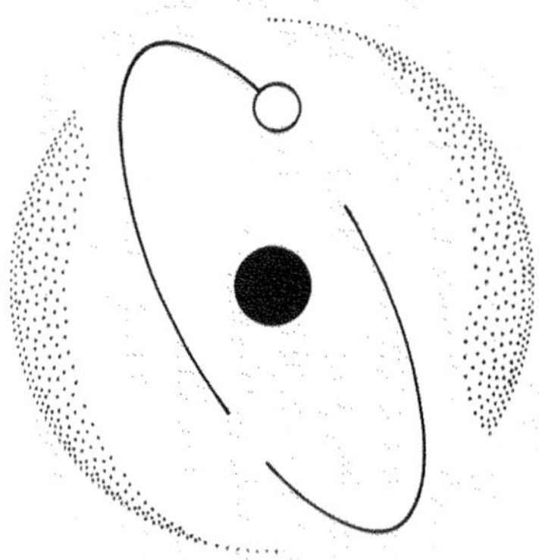

So zum Beispiel hat sich die menschliche Vorstellung von Atomen im Laufe der letzten neunzig Jahre so viele Male dramatisch verändert, dass man derzeit nicht mehr wirklich einer bestimmten Theorie anhängt. Es wird zwar in der Praxis eine verfolgt, aber mit dem Verständnis, dass sie genausogut auch falsch sein kann.

In einer bestimmten Zeit dachte man sich das Atom wie eine Wassermelone, und die Elektronen waren wie die Kerne in dieser Melone. Wir wissen wirklich sehr wenig über die Wirklichkeit um uns herum. Die Quantenphysik hat nun aufgezeigt, dass die Person, die ein Experiment durchführt, den Ausgang des Experiments beeinflusst. Mit anderen Worten, das Bewusstsein kann den Ausgang eines Experiments verändern, je nach seinen Überzeugungsmustern.

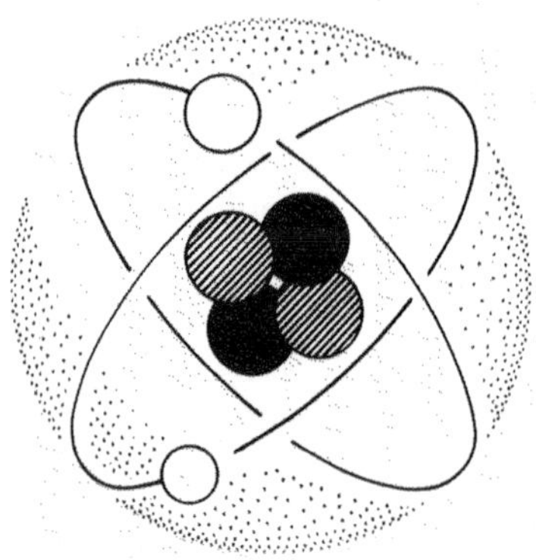

Es gibt noch andere Aspekte von uns selbst, die wir für wahr halten, die aber womöglich gar nicht wahr sind. Eine Vorstellung, an der seit langem festgehalten wird, ist die, dass unser Planet der einzig existierende sei, auf dem es Leben gibt. In unserem tiefsten Innern wissen wir, dass das nicht stimmt, aber dieser Planet wird diese Wahrheit in unseren modernen Zeiten nicht eingestehen, obwohl seit über fünfzig Jahren von überallher auf der Welt beeindruckende Hinweise auf gesichtete UFOs eingehen. Bei jedem anderen Thema als UFOs hätte die Welt der Sache Glauben geschenkt und sie akzeptiert, aber dieses Thema war zu bedrohlich. Deshalb betrachten wir Material, das darauf schließen lässt, dass es höheres Bewusstsein im Universum gibt, nicht nur auf den Sternen, sondern vielleicht unmittelbar hier auf der Erde.

Gesammelte Auffälligkeiten

Der Stamm der Dogon, Sirius B und Delphinwesen

Diese Zeichnung hier [Abb. 1-3] ist wirklich beachtlich. Die Informationen darin stammen aus einem Buch über den Planeten Sirius, »The Sirius Mystery«, von Robert Temple. Er hatte, so sagte man mir, zehn bis zwölf Themen zur Auswahl, von denen jedes zu dem gleichen Schluss führen würde, nur von einem völlig anderen Blickwinkel. Ich bin froh, dass er sich gerade dieses Thema aussuchte, da es Verbindungen zu einem weiteren Aspekt dessen hat, worüber wir hier reden werden.

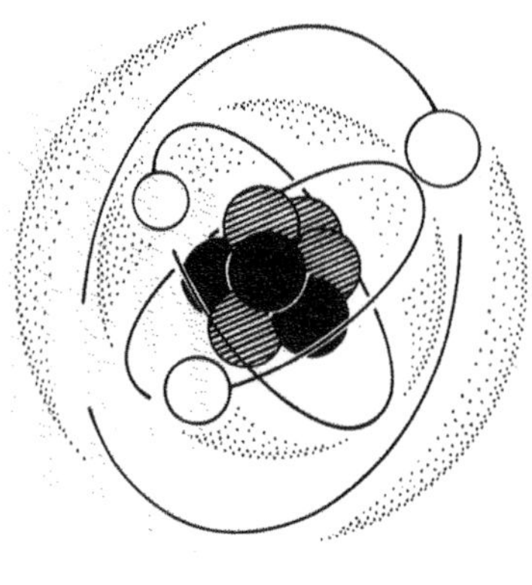

Robert Temple war – obwohl die Wissenschaft schon lange darum wusste – einer der ersten, der bestimmte Tatsachen über einen afrikanischen Stamm in der Nähe von Timbuktu preisgab, der »die Dogon« genannt wird. Dieser Stamm ist im Besitz von Informationen, die er, an den Maßstäben unserer heutigen Welt gemessen, schlichtweg unmöglich haben kann. Diese Informationen machen alles an unserem Selbstbild zunichte, wenn es darum geht, dass wir meinen, wir seien die einzigen im All.

Man muss dazu wissen, dass die Dogon auf ihrem Land eine Höhle haben,

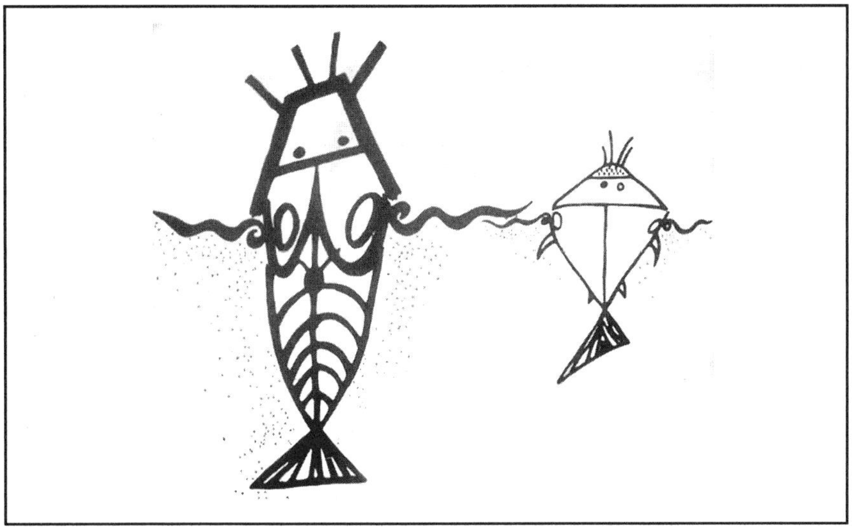

Abb. 1-3. Dogon-Zeichnung von Nommo, dem großen Helden ihrer Kultur, der die Zivilisation auf die Erde brachte. Da auf der Darstellung beide Augen sichtbar sind, sind sie wohl als Draufsicht gemeint, was bedeutet, dass die Schwanzflosse gegenüber parallel zu den Augen ausgerichtet ist (wie beim Delphin), statt seitlich aufgerichtet wie beim Fisch. Die Wasseroberfläche ist eindeutig eingezeichnet, und sie lässt darauf schließen, dass der Nommo Luft atmet. Die Zeichnung stammt aus der australischen Zeitschrift Simply Living.

die weit in einen Berg hineinreicht, und in dieser Höhle finden sich über 700 Jahre alte Wandzeichnungen. Ein bestimmter Mann, der heilige Mann ihres Stammes, sitzt vor dieser Höhle, um sie zu bewachen. Diese Aufgabe hat er für sein ganzes Leben. Der Stamm versorgt ihn mit Essen und kümmert sich um ihn, aber niemand darf ihn berühren oder nahe an ihn herankommen. Wenn er stirbt, tritt ein anderer heiliger Mann an seine Stelle. In dieser Höhle finden sich verblüffende Zeichnungen und Informationen. Auf zwei will ich jetzt hier ein wenig eingehen – und das sind nur zwei von vielen.

Zunächst einmal gehen wir auf den hellsten Stern am Himmel ein (mit einer scheinbaren Größe von 1,4): den Sirius, mittlerweile Sirius A genannt. Wenn man den Oriongürtel betrachtet, diese drei Sterne hintereinander, und eine Linie nach links unten zieht, so sieht man einen sehr hellen Stern, den Sirius A. Folgt man ihm ungefähr doppelt so weit nach oben, sieht man die Plejaden. Die Informationen in der Dogon-Höhle zeigten ganz genau einen zweiten Stern, der um den Sirius kreiste. Die Dogons machen ganz genaue Angaben zu diesem Stern. Sie sagen, er sei sehr, sehr alt und sehr klein, und er bestünde aus dem, was sie »die schwerste Materie im Universum« nennen (was dem Sachverhalt zwar nicht ganz, aber doch fast entspricht), und dieser kleine Stern brauche »annähernd fünfzig Jahre«, um den Sirius einmal zu umkreisen. Das ist schon sehr detailliert. Den Astronomen gelang es 1862, die Existenz von Sirius B, einem Weißen Zwerg, zu belegen, und erst vor vielleicht fünfzehn oder zwanzig Jahren konnten sie die andere Information bestätigen.

Nun haben Sterne große Ähnlichkeit mit Menschen, wie du sehen wirst. Sie sind nämlich lebendig, und sie haben eine Persönlichkeit und viele Eigenschaften, die auch bei uns anzutreffen sind. Wissenschaftlich gesprochen, durchleben sie Wachstumsphasen. Sie beginnen als Wasserstoffsonnen, wie die unsere, wo zwei Wasserstoffatome bei einer Kernfusion zusammenkommen, um Helium zu bilden. Dieser Vorgang erzeugt alles Leben und Licht auf diesem Planeten.

Wenn der Stern weiter heranreift, setzt ein weiterer FusionsProzess ein – der HeliumProzess –, bei dem sich drei Heliumatome zusammenfügen, um Kohlenstoff zu bilden. Dieser WachstumsProzess setzt sich durch unterschiedliche Stadien hindurch fort, bis er ganz oben auf der Tabelle der

Vor nicht allzulanger Zeit wurde ein Magnetar (Magnet + Stern) entdeckt – es ist ein Neutronenstern mit etwa 200 Umdrehungen pro Sekunde, der ein enormes Magnetfeld erzeugt. Wissenschaftler entdeckten am 27. August 1998 etwas, das sie als Sternbeben bezeichneten. Ihre Instrumente orteten Radiowellen aus SGR 1900+14. Die Strahlung war zu viel für die Gammastrahlen-Detektoren auf sieben Raumschiffen, wodurch zwei den Dienst einstellten, darunter das Raumschiff Near Asteroid Rendezvous (NEAR).

Atome kommt, durch eine bestimmte Ebene hindurch, und an diesem Punkt hat der Stern dann das Ende seiner Lebensspanne erreicht. Am Ende seines Lebens gibt es, soweit wir wissen, in der Hauptsache zwei Dinge, die ein Stern tun kann. Neue Daten über Pulsare und Magnetare lassen allerdings auf noch andere Optionen schließen. Erstens kann er explodieren und so zur Supernova werden, einer riesigen Wasserstoffwolke, aus deren Leib Hunderte von neuen Ministernen hervorgehen. Zweitens kann er rapide expandieren und so zu dem werden, was man als roten Riesen bezeichnet – eine gigantische Explosion, die seine gesamten Planeten erfasst, sie verbrennt und das ganze System vernichtet, danach bleibt er für eine lange Zeit in seinem Zustand der Expansion. Anschließend kollabiert er nach und nach und wird zu einem winzigen alten Stern, den man auch als »Weißen Zwerg« bezeichnet.

Was die Wissenschaftler in der Umlaufbahn des Sirius fanden, war ein Weißer Zwerg, entspricht also exakt dem, was die Dogon sagen. Dann überprüfte die Wissenschaft, wie viel der Stern wog, um herauszufinden, ob er tatsächlich die »schwerste Materie im Universum« war. Den ursprünglichen Berechnungen zufolge – sie entstanden vor rund zwanzig Jahren – wog er etwa 55 Kilo pro Kubikzentimeter. Eine schwere Materie war das natürlich ganz gewiss, aber mittlerweile weiß die Wissenschaft, dass dies eine extrem vorsichtige Schätzung war. Die neuesten Schätzungen liegen bei etwa 91Tausend Tonnen pro Kubikzentimeter! Lässt man einmal die Schwarzen Löcher außer acht, so hat man hiermit scheinbar wirklich die schwerste Materie im Universum. Das bedeutet, wenn man einen Kubikzentimeter von diesem Weißen Zwerg hätte, der heute Sirius B genannt wird, so würde er etwa 91 Tausend Tonnen wiegen und somit geradewegs durch alles hindurchfallen, worauf man ihn abstellen will. Er würde in Richtung Erdmitte wandern und eine lange Zeit regelrecht über den Mittelpunkt hinweg vor- und zurückpendeln, bis die Reibung ihn schließlich genau im Zentrum zum Stillstand brächte.

Dazu kam, dass die Wissenschaftler, als sie die Umlaufbahn des Sirius B um den größeren Sirius A überprüften, feststellten, dass er für eine Umrundung 50,1 Jahre brauchte. Nun, ein Zufall konnte das doch wohl kaum sein! Es liegt einfach zu nahe bei der Wahrheit, kommt den Fakten zu nahe. Doch woher hatte ein uralter primitiver Stamm solche detaillierten Informationen über einen Stern, den man erst in diesem Jahrhundert vermessen konnte?

Aber das sind noch längst nicht alle Informationen, die der Stamm besaß. Er wusste auch um all die anderen Planeten in unserem Sonnensystem, darunter Neptun, Pluto und Uranus, die erst in jüngerer Zeit entdeckt wurden. Er wusste genau, wie diese Planeten aussehen, wenn man sich ihnen vom Weltraum her nähert, was auch wir erst vor relativ kurzer Zeit erfahren haben. Diese Stammesangehörigen wussten auch um die roten und weißen Blutkörperchen und hatten alle erdenklichen Arten von physiologischen Informationen über den menschlichen Körper, die wir erst in neuerer Zeit erlangt haben. Und all das von »Primitiven«!

Natürlich schickte man ein Wissenschaftlerteam zu den Dogon, um sie zu fragen, woher sie all das wussten. Nun, an dieser Stelle machten die Wissenschaftler wahrscheinlich einen großen Fehler, denn wenn sie akzeptierten, dass die Dogon wirklich über diese Informationen verfügten, dann mussten sie automatisch auch den Weg akzeptieren, wie sie diese erhalten hatten. Als sie die Dogon fragten, woher sie das wussten, antworteten diese, die Zeichnungen an den Wänden ihrer Höhle demonstrierten es ihnen. Diese Wandmalereien zeigen eine fliegende Untertasse – so sieht es zumindest aus, dieser ganz vertraute Umriss – die aus dem Himmel auftaucht und auf drei Beinen landet, ferner zeigen sie, wie die Wesen im Raumschiff ein großes Loch im Boden erzeugen, es mit Wasser füllen, aus dem Raumschiff in das Wasser springen und am Rand des Wassers auftauchen. Diese Wesen sehen recht ähnlich aus wie Delphine, vielleicht waren sie ja auch Delphine, aber sicher sind wir da nicht. Sie begannen mit den Dogon zu kommunizieren. Sie schilderten, wo sie hergekommen waren und gaben dem Stamm der Dogon diese ganzen Informationen.

Das also sagten die Dogon. Die Wissenschaftler saßen einfach nur sprachlos dabei. Schließlich brachten sie gedehnt hervor: »Neeein, davon haben wir noch nichts gehört.« Weil sie in keine ihrer bisherigen Wissensschubladen passten, kehrten sie diese Informationen einfach geistig unter den Teppich. Die meisten Menschen, Wissenschaftler inbegriffen, wissen mit solchen Fakten einfach nichts anzufangen. Es hat eine Menge Informationen wie diese gegeben, mit denen wir einfach nichts anzufangen wissen. Und da wir keinen Weg finden, ungewöhnliche Informationen wie diese mit dem zu vereinbaren, was wir bereits zu wissen glauben, heften wir sie einfach irgendwo ab – denn die Theorien funktionieren nicht, müsst ihr wissen, wenn wir diese Informationen behalten.

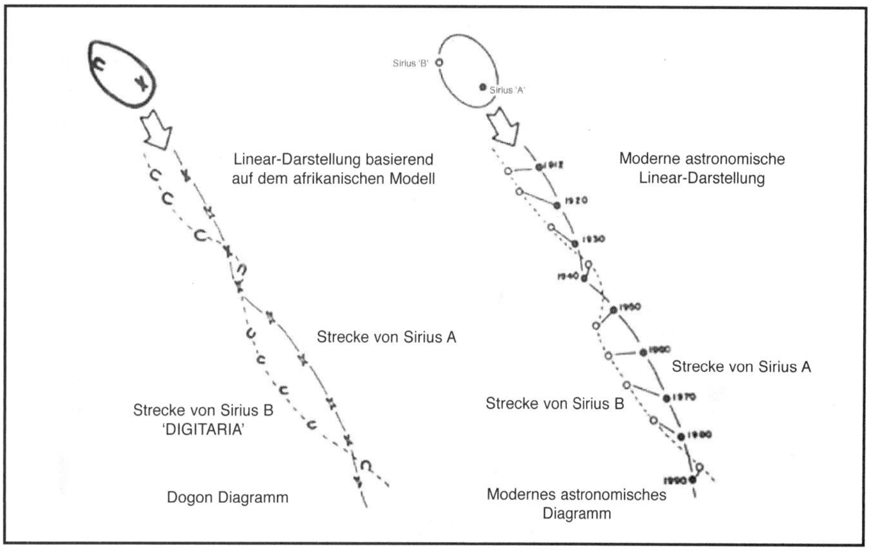

Abb. 1-4. Zwei lineare Strecken, durch die dargestellt wird, wie Sirius B Sirius A umkreist. Die linke Zeichnung basiert auf Dogon-Zeichnungen; die Darstellung rechts wurde von Robert Temple errechnet.

Hier noch etwas, das die Dogon wussten. Diese kleine Zeichnung fand sich an der Wand [Abb. 1-4], aber die Wissenschaftler konnten sich beim besten Willen nicht erklären, was das bloß darstellen sollte – bis Computer die Umlaufbahn von Sirius A und Sirius B berechneten. Von der Erde aus gesehen ist das Muster, das sich in der Höhle der Dogon zeigt, identisch mit dem Muster, das sich ergibt, wenn Sirius B die Bahn von Sirius A kreuzt – in einem festen zeitlichen Rahmen, nämlich von 1912 bis zum Jahr 1990. Die Delphine, oder was auch immer diese Wesen sein mochten, gaben den Dogon dieses hochaktuelle Diagramm/diesen Zeitablauf vor mindestens 700 Jahren!

Nun, wo ich in meinem Leben hierauf gestoßen bin, habe ich entdeckt, dass sowohl 1912 als auch 1990 besonders wichtige Jahre waren. Mehr noch als das: Der Zeitraum zwischen diesen beiden Jahren war wahrscheinlich einer der wichtigsten, den es in der Geschichte der Erde je gegeben hatte. Näheres hierzu werde ich noch später erklären, aber ich will kurz vorausschicken, dass 1912 Experimente mit Zeitreisen begannen sowie Experimente mit außerirdischen Grays und Menschen. (Auch darauf gehen wir später noch weiter ein.) Und 1990 war das erste Jahr, in dem das Gitternetz für den Aufstieg unseres Planeten vollendet war. Und noch viele weitere Ereignisse spielten sich in diesem Zeitraum ab. Die Tatsache, dass die Wandmalereien der Dogon genau diesen Zeitraum festhielten, könnte man eindeutig als prophetisch deuten.

Kurzreise nach Peru und weiteres Dogon-Material

Es muss wohl 1982 oder 1983 gewesen sein, als ich zum ersten Mal auf diese Informationen der Dogon stieß. Ich fand mich im Umfeld von Menschen wieder, die mit dem Dogon-Stamm arbeiteten und tatsächlich dorthin flogen und mit Stammensangehörigen kommunizierten. 1985 begleitete ich eine Gruppe nach Peru, darunter auch jemand, der die Dogon erforschte. Wir checkten in ein plüschiges Hotel in Cúzco ein, das sich »Hotel San Agustín« nannte, und hatten vor, am nächsten Tag den Spuren der Inkas zu folgen und einen Pfad entlangzuwandern, der rund 75 Kilometer weit über die Berggipfel führte. Es geht bis auf über 4.600 Meter hoch, und dann fällt der Weg wohl 1.500 Meter ab, zum Machu Picchu. Wunderschön.

Unser Hotel war ein spanischer Palast aus Adobeziegeln, der sich hinter hohen Mauern mitten im Zentrum der Stadt verbarg. Wir hatten uns paarweise zusammengetan, weil die Zimmer so billiger waren. Ich sollte mein Zimmer mit dem Dogon-Forscher teilen, und er erzählte mir ständig von Dingen, die sie gerade herausfanden, darunter auch eine Menge von dem, wovon hier die Rede ist. Uns wurde unser Zimmer zugewiesen, und es stellte sich heraus, dass wir die Zimmernummer 23 hatten. Der Forscher fand das absolut spannend und rief aus: »Zimmer 23 – eine ganz besondere Glückszahl!« Von Afrika aus gesehen, der Heimat der Dogon, verschwindet der Stern Sirius hinter dem Horizont und ist dann ein paar Monate lang außer Sicht; dann kommt er jedoch wieder zum Vorschein, und zwar am Morgen des 23. Juli, wenn er ungefähr eine Minute vor der Sonne aufgeht. Leuchtend rubinrot taucht er unmittelbar über dem Horizont auf, fast haargenau im Osten. Sechzig Sekunden später erscheint die Sonne. Man kann den Sirius also nur einen Moment lang sehen, dann ist er verschwunden. Man nennt das den heliakischen Aufgang des Sirius, und das war ein sehr wichtiger Augenblick für die meisten Völker der Alten Welt, nicht nur für die Dogon und Ägypter.

Das ist der Moment, wo Sirius und die Sonne und die Erde sich im Weltraum auf einer geraden Linie befinden. In Ägypten waren fast alle Tempel auf diese Linie ausgerichtet, sogar auch der Blick der Sphinx. Viele der Tempel hatten irgendwo ein winziges Loch in der Wand, und dann gab es da noch ein weiteres winziges Loch durch eine andere Wand und dann durch noch eine und noch eine, und sie alle führten zu einer halbdunklen inneren Kammer. In dieser Kammer befand sich dann so etwas wie ein Würfel oder ein Dreieck aus Granit. Die Proportionen des Gebildes richteten sich nach dem Goldenen Schnitt. Es stand in der Mitte des Raumes und war mit einer kleinen Markierung versehen. Im Augenblick des heliakischen Aufgangs von Sirius streifte dann immer für ein paar Sekunden ein rubinrotes Licht den Altar, und damit begann dann das neue Jahr und der erste Tag des Sothischen Kalenders in Altägypten.

Wie dem auch sei, hier waren wir nun in Peru, bekamen das Zimmer zugewiesen und machten unsere Bemerkungen zur Zahl 23. Wir gingen hinein und stellten unser Gepäck ab, und dann blickten wir alle beide auf das Bett, und auf dem Bettüberwurf befand sich dieses Motiv [Abb. 1-5].

Wir standen nun quasi mit offenem Mund da und starrten es wohl fünf Minuten lang an, bevor wir etwas hervorbrachten, so schnell drehte sich das Mühlrad in unserem Kopf bei unserem Versuch, eine Erklärung dafür zu finden.

Betrachtet man nochmals das Bild der Wesen, die aus der fliegenden

Untertasse herausgekommen waren, so kann man feststellen, dass sie sehr ähnlich aussahen. Beide befanden sich halb im Wasser und halb außerhalb – Säugetiere, die Luft atmeten – und ihre Schwanzflossen waren horizontal, nicht vertikal wie bei einem Fisch. Die einzigen Meerestiere mit Flossen dieser Art sind Zetazeen wie Delphine und Wale.

Doch die Dogon-Darstellung stammte aus Afrika ... und hier waren wir in Peru und starrten fassungslos auf ein verblüffend ähnlich aussehendes Säugetier. Das ließ sich einfach nicht zusammenbringen. Also befragten wir das Hotelpersonal, ob jemand etwas über dieses Emblem wusste. Fehlanzeige – viel wussten die Hausangestellten dazu nicht. Ein Großteil von ihnen war spanischer Abstammung und hatte keine sonderliche Verbindung zu Indianerlegenden. Sie kannten die alten Schöpfungsmythen nicht, also hatten sie auch keine Ahnung, was das Emblem bedeutete. Hier ein Bild der gesamten Insignien [Abb. 1-6].

Abb. 1-5. Logo auf Hotel-Bettüberwurf in Cuszo.

Um mehr herauszufinden, mieteten wir uns einen kleinen Wagen und fuhren die Umgebung ab, um noch weitere Einheimische zu befragen. Schließlich verschlug es uns an den Titicaca-See, wo wir mit Uros-Indianern sprechen konnten. Irgendwann flocht ich in das Gespräch meine Frage ein: »Was wissen Sie hierüber?« »Aha, ja«, sagten sie, und dann erzählten sie mir eine Geschichte, die ganz ähnlich klang wie die, die uns die Dogon erzählt hatten! Ihre Schöpfungsgeschichte geht so: Eine fliegende Untertasse kam aus dem Himmel und landete auf dem Titicaca-See, auf dem Island of the Sun. Diese delphinartigen Kreaturen sprangen ins Wasser, tauchten zu den Menschen auf und erzählten ihnen, woher sie kamen, und so begann eine enge Beziehung zu den Völkern vor den Tagen der Inkas. Und diese Verbindung mit den Sky People, so will es die Geschichte, brachte das Inka-Imperium hervor.

Mir fiel die Kinnlade herunter vor Staunen. Etwas später veröffentlichte die australische Zeitschrift Simply Living eine ganze Artikelserie zu diesem Thema. Nachforschungen hatten nämlich ergeben, dass es in Kulturen auf der ganzen Welt ähnliche Geschichten gibt. Allein im Mittelmeerraum existieren zwölf unterschiedliche Kulturen, in denen Geschichten dieser Art überliefert sind.

Auf die Delphine werden wir in diesem Buch noch oft zurückkommen, denn es scheint, sie spielten bei der Entwicklung des Bewusstseins auf diesem Planeten eine immense Rolle.

Abb. 1-6. Logo des Hotels San Agustin, Cuzco.

Die Entschlüsselung des hebräischen Bibelcodes

Es gibt ein Buch mit dem Titel »Der Bibelcode« von Michael Drosnin. Dieses Buch wird, sobald es in in breiteren Kreisen bekannt ist, enorme Auswirkungen auf das menschliche Bewusstsein haben und einen großen Beitrag leisten dazu, das Gefühl des Getrenntseins von Gott zum Einsturz zu bringen.

Dr. Eli Rips, ein israelischer Mathematiker, hatte in der hebräischen Bibel einen raffinierten Computercode entdeckt. Dieser wurde von den Universitäten in Yale und Harvard und sogar vom Pentagon überprüft, und sie alle konnten weitere Beweise dafür erbringen, dass er der Wahrheit entspricht. Es handelt sich um eine wissenschaftliche Entdeckung, nicht nur um die Phantastereien eines einzelnen Menschen. Was sie herausfanden, ist, dass (wahrscheinlich) alle Personen und Ereignisse, die in Zeit und Raum auftreten, schon vor Tausenden von Jahren in der Bibel vermerkt wurden, was eindeutig zeigt, dass die Zukunft bekannt ist. Detaillierte Angaben wie etwa das Datum und der Ort, an dem ihr geboren wurdet und das Datum und der Ort, an dem ihr sterben werdet (in der Zukunft) sowie die wichtigsten Dinge, die ihr in eurem Leben erreicht, stehen bereits in der Bibel. Das mag abenteuerlich klingen, aber es ist wahr. Berechnungen zufolge beträgt die Wahrscheinlichkeit ansonsten mindestens eins zu einer Million. Lest das Buch am besten selbst. Ist dies das »geheime Buch«, von dem es in der Bibel heißt, es sei versteckt und würde nicht eher aufgeschlagen, als bis das »Ende aller Tage« gekommen ist? Nach dem Maya-Kalender treten wir gerade ein in das »Ende aller Tage«.

Ein Sanskrit-Vers und Pi

Betrachten wir nun etwas völlig anderes, das den Schluss nahelegen könnte, dass die alten Wesen dieser Welt vielleicht viel entwickelter waren, als wir ihnen zugestehen. Abbildung 1-7 ist eine phonetische Umschrift eines Sanskrit-Verses. Dieser wurde in einem Artikel vorgeführt, der – ich glaube, in den frühen achtziger Jahren – in dem Magazin Clarion Call stand. Die deutsche Übersetzung steht unter der Sanskrit-Fassung.

gopi bhagya madhuvrata
srngiso dadhi sandhiga
khala jivita khatâva
gala hålå rasandhara

O Herr [Krishna], gesalbt mit dem Joghurt aus der
andächtigen Verehrung der Milchmädchen, o Retter
der zu Fall Gekommenen, o Meister Shivas, bitte schütze mich.

Abb. 1.7. Aus dem Clairon Call Magazin: .Mathematik und die spirituelle Dimension von David Osborn.

Im Laufe langjähriger Untersuchungen haben Forscher herausgefunden, dass jedem dieser Sanskritlaute ein numerischer Wert entspricht. Sie brauchten lange Zeit, um dies zu entschlüsseln. Abb. 1-8 zeigt all die unterschiedlichen Laute, die im Sanskrit möglich sind. Jeder Laut hat einen numerischen Wert zwischen null und neun, und manche Silben haben zwei Zahlenwerte. So zum Beispiel entspricht ka, ein Primärlaut, zu übersetzen mit »Geist«, entweder der Null oder der Eins, je nachdem, wie er eingesetzt wird, nehme ich an.

Als Forscher diese unterschiedlichen Lautwerte nahmen und auf dieses spezielle Gedicht anwendeten, ergab sich eine mathematische Zahl, die außerordentlich signifikant ist: 0,3141592653589 ... usw., bis auf 32 Stellen. Das ist die exakte Zahl von pi geteilt durch zehn, auf 32 Stellen exakt! Niemand hat es je geschafft, herauszufinden, wie man das Dezimalkomma in die Berechnung einbezieht, und deshalb ist dies pi durch zehn. Versetzt man das Dezimalkomma um eine Stelle nach rechts, stünde da 3,1415 etc., der Durchmesser eines Kreises, geteilt durch seinen Umfang. Nun, in alter Zeit mag man zwar den Durchmesser eines Kreises dividiert durch seinen Umfang gekannt haben, doch geht man nach der Auffassung unserer Kultur, was für Menschen das damals waren, so konnten sie diesen unmöglich mit solcher Exaktheit berechnen. Und doch haben wir hier den unumstößlichen Beweis dafür.

Es gibt viele, viele solcher Gedichte und viele, viele weitere Texte auf Sanskrit. Ich weiß nicht, wie weit man mit ihrer Entschlüsselung bislang gekommen ist, aber ich denke, wenn alle Ergebnisse vorliegen, werden sie höchst bemerkenswert sein.

Wie haben die Menschen in alter Zeit das bewerkstelligt? Wer waren sie wirklich? Ist es möglich, dass unser Bild von ihnen nicht ganz zutreffend ist? Waren sie womöglich doch ein klein wenig weiter, als wir dachten? Dieser Vers legt das eindeutig nahe.

ka				= 0
ka	ta	pa	ya	= 1
kha	tha	pha	ra	= 2
ga	da	ba	la	= 3
gha	dha	bha	va	= 4
gna	na	ma	sa	= 5
ca	ta	sa		= 6
cha	tha	sa		= 7
ja	da	ha		= 8
jha	dha			= 9

pi/10=0,31415926535897932384626433832792

Abb. 1.8. Sämtliche Laute im Sanskrit mit jeweiligem numerischen Wert.

Wie alt ist die Sphinx?

Nachfolgendes ist vielleicht eine der wichtigsten Entdeckungen, die auf diesem Planeten je stattgefunden haben. Etwas, das sich genau jetzt, in diesem Augenblick, abspielt. Es begann jedoch vor etwa vierzig Jahren mit R. A. Schwaller de Lubicz. Das ist ein berühmter Ägyptologe, ein Autodidakt, der viele Bücher geschrieben hat. Er und seine Tocher Lucy de Lubicz haben ein tiefreichendes Verständnis der heiligen geometrischen Figuren und der ägyptischen Kultur unter Beweis gestellt.

Bei seiner eingehenden Betrachtung der Sphinx entwickelte Schwaller de Lubicz ein besonderes Interesse an der Frage, wie die immense Abnutzung an ihrer Oberfläche zustande gekommen war. In Richtung Rückseite der Sphinx fanden sich Erosionsspuren, die 3,60 Meter tiefe Einschnitte in ihre Oberfläche gekerbt haben, und dieses Erosionsmuster ist ein völlig anderes als das an anderen ägyptischen Bauwerken [Abb. 1-9]. Die Erosionsmuster an anderen angeblich zur gleichen Zeit errichteten Bauwerken wurden von ihrer Oberflächenstruktur her durch Sand und Wind eingegraben, was schlüssig ist, wenn man davon ausgeht, dass die Gebäude – so wie angenommen – rund 4000 Jahre alt sind. Die Erosionsspuren an der Sphinx jedoch sehen aus, als seien sie von Wasser geglättet worden. Entsprechend des gängigen Denkens wurden die Sphinx, die Cheopspyramide und sonstige hiermit zusammenhängende Bauwerke vor etwa 4500 Jahren in der vierten Dynastie unter Cheops errichtet.

Als Archäologen, die sich mit Ägypten befassten, darauf angesprochen wurden, dass hier etwas nicht recht zusammenpasste, stellten sie sich taub. So ging es rund vierzig Jahre lang. Anderen mochte es auffallen, doch die Ägyptologen wollten offenbar nicht zugeben, was eigentlich offensichtlich war. Dann begann sich ein gewisser John Anthony West für die Sache zu interessieren. Er hat etliche Bücher über Ägypten geschrieben, darunter »Die Schlange am Firmament« und einen hervorragenden Ägyptenführer. Als er von den Debatten über die Sphinx hörte, fuhr er selbst hin, um sich das Ganze anzusehen. Er konnte sich überzeugen, dass die Erosion unglaublich ausgeprägt war und in der Tat so wirkte, als sei sie von Wasser hervorgerufen worden. Auch er musste wie Schwaller de Lubicz feststellen, dass

Abb. 1- 9. Sphinx mit Gerüst.

er die renommierten Archäologen nicht dazu bringen konnte, sich anzuhören, wie er über die Sphinx dachte.
Ich glaube, diese Weigerung hat ihren Grund. Bitte versteht, dass ich hier nicht versuche, eine der Weltreligionen in Misskredit zu bringen. Ich berichte nur, wie es ist. Seht ihr, es gibt rund 5000 Archäologen auf der Welt, die sich mit Ägyptologie befassen, und sie sind sich größtenteils einig. Diese Einigkeit hat mittlerweile Tradition. Ab und zu wird eine Aussage ein wenig geändert, aber nicht zu viele auf einmal (und auch nicht zu schnell), und so sind sich die meisten auch einig, welches Alter die Pyramiden haben. Diese Archäologen sind, mit wenigen Ausnahmen, Moslems, und ihre heilige Schrift ist der Koran. Im Koran heißt es, der traditionellen Auslegung zufolge, dass die Schöpfung vor etwa 6000 Jahren begann. Würde ein Moslem also sagen, ein Bauwerk sei 8000 Jahre alt, so würde er seiner Bibel widersprechen. Das kann er nicht, er kann es einfach nicht, also lässt man sich gar nicht erst darauf ein, über Gedanken wie diesen zu sprechen oder zu diskutieren.
Wenn also einer daherkommt und sagt, irgendein Bauwerk sei älter als 6000 Jahre, so werden die Archäologen dem nicht zustimmen. Sie werden alles tun, um ihren Glauben zu bewahren, indem sie dafür sorgen, dass keiner etwas über von Menschenhand geschaffene Objekte erfährt, die älter als 6000 Jahre sein könnten. So zum Beispiel haben sie um die Pyramiden der Ersten Dynastie, die älter sind als Saqqara, eine Einfriedung gebaut und militärische Befestigungsanlagen um sie herum und innerhalb der Mauern gebaut, damit niemand dorthin gelangt. Warum das alles? Weil sie älter als 6000 Jahre alt sind oder zumindest annähernd so alt. Also tat John Anthony West den Schritt aus der Ägyptologenwelt heraus und brachte einen amerikanischen Geologen namens Robert Shoch ins Spiel, dessen Computeranalyse eine radikal andere, wissenschaftliche Sichtweise erbrachte. Siehe da, es bestand nämlich nicht der leiseste Zweifel daran, dass die Sphinx in der Tat Spuren einer Erosion durch Wasser zeigt – und in einer Wüste, die mindestens 7000 Jahre alt ist, muss sie von daher wohl gut 6000 Jahre alt sein.
Noch dazu haben Computer errechnet, dass es mindestens 1000 Jahre lang ununterbrochen nonstop 24 Stunden am Tag sturzflutartige Regenfälle gegeben haben müsste, um eine solche Erosion hervorzurufen. Ausgehend davon muss die Sphinx mindestens 8000 Jahre alt sein. Da es aber unwahrscheinlich ist, dass es 1000 Jahre lang nonstop wie aus Eimern gegossen hat, gingen die Schätzungen dahin, dass sie mindestens 10-15.000 Jahre alt sein müsste, vielleicht auch noch viel älter. Wenn dieses Beweismaterial in die Öffentlichkeit gelangt, wird das auf diesem Planeten eine der gewichtigsten Neuerkenntnisse seit langer, langer Zeit sein. Es wird wahrscheinlich größere Auswirkungen auf das Selbstverständnis der Welt haben als jede andere Entdeckung. Dieses Material hat noch keinen Eingang in die Schulen oder die Allgemeinbildung gefunden, obwohl es die Runde um den gesamten Planeten gemacht hat. Man hat es betrachtet und geprüft und darüber nachgedacht und debattiert, und am Ende kamen die meisten Wissenschaftler zu der Überzeugung, dass nicht daran zu rütteln war.
Damit hätten wir also das Alter der Sphinx auf mindestens 10.000 Jahre erhöht, vielleicht auch auf 15.000 oder noch viel mehr, und schon verändert das die gesamte Weltsicht der Menschen an vorderster Front der Archäologie. Man muss sich klarmachen: Nach dem zu urteilen, was wir derzeit zu wissen glauben, war die älteste Zivilisation auf der Erde die der

Sumerer, und sie geht auf ca. 3800 Jahre v. Chr. zurück. Davor, so der herkömmliche Erkenntnisstand, gab es nichts als haarige Barbaren – keine Zivilisation wo auch immer auf dem gesamten Planeten. Aber nun haben wir hier etwas von Menschenhand Errichtetes und einer Zivilisation Zuzuordnendes, das 10.000 bis 15.000 Jahre als ist. Damit verändert sich mit einem Schlag alles!

In der Vergangenheit hat sich gezeigt, dass es immer dann, wenn etwas wie dies hier entdeckt wird, das einen maßgeblichen Einfluss auf das gängige Weltbild hat, rund hundert Jahre dauert, bis es zur gewöhnlichen Bevölkerung durchdringt, bis der Durchschnittsmensch sagt: »Ja, klar, das stimmt!« Dieses Mal jedoch wird es viel schneller gehen, und das liegt am Fernsehen, an den Computern, am Internet und am heutigen Umfeld. Nun beginnt man in wissenschaftlichen Zirkeln zum allerersten Mal die Worte Platos in einem neuen Licht zu sehen, als er von einer anderen Kultur, einem anderen Kontinent aus einer im Halbdunkel liegenden Vergangenheit sprach, der den Namen Atlantis trug.

Die Sphinx ist die größte Skulptur auf dem Planeten. Sie wurde *nicht* von haarigen Barbaren geschaffen, sondern von einer sehr ausgereiften Kultur. Und sie stammt nicht von irgendjemandem, den wir derzeit hier auf der Erde kennen. Aus wissenschaftlicher Sicht ist das der erste handfeste Beweis zum wahren Alter der Zivilisation, den man akzeptieren muss. Es hat zahlreiche weitere Beweise gegeben, doch hat man sie einfach immer wieder unter den Teppich gekehrt. Durch diese Information über die Sphinx hat unsere Weltsicht einen Riss bekommen. Das war um 1990, und der Riss wird nun immer breiter. Wir haben nun akzeptierte Belege dafür, dass es absolut so gewesen sein muss, dass schon vor 10.000 Jahren jemand Hochzivilisiertes auf der Erde war. Und gleich wird deutlich werden, warum das unser Selbstbild vollkommen verändern wird.

Edgar Cayce, die Sphinx, und die Halle der Aufzeichnungen

Ich finde es außerordentlich interessant, dass ausgerechnet die Sphinx diese Veränderung auslöst, insbesondere mit Blick auf das, was die A.R.E. [*Association for Research and Enlightenment*] gesagt hat. Die A.R.E., eine Stiftung, die auf den Lehren des »schlafenden Propheten« Edgar Cayce basiert, sagt, dass die Sphinx den Zugang zur Halle der Aufzeichnungen in sich berge. Die Halle der Aufzeichnungen ist angeblich eine unterirdisch angelegte Kammer, die physisches Beweismaterial für uns überlegene alte Zivilisationen auf der Erde enthält.

Cayce ist ein sehr interessanter Prophet. Er traf etwa 14.000 Vorhersagen in seinem Leben, und bis 1970 waren 12.000 dieser Vorhersagen eingetroffen und 2.000 standen noch aus. Und bei all diesen Vorhersagen unterlief ihm nur ein einziger winziger Fehler. Bei 12.000 Vorhersagen ist das unglaublich. Von daher ist man fast geneigt, ihm diesen einen Fehler nachzusehen: Cayce hatte nämlich einen Brief von einem Mann in Frankreich erhalten, der ihn bat, ihm etwas zu seiner Gesundheit zu sagen, worauf Cayce diese Auskunft versehentlich für den Zwillingsbruder des Fragestellers erteilte. Das war sein einziger Fehler. Alles andere traf exakt so ein, wie von Cayce vorhergesagt – bis 1972. Nach 1972 schlichen sich jedoch Fehler ein, und ich werde zu gegebener Zeit noch darauf eingehen, warum. (Wer meint, Cayce's Vorhersage, Atlantis würde vor 1970 an die Wasseroberfläche kommen, sei *nicht* eingetroffen, dem empfehle ich, einmal die

Januarausgabe 1970 von *Life* unter die Lupe zu nehmen. Es kamen in der Tat in der Gegend, in der Cayce zufolge Atlantis gewesen sein muss, Inseln an die Meeresoberfläche; manche sind wieder versunken und manche befinden sich noch heute über dem Wasserspiegel.)

Wie Cayce sagt, ist die rechte Tatze der Sphinx die Öffnung, die zur Halle der Aufzeichnungen führt. Sowohl Thot als auch Cayce haben verlauten lassen, es gäbe physische Objekte, die in einem unterirdischen Raum unweit der Sphinx versteckt seien und den absoluten Beweis lieferten, dass es lange vor uns hochentwickelte Kulturen auf diesem Planeten gab. Thot sagt, diese Objekte würden die Existenz solcher fortgeschrittener Kulturen bis auf fünfeinhalb Millionen Jahre zurück beweisen. Im Vergleich zu diesen uralten Kulturen steckt unsere Kultur noch in den Kinderschuhen. Tatsache ist, dass die Zivilisation auf diesem Planeten Thot zufolge 500 *Millionen* Jahre zurückreicht, und unsere allererste Kultur kam ursprünglich von den Sternen. Doch vor fünfeinhalb Millionen Jahren geschah etwas Kolossales, das sich auf die Akasha-Chronik auswirkte. Mir ist – so, wie ich die Akasha-Chronik verstehe – nicht klar, wie es überhaupt dazu kommen konnte. Soweit ich weiß, existiert alles, was in Erscheinung tritt, immer und ewig – in Form von Schwingungen. Ich verstehe also nicht, wie die Akasha-Chronik vernichtet werden kann, und dennoch sagt man mir, dass das stimmt.

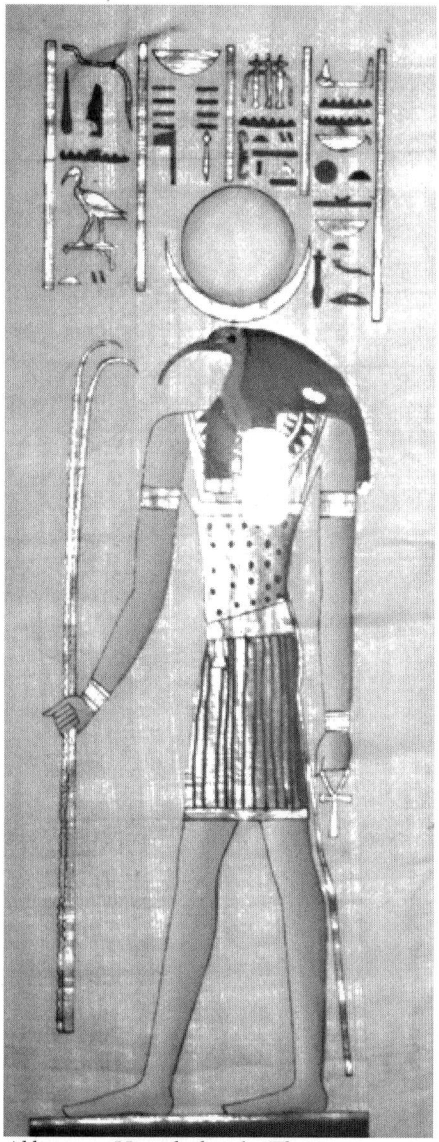
Abb. 1-10. Hieroglyphen für Thot.

Thot – eine kurze Vorstellung

Wer ist Thot? Was hier auf dieser Illustration [Abb. 1-10] zu sehen ist, sind ägyptische Hieroglyphen. Alles auf dem Bild sind Hieroglyphen, nicht nur die Bilder ganz oben. »Hieroglyphen« bedeutet »*heilige Schriftzeugnisse*«. Diese Hieroglyphen sind auf Papyrus gemalt, vermutlich das erste Papier der Welt. Der hier gezeigte Mensch ist ein Mann namens Thot, der Name wird mit langem »O« gesprochen. In der Hieroglyphe wird Thots Kopf als Ibis dargestellt, eine Vogelart. Immer wenn man also diesen breitschultrigen Mann mit einem eigentümlichen Vogelkopf sieht, hat man eine Hieroglyphe vor sich, die dieses ganz bestimmte Wesen, Thot, dargestellt. Er hält Papyrusrohr in der Hand, da er es war, der auf der Welt das Schreiben einführte. Die Einführung des Schreibens war ein sehr, sehr wichtiges Ereignis, wahrscheinlich der folgenreichste Akt, der auf diesem Planeten im gegenwärtigen Zyklus je eingetreten ist. Es hat in unserer Evolution und in unserem Bewusstsein mehr verändert als jeder sonstige einzelne Akt in unserer uns bekannten Geschichte.

Abb. 1-11. Ibisse im Zoo von Albuquerque.

Darüber hinaus hält Thot etwas in seiner linken Hand: ein Ankh-Symbol, das für das ewige Leben steht. Das Ankh ist ein außerordentlich wichtiges Symbol bei dieser Arbeit, genauso wie es eine der Hauptsymbole des alten Ägypten darstellte. Es gibt ein elektromagnetisches Energiefeld, das unseren Körper umgibt und die Form eines »Ankh« aufweist. Sich hieran wieder zu erinnern, ist aus der Sicht der alten Ägypter der Anfang unserer Heimkehr zum ewigen Leben und zu wahrer Freiheit, also ist das Ankh-Symbol ein zentraler Schlüssel.

All das hier nur zur Einführung. Ich werde immer wieder kreuz und quer springen und dabei viele Themen anschneiden, die scheinbar nichts miteinander zu tun haben; doch

dann werde ich sie nach und nach, im weiteren Verlauf, zu einem zusammenhängenden Bild zusammenfügen.
Bei meiner zweiten Ägyptenreise begab ich mich auf der Suche nach diesem kleinen Vogel namens Ibis hierhin und dorthin. Angeblich lebten Ibisse im Schilf, also versteckte ich mich dort mit meiner Kamera. Ich hielt während der gesamten Zeit meines Aufenthalts in Ägypten Ausschau nach einem Ibis. Ich durchkämmte ganz Ägypten auf der Suche nach einem Exemplar, aber nie bekam ich auch nur ein einziges zu Gesicht. Ich musste warten, bis ich wieder zurück war und im Zoo von Albuquerque diese Aufnahme machen konnte [Abb. 1-11]. Die Vogelart hat etwas von kurzbeinigen Störchen mit leuchtend rosafarbenem Gefieder.
Hier haben wir Thot beim Schreiben [Abb. 1-12]. Es handelt sich um eine Kopie einer Wandmalerei, und dieses nächste Foto [Abb. 1-13] ist eine Original-Wandplastik. Auf diesem Bild hält er kniend den Stift und schreibt. Es war ein revolutionärer Akt, der in diesem Zyklus noch nie zuvor von irgendjemandem angestrebt worden war. Der traditionellen Geschichtsschreibung zufolge kam es zu diesem Akt in Ägypten zur Zeit von Saqqara, aber ich wage das zu bezweifeln. Ich persönlich glaube, dass er rund 500 Jahre früher stattfand. Saqqara wurde während der Ersten Dynastie errichtet, schätzungsweise 3300 vor Christi Geburt. Wenn wir auf die Pyramiden zu sprechen kommen, die älter sind als Saqqara, wird deutlich werden, warum ich das glaube.

Abb. 1-12 (oben). Da es heißt, Thot habe das Schreiben erfunden, wird er oft mit Papyrusrolle und Stift dargestellt. Kopie einer Wandplastik.

Abb. 1-13 Schreibender Thot (rechte Gestalt), Original-Relief in einer Wand.

Meine Geschichte

Die Anfänge: Berkeley

So manch einer mag die Möglichkeit einer Kommunikation mit Wesen auf anderen Dimensionen nicht akzeptieren, aber genau das geschah in meinem Leben. Ich hatte nicht darum gebeten, es passierte einfach. Wie sich herausstellen sollte, kommunizierte ich über eine Reihe von Jahren fast täglich auf interdimensionaler Ebene mit dem bereits erwähnten Thot. Nun, wo ich allmählich mehr begreife, kann ich sagen, dass meine Beziehung zu Thot in Wirklichkeit schon in meiner Collegezeit in Berkeley begann.

Ich studierte im Hauptfach Physik und im Nebenfach Mathematik und stand kurz vor dem Diplom. Ein viertel Jahr später sollte ich meinen Abschluss machen. Da entschied ich für mich, dass ich den Abschluss nicht wollte, denn mir war an den Physikern etwas aufgefallen, das mich gründlich davon abbrachte, mich eingehender mit einer Wissenschaft abzugeben, die meiner Überzeugung nach gar keine war. Das ändert sich mittlerweile. Allein hierüber könnte ich ein Buch schreiben, aber das Warum hängt mit genau dem zusammen, was ich bereits über die Archäologen sagte. Physiker sehen, ganz genau wie die Archäologen, schnell woanders hin, wenn die Wahrheit, die sie erblicken, für sie zu viel Veränderung in zu kurzer Zeit bedeutet. Vielleicht ist es letzten Endes so, dass das der Natur des Menschen entspricht. Also schaltete ich auf die andere Seite meines Gehirns um und begann ein Hauptstudium in Bildender Kunst. Meine Studienberater erklärten mich für übergeschnappt. »Sie wollen einfach mir nichts, dir nichts ein Physikerdiplom sausen lassen?« fragten sie mich entgeistert. Aber ich brauchte es nicht und wollte es nicht. Um meinen neuen Abschluss zu erreichen, musste ich noch einmal zwei Jahre lang im Hauptfach Bildende Kunst und Kunstgeschichte studieren.

Dieser Fachwechsel ergibt im nachhinein einen Sinn, denn wenn man die antiken Schriften studiert, kann man feststellen, dass man damals Kunst, Wissenschaft und Religion als miteinander verwoben und verbunden sah. Die Programmierung, der ich mich also unterzog, passte zu dem, womit ich mich mittlerweile befasse.

Als Aussteiger in Kanada

1970 legte ich mein Examen ab. Nachdem wir Vietnam hinter uns hatten, und als ich mir so ansah, was sich damals in unserem Land abspielte, sagte ich schließlich: »Ich hab' die Schnauze voll! Das war's jetzt. Ich weiß nicht, wie lange ich noch lebe oder was noch passieren wird, jedenfalls lasse ich es mir von jetzt an nur noch gutgehen und tue, was ich schon immer tun wollte.« In mir reifte der Entschluss, alles hinter mir zu lassen und in den Bergen zu leben, wie ich das schon lange gewollt hatte. Ich verließ also die Vereinigten Staaten und ging nach Kanada, wobei ich damals noch nicht wusste, dass mir ein Jahr später tausende von Vietnamkriegsgegnern dorthin folgen würden. Ich heiratete eine Frau namens Renée, und wir beide ließen uns inmitten der Einöde nieder und fanden ein kleines Haus am Kootenay Lake. Wir waren weit weg von allem anderen. Von der nächstgelegenen Straße musste man fast sieben Kilometer zu Fuß zurücklegen, um zu meinem Haus zu gelangen; wir lebten also wirklich abgeschieden.

Ich begann mein Leben genau so zu führen, wie ich das immer gewollt hatte. Ich hatte schon immer herausfinden wollen, ob ich von nichts leben könnte, also probierte ich es aus. Anfangs war es etwas beängstigend, aber im Laufe der Zeit fiel es mir leichter, und bald wurde ich ein Meister in naturverbundener Lebensweise. Ich führte ein wunderbares und erfülltes Leben praktisch ohne Geld. Nach einer Weile wurde mir klar: »He, das ist ja viel einfacher als ein Job in der Stadt!« Ich musste nur etwa drei Stunden am Tag hart arbeiten, dann hatte ich den Rest des Tages frei. Ich konnte Musik machen und in der Gegend herumlaufen und es mir gutgehen lassen. Und genau das tat ich auch. Es machte Spaß. Ich machte wohl zehn Stunden am Tag Musik, mit vielen Freundinnen und Freunden aus der Umgebung, die uns von Meilen entfernt besuchten. Mittlerweile hatte unser Heim einen ziemlichen Ruf. Wir hatten einfach unseren Spaß. Dabei entdeckte ich etwas über mich selbst, das für mein jetziges Verständnis sehr wichtig geworden ist. Ausgehend hiervon – der »Rückkehr zu meinem inneren Kind«, wie ich es heute nenne – wurde mein inneres Kind befreit, und durch diese Freisetzung geschah etwas mit mir, das der Katalysator war, der mich in mein heutiges Leben führte.

Die beiden Engel und wohin sie mich führten

Während einer Zeit, die wir in Vancouver, Kanada, verbrachten, fassten wir den Entschluss, dass wir etwas über Meditation wissen wollten, also begannen wir bei einem hinduistischen Lehrer aus der Gegend Meditation zu erlernen. Meiner Frau und mir war es sehr ernst damit. Wir wollten wirklich herausfinden, was es mit Meditation auf sich hatte. Wir hatten uns weiße Seidenroben mit Kapuze geschneidert, um unseren Respekt zu bekunden. Eines Tages, nachdem wir vielleicht vier, fünf Monate lang Meditation praktiziert hatten, erschienen zwei hochaufgeschossene Engel, vielleicht drei Meter groß, bei uns im Zimmer! Sie waren zum Greifen nah – einer war grün und der andere purpurfarben. Wir konnten durch ihre durchsichtigen Körper hindurchblicken, aber dennoch waren sie definitiv da. Wir hatten weder erwartet, dass das geschehen würde, noch hatten wir darum gebeten. Wir befolgten einfach nur die Anweisungen, die unser hinduistischer Lehrer uns gab. Ich glaube auch nicht, dass er ganz verstand, was sich da abspielte, denn er überhäufte uns immer wieder mit Fragen. Von diesem Moment an war mein Leben nie wieder dasselbe. Nicht einmal entfernt.

Das erste, was die Engel sagten, war: »Wir sind du.« Ich hatte keine Ahnung, was sie meinen mochten. »Ihr seid ich?« fragte ich ungläubig zurück. Dann begannen sie, mir diverse Dinge über mich selbst und die Welt und die Natur des Bewusstseins zu vermitteln. Schließlich öffnete sich mein Herz ihnen ganz. Ich konnte immense Liebe spüren, die von ihnen kam und mein Leben völlig umkrempelte. Im Laufe vieler Jahre führten sie mich zu etwa siebzig verschiedenen Lehrerinnen und Lehrern. Es ging tatsächlich so weit, dass sie mir in der Meditation die Anschrift und Telefonnummer des Lehrers oder der Lehrerin mitteilten, wo ich vorstellig werden sollte. Sie sagten mir entweder, ich solle vorher anrufen, oder einfach bei ihm oder ihr zu Hause auftauchen. Das tat ich dann also – und es war immer die richtige Person! Daraufhin erhielt ich dann die Anweisung, für so und so lange bei der betreffenden Person zu bleiben. Mitunter konnte es auch vorkommen, dass die Engel inmitten einer bestimmten Unterweisung sagten: »Okay, das war's. Und jetzt geh'.«

Ich weiß noch, wie sie mich zu Ram Dass schickten. Ich hing vielleicht drei Tage lang in seinem Haus herum und fragte mich, was zum Donnerwetter ich bloß dort machte; und dann ging ich an einem Tag auf ihn zu und berührte ihn an der Schulter, um ihm etwas zu sagen, und da erwischte es mich so sehr, dass ich fast hinschlug. »Das war's«, bemerkten die Engel. Du kannst jetzt gehen.« Und ich gab zurück: »Okay.« Ram Dass und ich wurden Freunde, aber was auch immer ich von ihm zu lernen gehabt hatte, es war innerhalb dieser einen Sekunde erledigt.

Die Lehren von Neem Karoli Baba, Ram Dass' Lehrer, haben große Wichtigkeit für mich. Er war der Überzeugung, dass die beste Form, Gott zu sehen, darin läge, ihn in jeder Gestalt zu erblicken. Ich habe auch schon mit dem Werk von Yogananda zu tun gehabt und weiß es zu schätzen, was für ein Wesen er war. Später werden wir noch auf Shri Yukteshwar und einen Ausschnitt seiner Arbeit eingehen. Ich habe mich intensiv mit fast allen großen Religionen befasst. Gegen die Sikhs habe ich mich gesträubt, da ich nicht ihre Überzeugung teile, dass militärische Vorbereitung notwendig ist, aber mit fast dem gesamten Rest habe ich mich befasst und ihn praktiziert: Islam, Judentum, Christentum, Taoismus, Sufismus, Hinduismus, Tibetanischer Buddhismus. Ich habe eingehend den Taoismus und Sufismus studiert – ich verbrachte elf Jahre mit dem Sufismus. Die eindrucksvollsten Lehrer waren für mich bei all diesen Studien jedoch die Indianer. Die Indianer taten mir den Durchgang auf, damit mein gesamtes spirituelles Wachstum stattfinden konnte. Sie sind in meinem Leben ein sehr machtvoller Einfluss gewesen. Aber das ist wieder eine andere Geschichte, und einiges davon werde ich noch erzählen, wenn es angebracht ist.

Sämtliche Weltreligionen sprechen von ein und derselben Wirklichkeit. Sie haben unterschiedliche Worte, unterschiedliche Vorstellungen und Konzepte, aber es gibt wirklich nur eine einzige Wirklichkeit und nur einen Großen Geist, der durch alles Leben wandert. Es mag unterschiedliche Techniken geben, um andere Bewusstseinszustände zu erreichen, aber nur einer ist real, und wenn du dort bist, weißt du es. Was man es auch nennen mag – du kannst ihm unterschiedliche Namen geben – es ist immer dasselbe.

Alchemie und der erste Auftritt Thots

An einem Punkt führten mich die Engel zu einem Kanadier, der ein Alchemist war und unter anderem tatsächlich Quecksilber in Gold verwandelte (wenngleich man das auch mit Blei machen kann, was aber schwieriger ist). Ich studierte zwei Jahre lang Alchemie bei ihm und beobachtete diesen Prozess mit eigenen Augen. Er hatte eine Glaskugel mit einem Durchmesser von rund 45 Zentimetern, die mit einer Flüssigkeit gefüllt war, in der Quecksilberkügelchen aufstiegen. Sie durchliefen eine ganze Palette fluoreszierender Farben und Veränderungen, stiegen dann an die Oberfläche, verwandelten sich in kleine Kugeln aus solidem Gold und sanken dann zu Boden. Dann sammelte er die ganzen Goldkügelchen ein, um sie für seine spirituelle Arbeit zu verwenden. Er besaß ein ganz gewöhnlich aussehendes kleines Haus in Burnaby, British Columbia, auf einer ganz normal wirkenden Straße. Wenn man die Straße hinunterfuhr, sah sein Haus aus wie viele andere auch. Doch *unter* seinem Haus gab es ein geheimes Labor. Er hatte die Millionen Dollar in Gold genommen, um das Erdreich unter seinem Haus immer tiefer auszuschachten, und so war ein

Im Licht neuerer Erkenntnisse von David Hudson über Weißgoldpulver kann es sein, dass es sowohl eine physikalische Entsprechung zu Gold gibt wie auch eine spirituelle.

gigantischer Komplex entstanden, der bis in den letzten Winkel voll war mit allen erdenklichen Gerätschaften, von Elektronenwaagen bis zu was auch immer. Geld war ihm völlig egal. Und natürlich ist der Zweck der Alchemie nicht, an Gold oder Geld zu kommen, sondern *den Prozess zu verstehen*, durch den Quecksilber oder Blei zu Gold wird.

Worauf es ankommt, ist der Prozess. Denn der Prozess, wie man von Quecksilber zu Gold gelangt, entspricht dem Prozess, den ein Mensch durchläuft, wenn er von seiner Bewusstseinsebene ins Christusbewusstsein übergeht – hier gibt es eine exakte Entsprechung. De facto verhält es sich so, dass man, wollte man die *gesamte* Alchemie studieren, jede einzelne chemische Reaktion untersuchen müsste, die es gibt, denn jeder Reaktion entspricht ein ähnlich gelagerter *Erfahrungs*aspekt im Hinblick auf einen Aspekt des Lebens. Das ist die Sache mit dem alten Spruch: »Wie oben, so unten.« (Übrigens ist Thot der Mann, von dem diese Worte ursprünglich stammten – damals kannte man ihn in Griechenland unter dem Namen Hermes.)

Ich saß also einmal vor diesem Alchemielehrer, und wir praktizierten eine ganz bestimmte Form der Meditation mit offenen Augen, zu der yogische Methoden, die Atemwege zu verschließen sowie gewisse andere Atemtechniken gehörten. Er saß etwa einen Meter von mir entfernt, und wir hatten schon seit vielleicht ein, zwei Stunden diese Meditation praktiziert, jedenfalls recht lange. Und da geschah etwas – etwas, dass ich noch nie zuvor gesehen hatte, noch nie! Er, tja, man könnte sagen, war plötzlich irgendwie verschwommen, und schon war er weg. Vor meinen Augen! Einfach verschwunden! Das werde ich nie vergessen. Einen Moment lang saß ich da und wusste gar nicht, was tun. Dann streckte ich zögernd die Hand aus und tastete nach ihm. Da war niemand. »Unglaublich!«, dachte ich. Ich war absolut erstaunt. Ich war baff (wie wir in den sechziger und siebziger Jahren gern sagten). Ja, wirklich. Ich wusste nicht, was tun, also blieb ich einfach weiter dort sitzen. Da tauchte ziemlich bald danach eine andere Person vor mir auf, jemand vollkommen und durch und durch anderes! Nicht die leiseste Ähnlichkeit. Mein Alchemielehrer war um die fünfunddreißig, und der Kerl da mochte vielleicht sechzig, siebzig sein und war viel kleiner – vielleicht 1,60 Meter groß.

Es war ein kleiner Typ, und er sah aus wie ein Ägypter. Er hatte dunkle Haut, und sein Haar war sozusagen lang, aber nach hinten gebunden. Sein Gesicht war glattrasiert bis auf einen dichten Kinnbart, der vielleicht 15 Zentimeter lang sein mochte und an fünf Stellen zusammengebunden war. Er trug einfache hautfarbene Baumwollkleidung mit langen Ärmeln und Hosen, und er saß mit gekreuzten Beinen mir gegenüber. Als mein Schock sich langsam legte, blickte ich meinem Gegenüber einfach in die Augen. Dort sah ich etwas, das ich zuvor außer in den Augen von ganz kleinen Babies noch nie zuvor gesehen hatte. Wenn man einem Baby in die Augen sieht – nun ja, jeder weiß, wie einfach das ist, weil sich da nichts abspielt, was in Richtung Urteile fällen und dergleichen geht. Man kann einfach in seine Augen hineinfallen, und das Kind fällt einem in die eigenen. Genau so war es, diesen Mann anzuschauen. Dieser alte Körper hatte einfach nur diese großen Babyaugen. In ihm spielte sich nichts ab. Ich hatte ganz spontan eine Verbindung zu ihm, und da waren keine Schranken. Er berührte mein Herz wie niemand je zuvor.

Dann stellte er mir eine Frage. Er sagte, im Universum fehlten drei Atome. Ob ich wüsste, wo sie geblieben seien? Ich hatte keine Ahnung, was er meinte, also sagte ich: »Hm, nein.« Dann ließ er mich eine Erfahrung durchleben, die ich hier nicht wiedergeben möchte und die mich in ganz frühe Zeiten schickte, zum Anfang der Schöpfung, und dann wieder zurück. Es war ein hochinteressantes außerkörperliches Erlebnis. Als ich zurückkehrte war mir klar, was er mit den fehlenden drei Atome meinte – zumindest dachte ich das. Und so sagte ich: »Aha, ich glaube, Sie meinen ...« Und dann erzählte ich ihm, was ich mir dabei dachte. Als ich fertig war, lächelte er einfach nur, verneigte sich und verschwand. Ein wenig später war mein Alchemielehrer wieder da. Mein Lehrer wusste nichts von dem Wechsel, der da stattgefunden hatte. Der ganze Vorfall schien nur in meinem eigenen Erleben stattgefunden zu haben.

Das Erlebnis nahm mich, als ich von meinem Lehrer wegging, völlig in Beschlag. Damals brachten mich die Engel dazu, mit vier weiteren Lehrern zu arbeiten, also wanderte ich von einem zum anderen, und mein Leben war wirklich voll. Aber ich konnte an nichts anderes mehr denken als an diesen kleinen Mann, der mir erschienen war. Ich hatte ihn an keinem Punkt gefragt, wer er war, und er kehrte nicht zurück. Die Zeit verging, und schließlich begann das Erlebnis zu verblassen. Aber immer trug ich weiter die Frage mit mir herum, wer das wohl gewesen sein mochte. Warum hatte er mich dazu gebracht, mich auf die Suche nach diesen drei Atomen zu machen, und worum ging es bei der ganzen Sache? In mir war ein Verlangen, ihn wiederzusehen, denn er war der reinste Mensch, der mir je begegnet war – in meinem ganzen Leben. Zwölf Jahre später fand ich heraus, wer er war. Es war Thot. Am 1. November 1984 trat er erneut in mein Leben und er lehrte mich so viel. Aber auch das ist wieder eine andere Geschichte, die später erzählt werden soll.

Thot, der Atlanter

Dieser Mann, Thot von Ägypten, geht auf fast die allerersten Anfänge von Atlantis zurück. Vor 52.000 Jahren fand er eine Möglichkeit, sein Bewusstsein kontinuierlich in ein und demselbem Körper zu halten, ohne zu sterben, und seit dieser Zeit ist er in seinem ursprünglichen Körper geblieben – bis 1991, wo er sich auf eine neue Seinsebene begab, die unser Verständnisvermögen weit übersteigt. Er erlebte einen Großteil der Zeit des alten Atlantis und wurde für 16.000 Jahre sogar König von Atlantis. In diesen Tagen trug er den Namen Chiquetet Arlich Vomalites. Eigentlich lautete sein Name Arlich Vomalites, und Chiquetet war ein Titel, der »der Weisheitssucher« bedeutete, denn er wollte wirklich das *sein*, was Weisheit war. Nachdem Atlantis im Meer versank (auf dieses Thema kommen wir später noch eingehend zu sprechen), mussten Arlich Vomalites und andere hochentwickelte Wesen rund 6000 Jahre lang warten, bevor sie wieder eine Zivilisation begründen konnten.

Als Ägypten ins Leben gerufen wurde, trat er auf den Plan und nannte sich Thot. Diesen Namen behielt er dann während der gesamten Lebensdauer Ägyptens. Als Ägypten starb, war Thot derjenige, der die nächste große Kultur begründete: Griechenland. Unsere Geschichtsbücher sagen, der Vater Griechenlands sei Pythagoras gewesen, dass Griechenland sich aus der und durch die Schule des Pythagoras entwickelt habe, und aus Griechenland sei dann wiederum unsere derzeitige Zivilisation hervorgegangen. Pythagoras erwähnt in seinen eigenen Schriften, dass Thot ihn bei der Hand genommen habe, ihn unter die Große Pyramide geführt und ihn die gesamte Geometrie und die Natur der Wirklichkeit gelehrt habe. Nachdem durch Pythagoras dann Griechenland geboren war, trat Thot im gleichen Körper, den er zur Zeit von Atlantis gehabt hatte, in diese Kultur ein und nannte sich Hermes. So steht es geschrieben: Arlich Vomalites, Thot und Hermes sind ein und dieselbe Person. Eine wahre Geschichte? Man lese dazu die *Emerald Tables*, vor 2000 Jahren von Hermes verfasst.

Seit damals hat er noch viele andere Namen gehabt, aber ich nenne ihn noch immer Thot. Er trat 1984 wieder in mein Leben und arbeitete von da an bis 1991 so gut wie jeden Tag mit mir. Er kam herein und verbrachte vielleicht vier bis acht Stunden am Tag damit, mich zu unterweisen – in so vielen Dingen. Aus diesen Unterweisungen stammt ein Großteil der Informationen, die ich hier weitergebe, wenn sie auch mit anderen Informationen korrellieren und von vielen weiteren Lehrern als etwas ausgewiesen wurden, das Hand und Fuß hat.

Besonders die Geschichte der Welt geht auf ihn zurück. Nun, zu seiner Zeit in Ägypten, wo er »Der Schreiber« genannt wurde, hielt er alles fest, was sich ereignete. Er war ja die perfekte Person dafür, oder? Er blieb ja durchgängig am Leben, als Schreiber konnte er also einfach dasitzen und beobachten, wie das Leben um ihn weiterging. Er war ein guter, unparteilicher Zeuge, da dies ein zentraler Bestandteil seines Verständnisses von Weisheit war. Er sprach oder handelte selten ohne zu wissen, dass dies von der göttlichen Ordnung gewollt war. Schließlich fand Thot heraus, wie er die Erde verlassen konnte. Er begab sich auf einen anderen Planeten, auf dem es auch Leben gab, und dort saß er einfach und schaute sich das Ganze an. Er mischte sich nie ein, er sagte kein einziges Wort. Er verweilte nur völlig stumm und sah zu – einfach nur, um zu sehen, wie man dort lebte und um Weisheit zu erlangen, zu verstehen – vielleicht hundert Jahre lang blieb er auf diesem bestimmten Planeten. Dann begab er sich an einen anderen Ort, um dort zuzusehen.

Insgesamt war Thot für ungefähr 2000 Jahre von der Erde verschwunden, um andere Formen von Leben zu studieren. Aber er betrachtet sich als Erdenmensch. Natürlich sind wir alle an dem einen oder anderen Punkt im Spiel des Lebens von irgendwoandersher gekommen, denn so alt ist die Erde ja noch gar nicht. Ihr Alter liegt bei fünf Milliarden Jahren, der Große Geist aber ist ewig, er war immer und wird immer sein. Auch du bist immer gewesen und wirst immer sein. Dieser Geist kann nicht sterben, und jedes anderslautende Verständnis ist lediglich Illusion. Thot aber betrachtet sich als ein Wesen von hier, da dies der Ort war, von dem aus er den ersten Schritt unternahm, der ihn in die Unsterblichkeit führte.

Das hier ist Thots Gemahlin Shesat [Abb 1-14]. Sie ist ein außergewöhnlicher Mensch – in mancher Hinsicht mindestens ebenso außergewöhnlich wie Thot, wenn nicht sogar noch außergewöhnlicher. Sie war die erste Person, die mich bewusst auf die Erde brachte, und zwar in etwa um 1500 v. Chr. Ich war nicht physisch dort, aber wir hatten eine bewusste Verbindung quer durch die Dimensionen geschaffen. Sie stellte die Verbindung zu mir her, da die Ägypter damals bestimmte Probleme mit ihrem Land hatten, die aus ihrer Sicht im Endeffekt die ganze Welt und das Los der Menschheit beeinflussen würden. Wir arbeiteten sehr eng zusammen. In mir ist noch immer eine sehr tiefe Liebe zu ihr und eine wirklich innige Verbundenheit, obwohl sie nicht mehr hier ist. Ebensowenig wie Thot. 1991 verließen sie gemeinsam diese ganze Oktave von Universen und taten den Schritt hinüber in eine vollkommen andere Erfahrung von Leben. Ihr Tun ist wichtig für uns, wie deutlich werden wird.

Abb. 1-14. Thots Gemahlin Shesat.

1984 trat Thot erneut in mein Leben, zwölf Jahre nach meinem ersten Erlebnis mit ihm bei der Meditation mit meinem Alchemielehrer. Das erste, was er tat, war, mich in Ägypten durch eine Initiation zu führen. Er ließ mich durch ganz Ägypten reisen und Zeremonien durchführen sowie Initiationen in bestimmten Tempeln durchlaufen. Ich wurde gebeten, einen bestimmten Raum unter der Cheopspyramide zu betreten, lange Sprüche in der Originalsprache der Atlanter zu sagen und in einen Bewusstseinszustand einzutreten, in dem mein Körper nichts als Licht war. Diese Geschichte werde ich auch erzählen, sobald es an der Zeit dafür ist, versprochen.

Thot, geometrische Figuren und die Blume des Lebens

Ich mochte vielleicht drei, vier Monate zuvor aus Ägypten zurückgekehrt sein, als Thot hereinkam und sagte: »Ich will die geometrischen Figuren sehen, die du von den Engeln erhalten hast.« Die Engel hatten mir nämlich die Basisinformationen/-geometrien anvertraut, wie die Wirklichkeit mit dem Großen Geist in Beziehung steht, und sie waren es auch, die mich die Meditation lehrten, die ich hier noch weitergeben werde. Diese Meditation gehörte mit zum ersten, was Thot von mir haben wollte. Darin bestand unser Tauschgeschäft: Ich bekam alle seine Erinnerungen, und er erhielt die Meditation. Er wollte diese Meditation, da sie viel einfacher war als die Methode, die er anwandte. Die Art und Weise, wie er sich 52.000 Jahre am Leben erhielt, verlangte große Zähigkeit – es war, wie immerzu an einem seidenen Faden zu hängen. Er musste täglich zwei Stunden in Meditation verbringen, um nicht zu sterben. Er musste eine Stunde mit dem Kopf in Richtung Norden und mit den Füßen in Richtung Süden verbringen, in einer ganz genau einzuhaltenden Meditation, und dann musste er noch einmal eine weitere Stunde in der umgekehrten Stellung verbringen und eine andere Meditation praktizieren. Alle fünfzig Jahre musste er sich dann, um seinen Körper zu regenerieren, in die sogenannten Hallen von Amenti begeben und sich dort in etwa zehn Jahre lang vor die Blume des Lebens setzen. (Sie ist eine reine Bewusstseinsflamme, die tief im Bauch der Erde anzutreffen ist, und von deren Existenz die Bewusstseinsebene des Menschengeschlechts zutiefst abhängig ist. Mehr zu diesem Thema später.)

Thot war sehr an dieser neuen Meditation interessiert, denn das, wofür er zwei Stunden brauchte, dauert bei der Mer-Ka-Ba-Meditation nur sechs Atemzüge. Diese Meditation ist schnell, effizient und weit zielgerichteter, und ihr Potential ist erheblich größer, da sie zu einer dauerhaften Form von Gewahrsein führt. Thot begann mir also immens viel von dem zu geben, was er wusste. Wenn er bei mir im Zimmer erschien, gebrauchten wir keine Worte wie hier jetzt. Wir unterhielten uns, indem wir eine Mischung aus Telepathie und holographischen Bildern gebrauchten. Seine Gedanken waren für mich holographisch, so würde man es wahrscheinlich nennen. Aber es spielte sich noch weit mehr ab. Wenn er mir etwas beschreiben wollte, schmeckte, fühlte, hörte und sah ich seine Gedanken.

Er sagte, er wolle sehen, was die Engel mir im Hinblick auf die geometrischen Strukturen gegeben hatten, also vermittelte ich es ihm telepathisch, mit einer kleinen Lichtkugel, von drittem Auge zu drittem Auge. Dann sah er sich das Ganze an, und etwa fünf Sekunden später teilte er mir mit, mir würden viele Ebenen wechselseitig verflochtener Informationen fehlen.

Also setzte ich mich jeden Tag für viele Stunden hin und erstellte Zeichnungen und versuchte herauszufinden, was es mit der ganzen Geschichte auf sich hat, die wir heute heilige geometrische Figuren nennen.

Damals hatte ich keine Worte für diese Art des Sehens. Ich wusste nicht, was das war, und anfangs hatte ich keine Ahnung, was es wirklich bedeutete. Und ich kannte niemanden sonst, der so etwas bewusst wahrnahm, außer in der Vergangenheit. Ich dachte, ich sei auf der ganzen Welt der einzige. Je mehr ich mich jedoch damit befasste, erkannte ich, dass es das schon immer gegeben hatte und dass es in der gesamten Erdgeschichte und im ganzen Universum anzutreffen ist. Er unterwies mich lange Zeit hierin. Am Ende kamen wir auf eine einzige Zeichnung [Abb. 1-15], von der er sagte, sie enthielte alles – alles Wissen, männliches und weibliches, ausnahmslos. Und hier ist sie:

Abb. 1-15. Blume des Lebens.

Ich weiß, es klingt abenteuerlich so früh in diesem Buch, aber diese eine Zeichnung enthält, so Thot, in ihren Proportionen jeden einzelnen Aspekt des Lebens, den es gibt. Sie enthält jede einzelne mathematische Formel, jedes physikalische Gesetz, jede Harmonie in der Musik, jede biologische Form von Leben bis zu eurem spezifischen Körper. Sie enthält jedes Atom, jede Dimension, absolut alles, das in Universen, die auf Wellenlängen basieren, anzutreffen ist (auf die Wellenlängen komme ich gleich noch zu sprechen). Nachdem er mir vermittelt hatte, was es damit auf sich hat, verstand ich die obige Behauptung; aber an diesem Punkt jetzt einfach diese Aussage in den Raum zu werfen, klingt wie etwas Unglaubliches. So Gott will, werde ich beweisen, was ich da sage. Naheliegenderweise kann ich nicht beweisen, dass diese Zeichnung jeden einzelnen Aspekt der Schöpfung in sich birgt, denn es gibt viel zu vieles darzulegen, und es passt kaum alles in dieses eine Buch. Aber ich kann genügend Beweismaterial zeigen, um deutlich zu machen, dass sich dies auf alles übertragen lässt.

Thot sagte mir dann, wir würden dieses Bild der Blume des Lebens in Ägypten finden. Es kam in all den Jahren unserer Zusammenarbeit zweimal vor, dass ich Zweifel hatte an dem, was er sagte, und das war eines der beiden Male. Mein begrenzter Geist sagte: »Das kann nicht sein!«, denn ich hatte bis dahin so gut wie jedes Buch über Ägypten gelesen, das es gab, und das hatte ich niegendwo gesehen. Ich ging im Geist prüfend alles durch, was mir in den Sinn kommen wollte. Nein, dachte ich, dieses Symbol ist in Ägypten nirgends zu finden. Aber Thot sagte, dass ich es finden würde, und dann verschwand er. Ich wusste nicht einmal, wo ich mit meiner Suche anfangen sollte.

Etwa zwei Wochen später traf ich mich mit meiner Freundin Katrina Raphaell, die – ich glaube drei – Bücher über Kristalle geschrieben hat. Sie war gerade aus Ägypten zurückgekehrt und stand in einem Lebensmittelladen in Taos, New Mexico, als ich hereinkam. Sie stand bei den Fotoartikeln am Ladentisch und hatte gerade ihre Fotos von ihrer letzten Reise nach Ägypten zurückerhalten. Vor ihr auf dem Ladentisch stapelte sich ein vielleicht 25 Zentimeter hoher Berg von Fototaschen, und sie nahm die

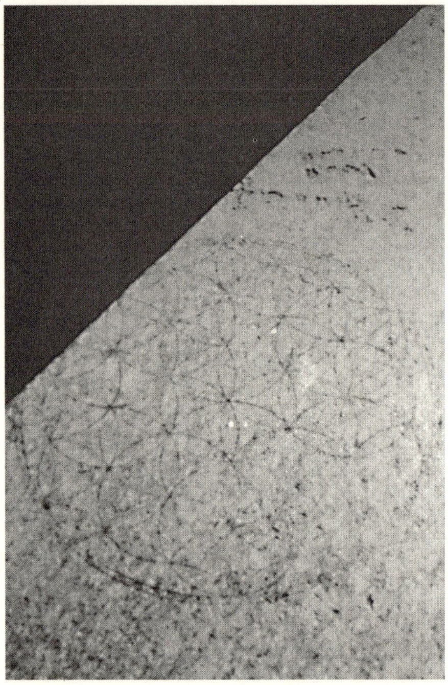

Abb. 1-16. Blume des Lebens auf einer Wand in Abydos, Foto von Katrina Raphaell.

jeweils sechsundreißig Bilder heraus und begann sie übereinander zu türmen. Wir kamen ins Gespräch, und schließlich sagte sie zu mir: »Ach, übrigens, mein Führungsengel hat mir gesagt, ich soll dir ein Foto geben, sobald ich dich sehe.« »Okay«, sagte ich, »welches ist es?« »Weiß ich nicht«, gab sie daraufhin zurück. Sie drehte dem Stapel den Rücken zu, zog willkürlich irgendein Foto daraus hervor, reichte es mir und sagte: »Das hier ist es. Das soll ich dir geben.«

Nun muss ich dazu sagen, dass Katrina keine Ahnung von der Arbeit hatte, mit der ich mich gerade befasste, denn obwohl wir schon seit ein paar Jahren befreundet waren, unterhielt ich mich damals nicht mit vielen Leuten über meine Arbeit – und mit ihr hatte ich definitiv nicht darüber gesprochen. Das Foto, das sie aus dem Stapel hervorzog, war das hier abgebildete: die Blume des Lebens auf einer Mauer in Ägypten [Abb. 1-16].

Die Wand gehört wahrscheinlich zu den ältesten Mauerwerken Ägyptens. Sie steht in einem Tempel, der fast 6000 Jahre alt ist – einer der ältesten Tempel auf dem Planeten. Als ich die Blume des Lebens auf diesem Foto sah, stieß ich nur noch ein »Woooooowww« aus. »Was soll das eigentlich sein?«, fragte Katrina. Worauf ich nur noch hervorbrachte: »Das verstehst du nicht, aber – wooooowww!«

ZWEI

Das Geheimnis der Blume entfaltet sich

Die drei Osiris-Tempel in Abydos

Dieser Tempel hier [Abb. 2-1] steht in Abydos. Er wurde von Seti I. errichtet und Osiris geweiht. Hinter ihm steht ein anderer sehr alter Tempel, der Osiris-Tempel genannt wird, und hier fand Katrina Raphaell die Blume des Lebens. Es gibt noch einen dritten Tempel, ebenfalls Osiris geweiht und ebenfalls als Osiris-Tempel bekannt. Der Grundriss der drei sieht so aus wie auf Abb. 2-2.

Offensichtlich stieß man beim Bau des Tempels von Seti I., als man sich weiter in den Berg grub, und zwar mit dem vollen Wissen, dass sich dort der dritte Osiris-Tempel befand, auf den zweiten Osiris-Tempel, der zwischen den beiden gelegen ist. Seti I. änderte daraufhin den Grundriss des neueren Tempels zu einem L, um eine Zerstörung des älteren Tempels zu vermeiden. Es ist der einzige L-förmige Tempel in ganz Ägypten, was einen in dieser Überlegung bestärkt.

Manche sagen, Seti I. hätte auch den älteren Tempel errichtet. Der ältere jedoch ist von der Konstruktion her völlig anders und aus viel größeren Steinblöcken. Die meisten Ägyptologen sind sich einig, dass dies ein viel älterer Tempel ist. Außerdem ist er tiefer gelegen als der Seti-Tempel, was sein Alter glaubwürdig erscheinen lässt. Als Seti I. mit dem Bau seines neuen Tempels begann, sah der zweite wie ein Hügel aus. Der dritte Tempel, der langgestreckte, rechteckige ganz im Hintergrund, ist ebenfalls Osiris geweiht, und er ist einer der ältesten Tempel in Ägypten. Seti I. errichtete auf diesem Gelände seinen Tempel, da der andere (dritte) Tempel sehr alt war und er Osiris einen neuen weihen wollte. Wir betrachten uns den Tempel von Seti I., dann den dritten Tempel, und dann den zweiten und ältesten.

Geschnitzte Zeitbänder

In neuerer Zeit haben Archäologen etwas sehr Interessantes über die Wandschnitzereien in ägyptischen Tempeln herausgefunden. Touristen fällt gewöhnlich auf, dass scheinbar heftiger Vandalismus gewütet hat, was die

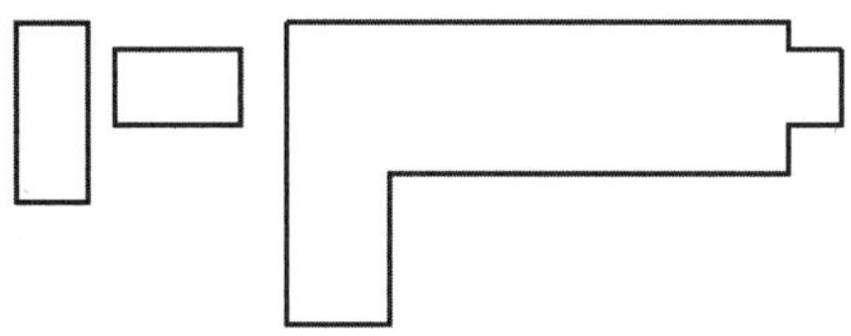

Abb. 2-1. Tempel von Seti I. (links). Diese Ansicht zeigt den kleinen Vorsprung an dem L-förmigen Gebäude ganz rechts.
Abb. 2-2 (oben). Plan der drei aneinandergrenzenden Osiristempel in Abydos.

Abb. 2-3. Vorderseite des Tempels von Seti I. in Abydos, mit Blick entlang der Tempelfassade von Abb. 2-1.

Mauern anbelangt, wo eine Vielzahl von Hieroglyphen, insbesondere solche von den Unsterblichen, abgeschlagen und zerstört worden waren. Was ihnen vielleicht nicht auffällt, ist, dass diese Hieroglyphen horizontal auf einer ganz bestimmten Höhe abgeschlagen sind, auf einem Band, das etwa auf Augenhöhe beginnt und bis etwa drei Meter sechzig oder vier Meter fünfzig reicht. Darüber oder darunter ist nichts abgeschlagen. Mir fiel das nicht einmal auf, als ich dort war; es machte einfach nicht »klick« bei mir. Auch für viele Ägyptologen hat es hunderte von Jahren lang nicht »klick« gemacht, bis schließlich jemand feststellte: »Hey, die Zerstörungen sind ja immer in einer ganz bestimmten Zone zu finden.« Ausgehend von dieser Erkenntnis wurde ihnen klar, dass es einen Unterschied gab zwischen der Region unterhalb der Zerstörungen, und der oberhalb.
Schließlich kamen sie darauf, dass es auf den Wänden bestimmte Zeitbänder gibt. Das Band von etwa Augenhöhe an bis rund vier Meter fünfzig steht für die Gegenwart (zur Zeit der Tempelerrichtung), und dem Band darüber (diese Tempel reichen manchmal zwölf Meter und mehr hoch) konnte man zukünftige Ereignisse entnehmen.
Dann wurde den Archäologen klar, das die einzigen, die diesen Zusammenhang verstehen konnten und die die Hieroglyphen abgetragen hatten, die Priester des Tempels gewesen sein mussten. Die Priester waren die einzigen, die wissen konnten, dass sie nur die Gegenwart abschlugen. Ein gewöhnlicher Vandale wäre nicht so präzise vorgegangen, er hätte nicht nur das Band ausgewählt, das die Gegenwart darstellt. Außerdem rückten die Zerstörer nicht mit dem Vorschlaghammer an, man muss sogar sagen, dass sie bestimmte Stellen sehr sorgfältig abschlugen. Es hat all diese Jahrhunderte gebraucht, um das herauszufinden.

Der Tempel von Seti I.

Hier haben wir die Front des Tempels von Seti I. in Abydos [Abb. 2-3]. Dies ist ein kleiner Abschnitt eines riesigen Tempels.
Ich weiß nun von mindestens zwei Beweisen dafür, dass die Ägypter in die Zukunft sehen konnten. Von einem dieser Belege habe ich ein Bild: Weit oben auf einem Balken in diesem Abschnitt des ersten Tempels in Abydos ist etwas, das man kaum glauben kann, wenn man es zum ersten Mal sieht, aber dennoch ist es da. Das andere werde ich bei meinem nächsten Ägyptenbesuch fotografieren, denn ich weiß genau, wo es sich befindet.
Ich denke, diese beiden Bilder sind der absolute Beweis, über jeden Zweifel erhaben, dass die Ägypter tatsächlich in die Zukunft blicken konnten. *Wie* sie das machten, weiß ich nicht; ich überlasse es euch, sich das zu überlegen. Aber Tatsache ist, dass sie es konnten. Ganz am Schluss werde ich euch das Bild zeigen, das dies beweist.

Der »dritte« Tempel

Dies ist der dritte der drei Tempel – ein langgestreckter, offener Tempel [Abb. 2-4]. Dieser Tempel galt bei den Königen des Altertums und bei den Pharaonen als der heiligste Flecken Erde in ganz Ägypten, denn sie glaubten, dass dies der Ort war, an dem Osiris wiederauferstand und unsterblich wurde. König Zoser, der den wunderbaren Grabkomplex in Saqqara erbaute – angeblich, um dort selbst bestattet zu werden – ließ sich dort nie bestatten. Bestattet wurde er vielmehr in diesem kleinen, unscheinbaren rückwärtigen Tempel.
Zu diesem dritten Tempel hat niemand Zugang. Aber ich konnte es nicht

Abb. 2-4. Der »dritte« Osiristempel in Abydos. Die Decke befindet sich auf Höhe des Erdbodens.

ertragen, einfach nur zu ihm hinunterzusehen. Als ich niemanden in meiner Nähe sah, schwang ich mich über eine Mauer in einen Innenhof hinunter. Ich schaffte es, ungefähr fünf Minuten lang dort zu sein, bevor die Ägypter zu mir herüberzubrüllen begannen, ich solle herauskommen. Ich dachte, sie würden mich festnehmen, aber das taten sie nicht. Die Hieroglyphen in diesem Tempel sind ganz außergewöhnlich – so etwas bekommt man nirgendwo sonst zu Gesicht. Die Einfachheit und Perfektion der Zeichnungen ist bemerkenswert.

Heilige geometrische Figuren und die Blume des Lebens im »zweiten« Tempel

Dies ist der zweite der drei Tempel [Abb. 2-5], der niedriger angelegt ist als die beiden anderen. Er war unter der Erde verborgen, bevor man ihn damals ausgrub. (Die Rampe, die rechts außen zu sehen ist, wurde gebaut,

Abb. 2-5. Zweiter (mittlerer) Tempel in Abydos. Im Wasser, das dort den Boden bedeckt, wächst Schilf. Der Pfeil rechts zeigt auf die Wand, auf der sich die Blume des Lebens befindet.

Abb. 2-6. Stufen im Innern des zweiten Tempels bevor dieser sich teilweise mit Wasser füllte [Aus Robert Lawlors Sacred Geometry].

um von dem höheren umliegenden Niveau Zugang zu ihm zu haben. Diese Aufnahme wurde vom dritten Tempel aus aufgenommen, in Blickrichtung des Tempels von Seti I., dessen Rückwand im Hintergrund zu sehen ist. Der zweite Tempel ist der, aus dem die zeichnerischen Darstellungen der Blume des Lebens auf Katrinas Foto stammen.

Was erlaubt ist, ist der Zugang zu einer bestimmten Stelle im zweiten

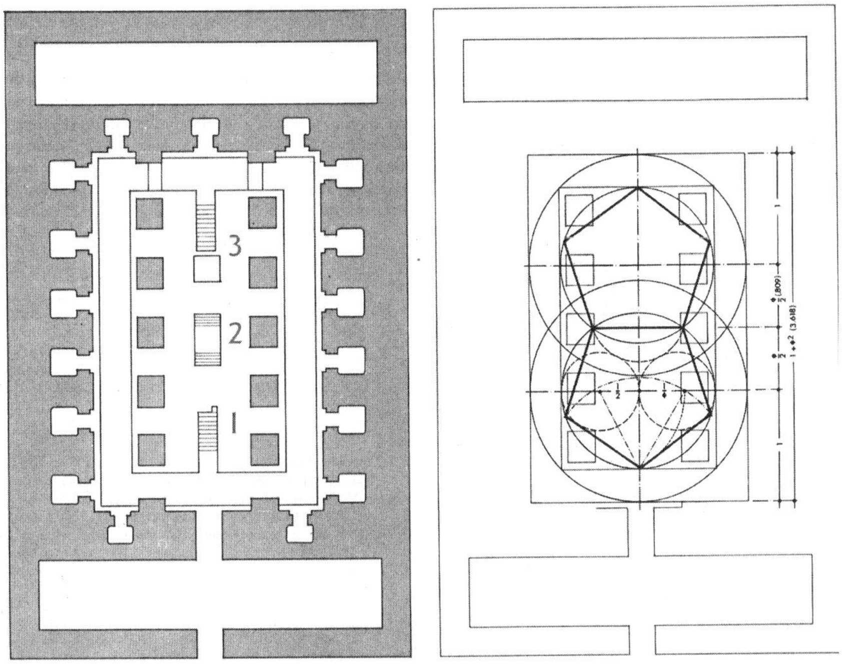

Abb. 2-7. Grundriss des zweiten Osiristempels (aus Sacred Geometry – Philosophy and Practice von Robert Lawlor).
Abb. 2-8 (unten) Geometrische Figuren. D ist das Gitternetz des Christusbewusstseins. A: Ikosaeder B: Ikosaederkappe C: Dodekaeder D: Sternförmiges Dodekaeder

Tempel, die, wie sich zeigen sollte, ohnehin die perfekte Stelle ist. Der zweite Tempel steht mittlerweile größtenteils unter Wasser, da der Spiegel des Nil gestiegen ist, aber als man den Tempel fand, war er offen und trocken.

Hier zwei Innenansichten [Abb. 2-6] vom Zentrum des Tempels, bevor er sich mit Wasser füllte. Es gibt drei deutlich erkennbare Bereiche: (1) die Stufen, die von unten zur Tempelmitte führen, wo sich ein altarähnlicher Stein befindet; (2) der altarähnliche Stein selbst; und (3) die Stufen, die auf der anderen Seite des Altars wieder hinunterführen, wo man sie auf diesem Bild nicht sehen kann. Diese drei Ebenen sind auch in den drei Phasen der Osiris-Religion anzutreffen. Man kann die beiden Treppenanlagen im Plan des »zweiten« Osiris-Tempels in Abb. 2-7 sehen.

Lucy de Lubicz zeigt hier, wie der ursprüngliche Tempelgrundriss aussah. Die beiden Rücken an Rücken befindlichen Fünfecke zeigen die heilige geometrische Figur, die sich hinter diesem Grundriss verbarg. Nun muss ich wohl etwas mehr zum Hintergrund dieser Geometrie einflechten.

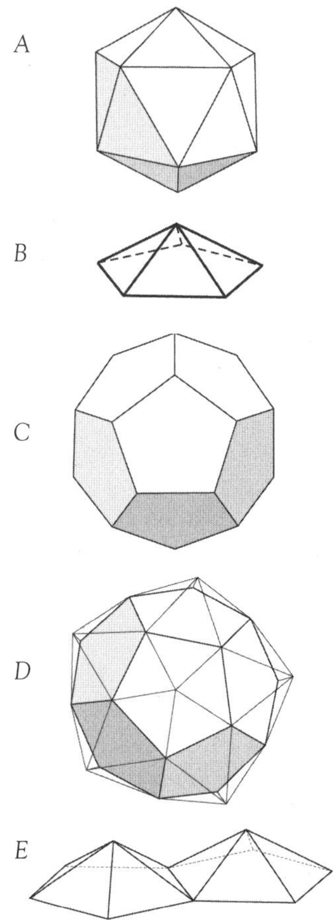

Der Körper, der unter A gezeigt wird [Abb. 2-8], ist ein Ikosaeder (Zwanzigflächner). Die Oberfläche eines Ikosaeders besteht aus gleichseitigen Dreiecken, die zu fünfseitigen fünfeckigen Gebilden angeordnet sind, zu sehen unter B. In der heiligen Geometrie nennt man sie Ikosaederkappen. Würde man die Ikosaederkappen vom Ikosaeder entfernen und jeweils an der Oberfläche eines Dodekaeders (zwölf Fünfecke, die wie unter C gezeigt zusammengefügt sind) ergänzen, so käme dabei das sternförmige Dodekaeder D heraus, das genau die gleichen Proportionen aufweist wie das Gitternetz des Christusbewusstseins um die Erde. Ohne dieses Gitternetz würde auf diesem Planeten kein neues Bewusstsein in Erscheinung treten. Das wird bis zum Ende dieses Buches deutlich werden.

Hängt man zwei dieser Ikosaederkappen mit einer Seitenfläche aneinander, erhält man so etwas wie eine Muschelschale, dargestellt unter E. Diese Kappen sind der Schlüssel, denn sie demonstrieren die Geometrie, die im

Abb. 2-9. Blick durch den zweiten Tempel. Pfeil weist auf die Wand, wo Katrina das Foto aufnahm.

Abb. 2-10. Die gleiche Blume des Lebens, die sich auf Katrinas Foto befand.

Abb. 2-11. Saat des Lebens, links. Es handelt sich um die gleiche Steinmauer wie oben, nur weiter links.

Gitternetz des Christusbewusstseins vorkommt. Und genau das wird für mein Empfinden in der Geometrie und dem Grundriss dieses uralten Tempels dargestellt. Ich finde es sehr passend, dass man dort im Grundriss eines Tempels, der Osiris und der Wiederauferstehung geweiht war, Rücken an Rücken gelegene Fünfecke verwendete. Wiederauferstehung und »Himmelfahrt« führen zum Christusbewusstsein.

Abbildung 2-9 ist unten im zweiten Tempel aufgenommen. Der Pfeil weist auf die Stelle, wo Katrina, ohne es zu wissen, die Blume des Lebens fotografierte. Hier noch einmal das gleiche Bild, diesmal mit meiner Kamera aufgenommen [Abb. 2-10]. Mein Foto ist schärfer als ihres, und so kann man sehen, dass sich im Schatten auf demselben Stein noch ein weiteres Muster befindet, das die Blume des Lebens zeigt, gleich daneben. Links von diesen beiden Blumen des Lebens, ebenfalls auf demselben Stein, befinden sich weitere verwandte Figuren. Die Steine, die man zum Bau dieses Tempels verwendete, so auch die, auf denen sich diese Figuren befinden, sind riesig. Ich würde sagen, sie wiegen wohl mindestens 70 bis 100 Tonnen. Da fragt man sich schon, wie diese behaarten Barbaren es geschafft haben, diese ganzen Brocken von hundert Tonnen vom Fleck zu bewegen.

Es gibt noch viele verwandte Muster auf diesen Wänden. Das Muster, das auf dem Foto hier links zu sehen ist [Abb. 2-11], nennt man auch die Saat des Lebens, und es ist unmittelbar aus dem Muster der Blume des Lebens entnommen, wie Abbildung 2-12 verdeutlicht.

Am Fuße dieser Mauer stand Wasser, ich konnte also nicht weiter hinein. Aber ich wollte zu gern wissen, was sich wohl auf der anderen Seite des Steins befand, also lehnte ich mich um die Ecke, stellte die Kamera auf Automatik und machte eine Aufnahme. Ich würde ja sehen, was dabei herauskam. Und das ist das Ergebnis [Abb. 2.13]. Man kann es auf diesem Foto hier kaum erkennen, aber es zeigt viele Komponenten, die Aspekte dessen sind, womit wir uns hier befassen werden.

Es war schon verblüffend, diese Zeichnungen vor sich zu sehen, denn sie waren mir so vertraut, und ich wusste ja, was sie bedeuteten. Und hier waren sie also, angeordnet auf einer ägyptischen Wand, die tausende von Jahren alt war. Die Zeichnungen waren zwar uralt, aber ich wusste ganz genau, was sie darstellten.

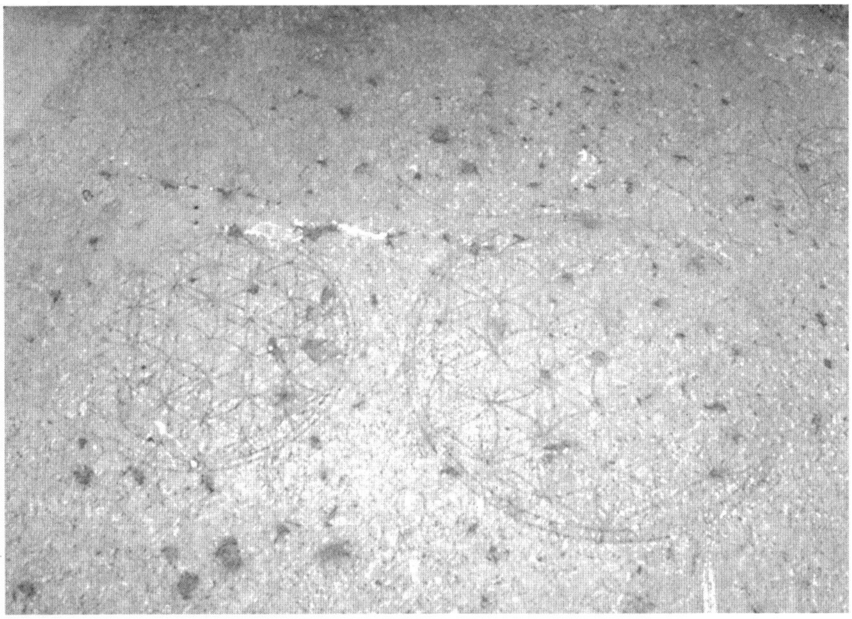

Abb. 2-12. (oben). Saat des Lebens in der Mitte der Blume des Lebens.

Abb. 2-13. (links). Blumen des Lebens mit weiteren Elementen oberhalb.

Koptische Schnitzereien

Die nächste Aufnahme, die hier zu sehen ist, zeigt eine Mauer im zweiten Tempel. Die Aufnahme entstand aus großer Entfernung mit Hilfe eines 80-mm-Objektivs. Auf dieser Mauer ist eine Zeichnung, die auf dem Foto aber kaum zu erkennen ist [Abb. 2-14], obwohl wir sie deutlich sehen konnten, als wir dort waren. Sie sieht so aus wie auf Abbildung 2-15.

Es handelt sich um ein christliches Symbol, ursprünglich jedoch stammte es von einer ägyptischen Bevölkerungsgruppe, die zur Zeit des Niedergangs des ägyptischen Imperiums lebte. Aus ihr gingen dann später die Urchristen hervor, wenn wir noch zwei weitere Gruppen von Ägyptern miteinbeziehen, zu denen sie eine Verbindung hatten – die Essener und die Druiden. Vielleicht hättet ihr nicht gedacht, dass auch letztere ägyptische Wurzeln hatten, aber wir gehen davon aus.

Abb. 2-14 .(links unten). Das koptische Zeichen ist auf diesem Foto nicht mehr zu erkennen. Als wir davorstanden, konnten wir das Zeichen allerdings deutlich wahrnehmen. Es sah aus wie Abb. 2-15. (unten), koptisches Symbol.

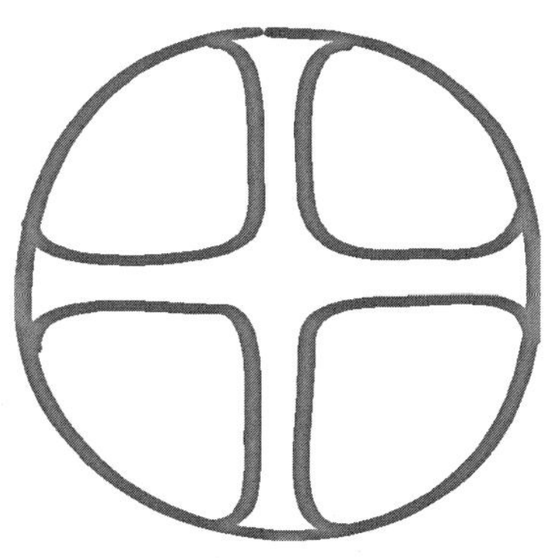

Abb. 2-16. Koptisches Schmuckelement Nr. 1

Abb. 2-17. Koptisches Schmuckelement Nr. 2

Das hier ist ein koptisches Symbol, und als ich es sah, wurde mir klar, dass die Zeichnungen, die eine Verbindung zur Blume des Lebens aufwiesen, wahrscheinlich von den Kopten stammten und nicht von den ursprünglichen Baumeistern des Tempels. Die Kopten kamen viel später hierher, aber wahrscheinlich wussten sie, dass dieser Ort im Zeichen der Wiederauferstehung stand, und nutzten ihn zum gleichen Zweck. Das Bauwerk wäre ein paar tausend Jahre alt gewesen, als sie diese Zeichnungen anfertigten. In diesem Fall wären die Zeichnungen nicht vor 500 v. Chr. entstanden, der Zeit, in der die Kopten auf den Plan traten.

Dies ist das eigentliche Symbol der Kopten: ein Kreuz und ein Kreis [Abb. 2-16]. Manchmal stehen die beiden in einem Dreieck.

Hier noch eine Darstellung, auf der man Kreuz und Kreis sehen kann, wenn der Stein auch stark verwittert ist [Abb. 2.17]. Oben sieht man die sechs Schlaufen aus der Mitte der Blume des Lebens. Immer wenn man bei ägyptischen Zeichnungen einen Kreis über einem Kopf sieht, bedeutet das, dass das im Mittelpunkt steht, was sich innerhalb des Kreises befindet, was

Abb. 2-18. *Weiteres koptisches Schmuckelement.*

auch immer es sein mag. Es ist das, woran die dargestellte Person denkt oder was in diesem Moment die Zielrichtung ist.
Abbildung 2-18 zeigt eine andere Art und Weise, wie dieses Symbol gelegentlich eingesetzt wird – vier sich überschneidende Bögen, umgeben von einem äußeren Kreis.
Ich finde dieses Foto [Abb. 2-19] sehr interessant. Man sieht darauf den Fisch, der Luft einatmet. Diese Darstellung entstand *vor* Christus. Es ist eine koptische Darstellung. Der Fisch hat dreizehn kleine Kerben oder Schuppen, wenn man so möchte, und er atmet Luft. Wir haben ja schon zuvor einen Fisch gesehen, der Luft einatmet, bei den Dogon und in Peru. Und hier haben wir nun das gleiche in Ägypten – und man sieht ihn auch an anderen Orten auf der ganzen Welt.

Abb. 2-19. *Luftholender Fisch.*

Die frühe Kirche verändert die christliche Symbolik

Wenn man in der Geschichte zurückgeht und sich eingehend mit einigen der älteren schriftlichen Zeugnisse befasst, kann man feststellen, dass es in der christlichen Religion etwa 200 Jahre, nachdem Christus starb, eine große Veränderung gab. Man muss sagen, dass er für ungefähr 200 Jahre nicht sonderlich bekannt war, bis dann die griechisch-orthodoxe Kirche, damals die einflussreichste Kirche, vieles an der christlichen Religion änderte. Etliche Glaubensüberzeugungen wurden über Bord geworfen, andere hinzugefügt, und hie und da Dinge geändert und nach eigenem Gutdünken so angepasst, wie man es gerne haben wollte. Zu dem, was sie änderte, gehörte ein wichtiges Symbol. Nach allem zu schließen, was wir bisher gelesen

Abb. 2-20. *Blume des Lebens.*

Abb. 2-21. *Saat des Lebens, aus Blume des Lebens herausgenommen.*

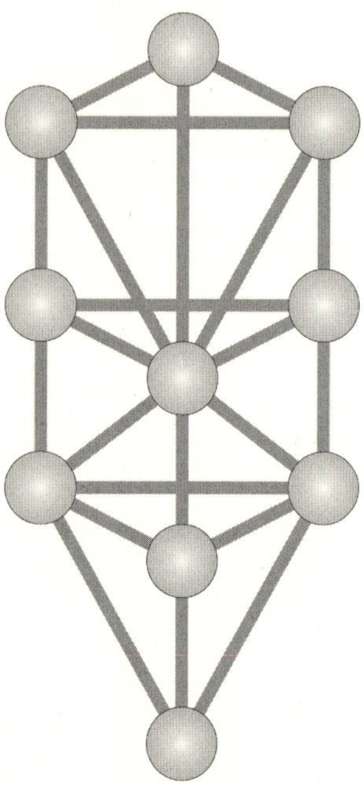

Abb. 2-22. *Lebensbaum.*

haben, war Christus bis zurück zu den Tagen Christi selbst, nicht der Fisch gewesen, sondern ein Delphin. Während der redaktionellen Überarbeitung des Überlieferten durch die griechisch-orthodoxe Kirche wurde aus dem Delphin ein Fisch gemacht. Heute wird Jesus durch den Fisch symbolisiert, und noch Christen unserer Tage verwenden den Fisch als Symbol für das Christentum. Was genau das bedeutet, weiß ich nicht. Ich kann nur spekulieren, wenn wir über Delphine sprechen. Außerdem entfernte die griechisch-orthodoxe Kirche aus der Bibel auch alle Stellen, an denen von Wiedergeburt die Rede war. Davor war die Reinkarnation voll und ganz als Bestandteil der christlichen Religion anerkannt gewesen.

Die Blume des Lebens: Heilige geometrische Figuren

Diese Darstellung der Blume des Lebens [Abb. 2-20] ist nicht nur in Ägypten anzutreffen, sondern auf der ganzen Welt. Ich werde Darstellungen dieses Motivs aus der ganzen Welt in Band 2 zeigen. Man findet sie in Irland, der Türkei, England, Israel, Ägypten, China, Tibet, Griechenland und Japan – überall. In neuerer Zeit haben wir die Darstellung der Blume des Lebens an achtzehn weiteren Stätten gefunden, darunter Schweden, Lappland, Island und Yucatán.

Fast überall auf der Welt trägt sie den gleichen Namen, nämlich »Blume des Lebens«, wenn sie auch anderswo im Kosmos andere Namen hat. Zwei der Hauptnamen könnte man mit »Sprache der Stille« und »Sprache des Lichts« übersetzen. Hier ist der Ursprung aller Sprachen. Es ist die Ursprache des Universums, nichts als Formen und Proportionen.

Sie wird nicht nur als Blume bezeichnet, weil sie wie eine Blume aussieht, sondern weil sie für den Zyklus eines Obstbaumes steht. Der Obstbaum bildet eine kleine Blüte aus, die eine Metamorphose durchmacht und sich dann in eine Frucht verwandelt – eine Kirsche, einen Apfel oder was auch immer. Die Frucht birgt in ihrem Innern die Saat, die dann auf die Erde fällt, damit aus ihr ein neuer Baum wächst. Wir haben also einen Kreislauf von Baum zu Blüte zu Saat, und dann wieder zurück zum Baum, in diesen fünf Schritten. Das ist ein absolutes Wunder. Aber es entgeht uns allzu leicht. Es ist so normal, dass wir es einfach hinnehmen und uns nicht sonderlich Gedanken darüber machen. Die fünf einfachen, wundersamen Stufen in diesem Lebenszyklus sind in Wirklichkeit eine Parallele zu den geometrischen Grundstrukturen des Leben, die uns im Rahmen dieser Arbeit immer wieder begegnen werden.

Die Saat des Lebens

Wie schon zuvor gezeigt [Abb. 2-12], befinden sich in der Mitte der Blume des Lebens sieben ineinander verschlungene Kreise, aus denen, wenn man sie herausnehmen und einen Kreis um sie zeichnen würde, ein Bild entstehen würde, das auch die »Saat des Lebens« genannt wird [Abb. 2-21].

Der Baum der Verbundenheit allen Lebens

Ein weiteres Bild, das diesem Muster entspricht und das Ihnen vielleicht vertrauter ist, trägt den Namen »Lebensbaum« [Abb. 2-22]. Es ist oft geglaubt worden, dass der Lebensbaum auf die Juden oder die hebräische Kultur zurückgeht, aber das stimmt nicht. Der Lebensbaum geht nicht auf

Abb. 2-23. Lebensbaum und Saat des Lebens übereinandergeschichtet.

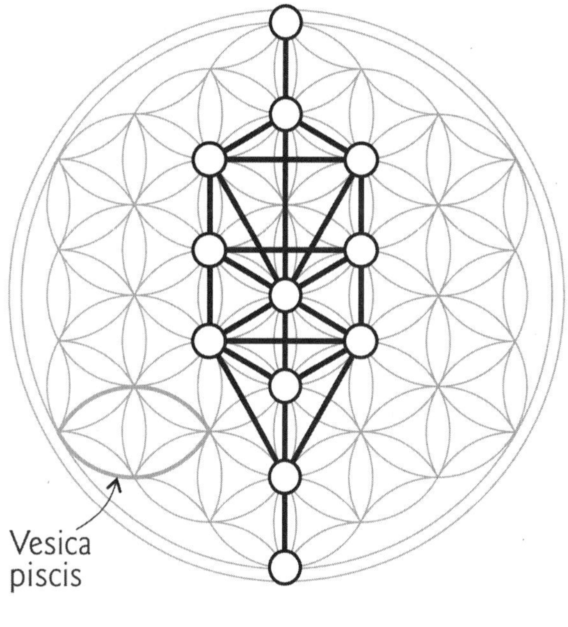

Abb. 2-24. Baum des Lebens mit zwei zusätzlichen Kreisen.

die Kabbala zurück, und das lässt sich beweisen. Der Lebensbaum gehört keiner bestimmten Kultur an – nicht einmal der Kultur der Ägypter, die den Lebensbaum vor rund 5000 Jahren in Karnak und Luxor auf je drei Säulen schnitzten. Er ist jenseits aller Rassen und Religionen. Er ist ein Muster, das engstens zur Natur gehört. Begibt man sich auf weit entfernte Planeten, auf denen Bewusstsein anzutreffen ist, so findet man dort, da bin ich sicher, dasselbe Bild!

Wenn wir also einen Baum haben, und dann eine Blume, und darin ein Saatkorn, und wenn diese geometrischen Muster tatsächlich den fünf Zyklen eines Obstbaums entsprechen, die wir auf der Erde erleben, so musste der Ursprung des Baumes ja perfekt im Saatkorn enthalten sein. Wenn wir die Bilder von der Saat des Lebens und vom Lebensbaum nehmen und übereinanderschichten, können wir diese Beziehung sehen [Abb. 2-23].

Seht ihr, wie perfekt sie zusammenpassen? Sie werden zu einer Art Schlüssel, eines passt direkt auf das andere. Wenn man sich außerdem den Lebensbaum betrachtet, den man auf ägyptischen Säulen fand, so sieht man einen weiteren Kreis darüber und einen darunter [Abb. 2-24]. Das heißt, ursprünglich gab es zwölf Komponenten, und die Variante mit zwölf Komponenten passt ebenfalls perfekt über das Gesamtbild der Blume des Lebens. (Es gibt noch einen dreizehnten Kreis am Baum, der manchmal vorhanden ist und manchmal nicht.)

Ich nähere mich jetzt einmal dem Thema heilige geometrische Figuren so, als hättet ihr die Worte noch nie in eurem Leben gehört. Wir beginnen ganz unten, und dann bauen wir allmählich immer weiter darauf auf, bis wir an den Punkt kommen, wo das Ganze einen Sinn ergibt. Zuerst einmal könnt ihr die Synchronizität sehen, die darin liegt, wie die heiligen geometrischen Formen sich zusammen bewegen und perfekt ineinanderpassen.

Das ist eine Art und Weise, die besondere Natur dieser Geometrie zu verstehen, bei der die rechte Gehirnhälfte dominiert. Wenn wir uns mit zunehmend komplexen Mustern befassen, werdet ihr immer wieder die gleiche erstaunliche Beziehung wahrnehmen können, die sich durch alles zieht. Die Chancen, dass eine dieser geometrischen Beziehungen nur auf Zufall basiert, stehen wahrscheinlich X Millionen zu eins, und dennoch werdet ihr permanent sehen, wie sich diese irrsinnigen Relationen entfalten.

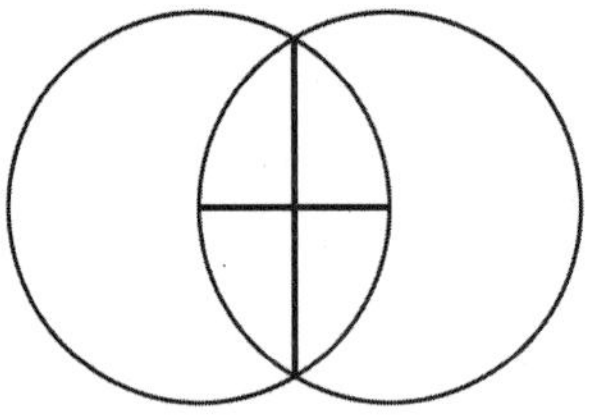

Abb. 2-25. Vesica piscis mit Schlüsselachsen.

Die Vesica piscis

Unter den heiligen geometrischen Figuren gibt es ein Muster, das so aussieht [Abb. 2-25]. Es entsteht, wenn die Mittelpunkte zweier Kreise mit gleichem Radius jeweils auf die Umrisslinie des anderen geschoben werden. Der Bereich, in dem sich die beiden Kreise überschneiden, wird *Vesica piscis* genannt. Es ist eine Anordnung, die zu den weitverbreitetsten und wichtigsten Beziehungen in der gesamten heiligen Geometrie zählt, wie euch noch deutlich werden wird.

In der Vesica piscis gibt es zwei Abmessungen – eine Linie, die durch die Mitte verläuft und bis zu den seitlichen äußeren Punkten an der engeren Stelle des Überschneidungsbereichs, und eine zweite, die ebenfalls durch

Abb. 2-26. Räder auf ägyptischer Mauer.

Abb. 2-27. Räder; nicht alle acht sind hier sichtbar.

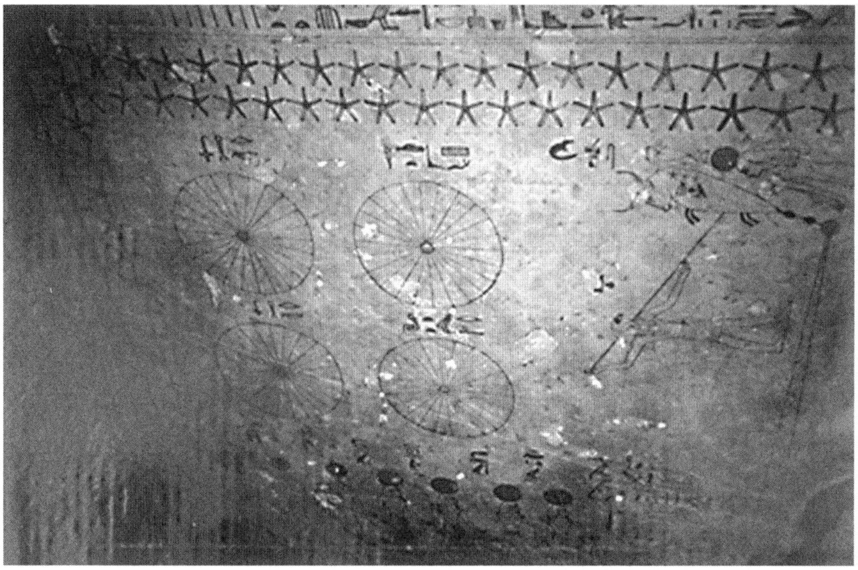

Abb. 2-28 Räder, Neter und 90°-Wendung rechts. Die dunklen Kreise befinden sich über den Köpfen der Figuren, wobei sieben unten Tierköpfe aufweisen.

die Mitte führt und die beiden gegenüberliegenden Punkte an der Längsachse miteinander verbindet. Sie sind Schlüssel zu einem großartigen Wissen, das sich in dieser Information verbirgt. Was viele nämlich nicht wissen ist, dass jede Linie im Lebensbaum, ob dieser nun 10 oder 12 Kreise hat, gleich der Länge oder der Breite einer Vesica piscis in der Blume des Lebens ist. Und alle weisen die Proportionen des Goldenen Schnittes auf. Dies ist die erste Beziehung, die sich uns zeigte, als wir aus der Großen Leere kamen. (Die Große Leere ist ein weiterer Schlüssel, auf den hier bald noch eingegangen wird.)

Ägyptische Räder und Reisen in andere Dimensionen

Diese Räder hier [Abb. 2-26] gehören zu den ältesten uns bekannten Symbolen. Bislang hat man sie ausschließlich an den Decken einiger sehr alter ägyptischer Grabstätten gefunden. Immer findet man gleich vier oder fünf zusammen, und keiner weiß bislang, was es mit ihnen auf sich hat. Auch die größten Koryphäen unter den Archäologen der Welt haben nicht die leiseste Ahnung, was sie bedeuten. Für mich aber beweisen sie, dass die Ägypter wussten, dass die Blume des Lebens mehr war als ein nettes Muster und dass sie die meisten – wenn nicht sogar die gesamten – Informationen kannten, die in diesem Buch weitergegeben werden. Um zu verstehen, wo in der Blume des Lebens sich die Räder befinden, muss man sich mit dem immensen Ausmaß an Wissen beschäftigen, das in ihnen steckt. An diesen Punkt würde man nie kommen, wenn man sich nur anschaut, wie sie aussehen. Es ist nichts, was einfach so passieren könnte – man muss dazu *das uralte Geheimnis* um die Blume des Lebens kennen.

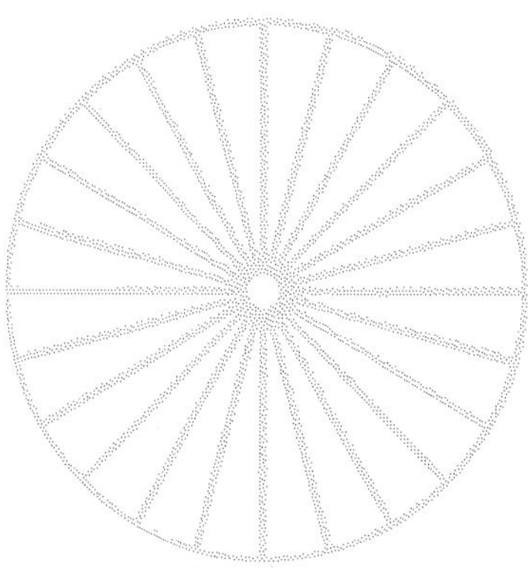

Dieser Bildausschnitt zeigt einen Großteil der Räder aus acht nah beieinander anzutreffenden Rädern [2-27]. Das nächste Bild [Abb. 2-28] ist sehr dunkel, und es ist schwer, darauf Einzelheiten zu erkennen. Dies ist eine Decke, und dort, wo ich die Aufnahme machte, war es stockfinster. Am unteren Bildrand sind sieben Personen mit Tierköpfen gezeichnet, die nach rechts dort entlanggehen. Man nennt sie *Neter*, Götter, und jeder von ihnen hat ein orangerotes Oval über dem Kopf, das Thot das *Ei der Metamorphose* nannte. Die Neter konzentrieren sich auf die Zeit, in der wir ein

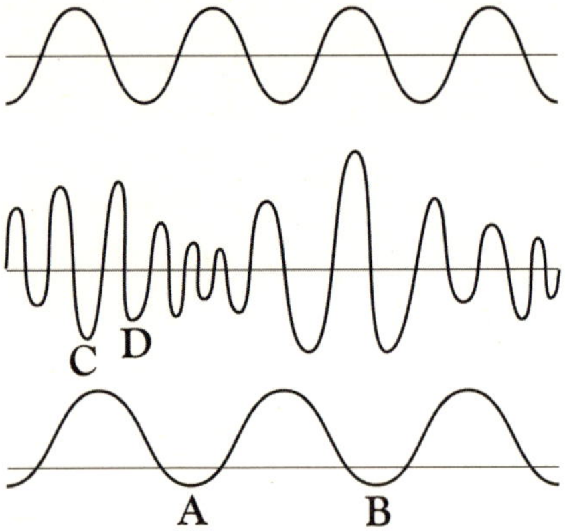

Abb. 2-29. Beispiele für Sinuswellen.

gewisses Stadium der Wiederauferstehung durchmachen, nämlich einen rapiden biologischen Wandel in eine andere Form von Leben. Sie enthalten ein Bild für diesen Übergang, während sie diese Linie entlangwandern, und dann endet die Linie unvermittelt und steigt im 90-Grad-Winkel an, und sie gehen im rechten Winkel zu ihrer ursprünglichen Richtung weiter. Diese 90 Grad sind im Rahmen meiner Arbeit hier sehr wichtig. Die 90-Grad-Wendung ist zentral, will man verstehen, wie man die Wiederauferstehung oder »Himmelfahrt« Realität werden lassen kann. Die dimensionalen Ebenen trennt ein Winkel von 90 Grad; die Noten in der Musik trennt ein Winkel von 90 Grad; die Chakras trennt ein Winkel von 90 Grad – immer wieder diese 90 Grad. Tatsache ist, dass viele von uns, um in die vierte Dimension zu gelangen (oder jede Dimension, was das angeht), eine 90-Grad-Wendung vollziehen müssen.

An diesem Punkt muss ich vielleicht sicherstellen, dass wir ein gemeinsames Verständnis haben, was Dimensionen sind – wie etwa dritte Dimension, vierte Dimension, fünfte Dimension usw. Wovon sprechen wir da? Ich rede hier nicht von Dimensionen im gewöhnlichen, mathematischen Sinne, wie bei den drei Achsen oder sogenannten Dimensionen im Raum: die x-, y- und z-Achse – von vorn nach hinten, von links nach rechts, oben und unten. Manche nennen diese drei Achsen die dritte Dimension und sagen, die Zeit sei dann die vierte. Das meine ich hier *nicht*.

Dimensionen, Harmonien und die Wellenform des Universums

Was ich als die unterschiedlichen dimensionalen Ebenen sehe, hat eher mit Musik und Harmonielehre zu tun. Vermutlich weckt das, wovon ich hier spreche, auch unterschiedliche Konnotationen, obwohl die meisten, die sich damit befassen, weitgehend einig mit mir gehen. Ein Klavier hat acht weiße Tasten von C bis C, das ist die uns vertraute Oktave, und dazwischen finden sich fünf schwarze Tasten. Mit acht weißen und fünf schwarzen Tasten bringt man alle Moll- und Durtöne innerhalb der sogenannten chromatischen Tonleiter hervor, nämlich dreizehn (eigentlich zwölf, bei Nummer dreizehn beginnt die nächste Oktave). Von einem C zum anderen sind es also in Wirklichkeit dreizehn Tonschritte, nicht nur acht.

Das behalten wir jetzt im Sinn, während ich euch zeige, wie man sich eine Sinuswelle vorstellen muss. Sinuswellen entsprechen Lichtwellen (und dem elektromagnetischen Spektrum) sowie den Wellen der Klangschwingung. Abb. 2-29 zeigt einige Beispiele. Das ist uns allen wahrscheinlich vertraut. In der gesamten Wirklichkeit, die uns umgibt, basiert alles auf Sinuswellen. Mir ist keine Ausnahme davon bekannt, außer vielleicht die Große Leere selbst und vielleicht der Große Geist.

Alles in dieser Wirklichkeit ist Sinuswelle, oder Cosinuskurve, wenn ihr so möchtet. Das, was bewirkt, dass ein Ding sich vom anderen unterscheidet, sind Wellenlänge und -muster. Eine Wellenlänge erstreckt sich von einem beliebigen Punkt auf der Kurve zu dem Punkt auf der Kurve, wo eine neue Kurve beginnt, etwa auf den längeren Wellenlängen von A bis B, oder auf den kürzeren von C bis D. Wenn man sich eine sehr lange Wellenlänge vornimmt, so sieht sie fast aus wie eine gerade Linie. So zum Beispiel messen eure Gehirnwellen ungefähr 10^{-10} cm, und es sind fast gerade Linien, die da aus eurem Kopf kommen. Die Quantenphysik oder Quantenmechanik sieht alles in unserer Wirklichkeit auf eine von zwei möglichen Weisen. Sie weiß nicht, warum sie es nicht auf beiderlei Weisen gleichzeitig betrachten kann, obwohl die geometrischen Figuren uns den Grund dafür sagen, wenn man sich ganz genau mit ihnen befasst. Man kann bei jedem Objekt, etwa diesem Buch, davon ausgehen, dass es aus winzigen Partikeln wie Atomen besteht, oder man kann diese Vorstellung vergessen und es einfach als Schwingung sehen, als Wellenformen wie die elektromagnetischen Felder, oder sogar als Schall, wenn man so möchte. Sieht man es als Atome, so stößt man darauf, dass die Gesetzmäßigkeiten *diesem* Modell entsprechen, sieht man es als Wellenformen, entsprechen sie dem *anderen*.

Alles in unserer Welt ist eine Wellenform (manchmal auch Muster genannt oder Sinuswellensignatur) oder könnte sogar als Klang gesehen werden. Alle Objekte – euer Körper, Planeten, absolut alles – sind Wellenformen. Wenn ihr euch für diese bestimmte Sicht der Wirklichkeit entscheidet und diese Sicht über die Realität der musikalischen Harmonie schichtet (ein Aspekt von Klang/Schall), können wir anfangen, von unterschiedlichen Dimensionen zu sprechen.

Die Wellenlänge entscheidet über die Dimension

Die verschiedenen Dimensionsebenen sind nichts anderes als Wellenlängen mit unterschiedlicher Grundgeschwindigkeit. Der einzige Unterschied zwischen dieser Dimension und irgendeiner anderen ist die Länge ihrer Basis-Wellenform. Es ist ganz genauso wie beim Fernseher oder Radio. Wenn man die Einstellungen vornimmt, fängt man unterschiedliche Wellenlängen auf. Dann bekommt man ein anderes Bild auf den Bildschirm, oder beim Radio einen anderen Sender. Exakt das gleiche gilt für dimensionale Ebenen. Würde man die Wellenlänge seines Bewusstseins ändern – und damit sämtliche Körpermuster auf diese Wellenlänge ändern, die sich von der dieses Universums unterscheidet, so würde man buchstäblich aus dieser Welt verschwinden und in der wieder auftauchen, auf deren Frequenz man sich eingestellt hat.

Genau das tun UFOs, wenn ihr sie über den Himmel schießen seht, sofern ihr schon einmal eines gesehen habt. Sie schießen in unglaublichen Geschwindigkeiten vorbei, vollziehen dann eine Wendung um 90 Grad und verschwinden. Die Besatzungen solcher Raumschiffe werden nicht durch den Raum getragen wie wir, wenn wir uns in einem Flugzeug befinden. Die Raumschiffpassagiere stellen psychisch bewusst eine Verbindung zu dem Gefährt als solchem her, und wenn sie sich anschicken, eine andere Welt aufzusuchen, begeben sie sich in Meditation und verknüpfen alle Aspekte ihrer selbst zu einer Einheit. Dann vollziehen sie alle gleichzeitig im Geist eine 90-Grad-Drehung oder zwei 45-Grad-Drehungen, und dadurch gelangt das gesamte Raumschiff mitsamt seinen Passagieren in eine andere Dimension.

Dieses Universum – und damit meine ich alle Sterne und Atome, die auf ewig ein- und ausgehen – hat eine Grundwellenlänge von rund 7,23 cm. Ihr könnt euch irgendeinen Punkt im Raum aussuchen und innerhalb dieses bestimmten Universums endlos ein- oder aus gehen. Im spirituellen Sinne ist diese Wellenlänge von 7,23 cm das *Om*, bei den Hindus der Klang des Universums. Jedes Objekt in diesem Universum produziert einen Klang, der seiner Bauart entspricht. Jedes Objekt gibt einen einzigartigen Ton von sich. Nimmt man den Durchschnitt der Klänge aller Objekte in diesem Universum, dieser dritten Dimension, so würde man diese Wellenlänge von

7,23 cm erhalten, und für diese Dimension wäre das der wahre Om-Klang. Diese Wellenlänge entspricht ferner exakt dem durchschnittlichen Abstand zwischen unseren Augen vom Mittelpunkt einer Pupille zur anderen – gemessen bei einhundert Personen, bei denen man den Durchschnittswert ermittelte. Sie entspricht außerdem genau dem durchschnittlichen Abstand von der Kinnspitze bis zur Nasenspitze sowie der Strecke quer über unsere Handfläche, und dem Abstand zwischen unseren Chakras, um ein paar weitere Beispiele zu nennen. Diese Länge, diese 7,23 cm, sind auf verschiedene Weisen an unterschiedlichen Stellen unseres Körpers lokalisiert, denn wir sind innerhalb dieses ganz bestimmten Universums in Erscheinung getreten, und dieses Universum ist in uns eingebettet.

Diese Wellenlänge wurde in den Labors der Firma Bell entdeckt, nicht von jemand »Spirituellen«, der irgendwo in einer Höhle saß. Als man dort zum ersten Mal das Mikrowellengerät baute, das dann seinen Siegeszug durch die ganzen Vereinigten Staaten antrat, und den Ein-Schalter betätigte, stieß man auf statische Elektrizität. Man muss dazu wissen, dass Bell Labs als Sendefrequenz für ihre Anlage eine Frequenz wählte, die nur wenig länger als sieben Zentimeter war. Warum man ausgerechnet diese Wellenlänge wählte, weiß ich nicht. Man versuchte die statische Elektrizitätzu finden, suchte in den Geräten und probierte alles mögliche. Zuerst dachten sie, sie käme aus dem Erdinnern. Schließlich blickten sie zum Himmel auf und fanden sie. Und dann sagten sie: »O nein, sie kommt von *überall!*« Um die Statik loszuwerden, taten sie etwas, worunter wir als Nation und als Planet *noch heute* leiden: Sie erhöhten die Energie so, dass sie 50.000 mal mehr betrug als sie normalerweise benötigt hätten, um so ein sehr kraftvolles Feld zu erzeugen, damit die Wellenlänge von 7,23 Zentimetern, die von überallher kam, nicht stören konnte.

Die Dimensionen und die Tonleiter

Aus Gründen wie dem obengenannten glaube ich, dass 7,23 Zentimeter die Wellenlänge unseres Universums ist, die Wellenlänge der dritten Dimension. Wenn man zu höheren Dimensionen kommt, werden die Wellenlängen immer kürzer, mit zunehmend mehr Energie. Wenn man sich abwärts bewegt im Hinblick auf die Dimensionsebenen, werden die Wellenlängen immer länger, mit immer weniger Energie, immer dichter. Genauso wie beim Klavier gibt es einen Zwischenraum zwischen den

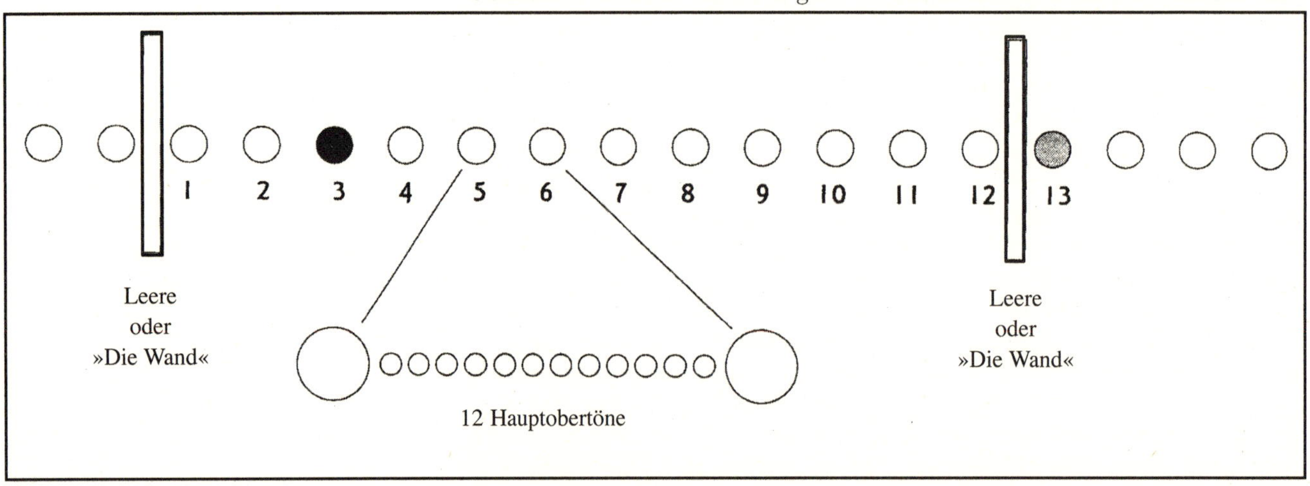

Abb. 2-30. Eine Oktave zwischen den Wänden. Der schwarze Kreis steht für die dritte Dimension; mit dem grau schattierten Kreis endet eine Oktave und beginnt die nächste.

einzelnen Noten, so dass, wenn man eine Taste anschlägt, es eine ganz bestimmte Stelle gibt, wo man die nächste Note trifft. In diesem wellenförmigen Universum, in dem wir existieren, gibt es einen ganz bestimmten Ort, wo die Ebene der nächsten Dimension existiert. Es ist eine spezifische Wellenlänge gemessen an dieser. In den meisten Kulturen im Kosmos teilt man diese grundlegende Auffassung vom Universum, und man versteht sich dort darauf, zwischen den Dimensionen hin und her zu wandern. Wir haben das alles vergessen. So Gott will, werden wir uns erinnern. Musiker, Musiktheoretiker und Physiker entdeckten vor langer Zeit, dass es Stellen zwischen den Noten gibt, die Obertöne genannt werden. Zwischen jedem Schritt auf der chromatischen Tonleiter finden sich zwölf Haupt-Obertöne. (Eine Gruppe in Kalifornien hat mehr als 200 untergeordnete Obertöne zwischen jeder Note entdeckt.)

Wenn wir die einzelnen Noten in der chromatischen Tonleiter jeweils als Kreis darstellen, haben wir dreizehn Kreise [Abb. 2-30]. Jeder Kreis stellt eine weiße oder schwarze Taste dar, und der graue Kreis am Ende wäre die dreizehnte Note, mit der die neue Oktave beginnt. Der schwarze Kreis auf dieser Darstellung steht für die dritte Dimension, das uns bekannte Universum, und der vierte Kreis für die vierte Dimension. Die zwölf Haupt-Obertöne, die jeweils zwischen zwei Noten oder Dimensionen liegen, sind Nachbildungen eines weitreichenderen Musters. Es ist holographisch. Verfolgt man die Sache weiter, so findet man zwischen den Obertönen weitere zwölf Obertöne, die wiederum eine Nachbildung des gesamten Musters sind. So geht es buchstäblich für immer und ewig, aufwärts und abwärts. Man bezeichnet es als geometrische Progression, nur dass es sich dieses Mal auf die Harmonielehre bezieht. Beschäftigt man sich näher damit, so wird man herausfinden, dass jede der einzigartigen Tonleitern, die bislang entdeckt wurden, eine andere Oktave von Erfahrungen hervorbringt – mehr Universen, die es zu erkunden gilt! (Das ist ein weiteres Thema, auf das wir noch zurückkommen werden.)

Wahrscheinlich hast Du schon einmal gehört, wie jemand von den 144 Dimensionen sprach und davon, dass die Zahl 144 eine Beziehung zu anderen spirituellen Themen aufweist. Das liegt daran, dass eine Oktave zwölf Töne hat, und zwölf Obertöne zwischen den einzelnen Noten, und 12 x 12 = 144 dimensionale Ebenen zwischen jeder Oktave. Um genau zu sein, gibt es 12 Hauptdimensionen und 132 Nebendimensionen innerhalb einer jeden Oktave (obwohl die Progression in Wirklichkeit immerzu so weitergeht). Dieses Diagramm hier stellt eine Oktave dar. Die dreizehnte Note wiederholt sich, dann kommt eine andere, nächsthöhere Oktave über ihr. Es gibt eine Oktave von Universen darunter und eine Oktave darüber, und sie erstreckt sich theoretisch für immer weiter. So groß und unendlich uns dieses Universum also vorkommt (das ja ohnehin nur eine Illusion ist), es gibt zusätzlich eine unendliche Vielzahl weiterer Wege, Ausdrucksformen für die eine Wirklichkeit zu finden, und jede Dimension unterscheidet sich *erfahrungsmäßig* vollkommen von allen anderen.

Darum geht es bei vielem, was hier vermittelt werden soll: Uns daran zu erinnern, dass wir hier auf der Erde in der dritten Dimension auf einem Planeten sitzen, der just in diesem Moment in dem Prozess steckt, sich dazu zu entwickeln, der vierten Dimension und darüberliegenden, anzugehören. Die drittdimensionale Komponente dieses Planeten steht kurz davor, für uns nach einer Weile nicht mehr existent zu sein – wir werden diese Dimension nur noch für eine kurze Zeit wahrnehmen. Zuerst werden wir zu bestimmten Obertönen der vierten Dimension gelangen. Die meisten in den höheren Dimensionen, die uns nun bei diesem Prozess beobachten und helfen, glauben nun, dass wir uns ziemlich rasch durch höhere Dimensionen aufwärtsbewegen werden.

Die Trennmauer zwischen den Oktaven

Zwischen jedem Ganztonuniversum und zwischen jedem Zwischenraum- oder Obertonuniversum ist nichts – absolut gar nichts. Ein jeder dieser Räume wird als Leere bezeichnet. Die Leere zwischen den einzelnen Dimensionen wird von den Ägyptern *duat* genannt, und von den Tibetern *Bardo*. Jedes Mal, wenn man von einer Dimension oder einem Oberton zum nächsten übergeht, kommt man durch eine dazwischenliegende Leere oder Schwärze. Doch bestimmte Leeren sind »schwärzer« als andere, und die schwärzesten von ihnen allen existieren zwischen den Oktaven. Sie sind kraftvoller als die Leeren, die innerhalb einer Oktave existieren. Macht euch bitte klar, dass wir hier Begriffe gebrauchen, die diese Vorstellungen nicht in vollem Umfang erklären können. Diese Leere, die zwischen den Oktaven existiert, kann als die Große Leere oder die Trennmauer beschrieben werden. Sie ist wie eine Wand, durch die man hindurch muss, um zu einer höheren Oktave zu gelangen. Gott hat diese Leeren dort auf eine ganz bestimmte Weise dorthin gestellt, aus ganz bestimmten Gründen, die bald zutagetreten werden.

All diese Dimensionen sind übereinandergeschichtet, und *jeder Punkt in Raum und Zeit enthält sie alle*. Die Tür zu jeder einzelnen ist überall. Das macht die Sache bequem – man muss sich nicht auf die Suche nach dieser Tür machen, man muss nur wissen, wie man den Zugang zu ihr findet. Obwohl es bestimmte heilige Räume in den Geometrien unserer Wirklichkeit hier auf der Erde gibt, wo es einfacher ist, bewusst die unterschiedlichen Dimensionen und Obertöne wahrzunehmen – heilige Stätten, die mit der Erde und dem Himmel verbundene Knotenpunkte sind (auch auf sie werden wir später noch zu sprechen kommen) –, gibt es auch bestimmte Orte im Raum, die mit den geometrischen Gefügen des Raums verknüpft sind. Diese Stellen werden von Menschen, die dies erforschen, mitunter als Sternentore bezeichnet: Öffnungen zu Ebenen anderer Dimensionen, bei denen es einfacher ist, hindurchzugelangen. Doch in Wahrheit kann man überall sein, um sich überallhin zu begeben. Es spielt wirklich keine Rolle, wo du bist, wenn du wirklich die Dimensionen verstehst und natürlich, wenn du zu göttlicher Liebe fähig bist.

Überwechseln in andere Dimensionen

Wenn wir hier also auf die Figuren an der Tempeldecke zurückkommen (ein paar Seiten zuvor), so wechseln diese die Dimensionen. Sie vollziehen eine 90-Grad-Drehung und ändern ihre Wellenlänge. Und die Räder dort hängen, wie ihr später sehen werdet, mit den musikalischen Harmonien zusammen – und ihr wisst ja mittlerweile, dass die musikalischen Harmonien eine Verbindung zu den dimensionalen Ebenen haben. Da die Gestalten an der Decke diesen Wechsel vollziehen, während ihre Gedanken auf Metamorphose und Wiederauferstehung gerichtet sind, glaube ich, dass die Räder uns de facto genau sagen, wohin sie gingen, in welche Dimension. Bis wir fertig sind, werdet ihr verstehen, wovon ich hier spreche.

Das sternförmige Tetraeder

Dieses sternförmige Tetraeder, das mit Leonardos Zeichnung unterlegt ist [Abb. 2-31], wird eine der wichtigsten Zeichnungen für diese Arbeit hier darstellen. Was ihr da vor euch seht, ist natürlich zweidimensional, aber denkt es euch dreidimensional. Ein sternförmiges Tetraeder, wie es hier gezeigt wird, existiert um jeden menschlichen Körper. Wir werden noch

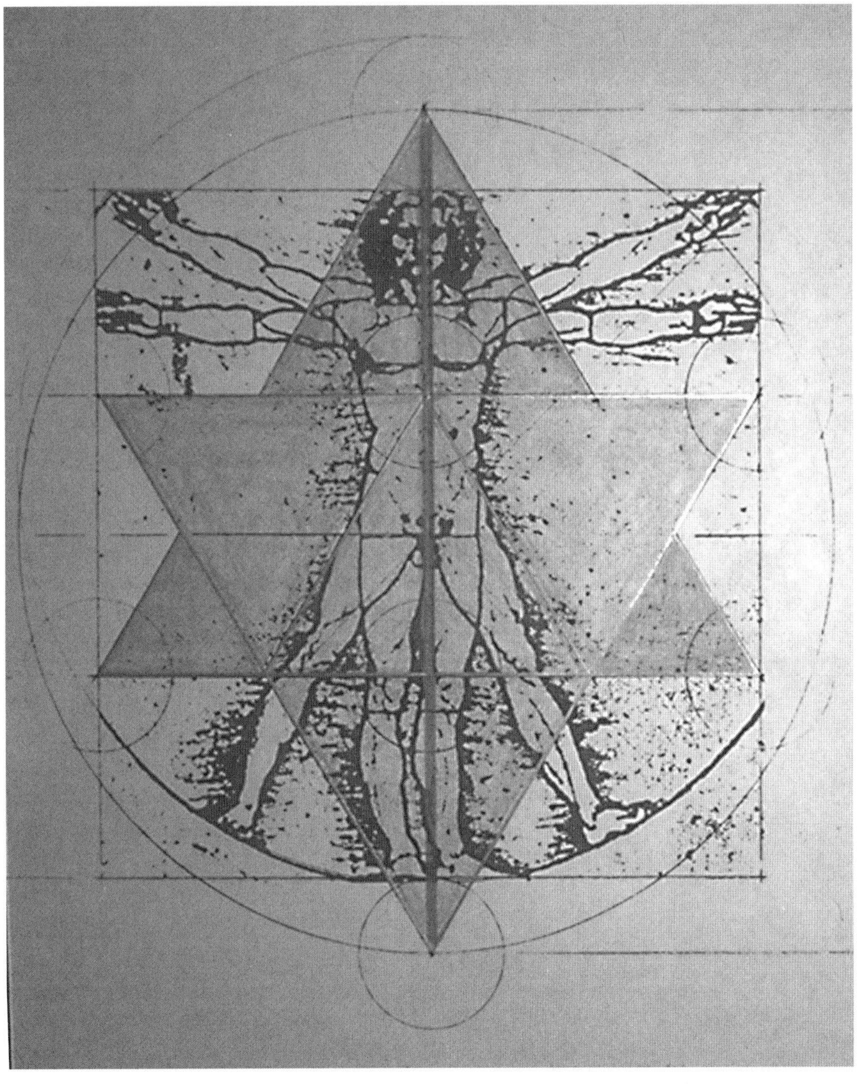

Abb.2-31. Leonardos Normalformen mit sternförmigem Tetraeder als Symbol für die Mer-Ka-Ba und einer Pranaröhre im Zentrum.

ein Menge Zeit verbringen damit, euch an den Punkt zu bringen, wo ihr sehen könnt, dass ihr dieses Bild um euren Körper habt. Beachtet insbesondere, dass eine Röhre durch die Körpermitte verläuft, durch die wir Lebenskraft, Energie, atmen können, und die beiden Scheitelpunkte am oberen und unteren Ende der Röhre stellen eine Verbindung von der dritten Dimension zur vierten her. Ihr könnt direkt durch die Röhre Prana der vierten Dimension einatmen. Ihr könntet euch in einem Vakuum befinden, einer völligen Leere, ohne Luft zum Atmen, und dennoch überleben, wenn ihr nach den Prinzipien dieses Verständnisses leben könntet.

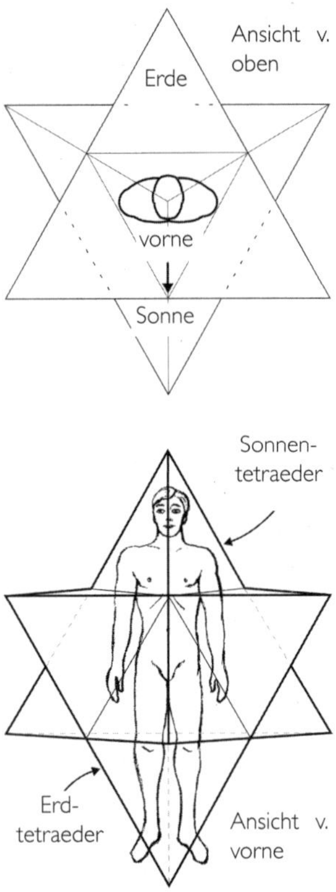

Abb 2.32 a. Männliche Gestalt in ihrem sternförmigen Tetraeder.

Wie Richard Hoagland den Vereinten Nationen und der NASA gezeigt hat, beginnen wir nun mit der wissenschaftlichen Wiederentdeckung dieses Gebiets. Ebenso wie es hier im Umfeld von Leonardos Gestalt gezeigt wird, findet es sich um Planeten, Sonnen und sogar größere Körper. Das könnte die Standarderklärung dafür werden, wie einige dieser äußeren Planeten überleben. Warum? Die Planeten strahlen weit mehr Energie von ihrer Oberfläche ab, als sie von der Sonne erhalten. Viel mehr. Woher kommt sie? Mit diesem neuen Verständnishintergrund können wir sagen, wenn die Gestalt Leonardos ein Planet wäre statt eine Person, so würden die Punkte am Nord- und Südpol gigantische Mengen Energie von einer anderen Dimension (oder anderen Dimensionen) einströmen lassen. Planeten existieren buchstäblich in mehr als einer Dimension, und wenn ihr die ganze Erde in ihrer vollen Pracht sehen könntet – die einzelnen Felder und Energien um einen Planeten –, würde euch vor Staunen der Mund offenstehen. Mutter Erde ist viel komplizierter, feiner und komplexer, als wir es auf dieser dichten Ebene wahrnehmen können. Dieses Channeln von Energie wirkt jedoch auf gleiche Weise auch für Menschen. Und die Dimension (oder Dimensionen), von denen diese Energie kommt, hängt davon ab, wie wir atmen.

Auf Leonardos Zeichnung ist das Tetraeder, das zur Sonne hinaufzeigt, männlich. Das Tetraeder, das zur Erde zeigt, ist weiblich. Wir werden das männliche als *Sonnen*tetraeder bezeichnen, und das weibliche als *Erd*tetraeder. Es gibt nur zwei Möglichkeiten, wie eine menschliche Gestalt aus diesem sternförmigen Tetraeder herausschauen kann: Eine Zacke des Sternes über dem Kopf, und die andere unter den Füßen, dazu mit Ausrichtung des Körpers am Horizont. Für einen männlichen Körper, der aus seiner Form herausschaut, hat sein Sonnentetraeder eine spitze Seite, die nach vorn zeigt, und die gegenüberliegende flache Seite befindet sich hinter ihm; sein Erdtetraeder hat eine Spitze, die nach hinten hinausführt, und die gegenüberliegende flache Seite befindet sich vorn [Abb. 2-32a].

Für einen weiblichen Körper, hat das Sonnentetraeder eine Flachseite nach vorn und eine Spitze, die nach hinten weist; und das Erdtetraeder besitzt eine Spitze, die nach vorn zeigt, während die gegenüberliegende flache Seite hinter ihm ist [Abb. 2-32b]. Wir werden die Mer-Ka-Ba-Meditation durch den vierzehnten Atem in Band 2 erklären. Zuerst möchte ich andere Aspekte vorstellen, damit ihr euch erinnern und euch vorbereiten könnt auf die schließlich folgende Reaktivierung eures Lichtkörpers, der Mer-Ka-Ba. Bald werden wir auf yogischen Atem zu sprechen kommen, und viele von euch sind wahrscheinlich schon damit vertraut. Danach werden wir etwas über Mudras lernen. Wir gehen Schritt für Schritt vor, bis wir soweit sind, sphärisches Atmen zu erleben, den Seinszustand, aus dem heraus eure Mer-Ka-Ba zum Leben erwachen kann.

Dreiheit in der Dualität: Die heilige Dreifaltigkeit

Zum besseren Verständnis der Situation hier auf der Erde werden wir noch eine weitere Information einbringen, auf die wir im weiteren Verlauf immer wieder einmal Bezug nehmen können. In der Natur scheint das Gesetz der Gegensätze sich in unserer gesamten Wirklichkeit zu manifestieren, wie etwa männlich und weiblich oder heiß und kalt. In Wirklichkeit ist das unzutreffend. Jede Manifestation in unserer Wirklichkeit hat nämlich de facto *drei* Komponenten. Man hört viel von der Polarität zwischen männlich und weiblich und über ein Polaritätsdenken – das ist

nicht die ganze Wahrheit. Es hat noch nie eine Polarität gegeben in dieser Wirklichkeit ohne eine dritte Komponente – mit einer seltenen Ausnahme, auf die wir gleich noch eingehen werden.
Es findet sich in fast jeder Situation eine Dreiheit. Denken wir an einige Beispiele für das, was wir gewöhnlich Polarität nennen. Wie wäre es mit schwarz und weiß, heiß und kalt, oben und unten, männlich und weiblich, Sonne und Erde? Für schwarz und weiß ist da auch noch das Grau, für männlich und weiblich das Kind, für Sonne und Erde der Mond (das Kind). Auch die Zeit hat drei Komponenten: Vergangenheit, Gegenwart und Zukunft. Die geistige Beziehung, wie wir den Raum sehen, das ist die x-, y- und z-Achse. Vorne – hinten, links – rechts, oben – unten. Selbst bei jeder dieser drei Richtungen gibt es eine Mitte oder einen zentralen Punkt, so dass drei Teile entstehen.
Vielleicht das beste Beispiel ist die Art und Weise, wie die Materie als solche in dieser dritten Dimension gestrickt ist. Die Materie besteht aus drei Basispartikeln: Protonen, Elektronen und Neutronen. Auf der nächsthöheren Organisationsebene über den drei Basispartikeln findet man die Atome, und auf der nächstniedrigen feinere Partikelchen. Auf ähnliche Wiese nimmt das Bewusstsein sich selbst als in der Mitte zwischen Makrokosmos und Mikrokosmos wahr. Welche Ebene man sich auch eingehender betrachtet, immer findet man dort Dreiheit.
Es gibt jedoch eine besondere Ausnahme, wie fast immer. Sie hängt mit dem Anfang aller Dinge zusammen. Uraspekte haben gewöhnlich in der Tat Zweiheit, aber sie kommen extrem selten vor. Ein Beispiel findet man in Zahlenreihen. Bei Zahlenfolgen wie etwa 12356789..., 2-4-8-16-32..., oder 1-1-2-3-5-8-13-21... – und de facto allen bekannten Zahlenreihen – braucht man mindestens drei aufeinanderfolgende Zahlen, um die gesamte Zahlenreihe zu berechnen, mit einer Ausnahme: der Logarithmusspirale für den Goldenen Schnitt, die nur zwei benötigt. Das liegt daran, dass die Spirale der Ursprung aller sonstigen Sequenzen ist. Auf die gleiche Weise haben Atome, wie schon zuvor erwähnt, allesamt drei Teile, mit einer einzigen Ausnahme: dem ersten Atom. Wasserstoff. Das Wasserstoffatom hat nur ein Proton und ein Elektron; es hat kein Neutron. Falls es ein Neutron hat, was der nächste Schritt auf der Stufenleiter aufwärts wäre, so nennt man es schweren Wasserstoff, doch der allererste Anfang der Materie hat nur zwei Komponenten.
Wo wir schon Zahlen erwähnten, in denen sich Dreiheit zeigt, könnten wir auch die Farbe ins Spiel bringen. Es gibt drei Primärfarben, auf welchen basierend die drei Sekundärfarben erzeugt werden. Das bedeutet, dass das Universum, wie wir es kennen – die Gesamtheit des Geschaffenen –, sich aus drei primären Teilen zusammensetzt, außer in den seltenen Urbereichen. Außerdem ist die Natur der Wahrnehmung des Universums durch das menschliche Bewusstsein die der drei Hauptweisen, von denen wir gerade gesprochen haben: Zeit, Raum und Materie, die allesamt Spiegelbilder der heiligen Dreifaltigkeit sind.

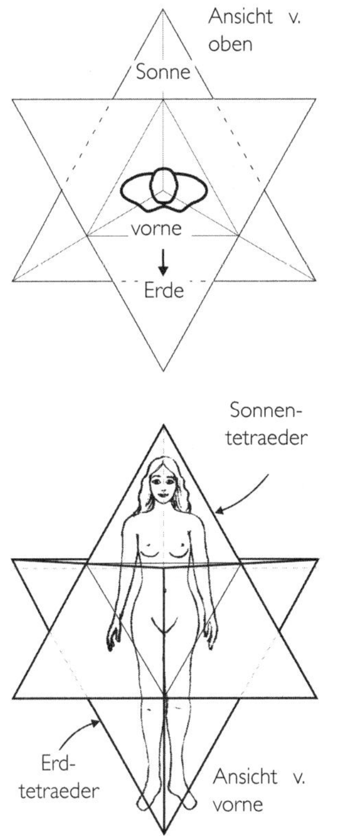

Abb 2.32 b. Weibliche Gestalt in ihrem sternförmigen Tetraeder.

Eine Wissenslawine

Die meisten Menschen sind sich nun bewusst, dass sich hier auf der Erde etwas Ungewöhnliches abspielt. Wir befinden uns in einer extrem beschleunigten Zeit, und es kommt zu vielen Ereignissen, die man noch nie zuvor gesehen hat. Es gibt mehr Menschen auf dem Planeten als unseres Wissens je zuvor, und wenn wir in diesem Tempo weitermachen, wird sich die Weltbevölkerung in ein paar Jahren auf etwa elf oder zwölf Milliarden verdoppelt haben.

Was unsere menschliche evolutionäre Lernkurve anbelangt, so wächst die Menge der auf dem Planeten verfügbaren Informationen schneller als die Weltbevölkerung. Hier eine Tatsache aus der *Encyclopedia Britannica*: Durchgängig über fast 5800 Jahre, von der Zeit der ältesten uns bekannten menschlichen Zivilisation an, der der alten Sumerer (zirka 3800 v. Chr.), bis ungefähr 1900 n. Chr., war eine bestimmte Bitanzahl von Informationen gesammelt worden, eine gewisse Zahl sogenannter Fakten, die aufeinanderaddiert wurden, um zu bestimmen, wie viel wir wussten. Fünfzig Jahre später, von 1900 bis 1950, hatte sich unser Wissen verdoppelt. Das heißt, es dauerte 5800 Jahre, um so-und-so-viel zu lernen, und dann brauchte es fünfzig Jahre, um diese Menge zu verdoppeln – erstaunlich! Aber in den *nächsten zwanzig Jahren*, bis ungefähr 1970, hatten wir diese dann erneut verdoppelt. Danach brauchte es nur noch einmal zehn weitere Jahre, bis in etwa 1980, damit sich *diese* Menge verdoppelte. Nun verdoppelt sie sich alle paar Jahre.

Im Frühjahr 1997 gab das Pentagon bekannt, man habe dort einen Computer, der nur eine Sekunde brauche, um Berechnungen anzustellen, für die ein PC mit 3 GBybte RAM und einer Taktfrequenz von 500 MHz 15.000 Jahre benötigen würde. In einem Tag kann er etwas berechnen, wofür der PC 1,3 Milliarden Jahre bräuchte! Wenn das kein Quantensprung ist.

Wissen bricht wie eine Lawine über uns herein. Die Informationen kamen Mitte der achtziger Jahre so schnell, dass die NASA es nicht schaffte, sie schnell genug in ihre Computer einzugeben. Ich habe gehört, um 1988 war man dort acht oder neun Jahre im Rückstand, was die simple Eingabe der Daten anging. Gleichzeitig damit, dass sich diese Wissenslawine vergrößert, stehen die Computer selbst, die der Beschleunigung Auftrieb geben, im Begriff, große Veränderungen durchzumachen. Zirka alle achtzehn Monate verdoppeln die Computer sowohl ihre Geschwindigkeit als auch ihre Speicherkapazität. Zuerst kam der 286er, dann der 386er, danach der 486er, und 1993 dann der 586er, durch den der 486er veraltet war. Wir wussten kaum mit dem 486er umzugehen, da haben wir schon den Pentium II. Gegen Ende des Jahrtausends oder kurz danach wird ein Rechner zu Hause am Schreibtisch so viel können und so schnell sein, dass er alle 1993er Computer der NASA und des Pentagon zusammengenommen übertrifft.

Ein einzelner Computer wird so schnell und so leistungsstark sein, dass er tatsächlich die ganze Erde beobachten kann und für jeden Quadratzentimeter Erde beständig den Wetterbericht übermitteln kann. Er wird Dinge tun, die derzeit absolut unmöglich scheinen. Und wir beginnen auch unsere Fähigkeiten zu beschleunigen, Daten einzugeben: Mittlerweile wandern gewaltige Mengen an Informationen direkt von anderen Computern und Scannern und direkt per Stimme in die Rechner. Wo also nun diese unglaubliche Menge an Wissen Eingang in das menschliche Bewusstsein findet, wird deutlich, dass dies die Geburtsstunde einer zentralen Veränderung für die Menschheit ist.

Über Tausende von Jahren wurden spirituelle Informationen geheimgehalten. Priester und Priesterinnen unterschiedlicher Religionen und Kulte gaben ihr Leben dafür, den Rest der Welt davon abzuhalten, eine ihrer geheimen Schriften oder ein Element spirituellen Wissens zu kennen, und sie sorgten dafür, dass diese geheim blieben. All die unterschiedlichen spirituellen Gruppen und Religionen auf der Welt hatten ihr Geheimwissen. Ganz plötzlich, Mitte der Sechziger, wurde der Schleier des Geheimnisses dann gelüftet. Fast alle spirituellen Gruppen auf der Welt öffneten im gleichen geschichtlichen Augenblick unisono ihre Archive. Ihr könnt bei euch in der Nachbarschaft in einen Buchladen gehen und in Büchern

mit Informationen blättern, die über Tausende von Jahren unzugänglich und wohlgehütet gewesen waren. Warum? Und warum gerade jetzt?
Das Leben auf diesem Planeten beschleunigt sich schneller und schneller und schneller und gipfelt offenbar in etwas Neuem und anderem, vielleicht auch in etwas, das lediglich die Reichweite unserer gewöhnlichen Vorstellungskraft übersteigt. Wir verändern uns ständig. Was heißt das für die Welt? Warum geschieht das? Oder noch besser, warum geschieht es *jetzt*? Warum nicht vor tausend Jahren? Oder warum wartet es nicht, um von heute an gerechnet in 100, 1000 oder 10.000 Jahren einzutreffen? Es ist wirklich wichtig, sich über die Antwort auf diese Frage im klaren zu sein, denn wenn ihr nicht wisst, warum das jetzt geschieht, werdet ihr wahrscheinlich nicht verstehen, was euch da in *eurem* Leben widerfährt und nicht auf die bevorstehenden Veränderungen vorbereitet sein.
Wenn ich auch jetzt im Moment noch nicht auf die eigentliche Bedeutung all dessen eingehen will, so liegt eine der Antworten hierauf in der Tatsache, dass der Computer aus Silizium besteht, und wir aus Kohlenstoff. Sie ist in die Beziehung zwischen Silizium und Kohlenstoff eingebunden, aber hierbei belasse ich es jetzt für eine Weile und fahre mit der ungewöhnlichen Natur dessen fort, was sich hier auf der Erde abspielt.

Die Beziehung der Erde zum Kosmos

Kommen wir noch einmal auf den Sirius und die Erde zu sprechen. Ihr seid hier [Abb. 2-33], und das ist der Punkt im umfassenderen Ganzen, wo wir anfangen wollen. Von dort aus betrachtet, wo wir uns auf diesem dritten Planeten um die Sonne befinden, kann man die intime Beziehung der Erde zum Sirius nicht unmittelbar verstehen. Man muss tief ins All

Abb. 2-33. Position der Erde im Sonnensystem

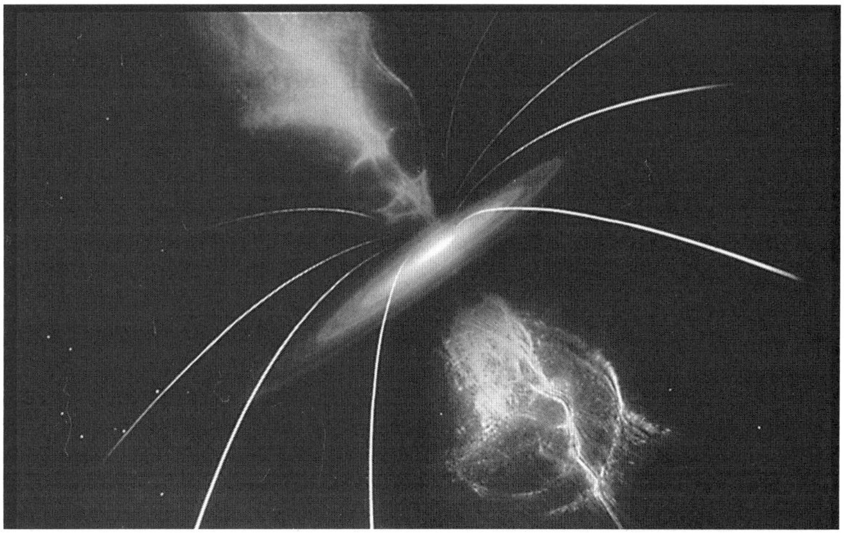
Abb. 2-34. Quasar (quasi-stellare Radioquelle), der als eines der entferntesten und am hellsten leuchtenden Objekte im Universum gilt.

Abb. 2-35. Spiralgalaxie

Abb. 2-36. Spiralgalaxie, Ansicht von oben (oben) und auf Rand (unten).

gehen, zu Dingen wie diesem hier [Abb. 2-34], das ihr vielleicht gar nicht erkennt – zumindest geht es den meisten so. Das hier ist nämlich ein Quasar, und er ist gigantisch. Er spottet allen physikalischen Gesetzen, und wir wissen nicht, was um alles in der Welt dieses Ding tut. Aber das ist es gar nicht, worauf ich euch aufmerksam machen möchte.

Spiralen im Weltall

Dieses nächste Foto hier ist uns etwas näher und vertrauter [Abb. 2-35]. Es ist eine Galaxie, offensichtlich nicht wir, denn es ist ganz schön schwer, von sich selbst ein Bild aus seinem eigenen Innern zu machen. (Das Gebilde unten rechts ist ein Spiralnebel, und man kann mit einiger Gewissheit sagen, dass er viel, viel näher ist als die Galaxie; sie sind nicht in Verbindung. Achtet auf die Sterne, die in einer Spirale aus der Galaxie kommen. Im Winkel von exakt 180 Grad gegenüber einer der Spiralen befindet sich eine weitere zum Vorschein kommende Spirale. Ich glaube, es gibt acht bekannte Formen von Galaxien – obwohl alle Funktionen voneinander sind – und dies ist das Urmodell.

Für ziemlich lange Zeit dachten die Astronomen, das, was man da draußen sah, sei alles; wenn man es sehen könne, dann sei es da. Entweder nahmen sie die unsichtbare Seite der Wirklichkeit absolut überhaupt nicht wahr, oder sie maßen ihr keine Bedeutung bei. Doch die unsichtbare Seite unserer Wirklichkeit ist de facto viel größer als die sichtbare, und wahrscheinlich von größerer Bedeutung. Wäre das volle elektromagnetische Spektrum eine Linie von vielleicht 1,80 Meter Länge, so wäre das sichtbare Licht, durch das wir Objekte sehen, ein Band von zirka 0,8 Millimeter Breite. Mit anderen Worten, der sichtbare Teil der Wirklichkeit liegt weit unter einem Prozent des Gesamten – fast nichts. Das unsichtbare Universum ist wirklich unser wahres Zuhause.

Da ist noch viel mehr. Es gibt Dinge, die selbst jenseits des elektromagnetischen Spektrums angesiedelt sind, das wir gerade erst zu begreifen beginnen. Zum Beispiel hat man entdeckt, dass dann, wenn eine alte Sonne explodiert und stirbt, dies scheinbar nur im dunklen Bereich der Spirale geschieht (von Pfeil A angezeigt). Dies lässt darauf schließen, dass es einen Unterschied gibt zwischen tiefem Raum (Pfeil B) und dem inneren Raum zwischen den Lichtspriralen. Man beginnt also zu erkennen, dass es einen deutlichen Unterschied zwischen den beiden Bereichen des Alls sowie auch zwischen den dunklen und hellen Bereichen der Galaxie gibt. Die dunklen Zonen der Spirale scheinen etwas Andersartiges an sich zu haben, das mit den hellen Zonen zusammenzuhängen scheint.

Unsere Verbindung mit dem Planeten Sirius

Die Beobachtung dieser Merkmale einer galaktischen Spirale führte zu einer anderen Entdeckung. Anderen Wissenschaftlern fiel auf, dass unser Sonnensystem, wenn es sich durch das All bewegt, sich nicht in einer geraden Linie fortbewegt, sondern nach einem Spiralmuster, in einer Spirale. Nun, eine solche Spirale ist nicht möglich, es sei denn, wir sind durch die Schwerkraft mit einem anderen großen Körper verbunden, etwa einem weiteren Sonnensystem oder etwas noch größerem. Zum Beispiel denken viele, der Mond kreise um die Erde, richtig? Tut er nicht. Und hat er auch noch nie. Erde und Mond drehen sich *umeinander*, und es gibt eine dritte Komponente zwischen ihnen, sie findet sich bei einem Drittel der Entfernung von der Erde zum Mond. Diese ist der Dreh- und Angelpunkt, und

Erde und Mond drehen sich nach dem Muster einer Helix um diesen Punkt, während sie sich gleichzeitig um die Sonne drehen. Dies geschieht, weil die Erde mit einem sehr großen Körper verbunden ist, dem Mond. Unser Mond ist riesig, und er bewirkt, dass die Erde nach einem bestimmten Muster ihre Bahn zieht. Und da das gesamte Sonnensystem sich auf die gleiche Weise spiralförmig durch das All bewegt, muss das ganze Sonnensystem durch die Schwerkraft mit einem *anderen* sehr großen Körper verbunden sein.

Also machten sich Astronomen auf die Suche nach diesem Körper, der an unserem Sonnensystem zieht. Zuerst engten sie diesen auf einen bestimmten Bereich des Himmels ein, mit dem wir verbunden sind, dann engten sie ihn immer weiter ein, und erst vor wenigen Jahren konnten sie schließlich ausmachen, welches spezifische Sonnensystem es ist. Wir sind mit dem Stern Sirius verbunden – mit Sirius A und Sirius B. Unser Sonnensystem und das Siriussystem sind durch die Schwerkraft auf das innigste miteinander verbunden. Wir sind *ein System*!

Seitdem die Wissenschaftler wissen, dass der dunkle Bereich in einer sich spiralig drehenden Galaxie anders ist, haben sie entdeckt, dass es nicht einfach so ist, dass sich Sterne entlang des gebogenen Arms einer Spirale nach außen bewegen. Würde jemand mit einem Wasserschlauch auf deinen Kopf zielen, und du könntest die Szene von oben sehen, so würden sich Tröpfchen zeigen, die sich scheinbar in Spiralen bewegen. Könnt ihr euch das plastisch vorstellen? Jeder individuelle Tropfen bewegt sich jedoch nicht in einer Spirale, sondern er bewegt sich strahlenförmig in einer geraden Linie vom Zentrum fort; er *scheint* sich nur in Spiralen zu bewegen. Genauso verhält es sich in einer Galaxie. Jeder dieser Sterne bewegt sich in Wirklichkeit strahlenförmig weiter.

Gleichzeitig dazu, dass sich die Sterne strahlenförmig vom Zentrum fortbewegen, bewegt auch ihr euch unabhängig vom System als ganzem von einem Arm durch das dunkle Licht in das weiße Licht und umkreist so das ganze galaktische System. Es dauert vermutlich Milliarden Jahre – ich weiß es nicht – bis sich ein Zyklus vollendet hat.

Stellt euch vor, Abbildung 2-36 ist eine Galaxie von oben betrachtet und die dunkle Farbe steht für die Spiralen aus schwarzem Licht, und die helle Farbe für die aus weißem Licht. Vom Rand aus sieht sie aus wie eine fliegende Untertasse. Die Umlaufbahn, die wir um das Zentrum der Galaxie herum durchlaufen, umfasst eine Spiralbewegung ähnlich einer Spiralfeder. Außer in unserem Sonnensystem sieht man die gleiche Spiralbewegung zwischen Sirius A und Sirius B [siehe Abb. 1-4 in Kapitel 1]. Die Spirale der Erde und die des Mondes sind, so glaube ich, verschieden. Diese Spiralbewegung der beiden Sirius-Sterne scheinen, so ein australischer Wissenschaftler, einfach identisch mit der Geometrie der DNA-Moleküle zu sein. Dabei kann man den Verdacht bekommen, dass es vielleicht eine Beziehung gibt zwischen der Art, wie sich Dinge entfalten, dass Ereignisse entsprechend einer Art von umfassenderem Plan stattfinden, ähnlich der Entwicklung eines menschlichen Körpers, die durch die Informationen in der DNA gesteuert wird. Natürlich ist das nur Spektulation, aber aufgrund des Prinzips »Wie oben, so unten« ist es höchst wahrscheinlich.

So haben wir also zwei verwandte Fragen, auf die wir eine Antwort suchen. Die eine lautet: Warum ist der Sirius so wichtig? Dies wurde bereits anhand unserer schwerkraftmäßigen Bindung an den Sirius erklärt. Die andere lautet: Warum findet dieses extrem schnelle Evolutionsmuster, das wir

Diese Randbemerkung wird erst dann richtig Sinn machen, wenn ihr voll und ganz versteht, was es mit der Mer-Ka-Ba auf sich hat, aber dies hier ist die passendste Stelle dafür. Der Astrophysiker William Purcell entdeckte gerade erst in jüngerer Zeit (der Bericht erschien am 12. Mai 1997 in der Zeitschrift Time), dass ein »Koloss von Antimaterie«, eine Röhre im Winkel von 90 Grad zur Ebene der Galaxie, »sich aus dem Zentrum unserer Galaxie ergießt und Billionen von Kilometern weit ins All reicht.« Das ähnelt der Mer-Ka-Ba-Geometrie auf galaktischer Ebene.

Gleichzeitig entdeckten Cornell-Astronomen, dass rund 80 Prozent der Sterne in Galaxie NGC 4138 sich in eine Richtung drehen (größtenteils ältere Sterne), während ungefähr 20 Prozent der Sterne (meist jüngere) sich zusammen mit einer riesigen Wasserstoffwolke in die entgegengesetzte Richtung drehen. Ihre Entdeckung wurde am 18. Januar 1997 bei der amerikanischen Gesellschaft für Astronomie vorgestellt. Das ist ein Feld mit Gegenrotation. Nicht genug damit, dass Galaxien wie Mer-Ka-Ba-Felder aussehen, sie weisen sogar die gleiche Binnendynamik auf! (Natürlich glaube ich persönlich, dass Galaxien lebende Wesen sind, und dass sie wirklich nichts anderes sind als ein riesiges lebendiges Mer-Ka-Ba-Feld).

Außerdem haben Physiker an der University of Rochester und der University of Kansas Belege dafür gefunden, die an dem lange bewahrten Glauben rütteln, der Weltraum sei in alle Richtungen gleich. Der Forscher John Ralston berichtete: »Es scheint eine absolute Achse, eine Art von kosmologischem Nordstern zu geben, an dem sich das Universum orientiert.« Diese Arbeit wurde in der Ausgabe der Physical Review Letters vom 21. April 1997 publiziert.

Außerdem hat man entdeckt, dass das Licht auf dieser Achse anders wandert als überall sonst. Es gibt also nun zwei uns bekannte Lichtgeschwindigkeiten! Die Achse ist der Schlüssel zum lebenden Mer-Ka-Ba-Feld, und diese Entdeckung könnte irgendwann beweisen, dass das ganze Universum wirklich nur ein gigantisches lebendes Mer-Ka-Ba-Feld ist. Nachdem ihr euch eures eigenen Mer-Ka-Ba-Feldes bewusst seid, lest diesen Abschnitt noch einmal, und ihr werdet verstehen.

heute auf der Erde erfahren, in diesem Augenblick der Geschichte statt? Betrachten wir weiter den Himmel. Zuerst sind hier einmal zwei identische Informationen weiterzugeben.

Die Spiralarme einer Galaxie, die sie umgebende Kugel und die Hitzehülle

Abb. 2-37 stammt aus dem *National Geographic* und zeigt etwas, das man nun entdeckt hat. Man hat herausgefunden, dass die Galaxien von einer Kugel aus Licht umgeben sind. Beachte die winzige Galaxie mit ihren Spiralarmen, zusammen mit ein paar losen Sternen, die alle von der Energiekugel umhüllt sind. Außerhalb dieser Kugel findet sich dann eine weitere enorme Energiekugel, hier als Sechseck-Raster wiedergegeben. Wir haben also eine riesige Kugel im Innern einer kleineren Kugel, mit einer winzigen Galaxie darin. Im weiteren werdet ihr sehen, dass ihr exakt das gleiche Feld auch um *euch* habt.

Abbildung 2-38 ist eine Abbildung der Hitzehülle einer Galaxie, leicht geneigt, mit einer Infrarotkamera aufgezeichnet. Sie sieht aus wie eine fliegende Untertasse. Sie hat einen großen Kreis um den Außenrand, der dunkel ist, da sich der Außenrand sehr, sehr schnell bewegt. Diese Hitzehülle hat exakt die gleichen Abmessungen wie die Mer-Ka-Ba um euren Körper, wenn sie durch Atmen und Meditation aktiviert wird. Wenn ihr eine bestimmte Atemweise praktiziert, werdet ihr merken, dass ein etwa 16,5 Meter breites Feld um euren Körper entstehen wird, das wie diese Wärmehülle aussieht. Mit der entsprechenden Ausrüstung könnte man es auf einem Computerbildschirm sehen, da es eine elektromagnetische Komponente im Mikrowellenbereich aufweist. Das ist absolut real. Es hat die gleiche Form wie die Mer-Ka-Ba, die ihr, wenn ihr euch dafür entscheidet, um euren Körper aktivieren werdet.

Abb. 2-37. Galaktische Energiekugeln.

Abb. 2-38. Galaktische Hitzehülle.

Präzession der Tagundnachtgleichen und sonstige Präzessionsbewegungen

Weiter geht es zu der Frage, warum sich diese Veränderung genau jetzt abspielt? Unsere Erde neigt sich derzeit zirka 23 Grad zur Ebene ihrer Umlaufbahn um die Sonne, und wenn die Erde die Sonne umkreist, verändert sich der Winkel, in dem das Licht auf die Erdoberfläche auftrifft, je nachdem, wo es sich in seiner Umlaufbahn befindet. Deshalb haben wir vier Jahreszeiten.

Innerhalb dieser Rotation im Laufe eines Jahres haben wir noch ein sehr langsames Taumeln, das die meisten als die Präzession der Tagundnachtgleichen kennen, die fast 26.000 Jahre zu ihrer Vollendung benötigt. Um genauer zu sein, etwa 25.920 Jahre – das kommt darauf an, wo ihr nachlest, denn jeder kommt auf ein paar Jahre Unterschied. Es gibt außerdem noch weitere Präzessionsbewegungen. Zum Beispiel ist dieser +23-Grad-Winkel zur Sonne nicht fix; es findet sich eine Präzessionsbewegung von ca. 40.000 Jahren, wo sich der Winkel um etwa drei Grad ändert – von rund 23 auf rund 26 Grad. Und dann gibt es noch eine weitere Präzessionsbewegung innerhalb der kleinen Präzessionsbewegung um drei Grad, die etwa alle vierzehn Monate einen Zyklus beendet. Und man hat noch eine entdeckt, die sich etwa alle vierzehn Jahre vollendet. Nun heißt es, es sei darüber hinaus noch eine weitere entdeckt worden. Liest man die alten Sanskrit-Schriften, so sind all diese Präzessionsbewegungen höchst wichtig für das Bewusstsein auf dem Planeten. Sie sind unmittelbar an bestimmte Ereignisse gebunden und an die Zeit, zu der diese auf der Erde stattfinden – genauso wie unsere DNA an die verschiedenen Phasen im Wachstum des menschlichen Körpers gebunden ist.

Fürs erste möchte ich lediglich die größte Präzessionsbewegung betrachten, die auch als *Präzession der Tagundnachtgleichen* bezeichnet wird [Abb. 2-39). Diese Präzessionsbewegung verläuft in einem Oval, und das große Oval in

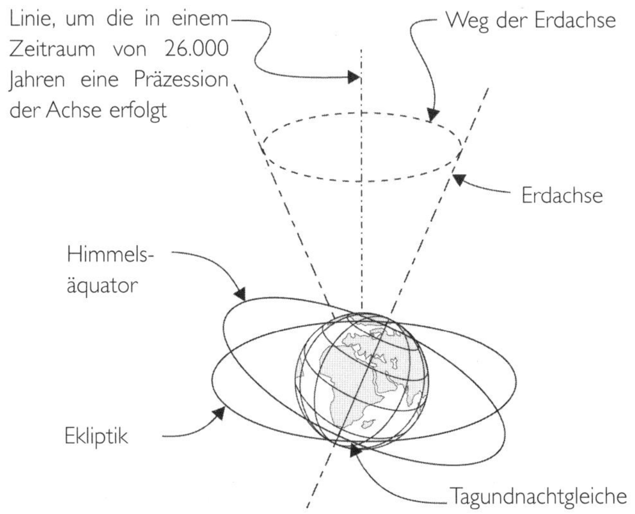

Abb. 2-39 Die Präzession der Tagundnachtgleichen (Punkt, an dem der Himmelsäquator der Erde ihre Ekliptik schneidet) geht auf die langsame Drehung der Erdachse um eine Senkrechte zur Ekliptik zurück.

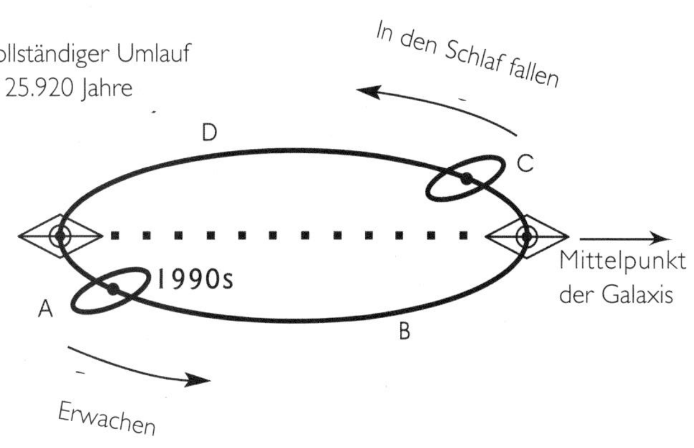

Abb. 2-40. Reise durch die Umlaufzeit, markiert durch den Zyklus der Präzession der Tagundnachtgleichen. Das große Oval ist der Weg der Erdachse.

Abb. 2-40 ist die Präzessionsbewegung selbst. Das rechte Ende, an der Längsachse des Ovals, wird Apogäum (Erdferne) genannt; es zeigt auf das Zentrum der Galaxie. Die untere Hälfte des Ovals zeigt sich, wenn der Planet auf die Mitte der Galaxie *zu* wandert, und die obere Hälfte zeigt sich, wenn der Planet sich von der Mitte *weg* bewegt. Diese Bewegung weg vom Zentrum der Galaxie wird als *mit dem galaktischen Wind wandern* bezeichnet. In den Sanskritschriften heißt es, dass die Menschen in alter Zeit – die irgendwie von der Präzession wussten – sagen, dass nicht etwa an den äußersten Enden dieses Ovals große Veränderungen stattfänden, sondern kurz *nachdem* diese Extrempunkte passiert wurden – an jenen Punkten, die von den beiden kleinen Ovalen bei A und C angedeutet

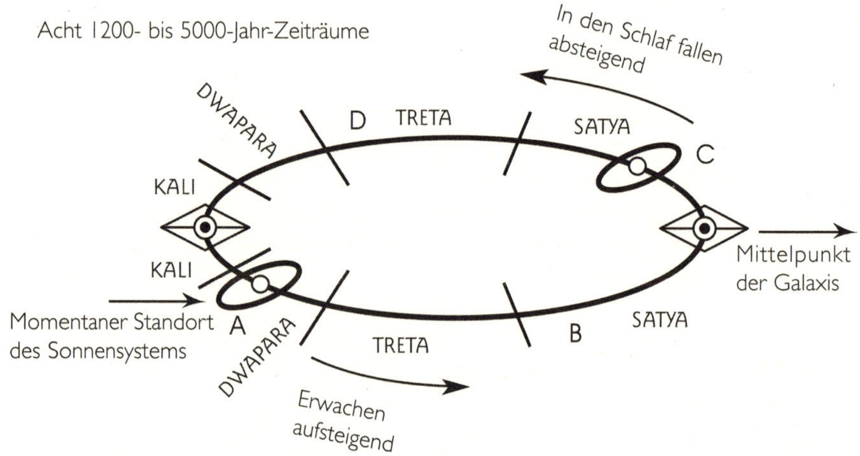

Abb. 2-41. Die vier Yugas der Hindus, Aufstieg und Niedergang.

werden. An diesen beiden Stellen kommt es zu mächtigen Veränderungen. Es gibt noch zwei weitere Punkte, etwa auf dem halben Weg zwischen den kleinen Ovalen, mit B und D bezeichnet, die ebenfalls sehr wichtige Stellen sind, obwohl hier eine Veränderung nicht so wahrscheinlich ist wie bei A und C. Zu der Zeit, wo dieses Buch geschrieben wird, in den neunziger Jahren, stehen wir auf A, dem unteren kleinen Oval, was darauf hinweist, dass dies eine Zeit immenser Veränderungen ist.

Den alten Schriften zufolge versinken wir dann, wenn wir das obere kleine Oval bei C erreichen [Abb. 2-41], während unserer Hinwegbewegung vom Zentrum der Galaxie, in Schlaf, und verlieren immer stärker das Bewusstsein. Wir fallen durch die dimensionalen Ebenen, bis wir an die Stelle kommen, wo das untere kleine Oval angesiedelt ist, und dort beginnen wir wieder aufzuwachen und uns durch die Dimensionsebenen aufwärts zu bewegen. Wir wachen in ganz bestimmten Stadien auf, bis wir wieder zu dem oberen Oval kommen, bei dem wir wieder einschlafen. Aber das ist kein geschlossenes Muster, denn wir bewegen uns ja durch das All. Es ist ein Spiralmuster mit offenem Ende wie bei einer Feder, kein sich wiederholender Zyklus wie innerhalb eines Kreises. Aus diesem Grund versinken wir mit jedem Mal etwas weniger in Schlaf und wachen etwas mehr auf. Ein ähnlicher Kreislauf spielt sich auf der Erde tagtäglich ab. Betrachtet man die Erde aus dem Weltall, so ist sie in jedem beliebigen Augenblick halb hell und halb dunkel, und die Menschen auf der dunklen Seite schlafen, während die auf der hellen Seite ganz schön wach sind. Obwohl wir Tag und Nacht haben, wiederholen wir nicht immer wieder das gleiche, aber wir können hoffen, dass wir aufwachen und mit jedem Tag bewusster werden. Obwohl wir einschlafen und aufwachen, kommen wir jedes Mal weiter. Diese Präzession der Tagundnachgleichen ist genau das gleiche, nur handelt es sich um einen viel längeren Zyklus.

Yugas

Tibeter und Hindus nannten diese ganz bestimmten Zeiträume *yugas*, und sie sind einfach Zeitalter. Jedes Yuga hat eine Phase des Anstiegs und eine des Abstiegs, wenn man also das hinduistische System anwendet, so wird das Zeitalter um das obere Oval bei C das absteigende Satya Yuga genannt. Dann kommt das absteigende Treta Yuga, Dwapara Yuga und Kali Yuga am anderen Ende. Im Kali Yuga hat man Abstieg wie auch Aufstieg. Dann kommt man ins aufsteigende Dwapara Yuga und so weiter. Wir befinden uns nun im aufsteigenden Dwapara Yuga. Aus dem Kali Yuga sind wir seit rund 900 Jahren heraus, und *jetzt* ist die Zeit, für die vorausgesagt wurde, dass in ihr erstaunliche Dinge geschehen würden. Die Welt entdeckt nun für sich aufs neue, dass dies Zeiten enormer Veränderungen auf der Erde sind.

Dieses Diagramm [Abb. 2-42] stammt von Sri Yukteshwar, Yoganandas Guru. Angefertigt wurde es Ausgang des 19. Jahrhunderts. Ihm war die tatsächliche zeitliche Dauer der Präzession der Tagundnachtgleichen zwar nicht bekannt, aber er setzte in etwa 24.000 Jahre dafür an. Das kam der Sache schon sehr nahe, denn die meisten Hindus hatten keine Ahnung, was sie da machten, als sie mit den Yugas arbeiteten. (Ich will sie hier nicht herabsetzen, aber hatten sie wirklich nicht.) Seht ihr, als wir durch das Kali Yuga kamen, befanden wir uns in der dunkelsten Zeit, in der der Schlaf am tiefsten war. Die meisten Bücher, die in den letzten 2000 Jahren verfasst wurden, stammten von Schlafenden, relativ betrachtet, und diese versuchten, Bücher zu deuten, die von Menschen geschrieben wurden, die viel wacher waren. Sie verstanden nicht, was die älteren Bücher zum Ausdruck brachten. Wie bei jedem Buch, das in den letzten 2000 Jahren geschrieben wurde, muss man also ein wenig vorsichtig sein – wegen der Zeit, in der es entstand. Viele hinduistische Gelehrte setzten für die Präzession der Tagundnachtgleichen Hunderttausende von Jahren an, und manche sagten, ein Yuga umfasse etwa 150.000 Jahre. Sie irrten sich und verstanden einfach nicht.

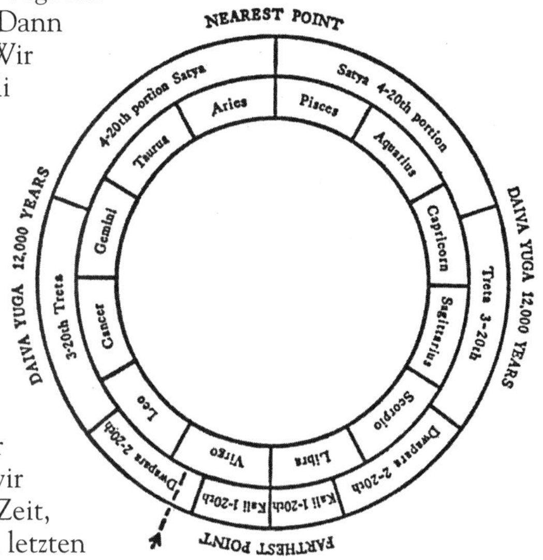

Abb. 2-42. *Shri Yukteshwars Yuga-Diagramm*

Yukteshwar wusste es besser, aber auch er lag nicht ganz richtig. Was er in diesem Diagramm tat, ist, dass er die unterschiedlichen Yugas in die äußeren Felder, die Felder am Rand, eintrug, und innen notierte er die zwölf Tierkreiszeichen. Damit zeigte er an, welche Yugas welchem Sternzeichen entsprachen. Als er diese Tabelle anfertigte, befanden wir uns in der Jungfrau (linker unterer Quadrant). Im Moment sind wir zwischen Jungfrau und Löwe. Je nachdem, mit welchem Astrologen man sich unterhält, wir befinden uns jetzt ganz in unmittelbarer Nähe des dritten Auges der Jungfrau und im Übergang zum Löwen – physisch betrachtet. Das bedeutet, dass der Planet physisch zwischen Jungfrau und Löwe steht. Lässt man aber im 180-Grad-Winkel den Blick über den Himmel schweifen, so sieht man, wie sich der *Himmel* vom Sternzeichen Fische in das Zeichen des Wassermanns bewegt. In diesem Moment befinden wir uns direkt auf der Grenzlinie zwischen Fische und Wassermann, kurz davor, in das Wassermannzeitalter einzutauchen. Physisch gesehen ist es jedoch ein ganz anderer Blickwinkel. Das muss man sich klarmachen, denn wenn wir uns die Arbeiten der alten Ägypter betrachten, so ergibt manches, was sie schreiben, keinen Sinn, wenn man diese Perspektive nicht kennt.

Moderne Ansichten zu Polverschiebungen

In den dreißiger Jahren war Edgar Cayce gerade damit beschäftigt, Antworten für einen Geologen zu channeln, als er sich mitten in einer Frage unterbrach und sinngemäß so etwas sagte wie: »Ach, wissen Sie, da ist etwas sogar noch Wichtigeres, das momentan mit der Erde passiert, und von dem Sie vielleicht wissen sollten.« Und dann kam er darauf zu sprechen, dass sich die Pole der Erde bald verschieben würden. Er sagte, das Jahr, in dem das geschehen würde, sei der Winter 1998, aber seitdem hat sich einiges auf eine für einen Hellsichtigen unvorhersehbare Weise geändert. Es mag dennoch sein, dass sich die Pole verschieben werden, aber sie tun es vielleicht auf eine Weise, die sich leicht von Cayces Vorhersage unterscheidet. Wir haben nämlich einen freien Willen, in der Tat, und einfach durch unser Da-Sein können wir das Los der Welt ändern.

Edgar Cayce war ein außergewöhnlicher Mensch. Er war ein Mann, dem die Leute zuhörten, wenn er sprach. Cayces Aussage, die Pole würden sich in naher Zukunft verschieben, war für weite Teile der Welt kaum zu glauben. Aber weil es nicht irgendjemand, sondern Edgar Cayce war, der dieses unerhörte Ereignis vorhersagte, begannen sich Wissenschaftler und interessierte Laien mit einer solchen Möglichkeit auseinanderzusetzen. Die Geologen wollten dieser Aussage keinen Glauben schenken, denn sie dachten, dass wahrscheinlich Hunderte von Millionen von Jahren zwischen Polverschiebungen lägen und dass eine solche Veränderung sehr lange dauern würde. Aber aufgrund der Vorhersage Cayces begannen bestimmte Wissenschaftler dennoch, in diese Richtung zu forschen. Dabei kam eine Ereigniskette zum Vorschein, die dem, was Cayce da sagte, enormes Gewicht verlieh, und diese hat nun die Ansichten der Welt zu diesem Thema geändert. Die Wissenschaftler hatten den Verdacht, wenn es eine Veränderung im Hinblick auf die physischen Pole gäbe, dann würde es auch eine Veränderung bezüglich der *Magnet*pole geben. Ein Ansatz, wie sie dieser Möglichkeit auf den Grund zu gehen beschlossen, war die Untersuchung der uralten Lavabetten der Welt. Dies begann, glaube ich, in den fünfziger oder frühen sechziger Jahren. Lavabetten deshalb, weil sie sich erstens dachten, es würde eine immense Vulkanaktivität geben, wenn eine solche Verschiebung stattfände, und zweitens weil Lava eine Eigenschaft hat, durch die sich vorangegangene magnetische Polverschiebungen verifizieren und datieren ließen.

Eisenanreicherungen und Kernproben

Eisenanreicherungen findet man in den meisten Lavavorkommen, und diese Anreicherungen haben einen anderen Schmelzpunkt als die Lava selbst. Die Anreicherungen erhärten, während die Lava noch im Fluss ist, und da sie ja aus Eisen bestehen, richten sie sich auf die Magnetpole aus. Durch diese Beobachtung können Geologen exakt erkennen, wo sich die Magnetpole befanden, als die Lava erhärtete. Sie brauchten nur Proben von drei verschiedenen Stellen, um in der Lage zu sein, zu triangulieren, und wussten genau, wo sich der magnetische Nordpol zur Zeit der Erhärtung der Anreicherungen befand. Daraufhin konnten sie mit der Kohlenstoffmethode sein Alter bestimmen – das Beste, was sie damals tun konnten. Es gab noch weitere diesbezügliche Problemlösungsansätze, und diese werden wir gleich betrachten.

Also stießen die Geologen auf einen früheren magnetischen Nordpol, der nicht dort war, wo er sich heute befindet, sondern weit entfernt, in Hawaii. Die letzte Verschiebung fand direkt am oberen Oval statt – vor etwas weniger als 13.000 Jahren. Daraufhin führten sie eine weitere Prüfung durch, bei der sie feststellten, dass sich die Pole *davor* am unteren Oval verschoben hatten. Damit war ein ganz neues Forschungsgebiet in Sachen Erdmagnetismus eröffnet.

Der US-amerikanische Geologenverband veröffentlichte eine Serie von Erkenntnissen, die anhand von Kernproben vom Meeresboden gewonnen wurden (*Geology* 11:9, September 1983). Die Proben hatten einen Durchmesser von zirka 15 Zentimetern und waren 3,30 Meter lang, und die Forscher analysierten das Sediment. Dabei entdeckten die Geologen, dass sich die Pole mitunter einfach umkehren. Der Nordpol wird zum Südpol und der Südpol zum Nordpol. Auch das war etwas, worüber Edgar Cayce sprach und bei dem viele Menschen Schwierigkeiten hatten, es ihm zu glauben. Aber als die Geologen diese Kernproben untersuchten, stellten sie fest, dass es wahr war.

Hunderte von Millionen Jahren zurückgehend, stießen sie auf einen Zyklus, wo der magnetische Nordpol für lange Zeit an einer Stelle blieb – damals verwandelte sich innerhalb eines einzigen Tages, in weniger als 24 Stunden, der magnetische Norden in den Süden. So blieb es lange Zeit, und dann vertauschten sich die Pole erneut. Doch gegen Ende dieser langen Zyklen gab es kürzere Zeitperioden, wo sich die magnetischen Pole wieder umkehrten. Zu diesem Umkippen kam es immer wieder einmal. Und als wir der Gegenwart näherkamen, begannen die Umkehrungen dichter beieinander zu geschehen – von Norden nach Süden, Süden nach Norden, und gleichzeitig zu neuen Orten wandernd. So ist es im Laufe der nächsten paar Hundert Millionen Jahre hunderte von Malen geschehen. Eine ganz neue Sicht der Erdmagnetik, *Geomagnetik* genannt, ist im Entstehen begriffen. Würde das aus dem All nicht wie ein Pulsieren aussehen?

Auslöser für Polverschiebungen

Mittlerweile hat es schon eine Menge Leute gegeben, die versucht haben, herauszufinden, was eine Polverschiebung hervorrufen könnte. Welche Dynamik steckte dahinter? Was ist der Auslöser, der Derartiges in Gang setzt? Es gibt ein Buch von John White – der ebenfalls ein Befürworter von Edgar Cayce ist –, der fast die gesamten auf der Welt verfügbaren Informationen zu diesem Thema zusammengestellt hat, insbesondere die Informationen zur letzten Verschiebung der magnetischen Pole in Hawaii. Doch ich glaube, er erwähnt es nicht. Sein Buch trägt, wie könnte es anders sein, den Titel »Pole Shift«. Es ermöglicht ein ausgezeichnetes Verständnis dieses Themas, das ein unglaublich weites Gebiet, und ganz erstaunlich, ist.

Derzeit gibt es zwei zentrale Theorien, was der Auslöser sein könnte, der die Pole dazu bringt, zu wandern. Die eine ist naheliegend, und die andere subtilerer Art. Die naheliegende ist die Brown-Theorie, benannt nach Hugh Auchincloss Brown, der diese Idee entwickelte. Seine Theorie besagt, dass sich aus unerfindlichen Gründen der Südpol abseits der Mitte zu formieren beginnt (genau das geschieht derzeit), dann baut er sich gegen

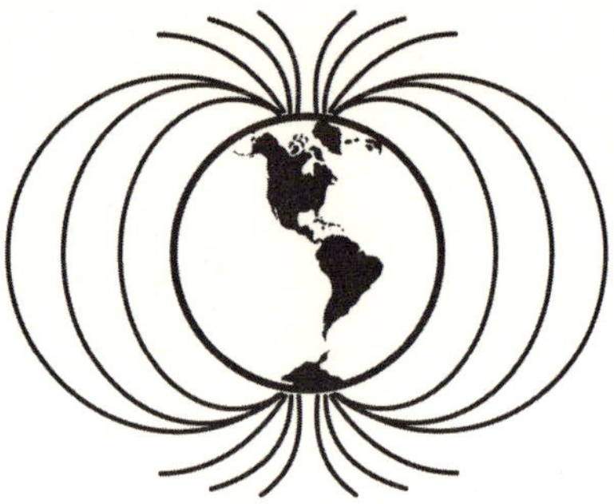

Abb. 2-43. Magnetfluss um die Erde.

Ende des Zyklus relativ rapide auf (auch das geschieht derzeit), bis er sich eines Tages von den Zentrifugalkräften der Erdumdrehung losreißt. Es verhält sich genau wie bei jedem anderen sich rasch drehenden Objekt: Wenn etwas nicht mehr zentriert ist, wirft es das gesamte Objekt aus der Bahn und zwingt es, ein neues Gleichgewicht zu finden. Baut sich das Gewicht dieses Eises mehr und mehr auf, dann wird schließlich irgendetwas geschehen. Die Erde kann sich nicht in der gleichen Drehposition immer weiter drehen. Sie wird einen neuen Pol finden, der zentriert ist. Und dennoch gibt es Wissenschaftler, die glauben, dass die Eismassen am Südpol nicht genug seien, eine Polverschiebung auszulösen.

Tatsache ist, dass das Eis am Südpol an einigen Stellen fast fünf Kilometer dick ist und, besonders schnell in den letzten 20 Jahren, weiterwächst, schneller als je erwartet, wahrscheinlich wegen des Treibhauseffekts. Und es gibt heute drei enorme Vulkane unter der Eiskappe, die man von unseren Satelliten aus sehen kann. Unter der Eiskappe schmilzt es, und auch jetzt in diesem Augenblick strömen riesige Flüsse darunter hervor. Vielleicht wurde diese Tatsache von zweifelnden Wissenschaftlern nicht mit berücksichtigt. Würde die Eiskappe, die doppelt so groß ist wie die Vereinigten Staaten, losbrechen, würde sie mit einer Geschwindigkeit von mehr als 2700 Stundenkilometern auf den Äquator zuwandern, den Berechnungen von John White zufolge. Ganz offensichtlich würde das für ein paar Problemchen hier und da sorgen. Es scheint, dass Browns Theorie sich tatsächlich gerade abspielt, aber sicher ist es nicht.

Da ist jedoch noch jemand, der eine Theorie zu bieten hat, und zwar eine, die selbst Albert Einstein ernsthaft erwog, und die eine mögliche Antwort auf die Gleichungen parat haben mag, die ungläubige Wissenschaftler benutzt haben. Dieser Jemand heißt Charles Hapgood. Er und andere Wissenschaftler, die mit ihm zusammengearbeitet haben, haben mindestens zwei Schichten ungewöhnlichen Gesteins unter der Erdkruste entdeckt, das unter bestimmten Bedingungen flüssig wird. Dies wurde von anderen Wissenschaftlern demonstriert, die in Labors die gleiche Art von Stein in eine Miniatur-Erde einsetzten und die Bedingungen der Innenerde wiederholten. Ausgehend von diesem Experiment fanden sie heraus, dass die Erdoberfläche oder -kruste über die Hauptmasse der Erde rutschen kann, die mit ihrer Drehbewegung fortfährt, als sei nichts geschehen. Das ist eine Tatsache. Es *kann* geschehen, aber natürlich wissen wir nicht, ob es tatsächlich in der realen Zeit geschehen wird. Man weiß im einzelnen nicht, wie das funktionieren würde – etwa welcher Auslöser den Ausrutscher hervorruft. Charles Hapgood hat zwei Bücher geschrieben, »Earth's Shifting Crust« und »The Path of the Pole«, die wahrscheinlich unsere Weltsicht dramatisch ändern werden.

Albert Einstein verfasste das Vorwort zu Charles Hapgoods erstem Buch, »Earth's Shifting Crust.« Für mein Empfinden ist es wichtig genug, hier direkt abgedruckt zu werden:

> *Ich erhalte regelmäßig Mitteilungen von Menschen, die wegen ihrer unveröffentlichten Ideen meinen Rat möchten. Man braucht wohl kaum dazuzusagen, dass diese Ideen selten wissenschaftliche Gültigkeit besitzen. Die allererste Mitteilung, die ich von Herrn Hapgood erhielt, bewirkte, dass ich wie elektrisiert war. Seine Idee ist originell, von großer Einfachheit und – wenn sie sich weiterhin als richtig erweist – von großer Bedeutung für alles, was mit der Geschichte der Erdoberfläche zu tun hat.*

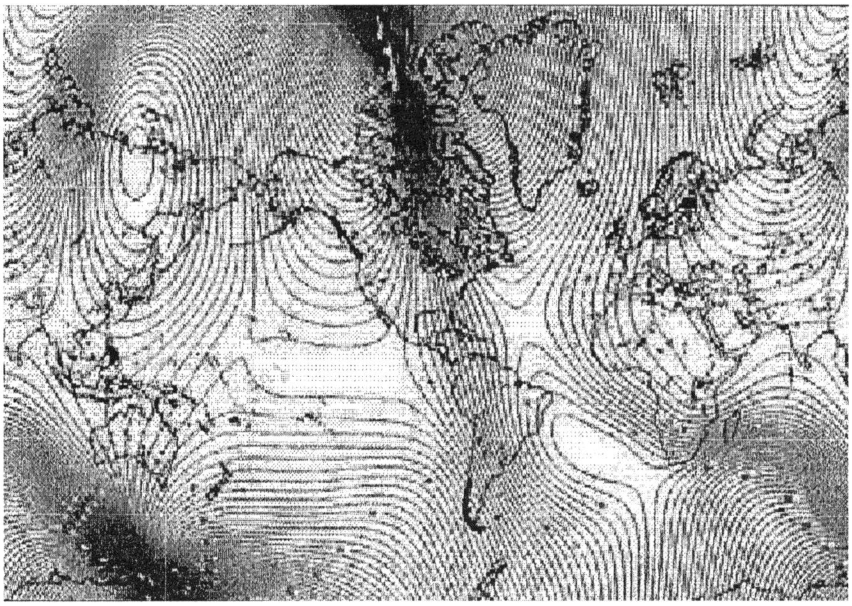

Abb. 2-44. Muster für ein komplexes Modell des wichtigsten Magnetfelds der Erde für das Jahr 1995, erstellt von einer US-Regierungsstelle.

> *Der Autor hat sich nicht auf eine einfache Präsentation seiner Ideen begrenzt. Er hat außerdem, vorsichtig und verständig, das außerordentlich reiche Material dargelegt, das seine Verschiebungstheorie unterstützt. Ich denke, diese recht erstaunliche, ja sogar faszinierende Idee verdient die ernsthafte Aufmerksamkeit aller, die sich mit der Theorie der Erdentwicklung auseinander setzen.*

Fakt ist, dass Albert Einstein einer der brillantesten Menschen ist, die je gelebt haben, und selbst vor diesem Hintergrund glauben nur wenige Geologen an eine derart unerhörte Theorie. Erst in allerneuester Zeit hat sich mehr und mehr Beweismaterial aufeinandergetürmt, das dafür spricht, dass Derartiges wahr sein kann. Die gleiche Welt der Wissenschaft glaubte Einstein auch nicht, als er sagte, wie viel Energie innerhalb einer sehr kleinen Menge an Materie enthalten war.

Ich bin der festen Überzeugung, dass der Auslöser der Polverschiebung mit dem Geomagnetismus der Erde zusammenhängt. Es würde lange dauern, das hier zu erklären, und darauf bin ich jetzt hier nicht eingestellt. Was man weiß, ist, dass über die letzten 500 Jahre das Magnetfeld der Erde kontinuierlich schwächer geworden ist, und in den neueren Jahren sind damit absolut bizarre Sachen passiert. Wie Gregg Braden in »Awakening to the Zero Point: The Collective Initiation« sagt, begann das Magnetfeld der Erde de facto vor etwa 2000 Jahren schwächer zu werden. Vor etwa 500 Jahren begann sich diese Schwächung dann massiv zu beschleunigen. (Könnte es vor 520 Jahren gewesen sein? Das würde sich mit dem Maya-Kalender decken, der für diese Zeit gigantische Veränderungen vorhersagte.) In allerneuester Zeit finden sich am Magnetfeld Änderungen wie noch nie zuvor.

Änderungen des Magnetflusses

Die idealisierten Linien des Magnetflusses [Abb. 2-43], die in einem Ringwulst um die Erde hervorkommen, entsprechen *nicht* den Erkenntnissen der Geologen. In Wirklichkeit sieht es so aus, dass die Magnetlinien eher wie gerade Webmuster aussehen [Abb. 2-44]. Sie sind unbeweglich, aber nicht präzise wie in dieser idealisierten Form. Und es gibt bestimmte Zonen, wo sie stärker, und andere, wo sie schwächer sind. Diese Linien bewegen sich normalerweise nicht, aber da das Feld so schwach wird, beginnen sie sich zu bewegen und zu ändern. Die Vögel, Säugetiere und Fische, und die Delphine und Wale und andere Kreaturen orientieren sich bei ihren Wanderungen an diesen Magnetlinien. Wenn sich also die Magnetlinien verändern, ist das das Aus für ihre Wanderungsmuster, und genau das erleben wir derzeit überall auf der Welt. Vögel fliegen an Orte, wo sie eigentlich gar nicht hingehören, Wale stranden irgendwo an Land, wo es nach ihrer Orientierung eigentlich Wasser geben müsste. Sie folgen einfach den Magnetlinien, denen sie schon jahrhundertelang gefolgt sind und stoßen auf Land, das zuvor nicht auf dieser Linie war.

Wenn diese Magnetfelder den Nullpunkt passieren und sich vollkommen verändern – was sehr bald der Fall sein mag –, haben wir ein neues Thema, über das es sich zu reden lohnt: nämlich, was dann geschieht. Seht ihr, wir glauben, dass sogar das menschliche Gedächtnis an diese Linien gebunden ist. Ohne diese Magnetlinien kann man sich an nichts erinnern. Außerdem ist der Emotionalkörper intensiv an die Magnetfelder gebunden, und wenn diese sich ändern, ist auch euer Emotionalkörper radikal betroffen. Es fällt nicht schwer, zu verstehen, dass der Mond auf der Erde über den Sog der Schwerkraft Ebbe und Flut bewirkt. Wir wissen auch, dass die Magnetfelder der Erde etwas durch die Mondphasen beeinflusst werden. Bei Vollmond kommt es, wenn der Mond über unseren Köpfen vorbeizieht, zu einer leichten Ausbeulung und Veränderung im Magnetfeld auf der Erde. Schaut euch doch bloß einmal an, was in Großstädten bei Vollmond alles geschieht. Am Tag zuvor, am Tag des Vollmonds selbst, und am Tag danach, kommt es zu mehr Vergewaltigungen und Morden und Totschlag und Verdrehtheiten dieser Art, wie im ganzen restlichen Monat zusammengenommen. Das Polizeiregister jeder größeren Stadt wird das bestätigen. Warum? Weil diese Felder insbesondere Menschen beeinflussen, die knapp am Rande einer emotionalen Instabilität sind und schon zu normalen Zeiten nur mit Mühe mit dem Leben fertigwerden. Sie sind also haarscharf am Rand, und dann wandert der Mond vorbei und setzt das Magnetfeld nur ein klein wenig in Bewegung, und dann erlebt die betreffende Person eine Achterbahnfahrt abwärts und tut Dinge, die sie normalerweise nicht tun würde.

Stellt euch also vor, was geschehen würde, wenn das geomagnetische Kraftfeld der Erde instabil wird. Im Oktober 1993 hörte ich von jemandem, der etwas mit Fliegerei zu tun hat, dass in den beiden letzten Septemberwochen große Landebahnen ihre Leitsysteme neu kalibrieren mussten, da sich die Magnetfelder auf dem gesamten Planeten nach einer Seite verschoben hatten. Es schien eine vorübergehende Erscheinung, die etwa zwei Wochen dauerte. Damals, vielleicht könnt ihr euch ja erinnern, kann es gut sein, dass ihr unglaubliche Gefühlsausbrüche bei euch selbst oder den Menschen in eurer Umgebung erlebt habt. Ich telefoniere oft mit Menschen aus der ganzen Welt. Und damals rasteten Leute von überallher schlichtweg aus. So wuchs in mir der Verdacht, dass das, was ich da gehört hatte, tatsächlich wahr sein mag. Wenn es wahr ist, dann geht es für uns mit fast absoluter Gewissheit weiter zur nächsten Phase dieser Arbeit. Diese Zusammenbrüche in den Magnetfeldern der Erde werden enger und enger beieinander liegen, bis es zum völligen Kollaps des Feldes und einer Polverschiebung kommt. Das ist eines der Anzeichen für Endzeiten.

Es besteht aber kein Grund, sich deshalb in Angst hineinzusteigern. Wenn das, was da geschieht, auch ungewöhnlich ist – wir alle haben Derartiges schon viele, viele Male zuvor erlebt. Für euch ist das nichts Ungewöhnliches, wenn auch die meisten von euch nicht viele Erinnerungen daran haben. Wenn ihr tatsächlich die Verschiebung der Dimensionen durchleben und spüren könnt, wie sich das anfühlt, werdet ihr sagen: »Ach ja, klar, ich erinnere mich. Das ist wieder so eine Neugeburt, die wir da durchmachen.« Es ist also keine große Sache, und dennoch ist es eine.

Ihr seid als Baby von irgendwoanders gekommen, als ihr geboren wurdet, richtig? Ihr seid von einer anderen Dimension gekommen, habt eine Leere durchquert und seid durch den Mutterleib auf der Erde gelandet. Diesen Weg habt ihr auch schon früher genommen, und etwas ganz Ähnliches steht uns nun auch bevor, wenn auch diesmal wirklich ungewöhnlich. Es gibt keinen Grund, davor Angst zu haben, wenn ihr alles darüber wisst und euch daran erinnert, wer ihr seid. Das, was sich da ereignet, ist sogar außerordentlich positiv. Es ist wunderschön.

Harmonische und disharmonische Ebenen des Bewusstseins

In der Sanskritliteratur ist davon die Rede, wie wir, wenn wir uns bei der Präzession dem unteren Oval bei A [in Abb. 2.40] nähern, elektrische Energien wahrzunehmen beginnen. Wir können fliegen. Wir können viele ungewöhnliche Dinge. Die Welt wird extrem instabil, und *innerhalb eines einzigen Tages* streifen wir die alte Weltsicht ab und erleben eine immense Transformation unseres Bewusstseins. Während wir jedoch dieser Transformation näher kommen, neigen wir angesichts der Bewusstseinsebene, die wir derzeit haben, dazu, alles zu vernichten, womit wir in Berührung kommen. Es ist ein natürlicher Teil dessen, wer wir sind. Wir machen dabei nichts falsch – so sind wir einfach. Wir machen es genau richtig. Wir zerstören alles, wir bewirken, dass alles disharmonisch wird. Hierauf werde ich noch später eingehen, aber ich denke, es passt, wenn ich fürs erste folgendes erzähle:

Auf der Erde gibt es, so Thot, fünf vollkommen unterschiedliche Stufen von Lebensebenen, durch die jeder Mensch hindurch muss. Beim Erreichen der fünften Ebene werden wir eine Transformation durchleben, bei der wir das uns bislang bekannte Leben hinter uns lassen. So sieht das reguläre Muster aus. Jede dieser Bewusstseinsebenen hat viele Aspekte, die sich von den anderen Ebenen unterscheiden. Zunächst einmal unterscheiden sie sich von den Chromosomen her. Die erste Ebene menschlichen Bewusstseins hat 42+2 Chromosomen, die zweite 44 + 2, die dritte 46 + 2, die vierte 48 +2, und die letzte schließlich 50 + 2. Jede Ebene des menschlichen Bewusstseins zeichnet sich durch eine andere Körpergröße aus, die damit einhergeht. (Mag etwas seltsam klingen, wenn man es noch nie gehört hat.)

Menschen der ersten Ebene, mit 42 + 2, sind in etwa zwischen 1,20 und 1,80 Meter groß. Hierunter fallen insbesondere die Aborigines in Australien, und ich glaube auch bestimmte Stämme in Afrika und Südamerika.

Die zweite Bewusstseinsebene hat 44 + 2 Chromosomen, und das sind wir. Unsere Größe rangiert ungefähr zwischen 1,50 und 2,10 Meter. Wir sind etwas größer als die erste Gruppe. Bei der dritten Ebene geht die Größe beträchtlich in die Höhe. Bei dem Chromosomenniveau 46 + 2 wird die Wirklichkeit durch etwas durchbrochen, was man Einheits- oder Christusbewusstsein nennen könnte. Die Größen variieren hier ungefähr zwischen 3 und 4,80 Meter.

Dann gibt es da wieder andere Größenordnungen für die vierte Bewusstseinsebene – die Menschen mit 48 + 2 Chromosomen, die zwischen 9 und 10,50 Metern groß sind.

Die letzte Größenordnung, die der vervollkommneten Menschen, liegt zwischen 15 und 18 Metern. Diese Wesen haben 52 Chromosomen. Ich habe den Verdacht, dass der Grund dafür, dass das Spielkartendeck aus 52 Karten besteht, etwas mit diesen 52 Chromosomen im Potential des Menschen zu tun hat. Wer einen hebräischen Hintergrund hat, mag sich daran erinnern, dass Metatron, der perfekte Mensch – das, wozu wir werden –, blau und 16,5 Meter groß war. (Hierauf gehen wir später noch näher ein, wenn wir auf Ägypten zu sprechen kommen.)

Es gibt Zustände zwischen den Bewusstseinsebenen, wie etwa beim Down-Syndrom. Das Down-Syndrom tritt dann auf, wenn sich jemand im Übergang von der zweiten Bewusstseinsebene, auf der er sich gerade befindet, zur dritten befindet, es aber noch nicht ganz geschafft hat. Der oder die Betreffende hat die Anweisungen dazu nicht ganz richtig mitbekommen, und wo es fast unausweichlich zu einem Fehler kommt, ist der linkshirnige Anweisungsaspekt der Chromosomen. Menschen mit Down-Syndrom haben 45 + 2 Chromosomen – das eine Chromosom ist da, das andere aber fehlt. Das emotionale, das Herzchromosom, hat er oder sie mitbekommen, gut. Wer Kinder mit Down-Syndrom kennt, weiß, dass sie richtige Bündel Liebe sind, aber sie verstehen nicht, wie sie den Übergang zur dritten Ebene des menschlichen Bewusstseins bewerkstelligen können. Sie befinden sich noch im Lernprozess.

Die zweite und vierte Ebene des Bewusstseins ist *dis*harmonisch, und die erste, dritte und fünfte harmonisch. Das wird klarwerden, wenn wir uns die geometrischen Muster betrachten. Betrachtet man das menschliche Bewusstsein aus geometrischer Sicht, so kann man erkennen, dass die disharmonischen Ebenen einfach aus dem Gleichgewicht geraten sind. An diesem Punkt befinden wir uns jetzt – wir sind aus dem Gleichgewicht. Diese disharmonischen Ebenen sind absolut notwendig. Man kann nicht von Ebene eins zu Ebene drei gelangen, ohne durch Ebene zwei zu kommen. Aber auf zwei haben wir ein durch und durch disharmonisches Bewusstsein. Bringt Chaos nicht Veränderung?

Immer, wenn ein Bewusstsein auf die zweite oder vierte Ebene kommt, weiß es, dass es dort nur kurze Zeit bleiben kann. Diese Ebenen werden als Trittstufen benutzt – sie sind so etwas wie der Stein in der Mitte eines Flüßchens, auf den man springen kann und von dem man sich abstößt, um ans andere Ufer zu springen. Man verweilt dort nicht länger, denn wenn man es täte, würde man ins Wasser fallen. Würden wir auch nur noch ein klein wenig länger hier auf der Erde bleiben, so würden wir unseren Planeten zerstören. Wir würden ihn zerstören einfach dadurch, dass wir sind, wer wir sind. Und dennoch sind wir ein heiliger und notwendiger Schritt in der Evolution. Wir sind eine Brücke zu einer anderen Welt. Und wir leben diese Brücke einfach dadurch, dass wir zu dieser unglaublichen Zeit am Leben sind.

DREI

Die dunklere Seite unserer Gegenwart und Vergangenheit

Jetzt werden wir gleich ein wenig auf negative Themen eingehen. Ihr sagt womöglich: »Da erzählt er noch, wir sollten uns nicht in Angst hineinsteigern, und schon geht er selbst auf diesen Angstkram ein.« Aber ich möchte alle Facetten des Lebens auf dem Planeten Erde betrachten, die positiven und die negativen. Ich will mich nicht nur mit den positiven befassen; ich will, dass ihr euch ein Bild vom Ganzen macht. Und wenn ihr euch die Gesamtheit betrachtet, das Gute und das Schlechte, werdet ihr sehen, dass das Chaos nur ein Teil der Wahrheit und ein Teil dieser Geburt auf der Erde ist. Derzeit spielt sich eine phänomenale Veränderung im menschlichen Bewusstsein ab, wenn es auch nicht gut um die Zukunft bestellt zu sein scheint. Wenn man sich ein beliebiges winziges Segment der Geschehnisse herausgreift, sieht man, dass hinter all dem Negativen etwas viel Großartigeres und unermesslich Heiliges ist, das sich in diesem Moment der Geschichte abspielt. Und wenn man das gesamte Panorama des Lebens betrachtet, wird deutlich, dass das Leben heil, ganz und vollkommen ist – jetzt! Selbst die negativen Meldungen, von denen unsere Zeitungen voll sind, wie Krieg, Hungersnot und emotionale Umweltverschmutzung, verlieren dabei ihre Bedrohlichkeit.

Unsere Erde in Gefahr

Ungeachtet dessen geben die konservativsten Wissenschaftler auf der Welt, die ich finden kann, unserem Planeten nicht mehr als fünfzig Jahre – fünfzig! Die konservativsten Wissenschaftler prognostizieren, dass innerhalb von fünfzig Jahren kein, oder fast kein Leben mehr anzutreffen sein würde, wenn wir so weitermachen. Andere geben uns gar nur drei oder wenig mehr Jahre; manche zehn. Die meisten jedoch nicht mehr als fünfzehn. Je nachdem, wo man nachliest. Aber selbst wenn es hundert oder tausend wären, könnte man das so hinnehmen?

Solche Informationen würden heute gar nicht zu euch durchsickern, hätte es in den letzten acht Jahren in der Staatsführung nicht einige Veränderungen gegeben, die es überhaupt erst ermöglicht haben, dass diese Informationen herausgerückt wurden. Obwohl man nicht zulässt, dass ihr alles wisst, hat es an der Macht eine Veränderung dahingehend gegeben, dass man mit dem Leben zu kooperieren beginnt. Über die volle Tragweite der Situation kann man euch dort beim besten Willen nicht in Kenntnis setzen, denn die Machthaber glauben, dann würde ein Großteil einfach seinen Job hinwerfen und sagen: »Ist mir doch egal, was aus dem Kram hier wird«, und dann würde ein völliges Chaos ausbrechen. Aber ist es nicht besser sich auf das Wesentliche auszurichten, anstatt zu resignieren? Das menschliche Bewusstsein hat große Macht. Wir werden wissen, was zu tun ist. Wir sind mehr als die gewöhnliche Welt weiß. Erinnert ihr euch?

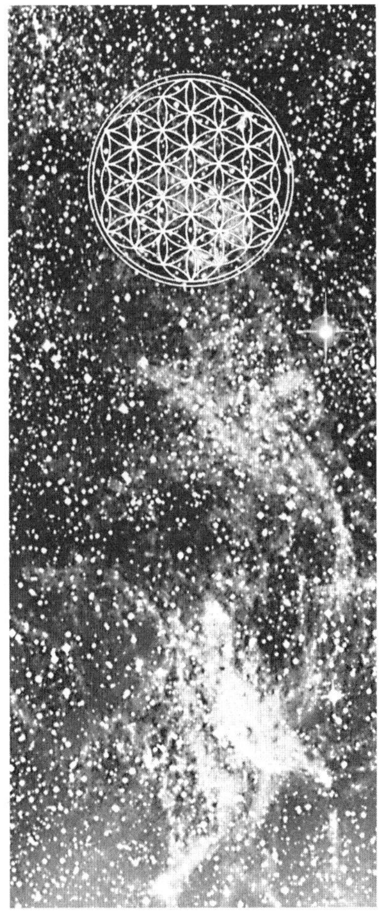

1992 fand in Rio de Janeiro ein »Weltgipfel« statt, um die Umweltprobleme der Erde zu besprechen. Die größte Zusammenkunft von Staatsoberhäuptern, die die Geschichte je gesehen hatte, wurde aufgrund der Gefahr einberufen, unseren Planeten zu verlieren. Ein Großteil der Welt war vertreten, aber die USA, der größte Umweltverschmutzer der Welt, war nicht einmal zur Teilnahme bereit. Es war offenkundig, dass man in der Politik der Ansicht war, Geld, Arbeitsplätze und die Wirtschaft seien wichtiger als das Überleben der Erde.

Fünf Monate später, am 18. November 1992, wurde ein Dokument mit dem Titel »Warnung von Wissenschaftlern dieser Welt an die Menschheit« veröffentlicht. Mehr als 1600 führende Wissenschaftler aus 71 Ländern, darunter mehr als die Hälfte aller noch lebenden Nobelpreisträger, unterzeichneten es. Es war die alarmierendste Warnung, die die Welt je von einem so einflussreichen Gremium von

Abb. 3-1. Die Wahrheit wird laut.

Okay, sprechen wir nun über die dunkle Seite. Auf der Abbildung hier [Abb. 3-1] haben wir die Ausgabe des *Time Magazins* vom 2. Januar 1989. 1988 beschloss die geheime Weltregierung, dass wir ein paar Informationen bekommen sollten zu dem, was sich in Sachen Umweltprobleme abspielt. Dies war weltweit die erste größere Publikation zu diesem Thema. Das *Time Magazine* erklärte die Erde zum »Planeten des Jahres«. Für gewöhnlich wählte die Zeitschrift immer einen Mann oder eine Frau des Jahres, aber hier brach sie mit dieser Tradition. Die ganze Ausgabe widmete sich unserer gefährdeten Erde und ihren Problemen. Wenn ihr über diese Probleme so nachlest, wie sie 1989 geschildert wurden, und dann lest, wie sie in heutigen Artikeln dargestellt werden, so wird euch klarwerden, dass das, was man 1989 an uns weitergab, eine hochgradig verwässerte Version der Wahrheit war. Es kam ihr nicht einmal nahe. Aber zumindest wurde damit für unsere Welt ein Anfang gemacht damit, zu sehen, was wir Mutter Erde in Wahrheit angetan haben.

Wir werden nur vier oder fünf verschiedene Probleme besprechen, die die Erde hat, obwohl es vielerlei Szenarien gleichzeitig gibt, die sich auf ihr abspielen. Würde auch nur eines dieser Szenarien zusammenbrechen, würde irgendwann alles Leben auf dem Planeten ausgelöscht. Und im Moment stehen sie alle kurz vor dem Zusammenbruch – die Frage ist nur, welches den Anfang macht. Und sobald ein System den Geist aufgibt, wird das früher oder später auch bei den restlichen der Fall sein, und das wird es dann gewesen sein, das wäre das Ende menschlichen Lebens. Es wird vorbei sein, und es wird uns so ergehen wie dem Mars oder den Dinosauriern.

Vor ein paar Jahren, etwa um die Jahrhundertwende, gab es dreißig Millionen Spezies auf der Erde – dreißig Millionen *unterschiedliche* Arten. 1993 gab es noch ungefähr 15 Millionen. Es hat Milliarden Jahre gedauert, diese Formen von Leben hervorzubringen, und im Handumdrehen, in bloß hundert Jahren, ist es dazu gekommen, dass die Hälfte des Lebens auf dieser lieben Erde tot ist. Jede Minute sterben nun etwa dreißig Arten irgendwo auf der Welt aus. Würde man diesen Planeten aus dem All beobachten, so hätte man den Eindruck, dass sich dort ein ganz, ganz rasantes Sterben vollzieht. Dennoch machen wir so weiter, als würde nichts passieren und alles sei bestens. Wir bringen Geld auf die Bank und fahren unsere Autos und wursteln uns einfach weiter durch. Doch wenn man es ehrlich betrachtet, haben wir ein Problem hier auf dieser Erde, bei dem es um Leben oder Tod geht, und nur wenige Menschen scheinen es sonderlich ernst zu nehmen.

Als man Anfang der neunziger Jahre bei der Konferenz in Rio versuchen wollte, die ganze Welt an einen Tisch zu holen, um weltweite Umweltprobleme zu diskutieren, wollte unser Präsident nicht einmal dorthin. Und warum nicht? Weil die Probleme so ernst sind, dass dann, wenn man sie anginge, ein anderes Problem auftauchen würde, das noch ernster wäre, selbst aus der Sicht des Präsidenten: Wir würden in einen weltweiten finanziellen Zusammenbruch gestürzt, nach dem ein großer Prozentsatz der Weltbevölkerung verhungern und an anderen Schwierigkeiten zugrundegehen würde. Um es auf den Punkt zu bringen: Wir können es uns nicht leisten, die Umwelt zu reparieren. Das ist die eine Seite der Medaille. Und die andere ist: Können wir es uns leisten, das nicht zu tun?

Forschern erhalten hat. Man sollte meinen, dass dieses Dokument große Glaubwürdigkeit hatte und dass die Welt genau hinhören würde.
Es begann wie folgt:
»Menschheit und Natur sind auf Kollisionskurs. Das menschliche Tun und Treiben bewirkt heftige und oft irreversible Schädigungen der Umwelt und entscheidender Ressourcen. Wird dies nicht unter Kontrolle gebracht, werden viele unserer derzeitigen Praktiken die Zukunft, die wir der menschlichen Gesellschaft sowie dem Pflanzen- und Tierreich wünschen, ernsthaften Risiken aussetzen und die lebende Welt derart verändern, dass sie nicht mehr imstande sein wird, auf die Weise Lebensgrundlage zu sein, wie wir das kennen.
Es sind dringend grundlegende Veränderungen geboten, wollen wir die Kollision vermeiden, auf die unser derzeitiger Kurs hinausläuft.«

Das warnende Dokument begann dann die Krisen aufzulisten: verschmutzte Gewässer, Meere, Böden, Atmosphäre; abnehmende Artenvielfalt in der Tier- und Pflanzenwelt sowie menschliche Überbevölkerung. (Mehr als die Hälfte der Lebewesen auf diesem Planeten ist mittlerweile ausgestorben, und dieser Prozess setzt sich fort.)

Das Sterben der Meere

Die Ausgabe von *Time*, die am 1. August 1988 erschien [Abb. 3-2] befasste sich mit den Meeren und der Frage, was dort geschah. Jacques Cousteau schrieb hierüber um 1978 ein Buch. Er war ein hochgeachteter Mann, aber als er dieses Buch schrieb, büßte er in Wissenschaftlerkreisen seine Glaubwürdigkeit ein. Seiner Prognose wollte keiner Glauben schenken. Obwohl seine Aussagen wissenschaftlich fundiert waren, wollte oder konnte man die Wahrheit einfach nicht akzeptieren. Er sagte, dass das Mittelmeer bis Ende 1990 ein totes Gewässer sein würde und dass auch dem Atlantik das gleiche Schicksal bis zur Jahrhundertwende wiederfahren würde. Jetzt dachten alle: »Der Typ ist völlig durchgedreht. Das passiert nie im Leben.« Nun, es passiert eben doch. Das Mittelmeer ist mittlerweile zu 95 Prozent tot. Nicht zu 100, so gesehen lag er nicht exakt richtig. Aber wie dem auch sei, dennoch wird es bald ein totes Gewässer sein, wenn alle Welt so weiterlebt wie bisher. Und im Atlantik geschieht in rasantem Tempo dasselbe. Vielleicht passiert es dort nicht im Jahr 2000, aber jedenfalls bald danach. Es sei denn, es treten dramatische Änderungen ein. Ansonsten wird er sterben – keine Fische, keine Delphine, kein Leben im Atlantik.

Abb. 3-2. *Die Lage unserer Meere wird preisgegeben.*

Ohne die Ozeane können wir nicht leben. Das unterste Glied in der dortigen Nahrungskette, das Plankton, wird verschwunden sein, und wenn das Plankton verschwunden ist, verschwinden auch wir. Wenn wir das nicht ernst nehmen, ist das so, als würden wir sagen: »Na ja, im Grunde brauche ich mein Herz ja auch nicht wirklich.« Die Meere sind ein zentraler Bestandteil des Ökosystems auf der Erde, und die Entwicklung schreitet schnell fort. Darüber lässt es sich nicht debattieren, es ist eine wissenschaftliche Tatsache. Der einzige Teil, über den man debattieren kann, ist, wann das geschieht. *Es geschieht wirklich.* Man hatte es nicht geglaubt, weil man diese Wahrheit einfach nicht akzeptieren wollte.

Nehmt zum Beispiel New York City. Die Stadt hat eine Kanalisation, deren Rohre rund 32 Kilometer weit aufs offene Meer führen und über die sie die dort anfallenden menschlichen Fäkalien ins Meer befördert. Man dachte sich: Na ja, die Meere werden schon fertig mit soetwas. Aber über die letzten 60 Jahre hat sich daraus ein riesiger Berg aufgetürmt. Nun ist da eine ganze Gebirgskette aus Scheiße draußen im Ozean und wandert auf New York City zu. Mittlerweile hat sie den Hafen erreicht und dringt tatsächlich in ihn vor, und man weiß nicht, was tun. Das Problem zu beheben, würde mehr Geld kosten, als New York zur Verfügung hat. Soweit zu der Art von Weitblick, die wir Menschen so oft an den Tag gelegt haben. Der menschliche Mist, der da auf New York zuwandert, ist ein Problem, das im Atlantik auftritt. Und doch ist das Problem nicht auf den Atlantik oder das Mittelmeer begrenzt. Der Pazifik stellt die größte Wassermasse der Erde dar, und dort wird es wahrscheinlich länger dauern, aber auch dort hat man immense Probleme, vor allem in bestimmten Regionen.

Die »rote Flut« [Ab. 3-3] ist der erste todbringende Hinweis auf die bestehende Umweltverschmutzung. Es handelt sich um eine Alge, die alles vernichtet, was unter ihr lebt – sie tötet alles Leben ab. Und diese rote Flut beginnt überallhin zu schwappen, insbesondere rund um Japan, wo es so viel Umweltverschmutzung gibt. Wir haben auf der ganzen Erde viele Fehler gemacht, weil wir nicht das Bewusstsein haben, das uns sagt, wie wir im Einklang mit unserem eigenen Körper, der Mutter Erde, leben können. Das ist wie ein Symptom einer Krebserkrankung oder einer sonstigen gefürchteten Krankheit.

Abb. 3-3. *Rote Flut.*

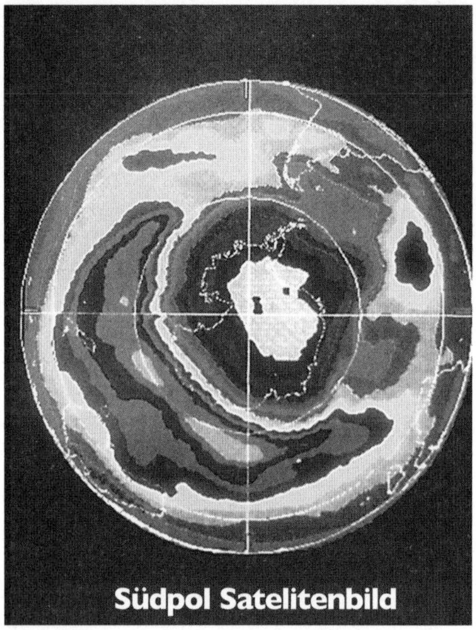

Abb. 3-4. Ozonloch über dem Südpol.

Dann wurden die Worte ernst: »Es bleiben allenfalls ein paar Jahrzehnte, bevor die Chance, die Bedrohungen abzuwenden, vor die wir uns nun gestellt sehen, vertan ist, und die Zukunftsaussichten der Menschheit unermesslich geschmälert. Wir, die Unterzeichner, führend in Wissenschaftlerkreisen dieser Welt, warnen hiermit die gesamte Menschheit vor dem, was uns bevorsteht. Eine große Veränderung in unserer Art der Verwaltung dieser Erde und des auf ihr befindlichen Lebens ist erforderlich, soll immenses menschliches Elend vermieden werden und unser globales Zuhause auf diesem Planeten nicht irreparabel entstellt werden.«

Abb. 3-5. Ozonreaktion bei Molekülen.

Ozon

Hier ein weiteres Problem. Abbildung 3-4 zeigt das Ozonloch über dem Südpol. Ozone bilden eine dünne Schicht von etwa 1,80 Meter Dicke. Eine wirklich dünne, anfällige Schicht, eine lebendige Schicht, die unentwegt neu gebildet wird. Wir wissen sehr wenig über sie, obwohl wir jetzt mehr wissen, als wir wissen würden, wäre da nicht das UVC-Licht (ultraviolettes Licht Typ C), das derzeit durch die Löcher kommt. Als die Wissenschaftler mit einem Mal Unmengen an UVC entdeckten, die, wie hier vorgeführt, auf den Südpol trafen, konnten sie nicht verstehen, wie es kam, dass da solche Mengen hiervon waren, denn ihre Computer zeigten nichts Derartiges an. Dann fanden sie heraus, dass ihre Software so programmiert war, dass über Derartiges hinwegegangen wurde. Nachdem die Wissenschaftler ihre Software umprogrammiert hatten, fanden sie heraus, dass das Loch tatsächlich da war. Das war vor ein paar Jahren.

Was sie eigentlich suchten, war Chlormonoxid, das Molekül, das in Abbildung 3-5 ganz rechts gezeigt wird. Ihre Überlegungen gingen dahin, dass wohl diverse Chemikalien das Ozonloch verursacht hatten, darunter die FCKWs. FCKWs reagieren mit Ozon so, dass dann, wenn sich das Chlor mit dem Ozon verbindet, das Ozonmolekül gespalten wird und so Sauerstoffmonoxid und Chlormonoxid entsteht. Die Wissenschaftler überlegten sich, bei der Geschwindigkeit, mit der sich, wie sie dachten, die FCKWs auf den Ozon zubewegten, dass Chlormonoxid dort oben etwa um das Dreißigfache über dem Normalwert liegen würde, und das bereitete ihnen ziemliches Kopfzerbrechen. Also versuchten die Regierungen der einzelnen Länder die Firmen, die FCKWs herstellten – das heißt, Freon und diverse andere Chemikalien, die dieses Problem hervorrufen –, die Produktion dieser Produkte einzustellen und andere Lösungen zu finden. Die Reaktion sah so aus, dass die Unternehmen unisono verkündeten: »Das machen wir nicht. Das ganze ist ein natürliches Phänomen. Damit haben wir nichts zu tun.«

Also mussten die Regierungen der Welt vor Gericht beweisen, dass die Firmen im Unrecht waren, was ihnen gelang. Um den benötigten Beweis zu bekommen, kam es zum ersten Mal in der Geschichte der Erde dazu, dass alle Länder der Welt sich zu einem einzigen Unterfangen zusammentaten. So etwas war noch nie dagewesen. Die flogen in großer Höhe etwa zwei Jahre lang mit Flugzeugen über den Südpol und sammelten Daten, bis sie schließlich etwas in der Hand hatten, was ihnen *wirklich* Angst machte: Die zerstörerische Substanz, Chlormonoxid, lag *nicht* um ein Dreißigfaches über dem Normalwert – sie war 500 mal höher als normal und wanderte viel schneller als zunächst angenommen.

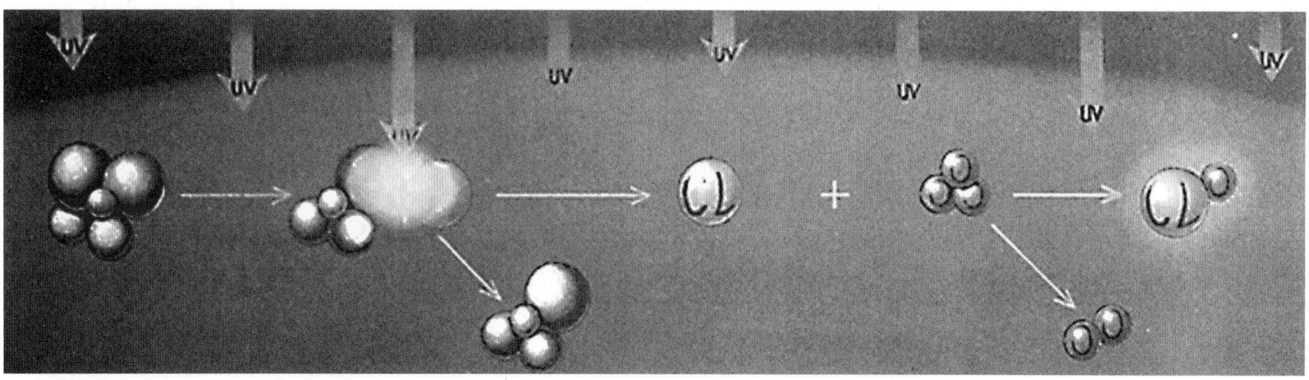

Dieser Artikel [Abb. 3-6] erschien, glaube ich, 1992. Am Anfang heißt es darin, die US-amerikanische Umweltschutzbehörde sage vorher, dass es durch das Ozonloch 200.000 Krebstote mehr geben würde. Aber in der rechten Spalte findet sich dann oben ein winziger Abschnitt, in dem berichtet wird, die Umweltschutzbehörde hätte gesagt, die ursprünglich von ihr angegebenen Schätzungen zu den *Todesfällen* seien inkorrekt gewesen, und es sähe *21mal* schlimmer aus als angenommen. Einundzwanzig Mal – nun, das ist eine ganze Menge. Nicht, als würde man sagen: »Nun ja, die Häufigkeit liegt doch ein wenig höher.«

So ist die amerikanische Regierung vorgegangen: In kleinen Artikeln wurden in kleinen Häppchen Informationen verabreicht, die einem jedoch nicht viel sagten. Sie machen keine große Sache daraus. Von Gesetzes wegen ist sie *verpflichtet*, Derartiges bekanntzugeben, also werden kleine Artikel daraus gemacht, und dabei lässt man es dann bewenden. Dann wird sozusagen der Einsatz erhöht, indem ein anderer unbedeutender Artikel erscheint – wie dieser hier, in dem es heißt, die Gefahr läge 21 Mal höher als zunächst angenommen, und wiederum zwei Wochen später kommt das gleiche Blatt noch einmal darauf zurück, und dann heißt es dort: »Ach übrigens, wir haben uns vertan vor zwei Wochen – in Wirklichkeit sind die Zahlen doppelt so hoch.« Nun, »doppelt« klingt nicht nach viel – wenn man vergisst, dass das heißt, das die Schätzungen am Ende von 21mal auf 42mal schlimmer hinausliefen als im ersten Bericht, und das ist schon eine unglaubliche Menge. Hätte man von vornherein die Wahrheit gesagt, hätte das schrecklich geklungen und Angst geschürt.

Ähnliches hat sich über einen langen Zeitraum überall auf der Welt abgespielt. Die Regierungen dieser Welt wissen sich keinen anderen Rat, als mit der Situation so umzugehen, dass sie scheibchenweise Informationen an die Öffentlichkeit lassen (aus Gründen die Sie später noch erfahren werden), aber sie haben Angst davor zu sagen, dass wir wirklich in Schwierigkeiten sind. Also sagen sie lediglich: »Na ja, noch sieht es gar nicht so schlimm aus, aber es wird noch schlimmer werden«, und ähnliches.

Nun gibt es nicht nur am *Süd*pol ein Ozonloch, sondern mittlerweile auch am Nordpol, und der Rest der Ozonschicht sieht aus wie ein Schweizer Käse. 1991 oder 1992 entstand eine größere Fernsehproduktion über das Ozonloch. In ihr wurden alle Leute zusammengebracht, die maßgeblich daran beteiligt waren, sich mit dem Phänomen eingehend zu befassen, und sie diskutierten über sämtliches Für und Wider. So zum Beispiel wurde ein Forscherteam befragt, ein Ehepaar – ich habe die Namen vergessen, aber jedenfalls hatten auch diese beiden vor Jahren genau zu diesem Thema ein Buch geschrieben und darin vorhergesagt, dass das Ozonloch auftreten würde. Bevor wir auch nur davon erfuhren, hatten sie das Problem schon von allen Seiten beleuchtet, hieß es in dieser Sendung. Und der Ozon zeigt nun genau die Veränderungen, die von den beiden angekündigt wurden, und das in genau der Geschwindigkeit, die sie vorhergesagt hatten.

Das Paar wurde also als Expertenteam ins Fernsehen eingeladen, und der Interviewer fragte: »Was meinen Sie also dazu?« Dieser Interviewer hatte so einen Hundeblick, wie er die beiden fragte: »Was machen wir jetzt? Leute, ihr wisst doch alles darüber – was machen wir also wegen des Ozons?« Der Mann antwortete: »Da können wir gar nichts machen.« Ich glaube, solche Aussagen hört man bei den großen Fernsehsendern gar nicht gern. Der Interviewer fragte also weiter: »Wie meinen Sie das, dass

Obwohl dieses Statement von den geachtetsten Wissenschaftlern aufgestellt wurde, die je auf der Erde zusammengekommen sind, wurde es von einem Großteil der Welt zurückgewiesen. Man sollte meinen, wir würden hier innehalten und sagen: »Wenn das stimmt, was können wir dann tun. Lassen wir alles stehen und liegen und tun, was zu tun ist.« Aber die Regierungen wissen, wenn wir diese Krise abwenden wollten, müssen wir unsere Lebensweise ändern, und das wäre ihnen politisch nicht genehm. Kein Politiker will derjenige sein, der diese unpopulären Veränderungen einführt. In den Augen der Regierungen würde die Wirtschaft darunter leiden und vielleicht sogar zusammenbrechen, falls wir aufhören sollten, die Umwelt zu verschmutzen. Es ist also ein Krieg von Geld gegen Leben geworden – schrecklich, aber wahr?

New York Times und Washington Post, zwei unserer respektabelsten und führendsten Nachrichtenübermittler, verwarfen dieses Dokument als nicht nachrichtenwürdig. Das gibt euch eine recht gute Vorstellung, welche Wichtigkeit wir dem Planeten als solchem beimessen. (Hierüber und über noch viel mehr könnt ihr nachlesen in The Sacred Balance, Rediscovering Our Place in Nature, *von David Suzuki.*

Denkt doch nur: Dieses warnende Dokument gibt uns noch »allenfalls ein paar Jahrzehnte«, um diese Krise abzuwenden - und es entstand 1992. Diese Erde ist Milliarden Jahre alt. Die Menschheit hat Millionen von Jahren gebraucht, um diese Bewusstseinsebene zu erreichen, doch in nur 10 bis 30 Jahren, geologisch gesehen also im Handumdrehen, könnte sie, wenn wir nicht im positiven Sinne handeln, »irreparabel entstellt« werden. Das Wort »aussterben« wurde vermieden, aber wir alle wissen, dass das eine Möglichkeit darstellt.

ENVIRONMENT

A Bigger Hole in the Ozone

EPA predicts 200,000 more skin-cancer deaths

The nations of the world have never agreed on how to halt the destruction of rain forests or save endangered species. But when it came to saving the ozone layer, which screens out the sun's harmful ultraviolet rays, they knew just what to do. Or so it seemed. In 1987, 24 nations meeting in Montreal pledged that, by the year 2000, they would halve their production of chlorofluorocarbons (CFCs), chemicals that destroy ozone. That was when the only ozone hole that had been noticed was over Antarctica. But soon after, satellite data showed that ozone above the United States had dropped 1.5 percent. That persuaded more than 90 countries last June to agree to ban CFCs entirely by 2000. Developing nations were given until 2010 to stop producing ozone-damaging chemicals; wealthier countries promised them up to $240 million to help make the switch.

Now it seems that the problem is far graver than anyone thought. Last week Environmental Protection Agency chief William Reilly announced that ozone loss over the United States since 1978 has amounted to a "stunning" 4 to 5 percent. The preliminary satellite data, which scientists have been analyzing since last autumn, show that Europe, the Soviet Union and northern Asia experienced similar losses, while areas at the latitude of Sweden and Hudson Bay saw losses of 8 percent. "Past studies had shown about half that amount," said Reilly. "As a result, there could be 200,000 deaths from skin cancer in the United States over the next 50 years" in addition to the 400,000 otherwise expected over that period. The fatality estimate was 21 times what the EPA had forecast earlier. Ultraviolet radiation can also cause cataracts, weaken the immune system, damage crops and disrupt the reproduction of plankton that anchor the marine food chain.

And the ozone loss is almost certain to get worse. CFCs stay in the atmosphere for decades. The EPA's Eileen Claussen told NEWSWEEK that the agency's models show ozone loss of 10 to 12 percent over the next 20 years—"and we've already thrown out those estimates because they are far too conservative."

Reilly vowed that the EPA would intensify its efforts to find substitutes for ozone-eating substances. Researchers have made progress in finding benign chemicals that do the job of chlorine-based solvents, but they have been less successful in replacing the CFCs used in refrigerators and air conditioners. If substitute chemicals can be found, developing nations might be persuaded to phase out CFCs by 2000 rather than 2010. Right now, countries such as China and India believe that abandoning CFCs too quickly would cripple their economies. Eliminating CFCs before 2000, though, would not make much difference, because so many of the chemicals are already on their way to the stratosphere. In effect, regulators are running out of ideas. "Because such aggressive steps have already been taken," Claussen says, "it's hard to come up with anything more that can make a difference."

Danger: Sunlight

- Every 1 percent drop in ozone allows 2 percent more ultraviolet light to reach Earth's surface.
- Every 1 percent reduction in ozone raises the incidence of skin cancer by 5 to 7 percent.
- The 5 percent loss of ozone over the U.S. is expected to cause 4,000 more skin-cancer deaths a year.
- The ozone loss is greater at higher latitudes. Over Leningrad, it is as much as 8 percent.

Abb. 3-6. Die doch »ein wenig größere« Gefahr wird zugegeben.

Seit Juni 1996 ist uns eine neue Möglichkeit an die Hand gegeben worden. Vielleicht haben wir eine Möglichkeit gefunden, die Umweltprobleme der Erde zu lösen und Heilung zu bewirken. Sie liegt in der Arbeit des neuen Workshops, den wir Earth-Sky (Erdhimmel) nennen. So gern ich euch erzählen würde, wohin die Arbeit mit der Blume des Lebens uns geführt hat, dies ist nicht der Zeitpunkt dazu. Ein neues Buch wird geschrieben werden müssen, da diese Information zu umfassend wäre, um in einer einfachen Randbemerkung darauf einzugehen. Alles, was ich sagen kann, ist, dass ich sehr optimistisch bin, was das 3D-Überleben von Mutter Erde zu diesem Zeitpunkt angeht.

wir nichts machen könnten?« Das Autorenteam sagte also: »Stellen Sie sich einmal vor, wir könnten die ganze Welt dazu bewegen, mitzumachen ...« (das wäre das erste, was geschehen müsste, und das schaffen wir nicht einmal jetzt, fünfzehn Jahre später!) »Stellen Sie sich also vor, wir kriegen den Ganzen Planeten so weit, dass es heißt: Okay, noch heute stoppen wir das ganze. Schluss mit Chemikalien, die die Ozonschicht zerstören – sie dürfen nie wieder verwendet werden. – So, und nehmen wir einmal an, das hätten wir geschafft. Nehmen wir einmal an, wir hätten die ganze Welt dazu gebracht, damit aufzuhören. Das Problem wäre damit aber immer noch nicht gelöst.« Und der Interviewer fragte nach: »Was soll das heißen? Würde die Ozonschicht dann nicht von selbst wieder heil werden?« Worauf der Autor zurückgab: »Nein, denn das Spray, das Sie gestern versprüht haben, liegt auf der Oberfläche des Bodens, und die Fluorkohlenwasserstoffe brauchen fünfzehn bis zwanzig Jahre, um bis zur Ozonschicht aufzusteigen. Diese Schicht, die langsam aufsteigt und den Ozon auffrisst, wird fünfzehn bis zwanzig Jahre lang so weitermachen, selbst wenn wir noch heute alles bremsen. Und sie wird schneller und schneller am Ozon fressen, weil wir in den letzten Jahren mehr und mehr von diesen Chemikalien verwendet haben.« »Es wird ... (ich glaube, er sagte, in zehn Jahren) ... nicht einmal mehr eine Ozonschicht *geben*. Ich sehe absolut keine Lösung.«

Wenn wir unser Ozon verlieren, sind wir in ziemlichen Schwierigkeiten. Alle Tiere der Welt werden erblinden. Bei Tag wird man ohne Raumanzug gar nicht nach draußen gehen können, und das heißt, jeder Quadratzentimeter unseres Körpers wird bedeckt sein müssen – spezielle UVC-Schutzbrillen und alles, was dazugehört. In kurzer Zeit würde das UVC-Licht einen schließlich umbringen. Und diesem Punkt nähern wir uns rapide. Wenn ihr nicht der Meinung seid, lest den Bericht im *Wall Street Journal* vom Januar 1993.

Dort wurde etwas geschildert, das gerade in Südchile geschieht, wo man nahe am Ozonloch am Südpol ist. Die Tiere dort beginnen zunehmend zu erblinden. Die Menschen, die dort leben, haben dicke, dunkle Haut, und sie haben ihr ganzes Leben im Freien verbracht, aber jetzt ziehen sie sich mit einem Mal in ihrem ganz normalen Alltag Verbrennungen zu. Und das verbreitet sich nördlich von Chile weiter und beginnt überall zu geschehen. Weil da dieser Schweizer-Käse-Aspekt der ganzen Ozonschicht ist, werden Orte auf der ganzen Welt für den Menschen unsichere Aufenthaltsorte. Man weiß nie, wo diese Flecken sein werden, da sie sich von Jahr zu Jahr weiterbewegen auf dem Angesicht der Erde. Dieses Ozonproblem existiert jetzt, nicht morgen oder später einmal oder vielleicht eines Tages. Es tritt jetzt in dieser Minute auf. Geben wir noch ein paar Jahre dazu, und wir werden wirklich in ernsten Schwierigkeiten sein.

Man wusste über das Ozonproblem mindestens schon seit der Zeit, in der Reagan Präsident der USA war. Als ihn die Umweltstellen fragten: »Wie gehen wir mit diesem Ozonproblem um?«, reagierte Reagan regelrecht schnodderig darauf. Er sagte so etwas wie: »Tja, dann verteilen wir einfach Regenmäntel und dunkle Sonnenbrillen, um das Problem zu lösen.« Einfach so – wen kümmert's schon! Wir sprechen hier aber über unser Leben, unser Dasein, und die Regierungen machen weiter, als würde es nicht einmal eine Rolle spielen.

Die Treibhaus-Eiszeit

In den ersten sieben Tagen seiner Amtszeit kamen 700 Umweltgruppen auf Präsident Bush zu, und diesmal waren alle 700 sich einig. Sie sagten zu Bush: »Wir haben da ein noch größeres Problem als den Ozon und die Meere: Das größte Problem, das uns bekannt ist, ist der Treibhauseffekt. Wenn man diesen Treibhauseffekt nicht bald in den Griff bekommt, zerstört er den Planeten.« Darin waren sich alle einig, und es war ihre volle Überzeugung. Eine Zeitlang redeten Gorbatschow und die Staatsoberhäupter der Welt davon, wie sie im Weltraum Kontrollstationen einrichten würden, um die Umwelt zu überwachen und vernünftige Schritte einzuleiten. Gorbatschow war ganz scharf auf diese ganze Sache. Dann aber, schätze ich, haben sie es einfach aufgegeben, haben einfach die Waffen gestreckt, obwohl sie diese Entwicklungen noch immer sehr sorgfältig im Auge behalten. Es ist eine reichlich hoffnungslose Situation.

Abbildung 3-7 ist eine Satellitenaufnahme der Meere von über Australien. Dieser dunkle Fleck über Australien und Neuguinea bedeutet, dass dort 1992 im Meer die höchste Temperatur seit Beginn der Geschichtsschreibung erreicht wurde: An diesem Punkt war es 30° C heiß. Damit wir uns recht verstehen: das Wasser des *Ozeans* war 30° C warm. Wenn sich diese Zone über den Äquator hinaus ausdehnt, wird sie genau das bewirken, was John Hamaker vorhergesagt hat. Wem Hamaker und seine Theorien ein

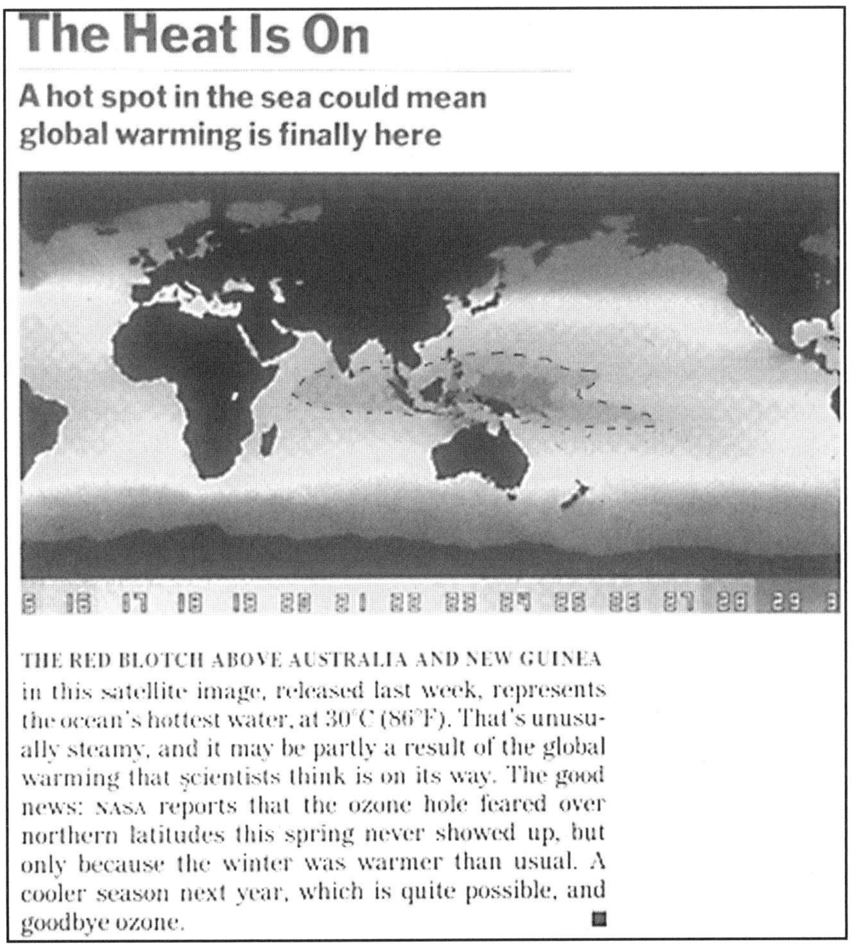

The Heat Is On

A hot spot in the sea could mean global warming is finally here

THE RED BLOTCH ABOVE AUSTRALIA AND NEW GUINEA in this satellite image, released last week, represents the ocean's hottest water, at 30°C (86°F). That's unusually steamy, and it may be partly a result of the global warming that scientists think is on its way. The good news: NASA reports that the ozone hole feared over northern latitudes this spring never showed up, but only because the winter was warmer than usual. A cooler season next year, which is quite possible, and goodbye ozone. ■

Abb. 3-7. Der heißeste Ozean in der Geschichte.

Begriff sind: Er hat unumstößliche Beweise dafür, dass dann, wenn sich dieses Wasser aufheizt, etwas ereignen wird, was ganz anders ist als ein heißer Planet – es wird nämlich ein *kalter* Planet. Sehr, sehr kalt. Dr. Hamaker sagt eine Eiszeit voraus, die in nur wenigen Jahren über uns hereinbrechen wird.

Ich werde hier nicht voll und ganz auf die Dynamik des sogenannten Treibhauseffekts eingehen, aber engstens mit ihm verbunden sind Steine, Mineralien und Bäume. 0,40 Hektar Baumbestand enthalten durchschnittlich 50.000 Tonnen Kohlendioxid. Werden die Bäume abgeholzt, verbrannt, oder sterben einfach nur ab, so wird dieses gesamte Kohlendioxid in die Atmosphäre freigesetzt, und wenn in der Atmosphäre ein bestimmte Menge Kohlendioxid vorhanden ist, setzt dies eine neue Eiszeit in Gang. Hamaker fand Beweismaterial dafür, dass genau das die letzten Eiszeiten auf diesem Planeten auslöste. Sein Beweismaterial fand er haupsächlich durch Untersuchung von Kernproben aus dem Bett uralter Seen. Diese Proben zeigen, wenn man sich einfach nur die Pollenzahlen ansieht, dass die Erde über Millionen Jahre jeweils einen Zyklus von 90.000 Jahren Eis hatte, gefolgt von einer gemäßigten Periode von 10.000 Jahren, gefolgt von 90.000 Jahren Eis, dann wieder gefolgt von 10.000 gemäßigten Jahren. Dieser Zyklus spielt sich schon lange, lange Zeit so ab.

Zusätzlich hat Hamaker entdeckt – und es ließ sich von anderer Seite bestätigen –, dass die Zeitspanne, die es in Anspruch nimmt, um von einer warmen Zeit zu einer Eiszeit überzugehen, nur 20 Jahre beträgt! Menschen, die sich schon seit langem hiermit befassen, glauben, dass wir wahrscheinlich nun etwa 16 oder 17 Jahre von diesem 20-Jahres-Zyklus hinter uns haben, aber natürlich weiß es niemand wirklich. Und sie sagen, wenn das Ende der 20 Jahre oder so erreicht ist, dann ist in Nullkommanichts, in einem *einzigen* Tag, innerhalb von weniger als 24 Stunden, alles vorbei. Die Wolken werden sich über der Erde zusammenziehen, die Durchschnittstemperatur wird auf etwa minus 45° C absinken, und in den meisten Regionen der Erde wird man für 90.000 Jahre keine Sonne mehr zu Gesicht bekommen. Wenn diese Leute recht haben, stehen uns nur noch wenige Jahre Sonnenschein bevor. Es wird wärmer und wärmer und heißer und heißer werden, bis dieser Tag kommt, und dann – zack – ist alles vorbei. Ich werde hier nicht in allen Einzelheiten auf Hamakers Arbeiten eingehen, aber ich schlage euch vor, ihr forscht selbst nach, wenn ihr etwas darüber wissen wollt. Er hat überwältigendes Beweismaterial. Befasst euch mit dem, was er zu sagen hat. Sein Buch trägt den Titel *The Survival of Civilization.*

Von der Eiszeit zur Erwärmung: Ein schneller Umschwung

Die Wissenschaftler sind gerade auf eine weitere Überraschung gestoßen, die manche Wissenschaftler schockiert hat und die sie kaum fassen können. Sie dachten nämlich, wenn eine Eiszeit aufhöre, dann würde es Tausende von Jahren dauern, bis es wieder warm wird. Doch nun haben sie Belege dafür, dass es nur *drei Tage* dauert, so heißt es zumindest in einem Artikel, der im *Time* Magazin veröffentlicht wurde. Es braucht zwanzig Jahre, um von Wärme zu Kälte zu gelangen, und drei Tage für den Weg von der Kälte zur Wärme. Der Treibhauseffekt ist also ein zentrales und ernsthaftes Problem. Niemand weiß die Antwort, aber was einem daran Angst machen kann, ist, dass man versucht, mutmaßliche Antworten anzustiften, die ganz und gar unüberprüft sind. Alle streiten sich darüber, welche

Antwort die beste ist, und wer was tun will – aber niemand *weiß* wirklich etwas. Es ist wie mit dem Ozon – die Wissenschaft hat vielleicht fünfzehn verschiedene Ideen, was man tun könnte, um die Sache mit dem Ozon in Ordnung zu bringen, und jede von ihnen mag Verbesserung bringen – oder sie verschlimmern. Keiner weiß, was diese Dinge bewirken werden, denn wir haben sie noch nie zuvor praktiziert. Wir scheinen bereit, selbst als Versuchskaninchen herzuhalten, um herauszufinden, ob wir überleben werden oder nicht.

Unterirdische Atombomben und FCKWs

Um dem ganzen die Krone aufzusetzen, tauchen noch alle erdenklichen weiteren Probleme auf. Manche können einen so das Fürchten lehren, dass die Regierungen Angst haben, überhaupt irgendetwas davon zu erzählen. Sie werden mit keiner Silbe etwas erwähnen, über das ich einfach reden muss, denn es ist so wichtig, dass einfach jemand etwas sagen *muss*! Ich weiß, dass sie nicht wollen, dass ich darüber rede, aber das kann mich nicht abhalten.

Wir finden FCKWs in der oberen Erdatmosphäre. Nun, die »zuständigen Behörden« in der Regierung haben immer wieder gesagt, das FCKW-Produkte wie Freon aufsteigen, da sie leichter als Luft sind. Aber wissen Sie was (und die wissenschaftlichen Gemüter unter uns können das einmal näher unter die Lupe nehmen): FCKWs sind nicht leichter als Luft; sie sind *viermal schwerer als Luft*. Sie *sinken*! Von wegen aufsteigen! Wie sind sie also so hoch gekommen? Das könnte an den 212 *überirdischen* Atombomben liegen, die unsere Regierungen in aller Welt gezündet haben. Viele haben sogar den Verdacht, dass die ganzen FCKWs überhaupt nur deshalb dort oben hingekommen sind, und dass es in Wirklichkeit gar nicht *wir* mit unseren Klimaanlagen waren, die einen Großteil des Problems erzeugt haben. Es waren die Atomregierungen der Welt.

Irgendwann hat dann alle Welt unterirdisch weitergemacht mit ihren Bomben, und wir dachten: »Das ist okay, jetzt zünden sie ihre Bomben unterirdisch, da kann ja nichts passieren. Leute, das ist *nicht* okay! Es ist wahrscheinlich die gefährlichste Geschichte, die sich heute in der Welt abspielt, noch gefährlicher als das HAARP-Projekt, und sie machen noch immer weiter damit. Was ich jetzt gleich sage, kann ich nicht beweisen, glauben Sie es also nicht, bevor Sie es nicht selbst beweisen können.

Adam Trombly, ein berühmter Wissenschaftler, der bedeutende wissenschaftliche Arbeit geleistet hat, hat die unterirdischen Atomwaffentests auf der ganzen Welt beobachtet. Vermutlich weiß er mehr über dieses Thema als jeder andere auf der Welt – das erkennen selbst die Regierungen. Trombly erklärt, was geschieht, wenn diese Atombomben unterirdisch gezündet werden. Die Energie lagert sich ja dort nicht nur ein – sie muss irgendwo hin, also schießt sie durch die Erde, prallt an ihren Innenseiten ab, reißt die Erdplatten auseinander und richtet unglaublichen Schaden an, während sie wie ein Tischtennisball hin- und herjagt. Dieser Effekt im Erdinnern geht noch etwa dreißig Tage nach der Explosion weiter.

Trombly hat, ganz ähnlich wie Jacques Cousteau und andere, nun eine Theorie, die alles mögliche voraussagt, was geschehen wird – und *das alles geschieht jetzt bereits*! Wie zum Beispiel, dass der Indische Ozean innerhalb kürzester Zeit um fast sieben Meter abgesunken ist: Das sah Trombly voraus – genauso wie Jacques Cousteau das Sterben des Mittelmeers innerhalb von zehn Jahren angekündigt hatte. Viele brillante Köpfe sagen nun offen,

Erinnert euch daran, dass Professor Einstein, als die erste Atombombe gezündet wurde, nicht mit Sicherheit wusste, dass die nukleare Kettenreaktion zum Stillstand kommen würde, sobald der ursprüngliche Brennstoff verbraucht wäre. Unsere Regierung wusste bei Explosion dieser ersten Atombombe, dass sie das Ende der Welt sein mochte – vorbei mit allem Leben, innerhalb von Minuten. Aber wir haben es dennoch getan! Das nenne ich spirituelle Inkompetenz!

1997 sind wir nun mit einem weiteren Moment in der Geschichte konfrontiert, wo unsere Regierung beschlossen hat, unser Leben aufs Spiel zu setzen. Als im Frühjahr dieses Jahres HAARP startete, war man nicht sicher, ob die Atmosphäre dadurch zerstört werden würde. Man weiß noch immer nicht, wie die langfristigen Auswirkungen sein werden, genauso wie man es während des Zweiten Weltkriegs beim Manhattan-Projekt nicht wusste.

Was ist HAARP? Das müsst ihr unbedingt wissen. HAARP steht für High-Frequency Active Auroral Research Project. Es ist eine Waffe, die massiv wirksamer ist als die Atombombe. Dabei sollen mehr als 1,7 Gigawatt (Milliarden Watt) Strahlungsenergie in die Ionosphäre geschickt werden und die obere Atmosphäre regelrecht zum Kochen bringen, um einen Spiegel und/oder eine künstliche Antenne zu erzeugen, über den beziehungsweise die riesige Energiemengen auf jede beliebige Zone der Erde herabgesendet werden können. Diese Energie würde man zur Beeinflussung des weltweiten Wetters, zur Schädigung oder Vernichtung von Ökosystemen, für die Außerkraftsetzung elektronischer Kommunikation und zur Veränderung unserer Stimmungen und geistigen Verfassung einsetzen. Ganz zu schweigen davon, dass sie dazu eingesetzt werden könnte, das neue Christusgitternetz um die Welt zu vernichten oder zu manipulieren versuchen. Lest »Löcherim Himmel« von Jeane Manning und Dr. Nick Begich. Dort erfahrt ihr mehr.

1995 und 1996 ließ die heimliche Regierung sechs Atombomben in einer Gegend unweit der Insel Moorea explodieren, die zu den französischen Tahiti-Inseln gehört. Zusammen mit anderen Ländern hat Frankreich diese Bomben an einer heiligen Stelle im Leib von Mutter Erde plaziert. Hätte jemand das mit eurer Mutter gemacht, so hättet ihr es als grausame Vergewaltigung bezeichnet. Es waren Neutronenbomben, die keine Bauten zerstören, sondern »nur« alles Leben in der betreffenden Region.

Wäre die Erde eine Frau, so wäre die Gegend, wo man gezielt die Bombe plazierte, ihr Damm. Von dort aus immer geradeaus wäre das Kronchakra der Erde, die Gegend der Großen (Cheops-)Pyramide in Ägypten. Diese Region stand mit im Zentrum der Aufmerksamkeit, denn die heimliche Regierung schloss die gesamte Pyramide und ließ drei Tage lang nicht zu, dass irgendjemand in die Nähe kam, damit sie die Auswirkungen auf das Bewusstsein des Planeten testen konnten. Sie versuchten ein spezielles Energiefeld zu vernichten, das dazu gewachsen war, die Erde zu umschließen. Man könnte es als eine Datenbank der Erde bezeichnen. Du und ich nennen es das Christusbewusstsein. Die heimliche Regierung (die immer noch du und ich ist) ängstigte sich vor diesem neuen Bewusstsein, aber ich glaube, die Angst hat sich nun zu weiten Teilen gelöst.

Die Polaritäten auf der Erde verschmelzen langsam miteinander. Zur Zeit dieser Mitschrift, 1993, lebten wir in einer Periode planetarer Einsicht. Nun, 1997, stehen wir kurz vor einer planetaren Einheit, basierend auf Verstehen. Die große Prüfung haben wir noch vor uns, insbesondere, falls die heimliche Regierung beschließt, HAARP einzusetzen, um das Christusgitternetz zu zerstören.

was sie für wahr halten, aber nur wenige hören auf sie. Wenn Trombly recht hat, so befinden wir uns nur ein paar weitere Atombomben entfernt von dem Punkt, wo der ganze Planet buchstäblich in Stücke zerbricht. Rund um die Welt war bei den Regierungen der Welt seit 1991 Alarmstufe rot, was die Veränderungen auf der Erde angeht, die Trombly vorhergesagt hat. Sie machen sich deshalb vor Angst in die Hosen. Und doch glaube ich, dass China gerade eine weitere Atombombe gezündet hat – und in den USA redet man davon, auch eine zu zünden, nur weil China es ja auch getan hat!

Wie dem auch sei, das Leben geht weiter. Es ist schon gut, dass unser göttlicher Geist noch andere Ebenen kennt als nur die körperliche. Wären da nicht die Aufgestiegenen Meister und unser höherer Aspekt, befänden wir uns in einer ausweglosen Situation. Aber durch die Arbeit anderer großer Seelen beginnt ihr und die Menschheit gerade erst zu leben. Ihr werdet bald in eine andere neue, reine und herrliche Welt hineingeboren, Gott sei Dank, und da ist niemand außer Gott, dem man dafür danken könnte. Wir werden all das unbeschadet überstehen. Und dennoch fahre ich jetzt fort…

Das Strecker-Memorandum über AIDS

Hier noch ein letztes Drama. Eigentlich gibt es noch so viele weitere gefährliche Situationen (ich könnte stundenlang weitermachen), aber hier nur noch eine letzte. Über AIDS. Ich möchte euch anregen, dass ihr versucht, an das Material des Strecker-Memorandums heranzukommen, sofern ihr es noch nicht gelesen beziehungsweise noch nicht das Video gesehen habt. Von staatlicher Seite gibt man sich wirklich Mühe, es zu unterdrücken. Dr. Strecker erstellte per Video ein Memorandum dazu, wie es seiner Meinung nach zu AIDS gekommen war. Strecker ist wirklich ein glänzender Kopf. Er hat mit Retroviren gearbeitet und ist ein Experte auf diesem Gebiet. Er zeigte das Video im Fernsehen, und die Regierungen überzogen ihn daraufhin mit Drohungen. Man munkelt, sein Bruder und der Senator, der als Sponsor für die Sache auftrat, seien keines natürlichen Todes gestorben. Aber Strecker selbst blieb verschont – ich schätze, das wäre zu offensichtlich gewesen. Dr. Strecker hat viele seiner Videos unter das Volk gebracht. Sie sind an die Öffentlichkeit gelangt, auch wenn wir nichts mehr von ihnen hören.

Dr. Strecker zeigt in seinem Film, wie die Vereinten Nationen versuchten, ein Umweltproblem zu lösen. Sie wussten, dass das größte Umweltproblem für die gesamte Welt die Bevölkerungszahlen waren, und bei dem derzeitigen Tempo würde sich die Weltbevölkerung bis 2010 oder 2012 verdoppelt haben. Aufgrund dessen, was die Chinesen unternahmen, indem sie nur noch ein Kind pro Paar erlaubten, und anderer zäher Bemühungen auf dem ganzen Globus, ließ sich das Tempo verlangsamen. Aber erreicht werden wird sie schließlich doch noch, die Verdoppelung, so glaubt man. Aktuellen Schätzungen zufolge wird sich die Weltbevölkerung irgendwann um 2014 verdoppelt haben. Wenn das geschieht, so haben Computermodelle gezeigt, wird alles Leben auf der Erde sterben oder wünschen, tot zu sein, denn, so die Vereinten Nationen, wir kommen ja mit annähernd 6 Milliarden Menschen kaum zurecht. Könnt ihr euch vorstellen, wie das wäre mit 11 bis 12 Milliarden Menschen auf der Welt? Es ist einfach absolut unmöglich, zumindest bei dem derzeitigen System.

Wenn ihr also den Vereinten Nationen angehören würdet und wüsstet, dass es potentiell zu diesem Desaster kommen würde, und ihr müsstet eine

Entscheidung fällen, was würdet ihr dann tun? Ich verurteile die Leute nicht, die das folgende taten – versetzt euch doch bloß in ihre Lage und stellt euch vor, ihr hättet eine solche Machtposition. Ihr seht, dass die Erde im Begriff ist, gegen eine massive Wand zu fahren und dass sie total zerstört werden wird, wenn sich nichts ändert. Die UN rang sich also zu einem Entschluss durch – und Dr. Strecker zeigte das Memorandum im Fernsehen. Die Vereinten Nationen beschlossen, statt diese Schallmauer von 11 Milliarden Menschen zu durchbrechen, würden sie auf der Stelle ein Virus oder eine Krankheit erzeugen, um gezielt drei Viertel der Weltbevölkerung beiseite zu schaffen. Mit anderen Worten, statt die Elf-Milliarden-Marke zu erreichen, wollten sie die Bevölkerung um drei Viertel *reduzieren*. Strecker zeigte tatsächlich das UN-Dokument, aus dem hervorgeht, dass man dort plante, drei Viertel der Weltbevölkerung auszulöschen.

Dr. Strecker zeigte auf wissenschaftlichem Wege, wie die UN dabei im einzelnen vorgingen. Man nahm ein Virus von einem Schaf und ein Virus von einer Kuh und ließ die beiden Viren auf eine bestimmte Weise verschmelzen, um das AIDS-Virus zu erzeugen. Doch bevor dieses Virus erstmalig in Umlauf gebracht wurde, stellte man auch ein Gegenmittel her. Die Regierungen haben also das Heilmittel gegen AIDS zur Verfügung – jetzt bereits, so zumindest Dr. Strecker. Diejenigen, die das Unternehmen starteten – und die Geschichte wird das bestätigen – waren offenbar mit Vorurteilen behaftet, denn sie wählten selektiv zwei Gruppen dafür aus: Farbige und Homosexuelle.

In Haiti war eine Hepatitis-B-Epidemie in Homosexuellenkreisen aufgetreten, und alle mussten dort mit einem Impfstoff gegen Hepatitis B geimpft werden. Also nahmen UN-Agenten das AIDS-Virus, versahen den Hepatitis-B-Impfstoff damit und injizierten ihn allen. So begann die Sache mit dem Virus laut Dr. Strecker. Der andere Beweis ist der, dass es stimmt, dass auf der ganzen restlichen Welt das Virus offenbar *nicht* ausschließlich Homosexuellen verabreicht wurde. In Afrika, wo mindestens 75 Millionen Menschen an AIDS leiden, beträgt das zahlenmäßige Verhältnis von männlichen zu weiblichen Infizierten fast exakt 50:50, und das vom Anfang bis jetzt. Nur in Haiti, und schließlich in den Vereinigten Staaten, hat sich das Virus fast ausschließlich durch die homosexuellen Teile der Bevölkerung weiterverbreitet. Betrachtet man die Zahlen für dieses Land, so bekommen die Frauen nun schneller AIDS als irgendjemand sonst. Bald wird die Natur die Unterschiede ausgleichen, und man wird exakt das gleiche erleben wie überall sonst auf der Welt: dass die Zahl von Männern und Frauen mit AIDS gleich hoch ist. AIDS ist absolut keine Schwulenkrankheit – es hat überhaupt nichts damit zu tun. Womit es aber sehr wohl zu tun hat, das sind die Vorurteile derer, die AIDS in die Welt gesetzt haben.

Laut Dr. Strecker hat sich die Weltgesundheitsorganisation, die eine zentrale Rolle bei der Entstehung dieser Krankheit gespielt hat, auch Sorgen wegen anderer Krankheiten gemacht – und so erging es auch Ärzten ziemlich überall auf der Welt. Nehmen wir zum Beispiel Krebs: Die Sorge der Ärzte war, dass Krebs eines Tages ansteckend würde – nicht durch Umweltverschmutzung oder bestimmte Nahrungsmittel und dergleichen, sondern dass er sich eines Tages über die Luft oder das Wasser übertragen würde, wie eine Erkältung. Man würde einfach an einem Krebskranken vorbeigehen, und schon hätte man sich angesteckt. Aber die Anzahl der unterschiedlichen Krebsviren ist so klein, dass die Wahr-

Auf der positiven Seite sei vermerkt, dass Ärzte bei der UCLA1 vor etwa fünf Jahren einen kleinen Jungen zu untersuchen begannen, der von Geburt an AIDS hatte. Er war bei seiner Geburt, im Alter von sechs Monaten und dann wieder mit einem Jahr, untersucht worden. Zu diesem Zeitpunkt hatte er noch AIDS. Danach wurde er erst wieder mit schätzungsweise fünf Jahren untersucht. Und bei dieser Untersuchung war das AIDS-Virus spurlos verschwunden. Es war, als hätte er sich noch nie AIDS zugezogen. Die Mediziner wussten nicht, wie sein Organismus immun geworden war, sie wussten nur, dass er es war. Sie überprüften alles, was ihnen in den Sinn kam, darunter auch seine DNA. Und dort stießen sie auf eine Veränderung. Dieser kleine Junge hatte keine menschliche DNA!

Wir haben 64 Kodons in unserer DNA, aber normalerweise sind beim Menschen nur 20 aktiv. Der Rest ist untätig, er arbeitet nicht, bis auf drei, bei denen es sich um die Stop- und Startprogramme handelt. Dieser Junge hatte 24 aktive Kodons – er hatte einen Weg gefunden, so zu mutieren, dass er immun gegen AIDS wurde. Als man ihn testete, fand man dann heraus, dass er überhaupt immun gegen alles war. Sein Immunsystem war, so der Befund, 3000mal leistungsfähiger als das eines gewöhnlichen Menschen.

Dann fand man ein weiteres Kind in der gleichen Situation. Auch dieses war AIDS entronnen und hatte die gleichen 24 Kodons aktiviert, um so immun gegen AIDS und andere Krankheiten zu werden. Man fand 100, dann 10.000. Mittlerweile glaubt man bei UCLA, dass 1% der Weltbevölkerung diesen Wandel vollzogen hat. Man geht davon aus, dass 55 Millionen Kinder und Erwachsene laut ihrer DNA keine Menschen mehr sind. Es gibt so viele, bei denen dies nun auftritt, dass die Wissenschaft glaubt, derzeit entstünde eine neue Menschenrasse, die scheinbar über AIDS hinweggekommen ist. Bei diesen Menschen besteht kaum die Wahrscheinlichkeit, dass sie krank werden.

Interessant ist auch, dass im November 1998 bekanntgegeben wurde, die AIDS-Rate sei um 47% gesunken – der größte Rückgang, den man in der Geschichte bei wichtigen Erkrankungen je verzeichnet hat. Könnte das ein Grund dafür sein?

Außerdem schreibt Jeffrey Satinover in »Die verborgene Botschaft der Bibel«, als sie das Wort AIDS durch den Code laufen ließen, hätten sie sämtliche gemeinhin damit zusammen-

hängenden Begriffe gefunden. Sie sahen die Worte im Blut, Tod, Ausgelöschtwerden, in Form eines Virus, die Immunität, das HIV, zerstört und vieles mehr. Da waren jedoch auch noch bestimmte weitere Worte, die in den Augen der Forscher keinen Sinn zu ergeben schienen, jetzt aber im Licht der vorausgeschickten Informationen verständlich werden. Sie fanden nämlich die Worte: »Das Ende aller Krankheiten.«

Das ist vielleicht das allerwichtigste Ereignis unserer Tage auf dieser Welt.

scheinlichkeit, dass das je passieren könnte, ganz schön mager ist. Es könnte durchaus geschehen, aber wahrscheinlich ist es nicht. Bei AIDS hingegen haben wir es mit *bis zu 9000*[4] *oder 6.561.000.000.000.000 vollkommen verschiedenen Typen von AIDS-Viren* zu tun – das ist eine gigantische Menge. Und jedes Mal, wenn jemand AIDS bekommt, entsteht ein brandneues Virus, eines, das man noch nie, nie zuvor gesehen hat. Das heißt, es ist *unvermeidlich*, mathematisch gesprochen – es ist nur eine Frage der Zeit, bis sich AIDS rapide ausbreitet wie eine Grippewelle und die ganze Welt erfasst.

Es macht eine Geschichte die Runde, die dahingeht, dass die Weltgesundheitsorganisation glaube, dass diese sich rasant verbreitende Form von AIDS womöglich bereits begonnen hätte. Um 1990 oder 1991 untersuchte die WHO einen afrikanischen Stamm von 1.400 Mitgliedern, von Säuglingen bis zu alten Menschen, die offenbar alle unterschiedliche Sexualpraktiken hatten (wisst ihr, bei Säuglingen ist das so eine Sache mit dem Sex), und sie fanden heraus, dass *jedes einzelne* Stammesmitglied, ausnahmslos, AIDS hatte. An diesem Punkt gab die WHO in geheimen Unterlagen bekannt, dass AIDS nun wahrscheinlich über die Luft oder das Wasser übertragen würde, und dass sich die Krankheit irgendwann wie ein Buschfeuer weiterverbreiten könnte, wie ein gewöhnlicher Schnupfen. Es würde, wie bei jeder neuen Krankheit, ein paar Jahre brauchen, aber dann ... Würde das geschehen, hättet ihr dann *Gewissheit*, dass ihr sicher seid? Ihr müsst die Wahrheit kennen – *ihr seid mehr als das, was euch bewusst ist!*

Eine andere Sichtweise der Probleme auf der Erde

Wären wir keine multidimensionalen Wesen, wären wir nur physische Körper, die an die Erde gebunden sind und hätten keinen Ort, wo wir hin könnten, so wäre die Lage sehr ernst. Aber aufgrund dessen, was wir sind, könnte das, was auf der Erde bald passieren wird, ein Medium für enormes Wachstum werden. Erinnert ihr euch: das Leben ist eine Schule. Maya bleibt Maya!

Aber dennoch könnte es geschehen, dass wir, wenn wir erkennen, in welch einer unglaublich gefährlichen Situation wir uns befinden, wach werden und erkennen, wer wir sind. Der einzige Grund, warum ich diese Worte hier sage und sie nicht geheimhalte, ist der, dass wir quasi eine Gruppe von Menschen auf einem sinkenden Schiff sind. Es hat ein großes Leck, durch das Wasser einströmt. Das ist nicht der rechte Zeitpunkt dafür, dazusitzen und Spiele zu spielen und wie gehabt weiterzumachen und das gewöhnliche Denken fortzuführen. Wüsstet ihr nicht, wie es in Wahrheit um unsere Umwelt bestellt ist, würdet ihr vielleicht einfach so weitermachen mit eurem Leben und nicht handeln.

Ich möchte hier nicht anregen, sich für den Umweltschutz zu engagieren, obwohl das nicht falsch ist. Worum es mir viel mehr geht, ist eine innere Form des Handeln, eine Meditation, eine Meditation, die einen bewusst wieder mit allem Leben wo auch immer in Verbindung bringt. Sie erfordert eine geistige Verfassung, in der wir die Situation erkennen, sie ernst zu nehmen beginnen und daran arbeiten, wirklich eine reale Veränderungen in unserem Bewusstsein zu erwirken. Das, worauf wir uns innerlich konzentrieren und was wir verstehen müssen, wird sich allmählich entfalten, während wir fortfahren. Wer diese andere Seite der Münze Leben versteht, wird merken, dass diese Umweltfragen kein wirkliches Problem sind, wenn ein höheres Bewusstsein Eingang in die 3-D-Welt findet, wenn es auch aus 3-D-Perspektive in der Tat so aussieht, als wäre das Ende des Lebens gekommen.

Die Geschichte der Welt

Wir schneiden nun ein neues Thema an: Die Weltgeschichte, und in welcher Beziehung zur Gegenwart sie steht. Jedes dieser Puzzlestücke erweitert den Blickwinkel. Die Situation, in der wir uns in dieser Welt befinden, hat sich nicht zufällig entwickelt. Es kam zu Ereignissen, die wir brauchen, um uns zu erinnern. Viele von uns waren in früheren Leben hier, und wir tragen diese Erinnerungen in uns. Aber das nur am Rande. Wir müssen genau wissen, was geschah, um zu verstehen, wie sich daraus die heutige Situation entwickelt hat. Diese Geschichte findet man natürlich in keinem Geschichtsbuch, denn die Geschichtsbücher über die menschliche »Zivilisation« reichen nur 6000 Jahre weit zurück, und wir müssen, um ganz vorn anzufangen, etwa 450.000 Jahre zurückgehen.

Diese Information erhielt ich von Thot zum ersten Mal um 1985. Nachdem Thot dann 1991 ging, wurde ich auf Zecharia Sitchin aufmerksam, las seine Werke und fand heraus, das Sitchins und Thots Informationen beinahe *perfekt* zusammenpassten – so perfekt, dass es einfach kein Zufall sein konnte. Es war erstaunlich, wie nahe sie beieinander lagen. Viele Dinge, die Thot erwähnt hatte – wie etwa Riesen in Atlantis, worauf er nicht näher einging – wurden in Sitchins Büchern ausgeführt. Und vieles, was Sitchin scheinbar übersehen hat, wurde von Thot eingehend erklärt. Die Kombination dieser beiden Quellen ergibt also einen hochinteressanten Gesichtspunkt. Man braucht ihn nicht zu akzeptieren, man kann ihn sich einfach nur anhören wie eine Legende, sich seine Gedanken darüber machen und sich ansehen, ob er für einen selbst Grundlage sein kann. Wenn ihr etwas als nicht wahr empfindet – akzeptiert es nicht. Soviel ist ja klar. Aber ich glaube, hiermit komme ich der Wahrheit schon so nahe, wie ich kann, also biete ich es euch an. Vergesst nicht, ich musste die geometrischen Muster und Hieroglyphen Thots ins Englische übersetzen. Dabei muss automatisch einiges verloren gehen, aber für mein Gefühl kommt es der Sache nahe genug, um eure Erinnerungen auszulösen.

Zunächst einmal muss ich euch etwas zur Geschichtsschreibung sagen. Irgend jemand muss dabei ja die Feder führen und die Geschichte aufschreiben, von daher ist schriftlich aufgezeichnete Geschichte immer der Blickwinkel der Person oder von Personen, von der oder denen die Aufzeichnungen stammen. Die offizielle Geschichtsschreibung begann erst in den letzten 6000 Jahren, doch wäre diese Geschichte dieselbe, wenn verschiedene Menschen sie geschrieben hätten? Überlegt einmal, dass in den meisten Fällen geschichtliche Ereignisse ja von denen schriftlich festgehalten wurden, die einen Krieg gewonnen hatten. Die Partei, die aus einem Krieg als Sieger hervorgegangen war, stellte sich hin und sagte: »Das-und-das ist passiert.« Die Verlierer kamen gar nicht erst dazu, ihren Beitrag zu leisten. Schauen wir uns irgendeinen großen Krieg an, vor allem den Zweiten Weltkrieg, der mit sehr viel Emotionen geführt wurde. Hätte Hitler den Zweiten Weltkrieg gewonnen, würden unsere Geschichtsbücher ganz anders aussehen. Wir würden uns mit vollkommen anderen »Fakten« auseinander setzen. Wir wären die Bösen, und die Geschichtsbücher würden gute Gründe dafür anführen, warum die Juden

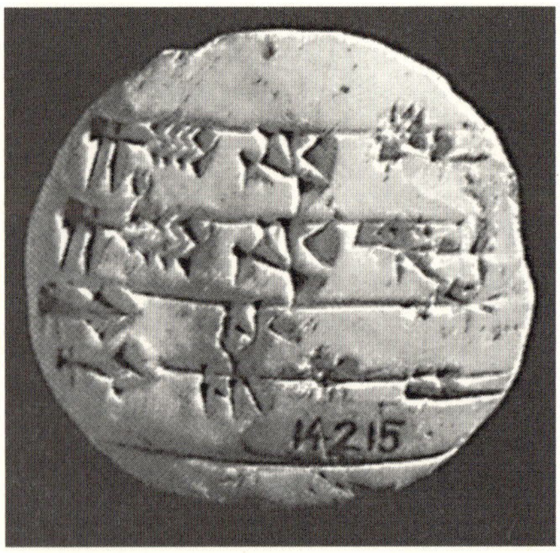

ins KZ mussten, etc. Aber die Sieger waren wir, und so haben wir die Geschichte aus unserer Perspektive niedergeschrieben.
Nun, so ist es überall in der ganzen Geschichte. Niemand spricht je über dieses Thema, aber dennoch ist es ganz offensichtlich. Selbst Thot war sich dessen sehr wohl bewusst; er sagte: »Ich teile dir meine persönliche Sicht mit. Ich habe zwar ganze Jahrhunderte vorbeiziehen sehen, aber ich bin dennoch nur ein Mensch. Das ist das, was meiner Auffassung nach wahr ist, aber dir muss klar sein, dass viele andere eine unterschiedliche Sicht der Geschichte haben.« Selbst er sagte also nicht: »Friss oder stirb.« Mit dieser Beobachtung werden wir nun also fortfahren.

Sitchin und die Sumerer

Ich beginne zunächst einmal mit Zecharia Sitchins Werk. Solltet ihr seine Bücher noch nicht gelesen haben, erwartet euch noch etwas ganz Besonderes, sofern ihr aus erster Hand mehr über folgendes wissen wollt. Sein wichtigstes Buch trägt den Titel *Der zwölfte Planet*, wenn ich auch die beiden anderen noch mehr empfehle: *Versunkene Reiche* und **?** (in dieser Reihenfolge. Er schreibt über viele Städte, die in der christlichen Bibel beschrieben werden, wie etwa Babylon, Akkad und Erech, bei denen man lange glaubte, sie seien Mythen, da niemand ihre Existenz beweisen konnte. Schließlich stieß man auf eine dieser Städte, und ausgehend davon dann auf eine weitere, und dann auf noch eine. Bis schließlich alle Städte entdeckt worden waren, von denen in der Bibel die Rede ist.
Man muss sich hierbei klarmachen, dass all diese uralten Städte in den letzten rund 120 Jahren entdeckt wurden, die meisten sogar mehr oder weniger erst in neuester Zeit. Bei schichtenweisen Ausgrabungen in diesen alten Städten zog man tausende zylindrischer Lehmtafeln hervor, auf denen in allen Einzelheiten die Geschichte Sumers *und* die Geschichte der Erde aufgezeichnet ist, über Hunderttausende von Jahren zurück. Die Schriftsprache der Sumerer nennt man Keilschrift. Was ich euch gleich sage, entspricht nicht nur Sitchins Auslegung. Noch viele weitere Gelehrte verstehen sich heute darauf, diese Schriftsprache zu entziffern, und die Übersetzung dieser Worte verändert unsere gesamte Weltsicht, unsere Anschauung, was wahr ist – genauso wie John Anthony Wests Arbeit in bezug auf die Sphinx das zeitgenössische Denken über die Menschheitsgeschichte beeinflusst.
Wir werden später noch einmal eine Schleife drehen und erklären, wie die Sumerer an ihre Informationen gelangten. Die sumerischen Aufzeichnungen sind die ältesten schriftlichen Aufzeichnungen auf dem Planeten, 5800 Jahre alt, aber sie beschreiben Dinge, die vor Milliarden Jahren geschahen und auch in ziemlichen Einzelheiten solche, die sich vor mehr als 450.000 Jahren ereigneten. Ob man von wissenschaftlichen Erkenntnissen ausgeht oder vom Wissen Thots: Unser Geschlecht ist ungefähr 200.000 Jahre alt. Sitchin sagt, wir seien noch älter, aber die Aufzeichnungen und Thot sagen das nicht aus – und die Melchizedeks ebenfalls nicht. Wir sind seit etwas über 200.000 Jahren hier, aber es gab Zivilisationen auf der Erde – lange vor diesem Zyklus, und lange vor den Nefilim –, die bei weitem höherentwickelt waren als die Nefilim oder alles, was uns seitdem untergekommen ist. Sie verschwanden, ohne irgendwelche Spuren zu hinterlassen. Am Ende dieses Buches werdet ihr verstehen, warum nichts übrig blieb, als sie verschwanden. Das ist die Vergangenheit des Planeten. Es ist auf eine bestimmte Weise ein Teil

dessen, was wir sind. Diese Informationen sind uns zugänglich. In jedem und jeder von uns gibt es eine Komponente, wo diese ganzen Informationen aufgezeichnet sind. Sie sind leicht zugänglich, nur nehmen die meisten von uns sie nicht bewusst wahr.

Normalerweise gehen wir davon aus, dass die älteste Quelle, in der von einem historischen Ereignis berichtet wird, die glaubwürdigste ist, da der Schreiber noch näher an dieser Zeit war als ein späterer. Dies sind die ältesten schriftlichen Aufzeichnungen, die wir haben, möglicherweise die Sprache der Geometrie ausgenommen, die ein Vorläufer der ägyptischen Hieroglyphen war. Die alten Sumerer überlieferten uns eine Erzählung über die Geschichte, die wir nur sehr schwer annehmen können, da wir so sicher sind, dass das, was wir über die Vergangenheit wissen, korrekt ist. Die Erzählung ist auf vielen Ebenen so unerhört, dass sich die Wissenschaftler sehr schwer tun, sie zu akzeptieren, obwohl sie wissen, dass sie wahr sein muss. Schließlich ist sie die älteste Quelle! Wäre sie nicht so unerhört, hätten wir sie unbesehen akzeptiert, eben weil sie aus einer so uralten Quelle stammt.

Andererseits, wenn die Sumerer verrückt gewesen wären, wenn sie sich einfach nur Geschichten ausgedacht hätten, ohne wirklich etwas zu wissen, wie erklären wir uns dann die Tatsache, dass sie so viele Fakten über die Natur wussten, die sie – von dem Punkt betrachtet, wo wir nun in der Geschichte stehen – unmöglich wissen konnten? So zum Beispiel wussten nicht nur die Dogon von all den äußeren Planeten, sondern auch die Sumerer – und das von den Anfängen ihrer Kultur an! Die älteste uns bekannte Kultur der Welt, die der Sumerer, die bis ungefähr 3800 vor Christus zurückreicht, wusste genau, wie es aussah, wenn man sich unserem Sonnensystem aus dem Weltall näherte. Sie wussten alles über die äußeren Planeten und zählten sie von außen nach innen, als würden sie von außerhalb des Sonnensystems kommen. Ebenso wie von den Dogon auf der Höhlenwand gezeigt, beschrieben die Sumerer die unterschiedlichen Größen der einzelnen Planeten und schilderten sie genau, als würden sie tatsächlich durch das All und an ihnen vorbeifliegen – wie sie aussahen, das Wasser auf ihnen, die Farbe der Wolken. Das ganze Erlebnis wurde in allen Einzelheiten 3800 Jahre vor Christus geschildert! Das ist Fakt. Wie kann das möglich sein? Oder kennen wir die Wahrheit über unsere Anfänge nicht?

Bevor die NASA unsere Raumsonde ins äußere All schickte, an den äußeren Planeten vorbei, schickte Sitchin ihr eine sumerische Beschreibung sämtlicher Planeten, vom Weltraum aus gesehen. Und als der Satellit einen nach dem anderen erreichte, stellte sich natürlich heraus, dass die sumerischen Schilderungen genau zutrafen. Ein anderes Beispiel: *Sie wussten von der Präzession der Tagundnachtgleichen von Anbeginn ihrer Existenz als Kultur*. Sie wussten, dass die Erde auf ihrer Achse in einem Winkel von 23 Grad zu ihrer Umlaufebene um die Sonne geneigt war, und dass sie sich in einem Kreis dreht, bei dem es etwa 25.920 Jahre dauert, bis sie ihn einmal vollendet hatte. Tja, das ist eine harte Nuss für einen geradlinigen Historiker, schwer zu begreifen, insbesondere für einen wissenschaftlich orientierten Menschentyp, der weiß, dass man 2160 Jahre lang unentwegt den Nachthimmel beobachten muss, nur um wissen zu können, dass die Erde taumelt. Die Mindestzeitdauer beträgt 2160 Jahre, doch die Sumerer wussten davon am Tag eins ihrer Zivilisation.

Woher wussten sie das? Diese Tontafeln bieten so viel außerordentliches

Beweismaterial, dass es nicht sehr schnell Allgemeingut werden wird. Wie mir in der Schule beigebracht wurde und wie ich das verstand, schrieb Moses das Buch Genesis um 1250 vor Christus, das heißt, vor etwa 3250 Jahren. So habe ich es überall gelesen. Doch existieren sumerische Tafeln, die mindestens 2000 Jahre vor der Zeit mit Schriftzeichen versehen wurden, in der Moses lebte, und dort steht fast Wort für Wort derselbe Schöpfungsbericht wie im ersten Kapitel der Bibel. Auf diesen Tafeln findet man sogar Adam und Eva und die Namen von allen ihren Söhnen und Töchtern, das ganze Spektrum von Ereignissen, die in der Genesis beschrieben werden. Das alles wurde aufgezeichnet, bevor es Moses empfing. Was beweist, dass Moses nicht der Verfasser der Genesis ist. Naheliegenderweise wird diese Wahrheit für die Christengemeinschaft schwer zu schlucken sein, aber es stimmt. Ich kann mir vorstellen, warum es so lange dauert, bis dieses Wissen in unsere zeitgenössische Kultur einsickert: Weil es eine immense Abweichung von der anerkannten Erdgeschichte darstellt, und diese Wahrheit über Moses, mag sie nun Nebensache oder Hauptsache sein, ist nur ein winziger Teil der ganzen Wahrheit.

Tiamat und Nibiru

Noch tiefer als irgendeine dieser außergewöhnlichen und unmöglichen Informationen, die sie kannten (und es gibt viel mehr davon), ist die eigentliche Geschichte, die die Sumerer über die Anfänge des Menschengeschlechts vor Adam und Eva schrieben. Sie sprechen dabei von einer Zeit, die lange, lange zurückliegt. Die Geschichte beginnt vor mehreren Milliarden Jahren, als die Erde noch sehr jung war. Damals war sie ein großer Planet namens Tiamat, und er kreiste um die Sonne zwischen Mars und Jupiter. Die Erde hatte in alter Zeit einen großen Mond, der, so die Aufzeichnungen der Sumerer, dazu bestimmt war, eines Tages selbst zum Planeten zu werden.

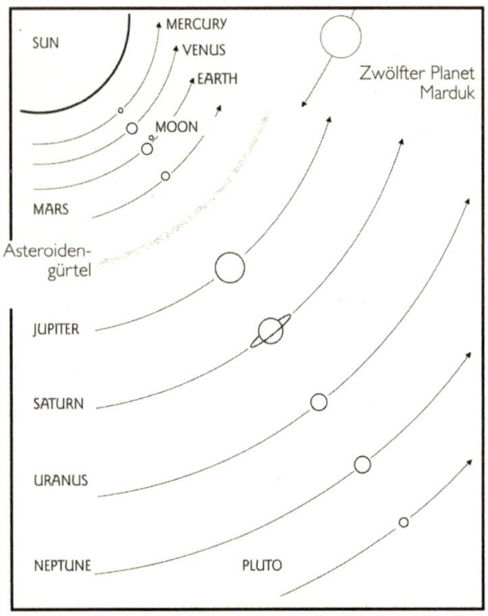

Abb. 3-8. Sonnensystem einschließlich Marduk/Nibiru und den Überbleibseln von Tiamat (Asteroidengürtel und Erde).

Den Aufzeichnungen zufolge gab es noch einen weiteren Planeten in unserem Sonnensystem, den wir in unseren Tagen nur am Rande bewusst wahrnehmen. Die Babylonier nannten diesen Planeten Marduk, und dieser Name ist irgendwie hängengeblieben, aber sein sumerischer Name war Nibiru. Es war ein riesiger Planet, der im Vergleich zu den anderen Planeten rückläufig kreiste. Die anderen Planeten befinden sich mehr oder weniger auf einer Ebene und bewegen sich in eine Richtung, Nibiru jedoch bewegt sich in die andere, und wenn er in die Nähe anderer Planeten kommt, passiert er die Umlaufbahn von Mars und Jupiter [Abb. 3-8].

Sie sagten, er komme ungefähr alle 3600 Jahre durch unser Sonnensystem, und wenn er kam, war das gewöhnlich ein großes Ereignis in unserem Sonnensystem. Dann zog er weit an den äußeren Planeten vorbei und verschwand aus unserem Blick. Die NASA hat diesen Planeten übrigens wahrscheinlich gefunden. Zumindest ist es die wahrscheinlichste Möglichkeit. Sie benutzten zwei Satelliten und lokalisierten ihn damit in einer enormen Entfernung von der Sonne. Er ist definitiv da, aber die Sumerer wussten schon vor tausenden von Jahren davon! Dann, so erzählen die Aufzeichnungen, wollte es das Geschick, dass Nibiru bei einer Durchquerung der Umlaufbahn so dicht kam, dass einer seiner Monde Tiamat streifte (unsere Erde) und die Hälfte davon abriss – der Planet wurde einfach in zwei Teile gerissen. Laut den sumerischen Aufzeichnungen, wurde dieses große Stück von Tiamat, zusammen mit seinem größten

Mond, aus der Bahn geworfen, sauste ins All zwischen Venus und Mars und wurde die uns heute bekannte Erde. Das andere Stück zerbrach in Millionen Teile und wurde zu dem, was die sumerischen Aufzeichnungen »das gehämmerte Armband« nennen und wir den Asteroidengürtel zwischen Mars und Jupiter. Das ist ein weiterer Punkt, der Astronomen in Staunen versetzt hat. Wie wusste man damals vom Asteroidengürtel, den man doch mit bloßem Auge gar nicht erkennen kann?
So weit zurück reichen jedenfalls die sumerischen Aufzeichnungen. Sie berichten dann von früheren Ereignissen, bis sie an einer Stelle auch mehr über Nibiru erzählen. Dieser Planet wurde von Wesen bewohnt, die ein Bewusstsein hatten und den Namen Nefilim tragen. Die Nefilim sind sehr groß: die, die weiblichen Geschlechts sind, etwa 2,70 bis 3,60 Meter, die männlichen 4,20 bis 4,80 Meter. Sie sind zwar nicht unsterblich, aber ihre Lebensspanne beträgt den sumerischen Aufzeichnungen zufolge ungefähr 360.000 Erdjahre. Dann sterben sie.

Nibirus Problem mit seiner Atmosphäre

Nach den sumerischen Aufzeichnungen begannen die Nefilim vor etwa 430.000 Jahren, vielleicht auch vor 450.000, ein Problem mit ihrem Planeten zu haben. Ein atmosphärisches Problem ganz ähnlich wie heute unser Ozonproblem. Und ihre Wissenschaftler entschieden sich für eine Möglichkeit, die ganz ähnlich ist wie die, die unsere Wissenschaftler erwogen. Die unseren überlegten nämlich, Staubpartikel in die Ozonschicht einzubringen, um die schädlichen Strahlen der Sonne auszufiltern. Die Umlaufbahn von Nibiru führte den Planeten so weit fort von der Sonne, dass sie die Hitze halten mussten, also beschloss man dort, Goldpartikel in die höhere Atmosphäre des Planeten einzubringen, die das Licht und die Temperatur zurückwerfen würden wie ein Spiegel. Man plante, sich große Mengen von Gold zu beschaffen, sie zu Pulver zu mahlen und dann über dem Planeten in den Weltraum zu geben. Ja, es stimmt, dass sie über Themen sprachen, die ganz zeitgenössisch scheinen – Menschen in uralter Zeit, die sich über ETs und komplizierte Aspekte der Wissenschaft unterhalten. Das ist nicht Star Trek oder Science Fiction; es ist real. Was sie sagten, ist ganz schön erstaunlich, und deshalb dringt es bislang so langsam an die Öffentlichkeit.
Die Nefilim hatten das Vermögen, durch den Weltraum zu reisen, obwohl sie damals scheinbar nicht sehr viel fortgeschrittener waren als wir jetzt. Die sumerischen Aufzeichnungen zeigen sie in ihren Raumschiffen, bei denen am Heck Flammen herauskommen – Raumschiffe mit Raketenantrieb. Das ist frühe Raumfahrt, nichts technisch Raffiniertes. Sie waren sogar so primitiv, dass sie abwarten mussten, bis Nibiru nahe genug an die Erde herankam, damit sie auch nur die Reise von einem Planeten zum anderen unternehmen konnten. Ich glaube, da die Nefilim nicht in der Lage waren, ihr Sonnensystem zu verlassen, suchten sie auf allen Planeten innerhalb, und stellten fest, dass es auf der Erde große Mengen von Gold gab. Also schickten sie vor über 400.000 Jahren ein Team dorthin – und das nur aus einem Grund: Gold zu schürfen. Von den Nefilim, die zur Erde kamen, traten zwölf gleichsam als Bosse auf, dazu gab es etwa 600 Arbeiter, die tatsächlich nach dem Gold graben sollten, und etwa 300, die in ihrem Mutterschiff in der Umlaufbahn blieben. Zuerst suchten sie die Gegend auf, wo sich heute der Irak befindet. Sie begannen sich dort niederzulassen und ihre Städte zu errichten, aber das ist nicht der Ort, wo sie die Gold-

Abb. 3-9. Ursprüngliche Siedlungsgebiete der Nifilim und Goldminen.

minen betrieben [Abb. 3-9]. Für das Gold begaben sie sich zu einem bestimmten Tal in Südostafrika.

Einer der zwölf, sein Name war Enlil, war der Anführer der Bergleute. Sie drangen bis tief in die Erde vor und schürften Gold in rauhen Mengen. Alle 3600 Jahre, wenn Nibiru/Marduk dann vorbeikam, schafften sie das Gold dann per »Spaceshuttle« zu ihrem Heimatplaneten. Dann gruben sie weiter, während Nibiru wieder seine Umlaufbahn durchwanderte. Den sumerischen Aufzeichnungen zufolge schürften sie sehr lange Zeit Gold, etwa 100.000 bis 150.000 Jahre lang, und dann kam es zum Aufstand unter den Nefilim.

Ich stimme Sitchins Datierung dieses Ereignisses nicht ganz zu. Er ermittelte die Zeit nicht über die sumerischen Aufzeichnungen, sondern durch eigene Berechnungen, wie lange er *dachte*, dass das dauern dürfte. Heraus kam die Zeit vor etwa 300.000 Jahren. Damals soll die Rebellion stattgefunden haben. Ich glaube, sie war eher vor etwa 200.000 Jahren.

Die Rebellion unter den Nefilim und der Ursprung unseres Geschlechts

Irgendwann zwischen vor 200.000 und 300.000 Jahren gab es einen Aufstand bei den Nefilim-Arbeitern. Die Aufzeichnungen der Sumerer beschreiben diese Rebellion sehr detailiert. Die Arbeiter rebellierten gegen ihre Anführer; sie wollten nicht weiterhin Gold schürfen. Ihr könnt euch vorstellen wie die Arbeiter sagten:»Wir haben jetzt 150.000 Jahre lang nach diesem Gold gegraben, und jetzt reicht es uns. Wir wollen das nicht länger machen.« Mir wäre es bestimmt schon nach einem Monat so gegangen.

Der Aufstand stellte die Bosse vor ein Problem, also fanden sich die zwölf Anführer zusammen, um zu diskutieren, was zu tun sei. Sie beschlossen, eine bestimmte Form von Leben zu verwenden, die es bereits auf dem Planeten gab (soweit ich das verstanden habe, war es eine Primatenart). Dann nahmen sie das Blut der Primaten, mischten es mit Lehm, nahmen dann Spermien eines jungen männlichen Nefilim und vermischten diese Elemente miteinander. Die Tafel zeigt sie regelrecht mit einer Art chemischer Glaskolben, wie sie etwas von einer in die andere gießen, um diese neue Form von Leben zu erzeugen. Ihr Plan sah so aus, dass sie die DNA der Primaten und ihre eigene DNA benutzen wollten, um eine höherentwickelte Rasse zu erschaffen, als auf der Erde damals vorhanden, damit die Nefilim diese neue Rasse unter ihrer Kontrolle haben würden, einzig und allein, um als Goldgräber zu fungieren.

Den Originalaufzeichnungen der Sumerer zufolge wurden wir als Bergarbeiter geschaffen, als Sklaven für die Goldbergwerke. Das war unser einziger Daseinszweck. Und sobald sie alles Gold haben würden, das sie brauchten, würden sie unsere Rasse vernichten und den Planeten verlassen. Sie würden nicht einmal zulassen, dass wir am Leben blieben. Nun, die meisten, die das hören, werden wohl denken: Aber doch nicht wir; wir sind doch viel zu erhaben für so etwas. Aber das entspricht dem, was die ältesten schriftlichen Aufzeichnungen der Welt als wahr behaupten. Denkt daran, das Sumerische ist die älteste uns bekannte Sprache der Welt, weit älter als Werke wie etwa die Bibel oder der Koran. Nun hat es den Anschein, dass die Bibel aus der Asche von Sumer hervorging.

Was die Wissenschaft herausgefunden hat, ist fast ebenso interessant. Genau dort, wo wir laut der sumerischen Aufzeichnungen Gold geschürft haben, stießen Archäologen auf Goldminen. Diese uralten Goldminen werden auf etwa 100.000 Jahre datiert. Was wirklich unglaublich ist, ist, dass der *Homo sapiens* (das sind wir) in diesen Minen Gold abbaute. Man hat Knochen von uns dort gefunden. Diese Goldminen waren zumindest vor 100.000 Jahren in Betrieb, und die menschlichen Wesen in diesen Minen datiert man auf höchstens 20.000 Jahre alt. Nun, was um alles in der Welt machten wir eigentlich, als wir vor 100.000 Jahren Gold schürften? Warum brauchten *wir* Gold? Es ist ein weiches Metall, nichts, was man so verwenden konnte wie bestimmte andere Metalle. In sehr alten Werken aus Menschenhand hat man es nicht sehr oft gefunden. Warum also machten wir das, und wohin wanderte das Gold?

Kam Eva aus den Goldminen?

Dann ist da noch die sogenannte Eva-Theorie, die über lange Zeit immer wieder heruntergespielt wurde.

Wissenschaftler nahmen einen bestimmten Bestandteil im DNA-Molekül und schufen eine Überlappung, um nachzuweisen, was zuerst kam, und sie überlegten sich, dass das erste Menschenwesen irgendwann in der Zeit vor zwischen 150- und 250.000 Jahren gelebt haben musste. Und dieser erste Mensch, den sie Eva nannten, kam genau aus dem Tal, von dem die Sumerer behaupten, wir hätten dort Gold abgebaut [Abb. 3-10]! Seit damals hat die Wissenschaft diese Theorie verworfen, weil man die Ursprünge der DNA auch noch auf so viele andere Weisen betrachten kann. Aber ich finde es noch immer bemerkenswert, dass diese Theorie genau auf dasselbe Tal verwies, wo laut der sumerischen Aufzeichnungen alles begann.

Abb. 3-10. Rückverfolgung der menschlichen Herkunft bis zu einer genetischen Eva.

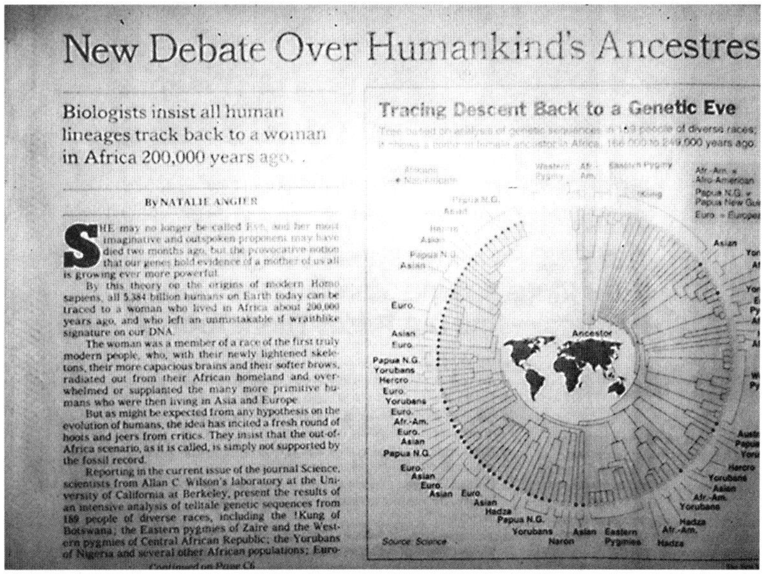

New Debate Over Humankind's Ancestress

Biologists insist all human lineages track back to a woman in Africa 200,000 years ago.

By NATALIE ANGIER

SHE may no longer be called Eve, and her most imaginative and outspoken proponent may have died two months ago, but the provocative notion that our genes hold evidence of a mother of us all is growing ever more powerful.

By this theory on the origins of modern Homo sapiens, all 5.384 billion humans on Earth today can be traced to a woman who lived in Africa about 200,000 years ago, and who left an unmistakable if wraithlike signature on our DNA.

The woman was a member of a race of the first truly modern people, who, with their newly lightened skeletons, their more capacious brains and their softer brows, radiated out from their African homeland and overwhelmed or supplanted the many more primitive humans who were then living in Asia and Europe.

But as might be expected from any hypothesis on the evolution of humans, the idea has incited a fresh round of hoots and jeers from critics. They insist that the out-of-Africa scenario, as it is called, is simply not supported by the fossil record.

Reporting in the current issue of the journal Science, scientists from Allan C. Wilson's laboratory at the University of California at Berkeley, present the results of an intensive analysis of telltale genetic sequences from 189 people of diverse races, including the !Kung of Botswana; the Eastern pygmies of Zaire and the Western pygmies of Central African Republic; the Yorubans of Nigeria and several other African populations; Euro-

Tracing Descent Back to a Genetic Eve

Thots Version vom Ursprung des Menschengeschlechts

Sehen wir uns nun einmal an, welch große Ähnlichkeit Thots Version hat. Er geht mit der Melchizedek-Tradition überein, indem auch er sagt, unser Geschlecht habe nicht vor 350.000 Jahren angefangen, wie Sitchin sagt, sondern exakt vor 200.207 Jahren (von 1993 zurückgerechnet) – 198.214 Jahre v. Chr. Er sagte, die Urangehörigen unserer Rasse seien auf eine Insel vor der südafrikanischen Küste gesetzt worden, Gondwanaland genannt.

Ich weiß nicht, ob die Abbildung hier den richtigen Umriss für Gondwanaland zeigt [Abb. 3-11], es ist auch nicht weiter wichtig. Jedenfalls war es in dieser Region. Sie wurden hauptsächlich dorthin gesetzt, damit sie dort von Wasser eingeschlossen waren und nicht entkommen konnten. Als sie sich weit genug entwickelt hatten, um den Nefilim nützlich zu sein, wurden sie in das Bergbaugebiet in Afrika und an diverse andere Orte geschafft, wo sie dazu eingesetzt wurden, Gold zu schürfen und auf sonstige Weise zu Diensten zu sein. Diese Ausgangsrasse, unsere Ahnen, entstand und entwickelte sich also etwa über einen Zeitraum von 50- bis 70.000 Jahren dort auf der Insel Gondwanaland.

Abb. 3-11. Gondwanaland.

Auf dieser Landkarte seht ihr, wie die einzelnen Landmassen irgendwann einmal zusammengepasst haben könnten, und genau das trifft zu, so mittlerweile der Verdacht der Wissenschaftler. Sie nennen diese zusammenhängende Landmasse, bevor sie sich teilte, Gondwanaland. Den Namen leiteten sie aus Schöpfungsmythen der westafrikanischen Stämme her. Liest man die unterschiedlichen Schöpfungsgeschichten der Stämme Westafrikas, so haben sie alle unterschiedliche Vorstellungen davon, wie die Schöpfung stattfand, aber dennoch ist da ein und derselbe rote Faden, der sich ganz exakt durch alle hindurchzieht. Sie alle besagen nämlich, sie seien aus dem Westen gekommen, von einer Insel vor der Westküste Afrikas, und dass diese Gondwana hieß. Das ist eine Information, über die sich alle einig sind – mit einer uns bekannten Ausnahme: den Zulus, die für sich beanspruchen, sie seien aus dem Weltraum gekommen.

Die sumerischen Aufzeichnungen stellen Menschen als ungefähr ein Drittel so groß wie die Nefilim dar. Die Nefilim waren, so viel kann man definitiv sagen, Riesen im Verhältnis zu uns. Sie waren 2,70 bis 4,80 Meter groß, wenn man den Aufzeichnungen Glauben schenken will. Und ich sehe keinen Grund, warum sie lügen sollten. Thot sagte, sie seien Riesen auf der Erde gewesen, aber er sagte nicht, wer sie waren und auch sonst nichts über sie. In der Bibel steht das gleiche. Hier heißt es im ersten Buch Mose, Kapitel 6:

»Als aber die Menschen sich zu mehren begannen auf Erden und ihnen Töchter geboren wurden« – das ist eine wichtige Aussage: »Als die Menschen sich zu mehren *begannen*« (darauf werde ich gleich noch eingehen) – »da sahen die Gottessöhne ...« (Plural) »... wie schön die Töchter der Menschen waren; und sie« (die *Söhne* Gottes) »nahmen sich zu Frauen, welche sie wollten. Da sprach der Herr: »Mein Geist soll nicht immerdar im Menschen walten, denn auch der Mensch ist Fleisch.« (Daraus spricht, dass »der Herr« auch Fleisch ist.) Ich will ihm als Lebenszeit geben hundertundzwanzig Jahre. Zu der Zeit und auch später noch, als die Gottessöhne zu den Töchtern der Menschen eingingen und sie ihnen Kinder gebaren, wurden daraus die Riesen auf Erden. Das sind die Helden der Vorzeit, die hochberühmten.«

Dieser Teil der Bibel ist auf vielerlei Weisen gedeutet worden. Aber sieht man ihn im Licht dessen, was in den sumerischen Aufzeichnungen steht, so bekommt er einen ganz neuen Aspekt, insbesondere wenn man die älteren Bibeln liest, in denen steht, wie die Riesen hießen. Sie wurden in der christlichen Bibel »Nephilim« genannt, ein Wort, das ganz genauso klingt wie in den sumerischen Aufzeichnungen. Es gibt auf der Welt über 900 Fassungen der Bibel, und in fast allen ist von Riesen die Rede, und in einem großen Prozentsatz davon werden sie ganz exakt als »Nefilim« benannt.

Die Empfängnis des Menschengeschlechts: Die Rolle der Sirier

Thot sagt, es hätte Riesen hier auf der Erde gegeben. Das ist alles, was er sagte. Er sagte nicht, wie sie dort hinkamen oder woher sie stammten. Er sagte, als unsere Rasse geschaffen wurde, seien diese Riesen unsere Mutter geworden. Er sagte, sieben von ihnen seien zusammengekommen, hätten ihre Körper fallengelassen, indem sich sich bewusst dem Tod überließen, und hätten ein Muster aus sieben einander überschneidenden Kreisen aus Bewusstsein gebildet, exakt wie beim Muster der Genesis (von dem ihr in Kapitel 5 noch hören werdet). Diese Verschmelzung erzeugte eine weißblaue Flamme, die von den Alten die Blume des Lebens genannt wurde, und sie setzten diese Flamme in den Schoß der Erde.

Die Ägypter nennen diesen Schoß die Hallen von Amenti, sie sind ein viertdimensionaler Raum, der in der dritten Dimension rund tausend Meilen (1.609 Kilometer) unter der Erdoberfläche zu finden ist und durch einen viertdimensionalen Durchgang mit der Großen Pyramide verbunden. Einer der Hauptzwecke der Hallen von Amenti ist die Erschaffung neuer Rassen oder Spezies. In ihnen befindet sich ein Raum, dessen Proportionen auf Fibonacci aufbauen, und der offenbar aus Stein besteht. In der Mitte des Raumes befindet sich ein Würfel, und oben auf diesem Würfel befindet sich die Flamme, die von den Nefilim erzeugt wurde. Diese Flamme, die 1,20 bis 1,50 Meter hoch ist und einen Durchmesser von etwa 90 Zentimetern aufweist, hat ein weißlich-blaues Licht. Dieses Licht ist reiner Prana, reines Bewusstsein und das planetare »Ei«, das für uns geschaffen wurde, um diesen neuen Weg der Evolution zu beschreiben, den wir »Menschsein« nennen.

Thot sagt, wo es eine Mutter gibt, müsste auch irgendwo ein Vater sein. Und das, was den Vater zum Vater macht – sein Sperma –, muss von außerhalb des Systems oder Körpers kommen. Als also die Nefilim ihre Glaskolben anordneten und die vorbereitenden Schritte für die Entwicklung dieser neuen Rasse unternahmen, schickte sich eine andere Gattung von Wesen von einem weit entfernten Stern – vom dritten Planeten draußen im Umfeld von Sirius B – an, zur Erde zu reisen. Es kamen 32 Angehörige dieser Art, sechszehn davon männlichen und sechszehn weiblichen Geschlechts, die durch Eheschließung eine einzige Familie bildeten. Auch sie waren Riesen von der Größe der Nefilim. Zwar waren die Nefilim in erster Linie drittdimensionale Wesen, aber die Sirier waren primär viertdimensional.

Zweiunddreißig Personen, die alle miteinander verheiratet sind, das klingt wahrscheinlich schon merkwürdig. Auf der Erde heiraten je ein Mann und eine Frau, weil wir das Licht unserer Sonne spiegeln. Unsere Sonne ist eine Wasserstoffsonne, die ein Proton und ein Elektron hat. Wir kreieren ein Doppel dieses Wasserstoff-Prozesses, und deshalb heiraten wir so, wie wir das tun: jeweils paarweise. Würde man Planeten mit Heliumsonnen besuchen, die *zwei* Protonen haben, *zwei* Elektronen und *zwei* Neutronen, dann würde man darauf stoßen, dass dort je zwei Männer und zwei Frauen zusammenkommen, um Nachwuchs zu zeugen. Kommt man zu einer alten Sonne wie Sirius B, die ein Weißer Zwerg und hochentwickelt ist, so findet sich dort ein 32er-System (Germanium).

Die Sirier kamen also hierher und wussten genau, was sie zu tun hatten. Sie begaben sich geradewegs in den Schoß der Hallen von Amenti, vor die Flamme. Diese Wesen hatten das Verständnis, dass alles Licht ist. Sie verstanden die Verbindung zwischen Gedanke und Gefühl. Also schufen sie einfach 32 Tafeln aus Rosenquarz, die rund 76 Zentimeter hoch, 90 bis 120 Zentimeter breit und grob geschätzt 5,40 Meter bis 6 Meter lang waren. Sie erzeugten sie aus dem Nichts – buchstäblich aus dem Nichts –, um die Flamme herum. Dann legten sie sich auf diese Tafeln, immer Männer und Frauen abwechselnd, mit dem Gesicht nach oben und mit den Köpfen rund um diese Flamme in der Mitte. So fand bei den Siriern die Empfängnis statt oder ihr Verschmelzen mit der Flamme oder dem Ovum der Nefilim. Auf der drittdimensionalen Ebene pflanzten die Wissenschaftler der Nefilim die im Labor erzeugten menschlichen Eizellen

im Schoß von sieben Nefilim-Frauen ein, aus denen schließlich der erste Mensch hervorging. Beim Menschen passiert die Empfängnis in weniger als 24 Stunden – das ist der AusgangsProzess der Zellteilung bis zu den ersten acht Zellen. Empfängnis auf einer planetaren Ebene funktioniert jedoch sehr anders. Thot zufolge legten sie sich dort bewegungslos für 2000 Jahre hin und empfingen so mit der Erde diese neue Rasse. Nach 2000 Jahren wurden schließlich die ersten Menschenwesen in Gondwanaland geboren, vor der Westküste Südafrikas.

Die Ankunft Enlils

Nun, der Teil der Geschichte, der schildert, wie die Sirier der Vater sind, scheint sich nicht komplett mit dem zu decken, was die sumerischen Aufzeichnungen sagen, zumindest entsprechend der Geschichte, die Zecharia Sitchin wiedergibt – bis man sich eine Folge von Ereignissen betrachtet, die Sitchin nicht zu verstehen schien. Enlil, der erste, der zur Erde kam, er war in Südafrika der Anführer – »landete« eben nicht an *Land*, als er auf der Erde ankam. Er landete auf Wasser. Warum begab er sich ins Wasser? Weil dort die Delphine und Wale anzutreffen waren. Die Delphine und Wale stellten die höchste Bewusstseinsebene auf diesem Planeten dar und sind es noch immer. Galaktisch gesprochen, musste Enlil ganz simpel in den Ozean, um die Erlaubnis einzuholen, auf der Erde zu leben und Gold zu schürfen. Warum? Weil dieser Planet den Delphinen und Walen gehörte, und weil das galaktische Gesetz vorschreibt, dass eine Art, die von außerhalb des Planeten kommt, zuerst eine Erlaubnis braucht, bevor sie sich Eintritt in ein anderen Bewusstseinssystem verschaffen darf. Den sumerischen Aufzeichnungen zufolge blieb Enlil sehr lange Zeit bei ihnen, und als er schließlich an Land zu kommen beschloss, war er *halb Mensch und halb Fisch*! Irgendwann wurde Enlil dann ganz Mensch. So schildern es die sumerischen Aufzeichnungen.

Seht ihr, der dritte Planet, den man ein Stück vom Sirius B entfernt findet, etwas weiter draußen, und den manche Oceana nennen, ist der Heimatplanet der Delphine und Wale. Peter Shenstone, Führer der Delphin-Bewegung in Australien, hat ein ungewöhnliches Buch gechannelt, *The Legend of the Golden Dolphin*, das von den Delphinen kam und genau beschreibt, wie sie von einer anderen Galaxie kamen, wie es sie auf den kleinen Stern unweit des Sirius B verschlug und wie sie zur Erde reisten. Der ganze Planet dort besteht fast ausschließlich aus Wasser; es gibt auf ihm eine Insel etwa von der Größe Australiens und eine weitere so groß wie Kalifornien, und das ist alles. Auf diesen beiden Landmassen finden sich menschenartige Wesen, doch nicht sehr viele. Der Rest des Planeten, der ganz aus Wasser besteht, ist das Zuhause der Zetazeen. Es gibt eine direkte Verbindung zwischen den menschenartigen Wesen und den Zetazeen, als also Enlil (ein Nefilim) hierher kam, nahm er zu allererst mit den Delphinen (Siriern) Verbindung auf, um ihren Segen zu erbitten. Erst *danach* ging er an Land und begann mit dem Prozess, der zur Erschaffung unserer Rasse führte.

Die Nefilim-Mütter

Um es noch einmal zu rekapitulieren und zusammenzufassen: Nach der Rebellion, als der Entschluss fiel, eine neue Rasse hier auf der Erde zu erschaffen, waren es die Nefilim, die den Mutterpart übernahmen. In den sumerischen Aufzeichnungen heißt es, sieben weibliche Gestalten seien vorgetreten. Darauf nahmen die Nefilim Lehm aus der Erde, das Blut von Primaten und das Sperma eines männlichen jungen Nefilim, vermischten all dies und pflanzten es in den Schoß der jungen Nefilim-Frauen, die dafür ausgewählt wurden. Sie gebaren menschliche Säuglinge. Also wurden sieben von uns gleichzeitig geboren, nicht nur ein Adam und eine Eva, so die urprüngliche Geschichte – *und wir waren unfruchtbar*. Wir waren nicht imstande, uns fortzupflanzen. Die Nefilim fuhren dann fort mit der Erschaffung kleiner Menschen und schufen so eine Armee von kleinen Wesen – uns –, die sie auf die Insel Gondwanaland setzten. Wenn man dieser Geschichte, die teilweise der sumerischen Überlieferung entspricht und teilweise auf Thot zurückgeht, Glauben schenken möchte, ist die Mutter unserer Art eine Nefilim und unser Vater ein Sirier. Nun, wären da, was die Nefilim anbelangt, nicht die sumerischen Aufzeichnungen, wäre das absolut unerhört – und das ist es ohnehin. Aber es gibt eine enorme Menge an wissenschaftlichem Beweismaterial, das zeigt, dass das wahr ist, wenn man die archäologischen Berichte liest – nicht über den Sirier als Vater, aber definitiv über die Nefilim-Mutter.

Die Wissenschaft versteht nicht, wie wir hierher gekommen sind. Man ist sich darüber im klaren, dass es ein »fehlendes Bindeglied« zwischen dem letzten Primaten und uns gibt. Wir scheinen aus dem Nichts zu kommen. Die Wissenschaftler wissen, dass wir vage zwischen 150- und 250.000 Jahren alt sind, aber sie haben keine Ahnung, woher wir gekommen sind oder wie wir uns entwickelt haben. Wir sind einfach nur durch eine mystische Tür getreten, und da waren wir.

Adam und Eva

Ein weiterer interessanter Teil der sumerischen Aufzeichnungen war, dass die Städte im Norden, unweit des heutigen Irak, nachdem eine Zeitlang in Afrika nach Gold geschürft worden war, sehr kunstvoll und außerordentlich schön wurden. Sie befanden sich in Regenwäldern und waren von riesigen Gärten umgeben. Schließlich beschloss man, so die sumerischen Aufzeichnungen, einige der Sklaven von den Minen im Süden in die Städte zu bringen, damit sie dort die Gärten hegen würden. Offenbar gaben wir prächtige Sklaven ab.

Eines Tages begab sich der jüngere Bruder Enlils, Enki (ein Name, der *Schlange* bedeutet) zu Eva – ja, in den Aufzeichnungen wird genau dieser Name gebraucht: Eva – und sagten ihr, der Grund, warum sein Bruder nicht wolle, dass die Menschen von diesem Baum in der Mitte des Gartens äßen, sei, dass sie dann so würden wie die Nefilim. Enki versuchte seinem Bruder etwas heimzuzahlen für einen Streit, den sie hatten. (Die ganze Geschichte ist viel verwickelter, aber man kann sie in den Aufzeichnungen nachlesen.) Also überredete Enki Eva, von dem Apfelbaum zu essen, dem Baum der Erkenntnis von Gut und Böse – was, wenn man von den Aufzeichnungen ausgeht, mehr bewirkte als lediglich eine dualistische Sicht der Dinge. Es verlieh ihr das Vermögen, für die Zukunft Mitschöpferin zu werden, zu gebären.

Also fand Eva Adam, und sie aßen von diesem Baum und hatten Kinder miteinander, von denen jedes einzelne namentlich auf den sumerischen Tafeln aufgeführt wurde. Denkt nun einmal über die Geschichte von Adam und Eva ab diesem Punkt nach – beide Geschichten: die eine in den sumerischen Aufzeichnungen, und die andere in der Bibel. Gott geht durch den Garten – ja, er *geht*, er ist in einem Körper, fleischgeworden, wie in der Genesis angedeutet wird. Er geht durch den Garten und ruft nach Adam und Eva. Er weiß nicht, wo sie sind. Er ist zwar Gott, aber er weiß nicht, wo Adam und Eva sind. Er ruft sie herbei, und sie kommen. Er weiß nicht, dass sie von dem Baum gegessen haben, bis er merkt, dass sie sich zu verstecken versuchen, weil sie sich schämen. Erst da stellt er fest, was sie getan haben.

Und hier noch etwas: das Wort, das wir in der ursprünglichen Bibel, ja sogar in allen Bibeln für Gott finden, *Elohim*, war weder Singular noch Plural. War der Gott, der die Menschheit erschuf, eine ganze Rasse von Wesen? Als Enlil herausfand, was Adam und Eva getan hatten, geriet er in Wut. Vor allem wollte er nicht, dass sie von dem anderen Baum aßen, dem Baum des Lebens, denn dann würden sie sich nicht nur fortpflanzen können, sondern auch noch unsterblich werden. (Wir wissen nicht, ob dies tatsächlich Bäume sind oder nicht. Vielleicht war es ein Symbol für etwas, das an Bewusstsein gebunden ist.) Deshalb entfernte Enlil an diesem Punkt Adam und Eva aus seinem Garten. Er steckte sie woanders hin und beobachtete sie dort. Unter Beobachtung müssen sie dort wohl gewesen sein, denn er notierte die Namen sämtlicher Söhne und Töchter; er wusste alles, was sich in der ganzen Familie abspielte. All das wurde über 2000 Jahre vor Niederschrift der Bibel festgehalten.

Seit Adam und Eva entwickelte sich unsere Rasse in zwei Linien: einer, die sich fortpflanzen konnte und frei war (wenn auch unter ständiger Beobachtung), und einer anderen, die keine Kinder bekommen konnte und ein Sklavendasein führte. Modernen Wissenschaftlern zufolge fuhr letztere bis mindestens vor 20.000 Jahren damit fort, Gold zu schürfen. Die Knochen dieser zweiten Linie, die man in den Minen fand, entsprachen den unseren; mit dem einzigen Unterschied, dass die damaligen Wesen keine Kinder bekommen konnten. Diese Linie wurde zur Zeit der Großen Flut, ungefähr vor 12.500 Jahren, vollkommen ausgelöscht. (Es gibt zu diesem Thema noch viel mehr zu sagen und wir werden es euch zum rechten Zeitpunkt auch wissen lassen.)

Wir werden in dieser Arbeit über vier Polverschiebungen auf der Erde sprechen: als Gondwananland unterging, als Lemurien unterging, als Atlantis unterging (das ist die »Sintflut«), und die, die nun bald eintreten wird. Diese Randbemerkung ist wichtig: Thot zufolge steht der Neigungswinkel der Erdachse und der Grad der Polverschiebung – und Polverschiebungen geschehen in recht regelmäßigen Abständen, wie die Wissenschaft herausgefunden hat – in direkter Beziehung zur Veränderung des Bewusstseins auf dem Planeten. So zum Beispiel war zur Zeit der Sintflut, als zum letzten Mal eine Polverschiebung stattfand, der Nordpol in Hawaii (mir ist bewusst, dass man sich hierüber streiten kann) –, zumindest befand sich dort der *magnetische* Pol – und nun befindet er sich praktisch in einem Winkel von 90 Grad von dort. Das ist eine große Veränderung. Keine positive, sondern eine negative – es ist bewusstseinsmäßig bergab gegangen mit uns, nicht bergauf.

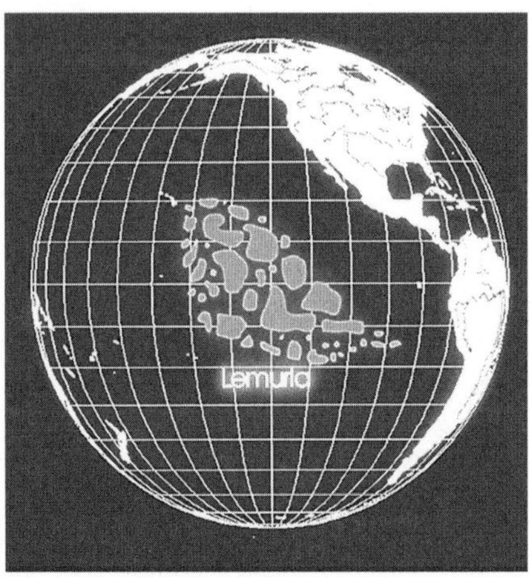

Abb. 3-12. Lemurien.

Der Aufstieg Lemuriens

Thot zufolge kam es nach Adam und Eva zu einer größeren Verschiebung der Erdachse, durch die Gondwanaland unter Wasser versank. Thot sagt, als Gondwanaland versank, sei im Pazifik eine andere Landmasse aufgetaucht, die wir Lemurien nennen, und die Nachfahren von Adam und Eva wurden von ihrer Heimat dorthin nach Lemurien gebracht.

Abb. 3-12 zeigt nicht ganz genau, wie Lemurien aussah, aber in gewisser

Weise kommt es dem doch nahe. Lemurien erstreckte sich von den Inseln Hawaiis bis ganz hinunter zu den Osterinseln. Es war kein Festlandkörper, sondern bestand aus tausenden von Inseln, die eng miteinander verbunden waren. Manche davon waren groß, andere klein, und es gab viel mehr von ihnen als auf diesem Bild gezeigt. Es war wie ein Kontinent, der kaum aus dem Wasser herausragte – ein Wasserkontinent.

Dorthin also wurde das Geschlecht Adams gebracht und man überließ es seiner eigenen Entwicklung, ohne dass die Nefilim eingriffen, soweit ich weiß. Wir blieben 65- bis 70.000 Jahre lang auf Lemurien. Während wir uns dort befanden, waren wir sehr glücklich. Wir hatten kaum Probleme. Wir durchliefen in beschleunigtem Tempo unsere Evolution und kamen sehr gut voran. Wir führten eine Menge Experimente an uns selbst durch und setzten viele körperliche Veränderungen an uns in die Tat um. Wir änderten den Aufbau unseres Skeletts, wobei wir viel an der Basis unserer Wirbelsäule arbeiteten, und wir arbeiteten an Form und Größe unseres Schädels. Meistenteils war bei uns die rechte Gehirnhälfte betont, der weibliche Aspekt. Ein Evolutionszyklus muss sich entscheiden, ob er männlich oder weiblich wird, genauso wie ihr das getan habt, als ihr auf die Erde kamt. Ihr müsst diese Entscheidung fällen. Unsere Art wurde also weiblich. Zu dem Zeitpunkt, wo Lemurien im Meer versank, waren wir als Rasse etwa mit einem zwölfjährigen Mädchen gleichzusetzen.

Erkundungen zu Lemurien im Jahre 1910

Die Tatsache, dass es Lemurien wahrscheinlich gegeben hat, sprach sich in unserer Gesellschaft bereits etwa um 1910 herum. In unserer Erinnerung ist nicht vieles von diesem Wissen bewahrt geblieben, da 1912 etwas geschah, das den Gang unserer Evolution veränderte. 1912 fanden Versuche statt, die Ähnlichkeit mit den Philadelphia-Experimenten von 1942 und 1943 hatten, auf die wir später noch zu sprechen kommen. Das Experiment wurde 1913 tatsächlich auch durchgeführt, aber es erwies sich als riesige Katastrophe, und ich persönlich glaube, dass dieses Experiment 1914 der Auslöser für den Ersten Weltkrieg war. Danach waren wir nie wieder dieselben.

Vor dem Ersten Weltkrieg ähnelte das spirituelle Wachstumsmuster in den USA dem jetzigen. Man interessierte sich außerordentlich für Spirituelles und für Übersinnliches, für Meditation, dafür, die Frühzeit zu verstehen und alles mögliche dieser Art. Menschen wie Colonel James Churchward und Augustus Le Plongeon aus Frankreich befassten sich mit Atlantis und Lemurien, und es gab viele ähnliche Denkansätze wie heute. Als dann der Erste Weltkrieg kam, versanken wir wieder in Schlaf und wachten erst in den sechziger Jahren wieder auf. Doch der Beweis, den man 1910 für die Existenz Lemuriens hatte, war höchst beachtlich, und er hatte mit Korallen zu tun. Korallen können nur bis zu einer Tiefe von 45 Metern unter der Wasseroberfläche wachsen. Ich habe den Verdacht, dass der Meeresboden des Pazifik 1910 höher war als heute, denn man konnte damals an der Meeresoberfläche Korallenringe sehen, die über eine große Strecke von den Osterinseln wegführten.

Übrigens hebt und senkt sich der Meeresboden in der Tat. Ihr wisst es vielleicht nicht, aber der Boden des Atlantik hat sich im Dezember 1969 um gut 3,2 Kilometer angehoben, nachzulesen in der Januarausgabe 1970 des Magazins *Life*. In der Bermuda-Region begannen sich plötzlich eine ganze Menge Inseln über die Oberfläche zu erheben, doch die meisten von ihnen sind wieder versunken. Der Meeresboden hatte vor dieser Zeit eine Tiefe von mehr als 3,2 Kilometern gehabt.

Zu der Zeit, als Platon Atlantis und den Atlantik beschrieb, bereitete es den Griechen Schwierigkeiten, ihre Schiffe vor der Straße von Gibraltar in den Atlantik zu manövrieren, denn das Wasser in dieser Region war nur drei bis viereinhalb Meter tief, mitunter sogar noch flacher. Nun ist das Wasser wieder tief.

Die Korallenringe, die man im Pazifik entdeckte, befanden sich, so die Schätzungen, in einer Tiefe von 540 Metern. Das bedeutete, dass die Ringe sich ursprünglich um Inseln gezogen haben mussten, denn die Koralle muss sich in Oberflächennähe befinden, um gedeihen zu können. Waren die Ringe in 540 Metern Tiefe anzutreffen, so hieß das – da ja Korallen nicht in größerer Tiefe als auf 45 Metern wachsen können –, dass die Ringe ganz allmählich abgesunken waren. 1910 konnte man diese Ringe in der Ferne verschwinden sehen, also wusste man, dass es wohl einmal eine Menge Inseln dort gegeben haben musste. Und, was vielleicht noch wichtiger ist, wenn man die Fauna und Flora der Inseln Hawaiis verfolgt, so findet man auf einer ganzen Reihe von Inseln, die sich in einem Bogen von Hawaii bis hinunter zu den Osterinseln ziehen, die gleichen Merkmale. Zwischen diesen Inseln liegen große Entfernungen, wenn man aber auf eine Landkarte schaut, so sieht man dort eine lange Kette. Diese Kette verlief einmal entlang der Westküste Lemuriens. All diese Inseln, darunter auch Tahiti und Borea, gehörten einmal zu Lemurien. Die ganzen Inseln, die zu dieser Kette gehören, weisen exakt die gleiche Fauna und Flora auf – wie auf keiner anderen Insel anzutreffen, nur auf dieser einen Inselkette: die gleichen Bäume, die gleichen Vögel, die gleichen Bienen, die gleichen Käfer, die gleichen Bakterien – alles ist gleich. Die Wissenschaft kann dieses Phänomen nur damit erklären, dass es einmal viel nähere Landbrücken zwischen diesen Inseln gegeben hat.

Ay und Tiya und die Anfänge von Tantra

Diese neue Zivilisation in Lemurien entwickelte sich recht gut; alles lief einfach hervorragend. Und dennoch versank schließlich ein Großteil von Lemurien im Meer. Etwa tausend Jahre, bevor Lemurien unterging, waren da zwei Menschen mit Namen Ay und Tiya. Dieses Paar tat etwas, das noch nie zuvor jemand getan hatte, zumindest nicht in unserem Evolutionszyklus: Es entdeckte nämlich, dass man, wenn man sich auf eine bestimmte Weise liebt und dabei auf eine bestimmte Weise atmet, bei der Zeugung von Nachwuchs andere Ergebnisse bekommt. Durch die Empfängnis dieser Art würden nämlich alle drei – Mutter, Vater und Kind – unsterblich. Mit anderen Worten: Dadurch, dass das Baby auf eine bestimmte Weise entsteht, kommt es zu einem Erlebnis, das einen für immer und ewig verändert.

Ay und Tiya hatten also den Verdacht, dass sie durch diese Erfahrung unsterblich geworden waren, da bin ich sicher. Wie die Zeit so verging und alle anderen dahinstarben, und nur die beiden waren noch am Leben, wurde ihrer Umwelt klar, dass es in der Tat etwas Besonderes mit ihnen auf sich hatte. Also gründeten Ay und Tiya schließlich eine Schule. Soweit ich weiß, war das in diesem Zyklus die erste Mysterienschule auf der Erde. Sie trug den Namen Naacal (reimt sich auf McCall) – Mysterienschule. Dort versuchten sie einfach zu vermitteln, wie durch Tantra das von statten geht, was wir als Wiederauferstehung oder Aufstieg in höhere Dimensionen bezeichnen. Tantra ist ein hinduistisches Wort für Yoga oder die Vereinigung mit Gott durch bestimmte Sexualpraktiken. (Wir müssen noch eine Menge Dinge ansprechen, bevor wir im einzelnen verstehen können, was sie machten.) Jedenfalls gingen sie so vor, und dann begannen sie, es anderen beizubringen.

Bis zum Untergang von Lemurien hatten sie etwa eintausend Menschen instruiert, das heißt, etwa 333 dreiköpfige Familien waren in der Lage, zu verstehen, was Ay und Tiya da taten und es zu demonstrieren. Sie verstanden sich auch darauf, auf diese ungewöhnliche Weise zu lieben. Sie berührten einander letztlich gar nicht. Sie brauchten dazu nicht einmal im selben Raum zu sein. Es war eine interdimensionale sexuelle Liebe. Sie brachten es auch anderen bei, und es kam soweit, dass sie in ein paar weiteren tausend Jahren wahrscheinlich das ganze Menschengeschlecht auf eine neue Bewusstseinsebene transferiert hätten.

Aber offenbar sagte Gott nein dazu; es war nicht der rechte Zeitpunkt. Sie waren noch in den Anfängen damit, als Lemurien unterging. Lemurien war, wie ich schon sagte, weiblich, und die Lemurier hatten enorme hellseherische Fähigkeiten. Sie wussten lange Zeit vorher, dass Lemurien im Meer versinken würde. Sie wussten es mit absoluter Gewissheit, es stand gar nicht in Frage. Also bereiteten sie sich lange Zeit im voraus darauf vor. Sie brachten alle von ihrer Hand geschaffenen Kunstwerke zum Titicaca-See, zum Mount Shasta und anderen Orten. Selbst die große goldene Scheibe von Lemurien wurde von dort entfernt. Sie schafften alles, was von einigem Wert war, aus dem Land, und bereiteten sich auf das Ende vor.

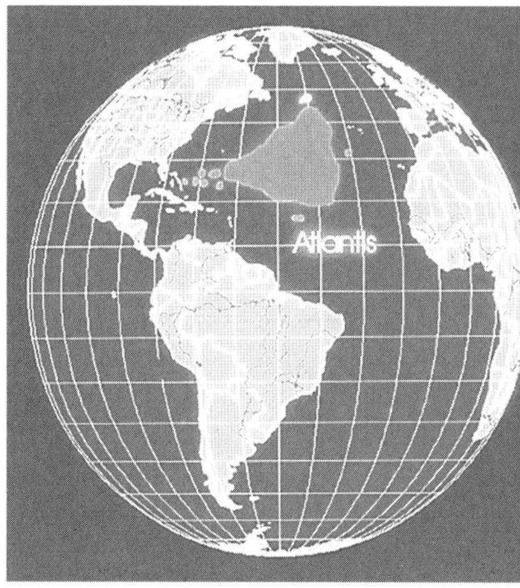

Abb. 3-13. Atlantis.

Am 23. Mai 1998 gab Aaron Du Val, Präsident der Ägyptologischen Gesellschaft in Miami, Florida, bekannt, dass das alte Atlantis in der Nähe von Bimini gefunden worden sei, und dies ließe sich wissenschaftlich zweifelsfrei beweisen. Man hat unter Wasser eine riesige Pyramide entdeckt und lässt hermetisch versiegelte Kammern öffnen, die Aufzeichnungen freigeben, in denen bestätigt wird, was Plato über Atlantis in den Tagen des antiken Griechenland sagte. Mr. Du Val sagte, bis Ende 1998 oder kurze Zeit später würde dieses Material der Weltöffentlichkeit zugänglich gemacht.

Der Untergang Lemuriens

Als Lemurien schließlich versank, waren sie weit entfernt von den Inseln. Sie hatten sich an neuen Orten angesiedelt, vom Titicaca-See quer durch Mittelamerika und Mexiko, bis hoch hinauf zum Mount Shasta.

Wie Thot sagt, fanden der Untergang Lemuriens und das Auftauchen von Atlantis gleichzeitig statt, während einer weiteren Verschiebung der Erdachse. Lemurien versank, und das, was einmal Atlantis genannt werden sollte, stieg an die Oberfläche.

Atlantis war ein recht großer Kontinent, wie hier gezeigt wird [Abb. 3-13]. Der südöstliche Teil der Vereinigten Staaten war noch nicht vorhanden; Florida, Louisiana, Alabama, Georgia, South Carolina, North Carolina und Teile von Texas waren unter Wasser. Ich weiß nicht, ob Atlantis so groß war oder nicht, aber jedenfalls hatte es schon eine beachtliche Größe. Es bestand eigentlich aus diesem Kontinent plus neun Inseln: Eine nördlich davon, eine östlich, eine südlich und sechs westlich, die sich bis dort erstreckten, wo heute die Florida Keys liegen.

VIER

Die fehlgeschlagene Evolution des Bewusstseins und die Erschaffung des Christusgitternetzes

Wie die Lemurier menschliches Bewusstsein entwickelten

Die unsterblichen Wesen von Lemurien »flogen« von ihrer Heimat zu einer kleinen Insel nördlich des neu aufgestiegenen Kontinents Atlantis. Sie warteten lange Zeit auf der Insel namens Udal, dann begannen sie, ihre spirituelle Wissenschaft wieder auf Vordermann zu bringen. Hättet ihr sie dabei beobachtet, ihr hättet nicht sagen können, was um alles in der Welt sie da machten; ihr hättet gedacht, sie seien nicht ganz bei Trost. Um zu schildern, was sie unternahmen, muss ich zunächst etwas anderes beschreiben.

Die Struktur des menschlichen Gehirns

Dieser Kreis [Abb. 4-1] stellt einen menschlichen Kopf von oben dar. Ihr seht die Nase (N). Das menschliche Gehirn ist in zwei Komponenten unterteilt: die linke und die rechte Gehirnhälfte.

In Abbildung 4-2 ist die linke Seite männlich und die rechte weiblich, und sie sind durch das Corpus callosum verbunden. Thot zufolge ist die Natur dieser beiden Hemisphären wie folgt: die linke, männliche Komponente sieht alles absolut logisch – so wie es ist, könnte man sagen. Der rechten, weiblichen Komponente geht es mehr darum, etwas zu *erfahren*, als es zu verstehen. Weibliche und männliche Wahrnehmung entsprechen sich spiegelbildlich – als stünde ein Spiegel zwischen ihnen. Stünde in der männlichen Komponente das Wort LOVE geschrieben, würde die männliche Seite es so sehen wie gezeigt. Die weibliche jedoch sieht das Spiegelbild davon, wie ebenfalls dargestellt. Wenn der männliche Part ihre Wahrnehmung betrachtet, sagt er: »Aber das hat ja gar keine Logik.« Sie sieht ihn an und fragt: »Wo ist das Gefühl?«

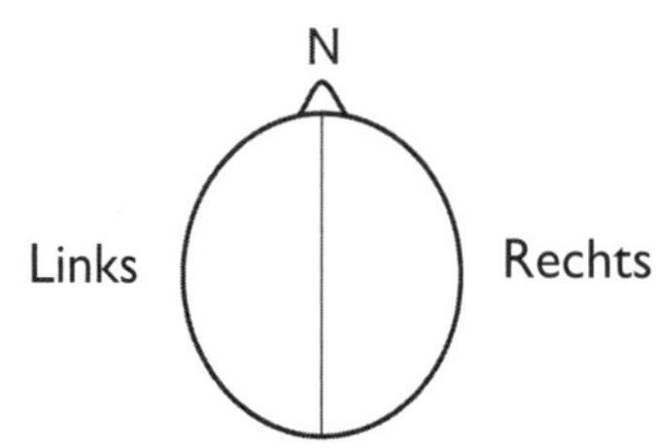

Abb. 4-1. Rechte und linke Gehirnhälfte des Menschen.

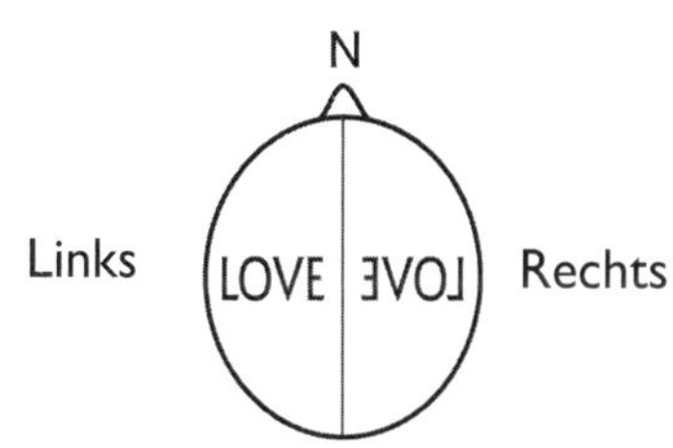

Abb. 4-2. Dynamik der beiden Gehirnhälften mit seitenverkehrter Spiegelung.

Ferner ist das Gehirn durch eine feine Membran in vier Lappen unterteilt. Die männliche Seite des Gehirns hat eine hintere Komponente, die das vorn angesiedelte spiegelt, wie in Abbildung 4-3 dargestellt. Und es gibt ein weiteres Spiegelbild hinter der weiblichen Seite, durch das ihr vorderer Teil gespiegelt wird. Hinter der männlichen, logischen Komponente gibt es eine vollkommen erfahrungsbezogene Komponente, und hinter der weiblichen, erfahrungsorientierten Komponente eine durch und durch logische. Es ist, als wären da vier Spiegel, die einander auf diese vier möglichen Weisen reflektieren. Wenn wir uns später die geometrischen Figuren betrachten, werdet ihr sehen, dass der vorn befindliche Teil im männlichen Gehirn, die logische Komponente, auf Dreieck und Quadrat (zweidimensional) basiert, beziehungsweise auf Tetraeder und Würfel (dreidimensional). Der nach vorne gewandte Teil des weiblichen Gehirns, die erfahrungsbezogene Komponente, basiert auf Dreieck und Fünfeck (zweidimensional) oder,

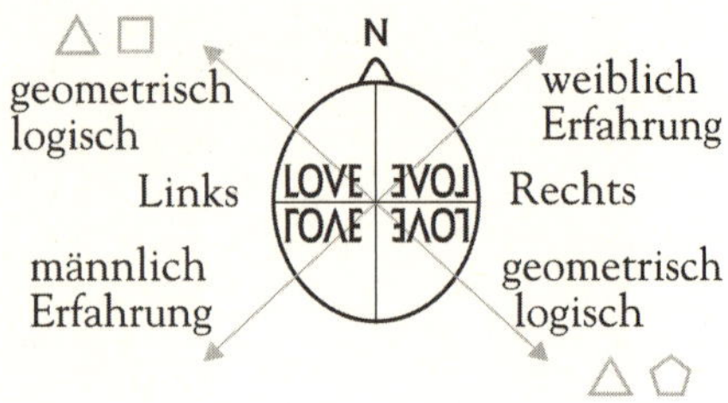

Abb. 4-3. Die gespiegelten Zonen, von vorn nach hinten.

dreidimensional gesehen, auf Tetraeder (Vierflächner), Ikosaeder (Zwanzigflächner) oder Dodekaeder (Zwölfflächner = 12 Fünfecke). Darüberhinaus gibt es diagonale Verbindungswege, die das Logische links vorn mit dem Logischen rechts hinten verbinden, und das Erfahrungsbezogene rechts vorn mit dem Erfahrungsbezogenen links hinten verbinden. Daher wird eine Seite zur anderen gespiegelt, Vorderseite zu Rückseite, Diagonale zu Diagonale. So sind wir Thot zufolge beschaffen.

Der Versuch, die Geburt eines neuen Bewusstseins auf Atlantis zu bewirken

Als die rechte Zeit dafür gekommen war, schufen die Naacals aus Lemurien eine spirituelle Darstellung des menschlichen Gehirns auf der Oberfläche ihrer Atlantis-Insel. Ihr Zweck war die Geburt eines neuen Bewusstseins, das auf dem basieren würde, was sie in der Zeit von Lemurien gelernt hatten. Sie glaubten, zuerst brauche man das Gehirn, bevor der Körper des neuen Bewusstseins von Atlantis in Erscheinung treten würde. Wo ihr nun Thots Bild des menschlichen Geistes vor Augen habt, könnt ihr ihren Handlungen wohl ansatzweise Sinn abgewinnen. Zuerst errichteten sie quer durch die Mitte der Insel eine Mauer, die etwa zwölf Meter hoch und sechs Meter breit war und eine Seite der Insel von der anderen abschnitt. Man musste buchstäblich ins Wasser, um zur anderen Seite zu gelangen. Dann führten sie eine kleinere Mauer im Winkel von 90 Grad zur ersten Mauer über die Insel, wodurch diese in vier Teile getrennt wurde.

Dann begab sich die eine Hälfte dieser tausend Menschen, die von der Naacal-Mysterienschule kamen, auf eine Seite, und die andere Hälfte blieb auf der anderen, je nach ihrer Natur. Das konnte bedeuten, dass alle Frauen auf einer Seite blieben und alle Männer auf die andere Seite gingen, aber soweit ich verstanden habe, hing es nicht vom physischen Körper ab, wohin eine Person ging, sondern davon, wie sehr sie sich auf die eine Gehirnhälfte oder die andere verließ. Auf diese Weise wurde etwa die Hälfte zur männlichen Komponente des Gehirns, und die andere Hälfte wurde die weibliche.

Sie verbrachten Tausende von Jahren in diesem körperlichen Zustand, bis sie glaubten, dass sie bereit waren für den nächsten Schritt. Drei Personen wurden ausgesucht, das Corpus callosum zu spielen, jenen Teil des Gehirns, der linke und rechte Gehirnhälfte miteinander verbindet. Thots Vater, Thome, war einer hiervon. Er und zwei weitere Personen waren die einzigen, denen es gestattet war, auf der Insel überallhin zu gehen. Ansonsten mussten die beiden Seiten vollkommen getrennt voneinander bleiben. Dann begannen die drei ihre Energien und Gedanken und Gefühle sowie alle Aspekte des Menschseins harmonisch auszurichten, so dass ein integriertes menschliches Gehirn entstand, nicht mit menschlichen Zellen, sondern vielmehr mit menschlichen Körpern.

Der nächste Schritt bestand darin, auf die Oberfläche von Atlantis die Form des Baums des Lebens zu projizieren. Sie verwendeten die Form hier [Abb. 4-4] mit 12 Kreisen darauf statt mit 10, aber der 11. und 12. Kreis sind abseits des Festlandes; einer der Punkte war auf Udal, und einer im Wasser südlich. Also befanden sich zehn Komponenten auf dem Festland, die uns vertraute Konstellation. Obwohl sie sich über Hunderte von Meilen auf der Oberfläche dieses Landes erstreckt, projizierten sie sie atomgenau, so Thot. Es gibt Hinweise darauf, dass sogar die Kreise im Baum des Lebens dazu benutzt wurden, Größe und Grundriss der Städte von Atlantis festzulegen. Plato sagt in seinem Buch Critias, die Hauptstadt von Atlantis bestünde aus drei Landringen, unterbrochen von Wasser, wie in dieser Zeichnung [Abb. 4-5] gezeigt. Er sagt auch, die Stadt sei aus roten, schwarzen und weißen Steinen erbaut gewesen. Diese letzte Aussage wird einen Sinn ergeben, sobald wir auf die Große Pyramide, die Cheopspyramide, zu sprechen kommen.

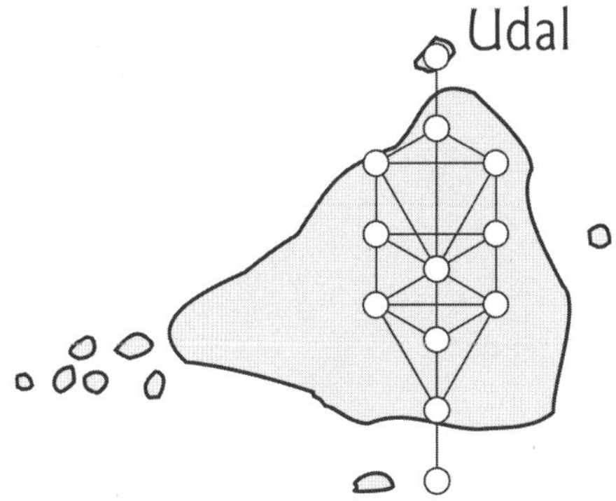

Abb. 4-4. Lebensbaum auf Atlantis.

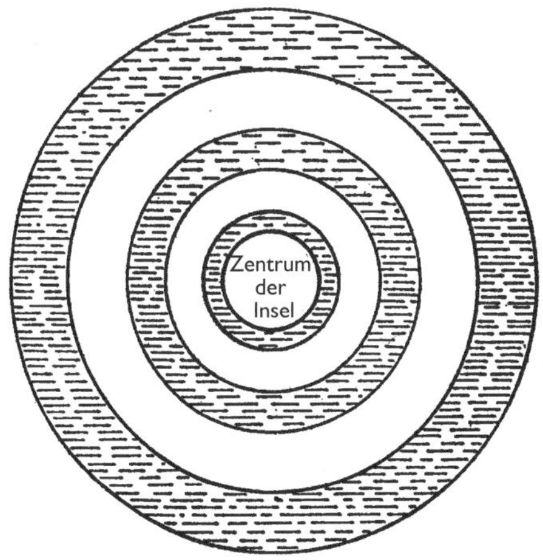

Abb. 4-5. Die Atlantis-Stadt Poseidon.

Die Kinder von Lemurien werden auf den Plan gerufen

Plötzlich, innerhalb eines einzigen Tages, atmete das Gehirn von Atlantis, die Naacal-Mysterienschule, dem Baum des Lebens auf der Oberfläche von Atlantis Leben ein. Dies erzeugte Energie-Wirbel, die aus jedem der Kreise des Lebensbaums rotierten. Nachdem die Wirbel etabliert waren, rief das Gehirn von Atlantis die Kinder Lemuriens auf den Plan. Millionen und Abermillionen von Lemuriern, die sich bis dahin entlang der Westküste Nord- und Südamerikas niedergelassen hatten, begann es nach Atlantis zu ziehen. Eine große Völkerwanderung begann, und die gewöhnlichen Leute aus dem versunkenen Lemurien begannen sich auf den Weg nach Atlantis zu machen. Vergesst nicht, sie waren rechtshirnig betonte, weiblich orientierte Wesen, und die innere Kommunikation war einfach. Der lemurische Bewusstseinskörper hatte jedoch als planetares Bewusstsein erst ein Alter von zwölf Jahren erreicht. Er war noch ein Kind, und manche seiner Zentren funktionierten noch nicht so ganz; sie hatten mit diesen Energien gearbeitet und meisterten bislang nur acht von zehn. Alle sich auf der Wanderschaft befindlichen Lemurier zog es also zu einem dieser acht Zentren auf Atlantis, je nach der Natur des einzelnen Individuums. Dort ließen sie sich nieder und begannen, Städte zu erbauen.

Auf diese Weise blieben zwei Wirbel übrig, die niemand nutzte, keine einzige Person. Diese beiden Wirbel zogen Leben an, und im Leben kann es nicht einfach eine leere Stelle geben. Das Leben wird immer einen Weg finden, diese Lücke auszufüllen. Stellt euch zum Beispiel vor, ihr fahrt auf der Autobahn hinter einem anderen Fahrzeug her und fallt allzuweit hinter ihm zurück. Dann wird jemand kommen und seinen Wagen in die Lücke setzen, richtig? Wo ein leerer Platz ist, wird das Leben hineinspringen und die Lücke füllen. Genau das geschah auf Atlantis.

Obwohl nur acht der Wirbelbereiche von Lemuriern besiedelt wurden, geht aus den Aufzeichnungen der Mayas eindeutig hervor, dass es auf Atlantis bei dessen Untergang zehn Städte gab. Diese Aufzeichnungen sind im Troanao-Dokument zu besichtigen, das sich nun im British Museum befindet. Dieses Dokument ist schätzungsweise mindestens 3500 Jahre alt und beschreibt in allen Einzelheiten, wie Atlantis unterging. Es stammt von den Mayas und enthält einen authentischen Bericht über die Verheerungen, so Le Plongeon, der französische Historiker, der es übersetzt hat. Um ihn zu zitieren:

> *Im Jahre 6 Kan am 11. Muluc im Monat Zak kam es zu schrecklichen Erdbeben, die sich ohne Unterbrechung bis zum 13. Chin fortsetzten. Das Land der Hügel von Mud, das Land Mu, fiel ihm zum Opfer, nachdem es sich zweifach aufgewölbt hatte. Eines Nachts verschwand es plötzlich, als das Becken unablässig von vulkanischen Kräften erschüttert wurde. Eingeschlossen wie es war, brachte dies das Land mehrmals und an verschiedenen Stellen dazu, sich zu heben und zu senken. Schließlich barst seine Kruste, und zehn Länder wurden zerrissen und ihre Überreste weit verstreut, nicht länger imstande, dem Ansturm der Erschütterungen standzuhalten. Sie versanken mitsamt ihren 64 Millionen Einwohnern.*

Die zehn zuvor erwähnten Länder bezogen sich auf die zehn Punkte auf dem Baum des Lebens. Wenn ihr dieses Dokument betrachtet, zeigt es eine außerordentlich kunstvoll angelegte Stadt, in deren Innern und um sie herum überall Vulkane ausbrechen, wodurch Pyramiden und alles andere zerstört werden und Menschen in Boote steigen und zu entrinnen versuchen. Es schildert das Ereignis in der Sprache der Mayas, die auf Bildern basiert.

Die fehlgeschlagene Evolution

Zwei leere Wirbel ziehen außerirdische Arten an

Um diese leeren Energie-Wirbel auszufüllen traten, so Thot, zwei Rassen von Außerirdischen auf den Plan – nicht eine, sondern zwei völlig verschiedene Rassen. Die erste war die der Hebräer, die aus unserer Zukunft kamen. Thot sagt, sie seien von diesem Planeten gekommen, aber ich weiß nicht, von wo. Die Hebräer waren gewissermaßen wie ein Kind, das die fünfte Klasse besucht hatte und nicht versetzt wurde, so dass es das Schuljahr wiederholen muss. Sie hatten den Stoff dieser Evolutionsstufe noch nicht ganz bewältigt, also mussten sie das Schuljahr wiederholen. Mit anderen Worten, sie waren wie ein Kind, das diese ganzen Rechenaufgaben schon kannte. Sie wussten eine Menge Dinge, die wir noch nicht wussten. Sie hatten vom Galaktischen Kommando die offizielle Erlaubnis, zu diesem Zeitpunkt unseren Entwicklungsweg zu kreuzen. Sie brachten, wie Thot sagt, viele Vorstellungen und Gedanken mit sich, von denen wir noch keine Ahnung hatten, da wir noch keinen Zugang zu diesen Bewusstseinsebenen gehabt hatten. Von dieser Interaktion profitierte unsere Evolution, denke ich. Es war kein Problem, dass sie auf die Erde kamen und sich dort niederließen. Wahrscheinlich hätte es auch überhaupt gar kein Problem gegeben, wenn nur diese eine Rasse hierhergekommen wäre.

Die andere Rasse, die damals kam, sorgte für enorme Probleme. Diese Wesen kamen von dem nicht sehr weit entfernten Planeten Mars. (Ich weiß, das mag eigenartig klingen, aber es klang noch viel eigenartiger, als ich das 1985 sagte, bevor Leute wie Richard Hoagland deutlich sagten, was sie zu sagen hatten.) Es ist aufgrund der Situation offensichtlich geworden, die sich in der Welt entwickelt hat: dass die gleiche Rasse noch immer erhebliche Probleme macht. Die heimliche Regierung und die Billionäre der Welt blicken auf eine Herkunft vom Mars zurück oder haben überwiegend Marsianer-Gene und wenig oder keinen Emotional-/Gefühlskörper.

Der Mars nach der luziferischen Rebellion

Wie Thot sagt, sah der Mars vor etwas weniger als einer Million Jahren ganz ähnlich aus wie die Erde. Er war wunderschön. Es gab dort Ozeane und Wasser und Bäume – einfach phantastisch. Aber dann geschah dort etwas, und es hatte mit einer früher stattgefundenen »luziferischen Rebellion« zu tun.

Vom allerersten Anfang dieses Experiments an, in dem wir uns befinden – und die gesamte Schöpfung Gottes ist ein Experiment – waren Experimente wie das der luziferischen Rebellion (wenn man sie als Rebellionen bezeichnen möchte) viermal versucht worden. Mit anderen Worten, noch drei weitere Wesen neben Luzifer unternahmen den gleichen Versuch, und jedes Mal führte dies zu absolutem Chaos im ganzen Universum.

Vor mehr als einer Million Jahre hatten die Marsianer sich der dritten Rebellion angeschlossen – das dritte Mal, dass das Leben dieses Experiment ansetzte. Und das Experiment war ein dramatischer Fehlschlag. Überall wurden Planeten zerstört, und der Mars war einer von ihnen. Das Leben versuchte eine Realität zu erschaffen, die von Gott getrennt war – genau das, was sich auch im Moment abspielt. Mit anderen Worten, ein bestimmter Teil der Lebewesen versuchte sich von allen anderen abzutrennen und seine eigene losgelöste Wirklichkeit zu erschaffen. Da jeder ohnehin Gott ist, ist das schon in Ordnung – man kann es tun. Die Sache ist nur die, dass es bislang noch nie funktioniert hat. Nichtsdestotrotz versuchten sie es jedoch ein weiteres Mal.

Wenn jemand sich von Gott abzutrennen versucht, zertrennt er seine Liebesbande zur Wirklichkeit. Als die Marsianer (und viele andere) also eine separate Wirklichkeit erschufen, durchtrennten sie das Band der Liebe – sie kappten die Verbindung zum Emotionalkörper – und dadurch wurde sie rein männlich, mit einem geringen oder gar keinem weiblichen Anteil in sich. Sie waren rein logische Wesen ohne Emotionen. Wie Mr. Spock in »Star Trek« waren sie Logik pur. Was auf dem Mars geschah, und an Tausenden und Abertausenden von weiteren Stellen, ist, dass sie sich schließlich unentwegt bekriegten, da es kein Mitgefühl gab, keine Liebe. Mars wurde zum Schlachtfeld, auf dem einfach immer weiter gekämpft wurde, bis klar war, dass der Mars nicht überleben würde. Schließlich jagten sie ihre Atmosphäre in die Luft und zerstörten die Oberfläche ihres Planeten.

Mr. Spock aus »Star Trek«

Bevor Mars vernichtet wurde, bauten sie riesige dreiseitige Pyramiden, von denen ihr im zweiten Band Fotos sehen werdet. Dann bauten sie neben dreiseitigen auch vierseitige und fünfseitige Pyramiden und schließlich einen Komplex, mit dem sich eine synthetisch erzeugte Mer-Ka-Ba erschaffen ließ. Ihr müsst wissen, man kann ein bestimmtes Raum-Zeit-Fahrzeug haben, das wie ein Raumschiff aussieht, oder man kann bestimmte andere Gebilde haben, die den gleichen Zweck erfüllen. Sie bauten ein Gebilde, mit dem sie zeitlich und räumlich vor sich und hinter sich blicken konnten – über enorme Entfernungen und Zeitperioden.

Ein Splittertrupp von Marsianern versuchte, vom Mars zu entkommen, bevor er zerstört wurde, also versetzte er sich in die Zukunft und fand einen perfekten Ort, an dem er sich neu ansiedeln konnte, bevor der Mars zerstört würde. Dieser Ort war die Erde, aber der Zeitpunkt dafür liegt etwa 65.000 Jahre zurück. Die Marsianer sahen diesen kleinen Energie-Wirbel auf Atlantis, der unbesetzt war. Sie fragten nicht um Erlaubnis. Schließlich gehörten sie ja zu den Rebellen, also hielten sie sich nicht an das normale Verfahren. Sie sagten nur: »Gut, tun wir's also.« Sie begaben sich mitten in diesen Wirbel, und dadurch gesellten sie sich auf unserem Entwicklungspfad zu uns.

Marsianer vergewaltigen das menschliche Bewusstsein im Kindheitsstadium und reißen die Macht an sich

Es waren nur ein paar tausend Marsianer, die tatsächlich die Raum-Zeit-Dimensions-Bewusstseinsmaschine oder das Raum-Zeit-Dimensions-Bewusstseinsbauwerk benutzten. Das allererste, was sie taten, als sie hier auf der Erde ankamen, war, dass sie versuchten, die Herrschaft über Atlantis an sich zu reißen. Sie wollten Atlantis den Krieg erklären und die Macht übernehmen. Aufgrund ihrer geringen Mannschaftsstärke und vielleicht auch noch aus anderen Gründen waren sie jedoch sehr angreifbar, also schafften sie es nicht. Schließlich wurden sie von den Atlantern/Lemuriern bezwungen. Es gelang uns, eine Eroberung durch sie abzuwenden, aber wir konnten sie nicht zurückschicken. Zu dem Zeitpunkt, zu dem dies stattfand, entsprach unser evolutionäres Alter etwa dem eines vierzehnjährigen Mädchens. Hier hatten wir es also mit etwas ganz Ähnlichem zu tun, wie wenn ein viel älterer Mann, ein Sechzig-, Siebzigjähriger, sich einfach einer Vierzehnjährigen aufzwingt. Mit anderen Worten, es war eine Vergewaltigung. Wir wurden vergewaltigt, wir hatten keine Wahl. Die Marsianer waren einfach da und sagten: »Ob euch das passt oder nicht, hier sind wir.« Es war ihnen gleichgültig, was wir darüber dachten oder wie wir es empfanden. Es war wirklich kein bisschen anders als das, was wir in Amerika den Indianern antaten.

Nachdem der anfängliche Konflikt vorbei war, einigte man sich darauf, dass die Marsianer versuchen würden, dieses Weibliche, was ihnen fehlte, dieses Emotionale, zu verstehen, von dem sie überhaupt nichts hatten. Für einen langen Zeitraum beruhigte sich die Lage mehr oder weniger. Langsam begannen die Marsianer jedoch, ihre linkshirnige Technologie einzusetzen, von der die Lemurier absolut nichts wussten. Die Lemurier verstanden sich nur auf eine Technologie, die von einer Dominanz der *rechten* Gehirnhälfte hervorgebracht worden war und von der wir heute sehr wenig wissen. Psychotronische Maschinen, Wünschelruten und Derartiges sind eine Technologie, die von der rechten Gehirnhälfte ausgeht. Viele rechtsseitig-weibliche Technologien würden euch verblüffen, wenn ihr sie in Aktion sehen würdet. Man kann absolut alles, was man sich vorstellen kann, mit rechtsseitiger Technologie machen, aber ganz genauso auch mit linksseitiger Technologie, wenn sie bis zur Entfaltung ihres vollen Potentials entwickelt wird. Aber: Wir brauchen weder die eine noch die andere – das ist das große Geheimnis, das wir vergessen haben!

Die Marsianer brachten immerzu diese linksseitig betonten Erfindungen ins Spiel, eine nach der anderen, bis sie schließlich die Polarität unseres Evolutionsweges veränderten, da wir durch die linke Gehirnhälfte zu »sehen« begannen und von weiblich zu männlich wurden. Unsere Natur änderte sich. Die Marsianer errangen Stück für Stück die Kontrolle, bis sie schließlich über alles bestimmten, kampflos. Sie hatten alles Geld und alle Macht. Die Feindseligkeiten zwischen Marsianern und Lemuriern – ich fasse die Hebräer hier mit unter die Lemurier – legten sich nie, nicht einmal ganz am Ende von Atlantis. Sie hassten sich. Die Lemurier, der weibliche Aspekt, wurden im großen und ganzen nach unten gedrängt und wie Minderwertige behandelt. Es war keine sonderlich liebevolle Situation. Es war eine Ehe, die der weiblichen Seite nicht gefiel, aber ich glaube nicht, dass es die männlichen Marsianer kümmerte, ob sie das mochte oder nicht. So blieb es für eine sehr lange Zeit, bis vor etwa 26.000 Jahren, als langsam die nächste Phase einsetzte.

Eine geringfügige Polverschiebung und die nachfolgende Debatte

Vor etwa 26.000 Jahren hatten wir eine weitere geringfügige Polverschiebung und eine kleine Bewusstseinsveränderung. Diese Polverschiebung fand am gleichen Punkt auf der Präzessionslinie des Pols statt, die Präzession der Tagundnachtgleichen genannt wird und zu der wir damit nun zurückgekehrt sind (siehe das untere kleine Oval bei A in Abb. 4-6). Es war nicht viel, obwohl es wissenschaftlich aufgezeichnet wurde. Die beiden kleinen Ovale auf dem Kreis sind die Punkte, an denen es immer zu solchen Veränderungen kommt, und jetzt sind wir gerade wieder an Punkt A.

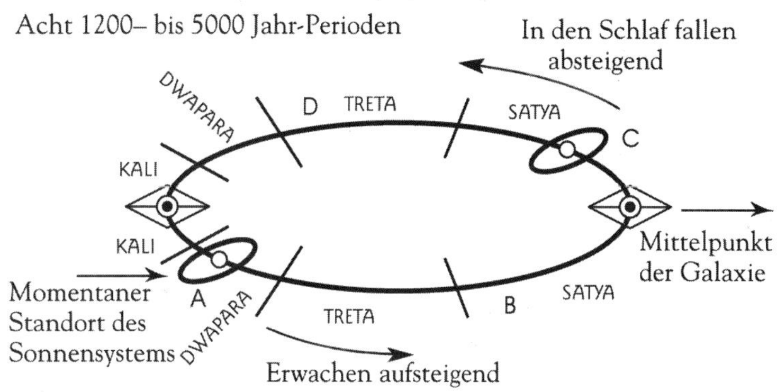

Abb. 4-6. Der Zyklus der Präzession der Tagundnachtgleichen; A ist der Punkt der Polverschiebung.

Zum Zeitpunkt dieser Polverschiebung versank ein Stück von Atlantis, wahrscheinlich ungefähr halb so groß wie Rhode Island, im Ozean. Das rief in Atlantis große Angst hervor, denn man dachte dort, man würde bald den ganzen Kontinent verlieren, wie es in Lemurien geschehen war. Bis dahin hatten die Menschen dort einen Großteil ihrer Fähigkeit verloren, in die Zukunft zu blicken. Sie zitterten lange Zeit wie Espenlaub, einfach, weil sie nicht sicher wussten, was passieren würde. Die Angst beherrschte noch hundert Jahre später ihr Leben, und dann begann sich diese Angst allmählich zu legen. Es dauerte über 200 Jahre, bis sie sich wieder sicher fühlten.

Atlantis war schon etwas über das untere Oval bei A hinaus, als sich schließlich die Angst der Atlanter vor Erdveränderungen legte. Aber die Erinnerung war noch immer vorhanden. Es ging eine Weile schön so weiter, bis dann vor etwa 13.000 bis 16.000 Jahren aus heiterem Himmel ein Komet auf die Erde zukam. Als dieser Komet sich noch weit draußen im All befand, wussten die Atlanter schon, dass er im Anflug war, da sie technisch fortschrittlicher waren als wir heute. Sie beobachteten, wie er näher kam.

Ein großer Konflikt entstand in Atlantis. Die Marsianer, die in der Minderheit waren, obwohl sie das Sagen hatten, wollten den Kometen mit ihrer Lasertechnik vom Himmel pusten. Aber es gab eine riesige Bewegung unter der lemurischen Bevölkerung, die sich dagegen aussprach, diese von der linken Gehirnhälfte dominierte Technologie der Marsianer anzuwenden. Der weibliche Aspekt sagte: »Dieser Komet entspricht der göttlichen Ordnung, und wir sollten zulassen, dass das hier seinen natürlichen Gang geht. Lassen wir ihn auf die Erde auftreffen. Es ist das, was geschehen soll.« Natürlich antworteten die Marsianer: »Nein! Pusten wir das Ding vom Himmel. Uns bleibt sehr, sehr wenig Zeit, wenn wir nicht umkommen wollen.« Nach vielem Hin und Her stimmten die Marsianer schließlich widerstrebend zu, es zuzulassen, dass der Komet auf die Erde prallte. Als er eintraf, schoss er mit einem Heulton durch die Atmosphäre und tauchte in den Atlantik ein, kurz vor der Westküste von Atlantis, in der Nähe des heutigen Charleston in South Carolina, nur dass dieser Ort damals auf dem Grunde des Meeres war. Die Überreste dieses Kometen sind nun über vier US-Bundessstaaten verstreut. Die Wissenschaft hat mit Bestimmtheit festgestellt, dass er dort in der Tat irgendwann vor 13.000 bis 16.000 Jahren einschlug. Sie finden noch immer Stücke davon. Obwohl die meisten Fragmente sich in der Nähe von Charleston konzentrierten, traf eines der beiden größten Stücke den eigentlichen Zentralkörper von Atlantis in seinem südwestlichen Bereich. Dies hinterließ zwei riesige Löcher im Boden des atlantischen Ozeans und könnte die eigentliche Ursache für den Untergang von Atlantis gewesen sein. Das eigentliche Versinken fand damals aber gar nicht statt, sondern mindestens ein paar hundert Jahre später.

Der schicksalsträchtige Beschluss der Marsianer

Die Bruchstücke des Kometen, der in den südwestlichen Bezirk von Atlantis geprallt war, landeten genau dort, wo die Marsianer lebten und töteten so einen großen Prozentsatz ihrer Bevölkerung. Die Marsianer traf es am schlimmsten, dass sie zugestimmt hatten, den Kometen herankommen zu lassen. Tja, das war ja nun allzu demütigend und schmerzlich für sie. Damit begann für die Erde ein enormer Verlust an Bewusstsein. Was da nun stattfinden sollte, säte die Saat für einen bitteren Baum, den Baum, von dem wir uns noch heute ernähren. Die Marsianer sagten: »Es ist vorbei. Wir lassen uns scheiden. Von jetzt an machen wir, was wir wollen. Ihr könnt machen, was ihr wollt, aber wir werden unser eigenes Leben führen und unser eigenes Schicksal in die Hand zu nehmen versuchen. Und wir werden nie wieder auf euch hören.« Ihr kennt die Nummer. Wir haben sie in Scheidungsfamilien auf der ganzen Welt erlebt. Und die Kinder? Seht euch unsere Welt an! Die Kinder sind *wir*!

Natürlich beschlossen die Marsianer, sich die Erde anzueignen. Ihre Kontrollwut, die hauptsächliche Schnittstelle der Marsianer mit der Wirklichkeit, wuchs proportional zu ihrem Zorn. Sie begannen einen großen Komplex zu errichten wie davor vor langer Zeit auf dem Mars, um erneut eine synthetische Mer-Ka-Ba herzustellen. Der Haken an der Sache war nur, dass rund 50.000 Erdjahre vergangen waren, seit sie das zum letzten Mal getan hatten, und sie konnten sich nicht genau erinnern, wie das ging, dachten aber, sie wüssten es. Also errichteten sie die Gebäude und begannen mit dem Experiment. Dieses Experiment ist direkt an eine Kette von Mer-Ka-Bas gebunden, die etwas weniger als eine Million Jahre vorher begannen. Später fand eines hier 1913 auf der Erde statt, ein anderes 1943 (Philadelphia-Experiment genannt), und dann noch eines 1983 (Montauk-Experiment genannt) sowie, glaube ich, noch eines, das man dieses Jahr (1993) in der Nähe von Bimini Island vorhat. Diese Daten sind Zeitfenster, die sich auftun und an die Harmonien der Situation gebunden sind. Die Experimente müssen auf diese Zeitfenster zeitlich abgestimmt sein, um Erfolg zu haben.

Wäre es den Marsianern gelungen, eine synthetische harmonische Mer-Ka-Ba auf die Beine zu stellen, hätten sie die absolute Kontrolle über den Planeten gehabt, wenn das ihrer Absicht entsprochen hätte. Sie wären in der Lage gewesen, jeden auf dem Planeten tun zu lassen, was immer sie wollten, wenn es auch irgendwann schließlich ihr eigenes Ende bedeutet hätte. Kein Wesen einer höheren Ordnung würde einem anderen diese Art von Kontrolle auferlegen, wenn es die Wirklichkeit wahrhaft versteht.

Die fehlgeschlagenen Mer-Ka-Ba-Bemühungen der Marsianer

Die Marsianer errichteten die Gebäude in Atlantis, unternahmen den gesamten Versuchsaufbau und betätigten dann ihren Schalter, um die Energie durchfließen zu lassen. Fast im gleichen Augenblick verloren sie auch schon die Kontrolle über das Experiment; es war wie ein Absturz durch Raum und Zeit. Das Ausmaß der Zerstörung war grauenvoller und eine größere Versündigung, als ich mich zu beschreiben traue. In dieser Wirklichkeit kann man kaum einen größeren Fehler machen als eine außer Kontrolle geratene synthetische Mer-Ka-Ba zu erschaffen. Was das Experiment bewirkte, war, dass die unteren dimensionalen Ebenen der Erde aufgerissen wurden – nicht die höheren, sondern die niedrigeren. Um hier eine Analogie anzuführen: Der menschliche Körper hat Membrane zwischen verschiedenen Körperteilen, zum Beispiel im Herzen, im Magen, in der Leber, in den Augen und so weiter. Würdet ihr ein Messer nehmen und euch den Magen aufschlitzen, so wäre das ungefähr so, wie die dimensionalen Ebenen der Erde aufzureißen. Diverse Aspekte werden von anderen Aspekten des höheren Geistes durch solche dimensionalen Membranen abgetrennt, und sie sollen sich nicht vermischen. Das Blut soll nicht in euren Magen, sondern in eure Arterien. Die Funktion einer Blutzelle unterscheidet sich von der einer Magenzelle.

Diese Marsianer taten etwas, das die Erde fast umgebracht hatte. Das Umweltdesaster, das wir heute erleben, ist im Vergleich dazu gar nichts, obwohl unsere aktuellen Probleme damit eine unmittelbare Auswirkung dessen sind, was wir vor langer Zeit getan haben. Mit dem rechten Verständnis und genug Liebe ließe sich die Umwelt in einem einzigen Tag wieder instandsetzen. Wäre jedoch dieses marsianische Experiment weitergegangen, so hätte es die Erde für immer zerstört. Wir wären nie wieder in der Lage gewesen, die Erde als Nährboden für Saatgut zu nutzen.

Diese Marsianer machten einen sehr, sehr schlimmen Fehler. Diese außer Kontrolle geratene Mer-Ka-Ba setzte zum einen eine immense Zahl von Geistern aus den unteren Dimensionen in die höheren Dimensionen der Erde frei. Diese Geister wurden in eine Welt hineingezwungen, die sie weder verstanden noch kannten, und das erfüllte sie mit enormer Angst. Sie mussten leben – sie brauchten Körper – also gingen sie geradewegs in Menschen ein, zu Hunderten stürmten sie den Körper einer jeden Person in Atlantis. Die Atlanter konnten nichts tun, um sie davon abzuhalten, in ihren Körper einzudringen. Zuletzt war fast jeder Mensch auf der Welt völlig besessen von diesen Wesen aus einer anderen Dimension. Diese Geister waren wirklich Erdlinge wie wir, aber ganz anders, sie kamen ja nicht von der gleichen Ebene. Es war eine totale Katastrophe – wahrscheinlich die größte Katastrophe, die die Erde je erlebt hat.

Ein ererbter Störfaktor: das Bermuda-Dreieck

Der Versuch der Marsianer, die Welt unter ihre Kontrolle zu bringen, fand in der Nähe einer zu Atlantis gehörigen Insel statt, in der Nähe des heutigen Bermuda-Dreiecks. Auf dem Boden des Meeres gibt es dort ein richtiges Gebäude, in dem drei übereinanderlagernde rotierende elektromagnetische Felder in Form eines sternförmigen Tetraeders untergebracht sind, wodurch eine riesige synthetische Mer-Ka-Ba geschaffen wird, die sich weit über den Ozean und tief ins All erstreckt. Diese Mer-Ka-Ba ist völlig außer Kontrolle. Man nennt dies das Bermuda-*Dreieck*, da die Spitze eines der Tetraeder – die des feststehenden – dort aus dem Wasser ragt. Die anderen beiden Felder rotieren gegenläufig, und das schneller rotierende Feld bewegt sich mitunter im Uhrzeigersinn, was eine hochgefährliche Situation darstellt. (Wenn wir »im Uhrzeigersinn« sagen, meinen wir die Energiequelle des Feldes, nicht das Feld selbst, das so wirkt, als rotiere es gegen den Uhrzeigersinn.) Das werdet ihr begreifen, wenn ihr mehr über die Mer-Ka-Ba erfahrt. Wenn das schnellere Feld *gegen den Uhrzeigersinn* rotiert (von seiner Quelle), ist alles bestens; aber wenn das schnellere sich *im Uhrzeigersinn* bewegt (von seiner Energiequelle), ist das die Zeit, wo es zu Verzerrungen von Raum und Zeit kommt. Manche der Flugzeuge und Schiffe, die im Bermuda-Dreieck verschollen sind, sind aufgrund des außer Kontrolle geratenen Feldes dort buchstäblich in anderen Dimensionen verschwunden.

Eine Hauptursache vieler Ungereimtheiten auf der Welt – Trübungen im menschlichen Zusammensein wie etwa Kriege, Eheprobleme, emotionale Störungen etc. – gehen auf dieses nicht im Gleichgewicht befindliche Energiefeld zurück. Dieses Feld ruft nicht nur auf der Erde Verzerrungen hervor, sondern auch weit, weit draußen in entlegenen Regionen des Alls. Das liegt daran, wie die Wirklichkeit konstruiert ist. Es ist einer der Gründe dafür, warum diese Rasse, die man *Grays* nennt, und andere ET-Wesen, von denen wir zu gegebener Zeit sprechen werden, versucht, das wieder zurechtzubiegen, was hier vor langer Zeit geschehen ist. Es ist ein großes Problem, das viel weiter reicht als bis zur Erde. Was damals in Atlantis geschah, verstieß in jeder Hinsicht gegen die galaktischen Gesetze. Es war ungesetzlich, aber sie machten es trotzdem. Es wird gelöst werden, aber nicht vor dem Jahr 2012. Es gibt nicht viel, was die ETs bis dahin tun können, aber sie werden es wahrscheinlich weiterhin versuchen. Irgendwann wird es ihnen schließlich gelingen.

Denen, die glauben, dass wir bis 2012 aus dieser Dimension heraus sein werden, sei gesagt: Ihr habt wahrscheinlich recht. Die Korrektur an diesem atlantischen Feld wird Thot zufolge in diesem drittdimensionalen Jahr abgeschlossen sein, wenn auch die Erde wahrscheinlich bis dahin mindestens in der vierten Dimension sein wird.

Die Lösung: Gitternetzlinien mit Christusbewusstsein

Aufgestiegene Meister kommen der Erde zu Hilfe

Zum Zeitpunkt des Fehlschlags bei der Erschaffung der synthetischen Mer-Ka-Ba gab es rund 1600 Aufgestiegene Meister auf der Erde, und sie taten, was sie konnten, um in dieser Situation etwas Heilung zu bewirken. Sie versuchten, die Dimensionsebene zu versiegeln, und so viele dieser Geister, wie sie konnten, aus den Menschen herauszubekommen und in ihre eigenen Welten zurück zu entlassen. Sie gaben ihr Bestes, auf jeder Ebene, auf der sie etwas tun konnten. Schließlich bekamen sie die meisten Geister aus den Menschen heraus und hatten die Situation zu vielleicht 90 bis 95 Prozent geheilt, aber immer noch fanden die Menschen viele von diesen ungewöhnlichen Wesen in ihrem Körper vor.

Damals begann sich die Situation mit außerordentlicher Geschwindigkeit zu verschlechtern. Alle Systeme auf Atlantis – finanzieller und sozialer Art und alle Konzepte, wie das Leben sein sollte – degenerierten und brachen zusammen. Der Kontinent Atlantis und die gesamte Bevölkerung dort wurden krank. Man entwickelte die merkwürdigsten Krankheiten. Der ganze Kontinent war mit einem Mal nur noch mit dem Überleben beschäftigt, man versuchte nur noch den einzelnen Tag zu überleben. Die Situation verschlechterte sich zusehens. Für lange Zeit war es die Hölle auf Erden, schrecklich. Wäre die Entwicklung nicht von den Aufgestiegenen Meistern gebremst worden, so wäre das wirklich das Ende der Welt gewesen.

Die Aufgestiegenen Meister (die höchsten Ebenen unseres damaligen Bewusstseins) wussten nicht, was sie tun konnten, um uns dabei zu helfen, wieder in einen Zustand der Gnade zu gelangen. Ich meine, sie wussten *wirklich* nicht, was sie tun sollten. Sie waren Kinder, gemessen an den Ereignissen, die gewaltsam über sie hereingebrochen waren, und hatten keine Ahnung, wie damit umgehen. Also beteten sie. Sie riefen höhere Ebenen des Bewusstseins hinzu. Sie riefen alle hinzu, die ihr Flehen hören konnten, auch das große galaktische Kommando. Sie beteten und beteten. Also beschäftigte man sich auf vielen Ebenen von Lebensformen mit dem Problem.

Ähnliche Vorkommnisse hatte es zuvor auch schon auf anderen Planeten gegeben; dies war nicht das erste Mal. Bevor es also wirklich dazu kam, wussten unsere Aufgestiegenen Meister und galaktischen Freunde, dass wir aus dem Zustand der Gnade herausfallen würden, aus dem hohen Bewusstseinsniveau, das wir damals erlebten. Sie wussten, dass uns im Spektrum des Lebens ein Absturz bevorstand. Ihre Sorge galt der Frage, wie sie uns irgendwie nach diesem Niedergang wieder auf die rechte Spur bringen könnten, und sie wussten, dass es schnell geschehen musste. Sie suchten eine Lösung, die der ganzen Erde Heilung bringen würde, dem Dunkel wie dem Licht. Es ging ihnen nicht um eine Lösung, bei der nur die Marsianer geheilt werden würden oder nur die Lemurier oder nur ein *Teil* der Erde. Sie suchten eine Situation, die Heilung für die ganze Erde und ihre gesamten Bewohner bringen würde.

Höhere Bewusstseinsebenen lassen sich nicht auf eine Perspektive à la »wir und die anderen« ein. Es gibt nur *ein* Bewusstsein, das sich in allem Leben regt, und sie versuchten, alle dazu zu bringen, sich wieder in einen Zustand der wechselseitigen Liebe und Achtung zu versetzen. Sie wussten, die einzige Weise, das zu erreichen, würde darin bestehen, uns wieder in Christusbewusstsein zu bringen, und sie wussten, von dort ausgehend würden wir mit Liebe und Mitgefühl unseren Weg fortsetzen. Sie wussten, wenn wir wieder auf die rechte Spur kommen sollten, dann müsste es im Christusbewusstsein erfolgen als ein Planet am Ende des 13.000jährigen Zyklus – nämlich jetzt. Für den Fall, dass wir bis dahin nicht im Christusbewusstsein sein würden, würden wir es überhaupt nicht schaffen. Wir würden uns selbst vernichten. Wenn auch der Große Geist in uns ewig ist, so können doch vorübergehend Störfälle des Lebens auftreten, und es wird verloren.

Das einzige Problem war, dass wir nicht von allein zum Christusbewusstsein zurückgelangen würden, zumindest nicht in kurzer Zeit. Nachdem wir erst einmal auf diese Ebene abgesunken waren, würde es sehr, sehr lange dauern, bis wir auf natürlichem Weg wieder hinauf kommen könnten. Das Problem war also wirklich ein Zeitproblem. Wir waren Teil eines größeren Bewusstseins, das uns liebte, und aus Liebe wünschte es uns behilflich zu sein, damit wir so bald wie möglich wieder in die bewusste Unsterblichkeit zurückkämen. Es war ganz ähnlich, wie wenn man ein Kind hat, das sich heftig den Kopf gestoßen und nun eine Gehirnerschütterung hat. Man möchte natürlich, dass das Kind bald wieder zu Bewusstsein kommt.

Schließlich beschloss man eine Art Standardvorgehen, das in solchen Situationen meistens funktioniert, wenn auch nicht immer. Mit anderen Worten, es war ein Experiment. Die Menschen der Erde standen im Begriff, einem galaktischen Versuchsprojekt unterzogen zu werden in der Hoffnung, uns helfen zu können. Wir führten einen Eigenversuch durch. Dieser Versuch wurde nicht von Außerirdischen oder dergleichen durchgeführt – sie zeigten uns lediglich, wie wir vorgehen sollten. Wir erhielten auch Anweisungen, wie wir mit diesem Experiment danach fortfahren sollten, und wir führten es dann auch tatsächlich durch ... erfolgreich.

Was war mit den Siriern? Unsere Helfer glaubten aufrichtig, dass wir es schaffen würden, wenn sie auch wussten, dass es knapp sein würde. Tatsache ist, dass sie vom galaktischen Kommando nicht die Erlaubnis erhalten hätten, das Experiment durchzuführen, wenn sie nicht aufrichtig überzeugt gewesen wären, dass wir es schaffen würden. Man kann dem galaktischen Kommando nichts vorlügen.

Gitternetzlinien um den Planeten

An dieser Stelle muss ich, damit ihr die Vorgehensweise versteht, für die sich die Aufgestiegenen Meister entschieden, etwas über Gitternetze sagen. Ein planetares Gitternetz ist eine ätherische, kristalline Struktur, die den Planeten überzieht und das Bewusstsein einer jeden Spezies von Leben in sich hält. Ja, es hat eine elektromagnetische Komponente, die mit der dritten Dimension zusammenhängt, aber es hat auch eine passende Komponente aus höheren Dimensionen für jede Dimension. Die Wissenschaft wird irgendwann entdecken, dass es für jede einzelne Spezies auf dieser Welt ein solches Gitternetz gibt. Ursprünglich gab es 30 Millionen Gitternetze um die Erde, aber nun sind es etwa 13 bis 15 Millionen, und sie nehmen rapide ab. Wenn es lediglich zwei Insekten gibt, und diese Insekten sitzen irgendwo in Iowa, so haben sie ein Gitternetz, das sich um den gesamten Planeten zieht, oder sie könnten gar nicht existieren. Das entspricht einfach der Natur des Spiels.

Jedes dieser Gitternetze hat seine eigene Geometrie und ist einzigartig; keines gleicht dem anderen. Genauso wie der Körper einer Spezies einzigartig ist, ist auch ihre Interpretation der Wirklichkeit einzigartig. Das Christusbewusstseinsgitter hält das Christusbewusstsein für den Planeten, und wenn dieses Gitternetz nicht da ist, können wir kein Christusbewusstsein erreichen. Dieses Gitternetz war in den Tagen von Atlantis da, obwohl wir noch sehr jung waren, und es begann zu bestimmten Zeiten während der Präzession der Tagundnachtgleichen zu funktionieren. Sie wussten, es würde durch die Handlungen der Marsianer in einen Zustand der Passivität versetzt werden, also beschlossen sie, auf synthetischem Wege das Christusbewusstseinsgitternetz um die Erde zu aktivieren. Es würde ein lebendiges Gitternetz sein, aber künstlich hergestellt – als würde man aus einer lebenden Zelle eines lebenden Kristalls einen synthetischen Kristall herstellen. Zur rechten Zeit, hoffentlich bevor wir uns selbst umgebracht hätten, wäre das neue Gitternetz dann fertig und wir könnten wieder zu unserer bisherigen Ebene aufsteigen. Ein Beispiel für die Auswirkungen eines lebendigen Gitters wird in der Theorie vom »hundertsten Affen« geschildert.

Die Vorstellung vom »hundertsten Affen«

Ich schätze einmal, ihr habt das Buch *The Hundredth Monkey* von Ken Keyes jr. gelesen oder vielleicht das frühere Buch von Lyall Watson: *Lifetide: The Biology of the Unconscious*, wo ein sich über dreißig Jahre erstreckendes Forschungsprojekt an dem japanischen Affen Macaca fuscata beschrieben wird. Auf der Insel Koshima in Japan gibt es eine Kolonie wilder Affen, und die Wissenschaftler fütterten sie mit Süßkartoffeln, die sie in den Sand fallen ließen. Die Affen mochten die Süßkartoffeln, nicht aber den Sand und Schmutz. Ein achtzehn Monate altes Weibchen, das die Forscher Imo nannten, fand heraus, dass sich dieses Problem lösen ließ, wenn man die Kartoffeln wusch. Sie brachte diesen Trick ihrer Mutter bei. Auch ihre Spielkameraden lernten diese neue Methode, und sie brachten es auch ihren Müttern bei. Bald wuschen sämtliche Jungtiere ihre Süßkartoffeln, doch von den ausgewachsenen Affen lernten es nur diejenigen, die ihre Kinder nachahmten. Die Wissenschaftler zeichneten diese Ereignisse in den Jahren 1952 bis 1958 auf.

Dann, im Herbst 1958, erreichten die wenigen Affen, die das auf der Insel Koshima taten, eine kritische Masse, die Dr. Watson willkürlich mit 100 benannte, und da – Bingo! – begannen so gut wie alle Affen auf der Insel ohne weiteren Einfluss von außen ihre Kartoffeln zu waschen. Wäre das nur auf dieser einen Insel geschehen, so hätten die Wissenschaftler sich wahrscheinlich überlegt, dass es da wohl eine Form von Kommunikation geben musste und hätten nach einer solchen gesucht. Doch es war so, dass gleichzeitig auch die Affen auf Nachbarinseln ihre Kartoffeln zu waschen begannen. Selbst auf dem japanischen Festland, in Takasakiyama, wuschen die Affen mit einem Mal ihre Kartoffeln. Es gab absolut keine Möglichkeit, wie diese Affen auf irgendeine uns bekannte Weise hätten kommunizieren können. Das war das erste Mal, dass Wissenschaftler je Derartiges beobachtet hatten. Sie stellten die These auf, dass es eine Art morphogenetische Struktur oder ein morphogenetisches Feld geben musste, das sich quer über das japanische Inselreich erstreckte und durch das die Affen kommunizieren konnten.

Der hundertste Mensch

Viele Menschen machten sich eine Menge Gedanken über das Phänomen mit dem »hundertsten Affen«. Ein paar Jahre später stellte sich ein Wissenschaftlerteam aus Australien und Großbritannien dann die Frage, ob Menschen wohl über ein Gitternetz verfügten, das dem der Affen ähnlich war? Sie starteten ein Experiment. Sie erstellten ein Foto, auf dem Hunderte von menschlichen Gesichtern zu sehen waren, kleine und große Gesichter und wiederum Gesichter in den Augen. Das ganze Bild bestand aus diesen Gesichtern, aber wenn man es sich zum ersten Mal ansah, konnte man nur sechs oder sieben sehen. Es erforderte etwas Training, auch die anderen zu sehen. In der Regel musste zuerst jemand darauf zeigen, wo sich die Gesichter versteckten.

Diese Forscher nahmen ihr Bild mit nach Australien und führten dort eine Studie durch. Sie wählten selektiv eine bestimmte Anzahl von Menschen, die repräsentativ für das gesamte Spektrum der Bevölkerung waren, zeigten jedem und jeder einzelnen das Foto und fragten: »Wie viele Gesichter sehen Sie auf diesem Bild?« In der Zeit, die die Versuchspersonen für ihre Antwort zur Verfügung hatten, fand sie meist sechs, sieben, acht, neun oder vielleicht auch zehn Gesichter. Nur wenige sahen mehr. Als die Forscher ein paar hundert Personen als Basis für die statistische Grundauswertung zusammenhatten und akkurat ihre Beobachtungen aufgezeichnet hatten, flogen einige von ihnen nach England – auf die andere Seite des Globus – und zeigten das Bild in einem rein nationalen Fernsehsender der BBC, der nur innerhalb Englands sendet. Sie zeigten ganz sorgfältig, wo sich die ganzen Gesichter befanden – jedes einzelne von ihnen. *Nur wenige Minuten später* wiederholten die Forscher in Australien das Originalexperiment mit neuen Versuchspersonen. Plötzlich konnten die Personen ohne Schwierigkeiten die meisten Gesichter sehen.

Von diesem Augenblick an wussten sie mit Bestimmtheit, dass Menschen etwas an sich hatten, das bislang noch nicht bekannt war. Nun, die Aborigines in Australien hatten schon seit langer Zeit von diesem »unbekannten« Teil unserer selbst gewusst. Sie wussten, dass es ein Energiefeld gab, das Menschen miteinander verbindet. Selbst in unserer Gesellschaft haben wir beobachtet, dass jemand auf einer Seite des Planeten etwas ganz Komplexes erfand, und im gleichen Moment jemand auf der anderen Seite des Globus die gleiche Erfindung machte, mit den gleichen Prinzipien und Ideen. Jeder der Erfinder sagte dann: »Das haben Sie von mir gestohlen. Es stammt von mir. Ich war der erste.« Das ist viele, viele Male passiert, es reicht weit zurück. Nach diesem australischen Experiment wurde den Forschern also klar, dass da definitiv *irgendetwas* sein muss, das uns alle verbindet.

Wie die Regierung das Gitternetz entdeckt und der Wettlauf um die Vormachtstellung

Schon in den frühen sechziger Jahren hatten die Regierungen in Amerika und Russland diese elektromagnetischen Felder oder Gitternetzlinien entdeckt, die sich um die Welt zogen. Menschliche Gitternetze – ja, es gibt mehr als eines – finden sich hoch über der Erde, weit über 100 Kilometer hoch oder noch höher.

Erinnert ihr euch, wie ich euch von den fünf Bewusstseinsebenen auf der Erde erzählte, die einer unterschiedlichen Zahl von Genen und einer unterschiedlichen Größe entsprechen? Nun, es gibt im Grunde nur drei Bewusstseinsebenen, die die Erde derzeit tatsächlich erfährt. Zwei weitere übersteigen derzeit bei weitem unsere Verhältnisse. Die erste Ebene ist die Urebene, die zweite ist unser derzeitiges Bewusstsein, und die dritte Ebene ist das Christus- oder Einheitsbewusstsein, das Bewusstsein, in das wir einzugehen im Begriff sind. Nach unserem Niedergang vor etwa 13.000 Jahren gab es nur zwei aktive menschliche Gitternetze um die Erde: die erste und die zweite Ebene. Die Aborigines in Australien waren zum Beispiel auf der ersten Ebene, und wir, die Mutanten, auf der zweiten. (So nennen sie uns: Mutanten, weil wir durch Mutation zu dem wurden, was wir derzeit sind.) Die Wissenschaft hat die australischen Aborigines nur sehr wenig erforscht, daher sind unsere Länder sich ihres Gitternetzes nicht bewusst geworden. Die Regierungen dagegen leisteten eine Menge Forschungsarbeit über uns, und sie entdeckten genau, wie unser Gitternetz aussieht: Es basiert auf Dreiecken und Quadraten. Es ist ein sehr männliches Gitternetz, das sich um den ganzen Planeten zieht. Nun, wir haben noch ein drittes Gitternetz dort oben, das wir das Einheitsbewusstseinsnetz nennen wollen oder einfach den »nächsten Schritt«. Es ist seit dem 4. Februar 1989 da – vollständig. Ohne dieses Gitternetz wäre alles schon vorbei für uns, Leute. Aber es ist da.

Die Regierungen wurden ursprünglich vielleicht schon in den frühen vierziger Jahren auf unser Gitternetz der zweiten Ebene aufmerksam. Mir ist bewusst, dass diese Aussage ein Widerspruch zu dem ist, was ich oben gesagt habe. Aber dennoch glaube ich, dass das Netz schon entdeckt wurde, bevor die Theorie mit dem »hundertsten Affen« an die Öffentlichkeit drang. Wegen des Zweiten Weltkriegs begannen die Regierungen auf der ganzen Welt an kleinen, entlegenen Orten mit der Einrichtung von Militärbasen, auf kaum bekannten Inseln wie Guam zum Beispiel. Warum wählten sie genau diese Stellen für ihre Basen? Wahrscheinlich nicht aus den Gründen, die sie dafür nannten. Wenn man das Gitternetz und das Netz der Militärbasen in aller Welt ausbreitet, insbesondere die von Russland und den Vereinigten Staaten, tja – Donnerwetter – da befinden sich die Basen *fast immer* direkt auf den Knotenpunkten des Gitternetzes – genau darüber oder auf kleinen Spiralen, die aus den Knotenpunkten herauskommen. Es konnte nicht im entferntesten Zufall gewesen sein, dass sie einfach ganz nebenbei ihr Imperium von Militärbasen auf genau diesen Punkten ausbreiteten. Sie versuchten die Kontrolle über dieses Gitternetz an sich zu reißen, denn wenn sie diese hätten, das wussten sie, würden sie

In dem Kinofilm Stargate wurde Ra nicht mit dem Respekt behandelt, der ihm gebührt. Eigentlich war er einer der Aufgestiegenen Meister und ein Wesen des Lichts, nicht des Bösen.

kontrollieren können, was wir denken und fühlen. Ein subtiler Krieg entspann sich zwischen diesen beiden Regierungen. Der Krieg änderte seine Natur jedoch beträchtlich im Jahr 1970, obwohl ich das erst später werde erklären müssen. Hinter den Vereinigten Staaten wie auch Russland steckte natürlich die heimliche Regierung, die die äußere Gestalt und das Timing dieses Konflikts steuerte.

Wie das Gitternetz konstruiert wurde, und wo

Nun, wo wir den notwendigen Hintergrund haben, können wir mit dem Drama in Atlantis fortfahren. Das Projekt, das Gitternetz wiederzuerrichten, wurde von drei Männern in Angriff genommen: Thot, einem Wesen namens Ra, und einem weiteren names Araragat. Diese Männer flogen zu einem Ort im heutigen Ägypten, in die Region der heutigen Gizeh-Ebene. Damals war sie keine Wüste, sondern ein tropischer Regenwald, und man nannte sie das Land der Khem, was soviel bedeutet wie »das Land der haarigen Barbaren«. Die drei Männer begaben sich zu diesem ganz bestimmten Ort, da die Achse des alten Einheitsbewusstseinsnetzes an diesem Punkt aus der Erde ragte. Sie wollten ein neues Netz von Gitterlinien auf der alten Achse errichten, gemäß Anweisungen durch höheres Bewusstsein.

Sie mussten dazu den rechten Moment abwarten – bis die Präzession der Tagundnachtgleichen den Niedrigstand der Ebbe im Bewusstsein überwunden hatte – bevor sie handeln konnten, und dieser Tiefstand lag für sie noch in ferner Zukunft. Danach würden sie etwas weniger als einen halben Zyklus haben, etwa 12.900 Jahre, um alles bis zum Ende des zwanzigsten Jahrhunderts fertiggestellt zu haben. Länger würde es mit uns nicht weitergehen, oder wir würden uns selbst und unseren Planeten zerstören.

Zuerst mussten sie das Netz auf den höheren Dimensionen fertigstellen, dann mussten sie physisch die Tempel in dieser Dimension errichten, bevor das neue Gitternetz des Einheitserlebens sich manifestieren könnte. Würde es erst einmal Gestalt angenommen haben und sich im Gleichgewicht befinden, so würden sie da sein, um uns zu helfen, bewusst in die höheren Seinswelten zu wandern und von neuem unseren Heimweg zu Gott anzutreten.

Thot und seine Freunde suchten also genau den Punkt auf, wo der Einheits-Bewusstseins-Wirbel aus der Erde herauskam. Dieser Punkt war rund 1,8 Kilometer von der Stelle entfernt, wo sich heute die Große Pyramide in der Wüste befindet, doch damals war er weit draußen in einem Niemandsland, inmitten eines Regenwalds. Direkt über der Achse dieses Wirbels auf der Erde zentriert erzeugten sie ein Loch, das ungefähr 1,8 Kilometer tief in die Erde reichte, und das sie mit Ziegelsteinen auskleideten. Das dauerte nur ein paar Minuten, denn sie waren Wesen der sechsten Dimension und was immer sie dachten, trat stets ein. So einfach war das.

Nachdem das auf die Einheitsachse ausgerichtete Loch fertig war, erstellten sie eine Karte der zehn nach dem Goldenen Schnitt ausgelegten Spiralen, die aus dem Loch hervorkamen und lokalisierten, wo sie sich über der Erde bewegten. Sie verwendeten das Loch als Achse, wobei sie ganz unten begannen, und entwarfen eine Karte der Energiespiralen, wie sie aus dem Loch hervorkamen und sich ins All hinein ausdehnten. Eine der Spiralen kam unweit der heutigen Großen Pyramide (Cheopspyramide) aus der Erde. Nachdem sie diese gefunden hatten, errichteten sie ein kleines steinernes Bauwerk vor dem Loch; dieses Bauwerk ist der Schlüssel zu dem gesamten Gizeh-Komplex. Dann erbauten sie die Große Pyramide.

Wie Thot sagt, wurde die »Cheops«pyramide von ihm selbst errichtet, nicht von Cheops. Thot sagt, sie sei etwa 200 Jahre vor der Achsverschiebung fertiggestellt worden. Die Spitze der großen Pyramide, wäre der Schlussstein noch an Ort und Stelle, saß exakt auf der Wölbung der Spirale. Sie richteten die Mitte des Loches auf die Südseite des Steinbauwerks und auf die Nordseite der Großen Pyramide aus. Es gibt immer wieder verblüffte Beobachter, die sich dies ansehen. Obwohl diese Bauwerke rund 1,8 Kilometer voneinander entfernt sind, sind die Südfassade des steinernen Bauwerks und die Nordfront der Großen Pyramide perfekt aufeinander ausgerichtet. Die Beobachter können sich nicht vorstellen, dass wir es heute besser machen können, trotz unserer modernen Technik.

Später wurden die beiden anderen Pyramiden ebenfalls direkt auf dieser Spirale errichtet. So wurde überhaupt das Loch entdeckt: durch Luftaufnahmen. Es fiel auf, dass die drei Pyramiden auf einer Logarithmus-Spirale angeordnet waren. Dann verfolgte man die Spirale zu ihrem Ausgangspunkt zurück und begab sich an diese Stelle, und da befanden sich das Loch und das Steingebäude. Diese Entdeckung wurde, glaube ich, in den frühen achtziger Jahren gemacht. Sie wurde in der McCullen-Studie verzeichnet, die 1985 abgeschlossen wurde.

Ich habe das Achsloch und das Bauwerk mit eigenen Augen gesehen. Ich betrachte es als den wichtigsten Ort in ganz Ägypten, und so sieht es auch Edgar Cayce von A.R.E. Es gibt noch ein weiteres Loch, ungefähr einen Häuserblock weit von der ersten Spirale entfernt, und diese Spirale setzt etwas anders an, schiebt sich dann aber langsam asymptotisch über die erste Spirale. Waren sie in der Lage, um dieses Loch in diesem Spiralmuster herumzubauen, so mussten die Planer ein sehr ausgeklügeltes Verständnis des Lebens haben (auch dieses Verständnis werde ich später erklären). Diese beiden vollständigen Spiralen definierten also die Achse dessen, was schließlich das Einheits-Bewusstseins-Gitternetz um die Erde werden würde.

Heilige Stätten

Nachdem sie mit dem neuen Gitternetz über dem existierenden, zusammengebrochenen Gitternetz begonnen hatten und eine Pyramide auf die Linie dieser Spirale gesetzt hatten, erstellten Thot, Ra und Araragat einen Plan, wo diese beiden Energielinien sich krümmen und wo sie sich einander an über 83.000 Orten auf der Erdoberfläche kreuzen würden. Auf der vierten Dimension, eine Dimension höher als diese, konstruierten sie ein ganzes Netz von Gebäuden und Strukturen über dem ganzen Planeten, die sie auf den Knotenstellen dieser Energiematrix plazierten. Die Proportionen aller Bauwerke dieser Art richteten sich entweder nach dem Goldenen Schnitt oder nach den Fibonacci-Spiralen, und alle leiteten sich mathematisch von diesem einzigen Punkt in Ägypten her, der nun das Sonnenkreuz genannt wird.

Die Lage der heiligen Stätten der Welt ist kein Zufall. Es war ein einziges Bewusstsein, das jede einzelne von ihnen schuf – von Machu Picchu über Stonehenge bis Zaghouan –, woran man auch denken mag, wo auch immer. Fast alle von ihnen (mit ein paar wenigen Ausnahmen) schuf ein einziges Bewusstsein. Uns wird dies nun stärker deutlich. Richard Hoaglands Arbeit stellt es heraus, wenn er auch nicht der erste war. Autoren wie er zeigen auf, wie eine heilige Stätte von der anderen extrapoliert wurde, und dann wieder eine und wieder eine. Diese Orte reichen jenseits der Zeit, insofern als sie zu unterschiedlichen Epochen errichtet wurden, und sie gehen über eine bestimmte Kultur oder geographische Region hinaus. Sie wurden offenbar von einem Bewusstsein hervorgebracht, das das ganze Unterfangen koordinierte. Schließlich werden die Forscher sehen, dass dieser Punkt in Ägypten der Punkt ist, von dem aus die Lage der anderen heiligen Stätten errechnet wurde.

Diese Region Ägyptens ist der Nordpol des Einheits-Bewusstseins-Gitters. Auf der anderen Seite des Planeten, draußen im Südpazifik im Inselreich Tahiti, befindet sich eine kleine Insel namens Mooréa, wo der Südpol des Gitternetzes gelegen ist. Wer schon einmal auf dem Wayna Picchu gewesen ist, um dort den Machu Picchu aus der Vogelperspektive zu sehen, weiß, dass dieser, der etwa 2.700 Meter hoch in den Bergen Perus liegt, von einem perfekten Kreis von Bergen umgeben zu sein scheint. Es wirkt wie ein weiblicher Kreis, der einen Phallus umgibt, der sich in der Mitte erhebt. Nun, die Insel Mooréa ist in dieser Hinsicht ähnlich, nur dass sie herzförmig ist. Jedes Haus auf Mooréa ist mit einem Herzen versehen, auf dem die Hausnummer steht. Der phallische Berg auf Mooréa im Zentrum des Herzens ist viel größer als Wayna Picchu in Peru, aber ihr werdet den gleichen Gebirgsring sehen, der diesen Erdpol umgibt. Das ist der exakte Südpol des gesamten Einheits-Bewusstseins-Gitters. Wenn man auf Mooréa schnurgeradeaus durch die Erde geht, kommt man in Ägypten heraus. Die Abweichung ist nur ganz winzig – da ist eine ganz leichte Kurve, was natürlich ist. Der Mooréa-Pol ist negativ – oder weiblich, und der ägyptische Pol ist positiv – oder männlich. Alle heiligen Stätten sind mit dem ägyptischen Pol verbunden, und sie sind alle durch die Zentralachse in Verbindung, die zu Mooréa führt. Es ist ein Torus, natürlich.

Abb. 4-7. Die Große Pyramide («Cheops«-Pyramide).

Die Landeplattform der Pyramide und das Schiff unter der Sphinx

Das ist die Große Pyramide [Abb. 4-7]. Sie hat einen sogenannten »fehlenden Schlussstein«, und dieser hat alle erdenklichen Spekulationen ausgelöst. Thot zufolge ist der tatsächliche fehlende Schlussstein knapp 14 Zentimeter hoch und aus Massivgold; er ist ein holographisches Abbild der gesamten Pyramide. Mit anderen Worten, er hat all die kleinen Räume in seinem Innern und alles andere in den entsprechenden Proportionen, und er befindet sich in der Halle der Aufzeichnungen. Die beiden anderen Pyramiden ragen bis zu einer richtigen Spitze auf; nur die Große Pyramide ist oben flach. Dieses fehlende Stück ist nicht klein – es misst an der Basis etwa 2,16 Quadratmeter. Kommt man zur Spitze, so ist dort eine riesige Plattform. Dieser flache Bereich ist in Wirklichkeit ein Landeplatz für ein ganz besonderes Luftschiff, das auf der Erde existiert.

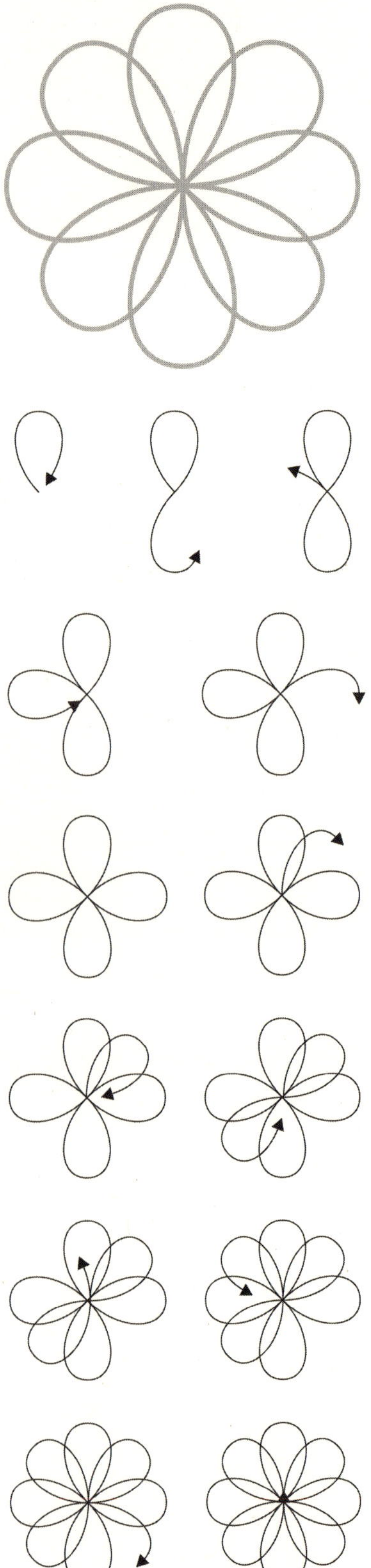

Abb. 4-8. Das Muster auf der Scheibe unterhalb der Sphinx.

Die Sphinx ist nicht weit von der Großen Pyramide entfernt. Den *Emerald Tablets* und Thot zufolge ist die Sphinx viel, viel älter als die 10- bis 15.000 Jahre, auf die sie John Anthony West schätzte. Ein Faktor, den viele derzeitigen Forscher vernachlässigt haben, ist die Überlegung, dass die Sphinx während eines Großteils ihrer Existenz in neuerer Zeit von Sand bedeckt gewesen ist. Tatsache ist, dass Napoleon, als er sich aufmachte, um die Sphinx zu sehen, nicht einmal erkannte, dass sie dort war, da er lediglich ihren Kopf sehen konnte. Sie war vollkommen vergraben, und sie ist wenigstens über die letzten paar hundert Jahre vergraben gewesen. Bezieht man diese Tatsache, die eine zentrale sein könnte, in die Überlegungen mit ein, so hätte die Erosion, die durch Regen und Wind hervorgerufen wird, viel mehr Zeit benötigt als derzeit angenommen.

Wie Thot sagt, kann die Sphinx auf mindestens fünfeinhalb *Millionen* Jahre zurückblicken. Ich schätze, das wird schließlich irgendwann ans Licht kommen, denn bisher hat er sich noch nie über irgendetwas geirrt. Selbst John Anthony West hegt den heimlichen Verdacht, dass sie viel älter ist als 10-15.000 Jahre. Es war nicht seine Sache, Spekulationen in der Größenordnung von Millionen Jahren anzustellen; er wollte sie nur ein gutes Stück jenseits der 6000-Jahr-Marke datiert wissen, denn das wird unsere bislang akzeptierte Erdgeschichte knacken. Er und sein Team haben das nun getan, und später, glaube ich, werden sie versuchen, das Datum weiter zurückzuschieben, während sie mehr Beweismaterial einführen.

Thot zufolge befindet sich etwa 1,8 Kilometer unter der Sphinx ein runder Raum mit einer niedrigen Tür und niedrigen Decke. In diesem Raum steht das älteste künstlich geschaffene Objekt der Welt – älter als alle sonstige gezielt zusammengetragene Materie auf der Erde. Wie Thot sagte, wenn er es auch nicht nachweisen kann, reicht dieses Objekt 500 Millionen Jahre zurück, bis zu dem Punkt, wo »das, was zum menschlichen Leben führte«, begann. Das Objekt ist ungefähr zwei Häuserblocks groß; es ist rund wie eine Scheibe und hat eine flache Unter- und Oberseite. Ungewöhnlich an ihm ist, dass seine Außenhaut nur drei bis fünf Atome dick ist. Seine Ober- und Unterseite weist ein bestimmtes Muster auf, das auf Abbildung 4-8 gezeigt wird.

Das Muster selbst ist fünf Atome stark, an allen anderen Stellen beträgt die Dicke nur drei Atome. Und es ist transparent – man kann regelrecht hindurchsehen – fast so, als wäre es gar nicht da. Es ist ein Schiff, aber es hat keine Motoren und keinen sichtbaren Antrieb. Obwohl in Doreals Interpretation der *Emerald Tablets* die Aussage steht, dieses Schiff hätte Atommotoren, sagte Thot, das sei nicht so. Doreal übersetzte die *Emerald Tablets* 1925 in Yucatan und konnte die Beschreibung nicht verstehen, aus der hervorging, worüber das Schiff angetrieben wurde. Atommotoren als Energielieferant waren für ihn die weithergeholteste Idee überhaupt. Aber in Wirklichkeit wird das Schiff durch Gedanken und Gefühle angetrieben und ist so konstruiert, dass es eine Verbindung mit unserer eigenen lebendigen Mer-Ka-Ba herstellt und diese ausdehnt. Dieses Schiff ist direkt mit dem Geist der Erde verbunden, und in den *Emerald Tablets* wird es als Kriegsschiff bezeichnet. Es diente zum Schutz für die Erde.

Die Verwundbarkeit dieser Periode und der Auftritt der Heldin

Jedes Mal wenn wir diesen anfälligen Punkt in der Präzession der Tagundnachtgleichen erreichen, wo unsere Pole diese kleinen Verschiebungen unternehmen, haben Außerirdische den Planeten in ihre Gewalt zu bringen versucht, so steht es in *The Emerald Tablets*. So spielt es sich seit Millionen und Abermillionen Jahren ab, und es geht noch immer weiter. Als ich das in den *Tablets* las, wusste ich nichts von den *Grays* oder sonstigen Wesen dieser Art und dachte: »Da soll jemand von irgendwoanders herkommen und versuchen, die Erde an sich zu reißen? So ein Blödsinn!« Doch selbst heute noch spielt sich genau das ab. Es hört nie auf, es geht einfach weiter damit. Man nennt es ganz einfach den Kampf zwischen der Dunkelheit und dem Licht.

Jedes Mal, wenn eine feindliche Machtübernahme unmittelbar bevorzustehen scheint, hat es eine sehr reine Person gegeben, die herausfindet, wie sie auf die nächste Bewusstseinsebene gelangt, und dann findet sie das Schiff und lässt es in die Luft steigen. Erde und Sonne stellen eine Verbindung zu dieser Person her und verleihen ihr große Kraft, und was auch immer diese Person dann denkt oder fühlt, wird geschehen. Und insofern ist dieses Luftschiff ein Kriegsschiff: Welche Arten auch immer versuchen, die Erde an sich zu reißen, diese Person denkt sie einfach weg – sie denkt sich eine Situation aus, die sie zum Gehen zwingt. Folglich kann unsere Evolution ohne jegliche Art der Einmischung oder Einflüsse von außen weitergehen. So ist es zumindest *vorgesehen*.

Am jetzigen Punkt hat definitiv jemand versucht, auf uns Einfluss zu nehmen. Diese reine Person ist in Erscheinung getreten, und dieses Ereignis ist hier auf der Erde bereits eingetreten. Deshalb treten die Grays den Rückzug an. Die Probleme, die sie haben, gehen auf eine einzige Frau zurück – eine Dreiundzwanzigjährige aus Peru (23 war sie 1989, als sie das tat). Sie unternahm den ersten Aufstieg zum neuen Gitternetz und stellte die Verbindung zu ihm her, verband es mit der Erde, suchte sich das Schiff und ließ es in die Luft steigen. Zuerst stellte sie einige Basisverbindungen her, die mit Kristallen auf der Erde erfolgen mussten, dann nahm sie die Programmierung vor, die neu zu berechnen war. Als allernächstes *dachte* sie, dass die Grays und andere, die mit dieser versuchten Machtübernahme im Hinblick auf die Erde zu tun hatten, alle krank werden würden, wenn sie dort blieben, und dass es kein Heilmittel dagegen gäbe.

Innerhalb eines Monats wurden alle Grays krank, und der ganze Prozess, den sie sich vorgestellt hatte, setzte ein. Die Grays haben sich mittlerweile gezwungen gesehen, die Erde zu verlassen. Ihre Stützpunkte sind verlassen, und sie mussten gezwungenermaßen ihre Pläne ändern. Die Gegenwart dieser ganzen Armee von Wesen aus dem All ist nun auf nahezu Null zurückgeschraubt, und das alles wegen einem kleinen, dabei aber heiligen Persönchen. Schon erstaunlich. Wir Männer wissen, wie das ist – meine Frau hat mich auch schon viele Male zu Staub und Asche werden lassen.

In Erwartung der atlantischen Katastrophe

Thot und seine Partner stellten den Komplex in Ägypten fertig, um dabei zu helfen, das Gitterliniennetz neu aufzubauen. Dann ließen sie es mitten im Regenwald zurück und begaben sich zurück nach Atlantis, um dort die Vorbereitungen zu treffen. Der Komplex stand 200 Jahre lang sich selbst überlassen da, denn sie wussten, dass sich an diesem kritischen Punkt in der Präzession der Tagundnachtgleichen die Pole verschieben würden. Sie wussten, dass Atlantis sinken würde, also warteten sie ab.

Eines Tages geschah es dann schließlich. Die Katastrophe dauerte im Grunde nur eine Nacht. Die Wissenschaft hat bewiesen, dass eine Polverschiebung ungefähr zwanzig Stunden braucht. Sie geschieht im Handum-

drehen. Ihr wacht an einem ganz normalen Tag morgens auf, und am Abend seid ihr in einer völlig anderen Welt – der ganze Prozess dauert etwa dreieinhalb Tage, aber die Polverschiebung spielt sich in etwa zwanzig Stunden ab. Wir alle werden diese enorme Veränderung erleben, wenn wir sehen, wie riesige Stücke der Vereinigten Staaten ins Wasser fallen – dann wisst ihr es mit Sicherheit. Es gibt andere frühe Anzeichen, die euch einen Wink geben, dass die Veränderung bevorsteht. Sobald genügend Informationen gegeben worden sind, werde ich euch an das erinnern, was bereits in eurem Gedächtnis gespeichert ist.

Als sie die allerersten Zeichen der bevorstehenden Verschiebung sahen, kehrten Thot, Ra und Araragat zur Sphinx zurück und ließen das Kriegsschiff in die Luft steigen. Alles, was sie dabei taten, war, dass sie die Schwingung der Moleküle um nur einen Oberton höher steigen ließen als dem, auf dem die Erde existiert. Dies erlaubte es ihnen und dem Schiff, geradewegs durch die Erde in den Himmel zu kommen. Dann zogen sie nach Atlantis, ließen das Schiff auf die Erdoberfläche herab und nahmen die Menschen aus der Naacal Mystery School auf, zu denen die ursprünglichen Unsterblichen von Lemurien gehörten wie auch diejenigen, die während der Tage von Atlantis Erleuchtung erlangt hatten (bis dahin etwa weitere 600 Leute). Die eingangs vorhandenen tausend aus Lemurien und die 600 aus Atlantis ergaben also eine Zahl von Aufgestiegenen Meistern, die 1600 betrug, und sie waren die einzige Besatzung des alten Luftschiffs.

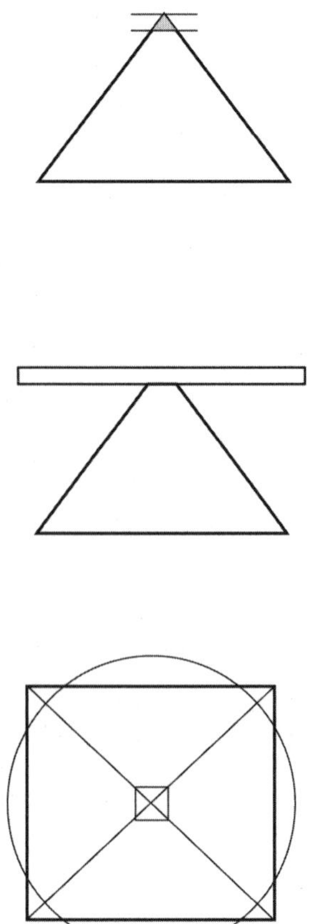

Abb. 4-9. Kriegsschiff auf der Großen Pyramide.

Nun waren die Leute auf diesem Schiff nicht lediglich Passagiere, sondern sie erzeugten eine lebendige Gruppen-Mer-Ka-Ba, die das Schiff mit einem sehr großen Energiefeld umgab, das die Gestalt einer fliegenden Untertasse hatte – die gleiche Form, die um die Galaxie ist und um euren Körper, wenn sich eure Mer-Ka-Ba dreht. Sie hatten ein sehr wirksames Schutzfeld um sich, als sie Kurs auf Khem nahmen, das bald das neue Ägypten sein würde. Thot sagte, sie hätten sich mit den Mitgliedern der Mysterienschule an Bord gerade gut 450 Meter von der Oberfläche des Planeten entfernt, als sie die Insel Udal im Meer versinken sahen. Das war das letzte Stück von Atlantis, das im Wasser verschwand, mit Ausnahme von ein paar kleinen Inseln. Dann flogen sie das Luftschiff nach Ägypten und landeten damit auf der Spitze der großen Pyramide. Von der Seite sah das aus wie auf der mittleren Zeichnung unter Abbildung 4-9.

Würde man die Pyramide verlängern bis nach oben, wo normalerweise der Schlussstein säße, so würde man feststellen, dass das Schiff und die Pyramide füreinander gebaut waren. Würde man dies von oben betrachten, so würde es so aussehen wie auf der Ansicht links in der Abbildung. Der Kreis ist das Schiff und das Quadrat ist die Große Pyramide. Der Umfang der Großen Pyramide und der Umfang des Schiffes sind gleich. Man kann sich darüber streiten, ob das möglich ist oder nicht, aber sie kommen sich schon sehr, sehr nah. Immer wenn die mathematische Beziehung da ist, kommt Leben zum Vorschein. Es ist die Grundrelation des Lebens im ganzen Universum (wir gehen später noch aus geometrischer Sicht darauf ein). Hätten die Aufgestiegenen Meister keine sich drehenden Mer-Ka-Ba-Felder um sich gehabt, wären sie heute nicht hier (und wir wahrscheinlich ebenfalls nicht), da ihre Mer-Ka-Bas sie vor allem schützte, was als nächstes geschah.

Nachdem sie auf der Pyramide gelandet waren, begannen sich die Pole zu verschieben, und das menschliche Bewusstsein auf der Erde sackte sozusagen »in den Keller«. Gleichzeitig brachen die elektromagnetischen und magnetischen Felder der Erde zusammen, und alles Leben auf diesem Planeten verschwand in der Großen Leere, den dreieinhalb Tagen absoluter Schwärze, die in vielen Kulturen auf der ganzen Welt beschrieben werden.

Die dreieinhalb Tage der Großen Leere

In *The Emerald Tablets* heißt es, dass wir jedesmal dann, wenn wir an diese Präzession der Tagundnachtgleichen kommen und unsere Pole diese Veränderungen durchmachen, für etwa dreieinhalb Tage durch einen Raum der Leere kämen. Die Mayas beschrieben die Leere im Troano-Dokument. An einer Stelle in der Geschichte werden dreieinhalb Steine schwarz angemalt. Das verweist auf die Zeit, für die wir in das eingehen, was wir nun die *elektromagnetische Nullzone* nennen. Bei der Polverschiebung kommt es zu einem Phänomen (wir werden später noch sehr detailliert hierauf eingehen), wo wir uns für etwa dreieinhalb Tage in Dunkelheit befinden (genauer gesagt, könnte es zwischen zwei oder zweieinhalb Tagen bis zu etwas über vier Tagen dauern). Letztes Mal waren es offensichtlich dreieinhalb Tage. Es ist mehr als nur Schwärze, es ist Leere. Und übrigens, wenn ihr euch in der Leere befindet, werdet ihr erkennen, dass ihr und Gott eins seid, dass es überhaupt keinen Unterschied gibt. Wir werden im richtigen Moment wieder auf die Große Leere zu sprechen kommen.

Gedächtnis, Magnetfelder und Mer-Ka-Bas

Wären die Menschen auf dem Kriegsschiff während dieser Veränderung nicht durch die Mer-Ka-Ba geschützt worden, hätten sie vollkommen ihr Gedächtnis verloren. Wisst ihr, unser Gedächtnis wird in erster Linie durch ein Magnetfeld zusammengehalten, das um das Gehirn existiert – im Innern des Schädels und um den Kopf herum. Dieses Feld ist außerdem mit jeder Gehirnzelle durch individualisierte Magnetfelder innerhalb jeder Zelle verbunden. Die Wissenschaft fand zuerst die inneren Magnetpartikel in jeder Zelle, und dann das größere äußere Feld. Das war die erste Neuentdeckung in der Physiologie des Menschen in den letzten 300 Jahren. Das Gedächtnis hängt von einem stabilen, lebendigen Magnetfeld ab, ganz ähnlich wie bei einem Computer. Seine Verbindung zum Magnetfeld der Erde wird bislang noch nicht verstanden. Wenn man kein Mittel hat, sein Gedächtnis zu schützen, wird es gelöscht – aus und vorbei. Es ist, wie wenn man mitten in der Bearbeitung einer Datei plötzlich den Stecker des Computers zieht. Es ist einfach alles weg. Genau das erlebten die Atlanter und andere, die die Katastrophe überlebten, aber keine sich drehenden Mer-Ka-Bas hatten. Diese sehr wissenden Menschen, die weiter fortgeschritten waren als ihr und ich, fanden sich pötzlich in einer Situation wieder, wo sie gar nichts wussten. Sie hatten High-Tech-Körper und einen High-Tech-Geist, aber es war, als hätte man einen phantastischen PC auf dem Tisch, aber ohne Software – nichts drin.

Die Teile der Bevölkerung, die überlebten – und es gab davon einen kleinen – mussten also ganz von vorn anfangen. Sie mussten wieder auf Feld eins anfangen – herausfinden, wie sie ihren Körper warm hielten, wie man ein Feuer entzündet und so weiter. Dieser Gedächtnisverlust resultierte daraus, dass sie vergessen hatten, wie sie atmen sollten, dass sie ihre Mer-Ka-Bas vergessen hatten, dass sie alles vergessen hatten – sie fielen abwärts durch die Dimensionen, gerieten in einen völlig ungeschützten Zustand und landeten in dieser sehr dichten Welt – wo sie wieder Nahrung zu sich nehmen mussten und alle erdenklichen Dinge tun, die sehr lange Zeit nicht Teil unserer Erfahrung gewesen waren. Sie wurden in einen sehr stark verdichteten Aspekt des Planeten hineingeschleudert und mussten wieder ganz von vorn lernen, zu überleben. Das alles war eine Folge des Experiments mit der synthetischen Mer-Ka-Ba, das auf Atlantis stattgefunden hatte.

Ohne diese kleine Gruppe von Aufgestiegenen Meistern hätten wir gar nicht überlebt – wir hätten uns alle definitiv jenseits der menschlichen Erfahrungswelt begeben. Das ganze Experiment Erde wäre für immer vorbei gewesen. Aber sie hielten das Feld am Leben, gerade noch eben, während alles sonstige um sie herum zusammenbrach. Neben den Aufgestiegenen Meistern gab es auch noch zwei weitere Gruppen auf der Erde, die damals über intakte Mer-Ka-Ba-Felder verfügten: Die Nefilim und die Sirier, unsere Mütter und Väter, hielten die Felder am Leben. Ich weiß nicht, wohin innerhalb der Welten der Dimensionen dieses Planeten sich die Nefilim zurückzogen, die Sirier jedenfalls blieben in den Hallen von Amenti, im Innern der Erde. Beide Gruppen sind noch immer hier auf diesem Planeten, in den Welten der Dimensionen verborgen.

Was Thot und die Gruppe um ihn unternahmen, nachdem das Licht zurückgekehrt war

Nach dreieinhalb Tagen Dunkelheit kam die Erde wieder zum Vorschein, das Licht erschien von neuem, die Felder stabilisierten sich, und wir befanden uns unten in dieser drittdimensionalen Welt, in der wir nun sind. Alles war neu und anders – alles. Es hatte sich erfahrungsmäßig vollkommen verändert. Wenn wir die Landmasse betrachten, aus der Atlantis bestand, so hatten sich die Atlanter auf einer sehr viel höheren Ebene der Deutung dieser Landmasse befunden. Sie erfuhren sie nicht so wie wir. Sie erfuhren sie auf eine vollkommen andere Weise, die aus unserer drittdimensionalen Sicht sehr schwer zu erklären ist.

Nachdem sie auf der Spitze der Großen Pyramide gelandet waren, begaben sich Ra und rund ein Drittel der Menschen vom Schiff durch einen Tunnel hinab, der in einen Raum auf Zweidrittelhöhe führt und den man irgendwann entdecken wird. (Allein in den letzten paar Jahren wurden vier neue Räume in der Großen Pyramide entdeckt.) Wenn dieser Raum entdeckt wird, wird man feststellen, dass er aus roten, schwarzen und weißen Steinen besteht, den hauptsächlichen Farben in der Architektur von Atlantis. So hat es mir Thot aufgetragen, zu sagen. Von diesem Raum aus gibt es einen Kanal, den sie verwendeten, um zu einer Stadt oder einem Tempel weit unterhalb der Pyramide hinabzugelangen, und den Thot und seine Freunde bauten, als sie die Pyramide errichteten. Er war dafür ausgelegt, rund 10.000 Personen zu fassen, denn sie wussten, dass in den nächsten 13.000 Jahren eine große Zahl aufsteigen würde, bis der Tag der Läuterung käme.

Nachdem die Felder stabilisiert waren und ein Drittel der Leute Ra in den Raum aus roten, schwarzen und weißen Steinen folgte, betraten sie von dort die unterirdische Stadt und begannen, die Wurzel für unsere derzeitige Zivilisation anzulegen. Ein weiterer Teil der Wurzel entstand gleichzeitig in Sumer (eine andere Geschichte). Zeitlich im gleichen Moment hoben die verbleibenden etwa 1067 Aufgestiegenen Meister das Kriegsschiff von der Großen Pyramide und flogen zu der Stelle, die heute Titicacasee heißt, wo sie auf dem Island of the Sun (in Bolivien) landeten. Hier stieg Thot aus, zusammen mit etwa einem Drittel der Leute. Dann erhoben sie sich wieder in die Lüfte und flogen in den Himalaja, ins Gebirge, wo Araragat mit dem restlichen Drittel ausstieg. Sieben Menschen jedoch blieben auf dem Schiff, flogen es zurück zur Sphinx und ließen es in diesem Raum niedergehen, wo es in den letzten 13.000 Jahren geblieben ist – bis in jüngster Zeit, wo die junge Frau aus Peru es wieder in den weiten blauen Himmel von Mutter Erdes Atmosphäre entschweben ließ.

Heilige Stätten auf den Gitternetzlinien

Ägypten wurde die männliche Komponente des Gitternetzes. Dort waren die männlichen Strukturen vorgegeben. Es gibt dort im Vergleich zu weiblichen Regionen der Welt kaum Weibliches. Natürlich existiert dennoch eine Polarität zur Männlichkeit – Isis ist der Gegenpol – aber der Energiefluss insgesamt ist männlich. Südamerika, vor allem Peru, Mittelamerika und auch Teile Mexikos, wurden die weiblichen Komponenten des Gitternetzes. Am Ende wurde jedoch der gesamte weibliche Aspekt des Gitternetzes im Komplex in Uxmal, Yucatan, konzentriert, wo viele Überlebende aus Atlantis Zuflucht gefunden hatten.
In Uxmal beginnend sind sieben Tempel spiralförmig angelegt, wahrscheinlich eine Fibonacci-Spirale, und es gibt die sieben primären Tempel der weiblichen Komponente des Gitternetzes. Dies sind Chakrazentren, genauso wie die Chakrazentren, die sich den Nil entlang angelegt finden. Diese weiblichen Zentren beginnen mit Uxmal, gehen dann nach Labna, dann nach Kabah, schließlich hinüber nach Chichen Itza, dann hinüber nach Tulum in die Nähe des Ozeans, dann ganz bis hinunter nach Belize und von dort nach Kohunlich, mit einer Kurve zurück in Richtung Inland nach Palenque. Diese sieben Stellen erzeugten die Urspirale des weiblichen Aspekts des Gitternetzes, das für unser neues Christusbewusstsein geschaffen wurde, zu dem wir nun Zugang haben.

Von Palenque aus teilt sich der weibliche Aspekt des Gitters in Nord und Süd. Hier haben wir es erneut mit einer Polarisierung der Energie zu tun. Die weibliche Komponente der weiblichen Spirale des Gitternetzes nimmt Kurs auf den Süden und springt nach Tikal in Guatemala hinüber, und damit beginnt eine neue Oktave. Wenn wir eine Verbindung zur Musik herstellen, so ist die siebte Stelle die Brücke zum achten Ton oder, anders ausgedrückt, dem Anfang der nächsten Oktave der nächsten Spirale. Und die Spirale verläuft weiter in Richtung Süden durch die weibliche Komponente des Gitters. Schließlich durchläuft sie Orte wie Machu Picchu und Sacsayhuaman in der Nähe von Cúzco, Peru. Eine der Hauptspiralen endet an einem Ort namens Chavín in Peru, wo das herausragende religiöse Zentrum des Inkareiches gelegen war. Von hier verläuft sie zum Titicacasee und dann weiter zu einer Stelle etwa einen knappen Kilometer vor dem Island of the Sun in Bolivien. Dann macht sie eine 90-Grad-Wendung und verläuft weiter in Richtung Osterinsel und schließlich nach Mooréa, wo sie in der Erde verankert ist.

Von Palenque nordwärts wandert die männliche Komponente des weiblichen Aspekts des Gitternetzes. Sie verläuft durch die Ruinen der Azteken und hinauf zu den Pyramiden der nordamerikanischen Indianer. (Die Indianer Nordamerikas errichteten physische Pyramiden, von denen in und um Albuquerque, New Mexico, noch Überreste zu sehen sind.) Dann nimmt die Spirale weiter ihren Weg zum Blue Lake in der Nähe von Taos, New Mexico, der das Gegenstück zum Titicacasee darstellt. Das ist eine der wichtigsten Regionen der Vereinigten Staaten, die lange Zeit von den Taos-Indianern geschützt wurde. Auch hier haben wir wieder eine Biegung um 90 Grad, diesmal am Blue Lake. Von dort aus verläuft die Spirale über die Berge, und zwar über den Ute Mountain (auf der Seite von New Mexico an der Grenze nach Colorado) und durch viele Berge und errichtete Bauwerke.

Zusammen mit den heiligen Stätten nutzten die Erschaffer auch Berge, was an deren Wirbelenergie lag. Bevor die Spirale schließlich die kalifornische Küste hinter sich lässt, verläuft sie durch Lake Tahoe, Donner Lake und Pyramid Lake. Von dort aus führt sie durch unter Wasser gelegene Gebirgsformationen, bis sie das Inselreich Hawaii erreicht, wo der Haleakalakrater einer der Hauptkomponenten ist, dann wendet sie sich wieder nach Süden. Sie verläuft durch die hawaiianische Inselkette, die über Tausende von Meilen ganz bis zurück nach Mooréa die Verbindung herstellt.

Es ist also ein riesiger, offener Kreis, der um die Erde herum führt, beginnend in Uxmal und mit Verbindung zum Südpol des Christusgitternetzes. Die weibliche Komponente des Gitters ist ein massiver Kreis von Gebäudekomplexen. Macht euch klar, dass sich zwischen jeder der oben erwähnten Hauptstätten buchstäblich hunderte von kleineren Stätten befinden – Kirchen und Tempel vieler Religionen, Naturheiligtümer wie etwa Berggipfel und Bergketten, Seen, Schluchten und so weiter. Wenn ihr den umfassenderen Plan sehen könntet, würde euch deutlich, wie sie perfekte Spiralen bilden, die sich zuerst im Uhrzeigersinn bewegen, dann gegen den Uhrzeigersinn, bis sie ihren Endpunkt erreichen: Mooréa im Südpazifik.

Die im Himalajagebirge errichteten Pyramiden waren in erster Linie kristalliner Natur, was heißt, dass sie unter Verwendung drittdimensionaler Kristalle an den Ecken geschaffen wurden mit dem Ziel, eine Pyramide zu bilden. Sie errichteten auch dort physische Pyramiden – eine Menge sogar. Die meisten von ihnen sind nicht bekannt, manche aber durchaus. Die bislang größte bekannte Pyramide der Welt befindet sich in den westlichen Bergen Tibets. Es ist eine durchgehend weiße Pyramide, die fast perfekt erhalten ist, mit einem riesigen Schlussstein aus massivem Kristall. Mindestens zwei Wissenschaftlerteams sind dort gewesen, und sie ist auch aus der Luft fotografiert worden. Sie ist nur dreimal im Jahr zu sehen, wenn der kristallene Schlussstein aus dem tiefen Schnee herauslugt, um über ein Tal zu blicken, das schon lange kein menschliches Treiben mehr erlebt hat. Ich unterhielt mich mit dem Anführer des Teams, das in diese Pyramide hineinging. Er sagte, sie sähe aus wie eine brandneue Pyramide, und an den Wänden fänden sich keinerlei Kritzeleien. Sie ist weiß, glatt und hart, wie Marmor. Als die Wissenschaftler die Pyramide betraten, gingen sie einen langen Tunnel hinunter, wo sie in der Mitte einen großen Raum fanden. Es steht nichts irgendwo geschrieben – keine Malereien, gar nichts – bis auf etwas, das in der Mitte hoch oben an einer Wand eingeritzt ist: die Blume des Lebens! Mehr nicht. Wenn man alles aussagen will, braucht man lediglich dieses Muster auf eine Wand zu setzen. Es enthält alles. Bis ihr am Ende dieses Buches angekommen seid, werdet ihr verstehen, warum.

Sämtliche heiligen Stätten auf der Erde, mit wenigen Ausnahmen, wurden von höherem Bewusstsein auf einer viertdimensionalen Ebene geplant, und mittlerweile haben die meisten von ihnen dreidimensionale Gegenstücke, mit denen sie in Verbindung stehen – mit anderen Worten: reale Gebäude an realen Orten. Dennoch gibt es noch ein paar sehr wichtige

Stätten, die *nur* viertdimensionale Strukturen haben. Diese viertdimensionalen Pyramiden stehen in erster Linie für die neutrale oder Kindenergie des Christusgitternetzes. Alles in allem gibt es drei Aspekte des Christusnetzes, das die Erde umgibt: Mutter, Vater und Kind. Der Vater ist in Ägypten, die Mutter ist in Peru – Yucatan, Südpazifik, und das Kind in Tibet.

Die fünf Ebenen des menschlichen Bewusstseins und ihre Chromosomenunterschiede

Thot zufolge gibt es fünf Bewusstseinsebenen, die für Menschen hier auf der Erde möglich sind. Diese Angehörigen unterschiedlicher Bewusstseinsebenen haben eine unterschiedliche DNA, vollkommen unterschiedliche Körper und eine unterschiedliche Art, die Wirklichkeit wahrzunehmen. Jede Bewusstseinsebene erwächst aus der vorherigen, bis schließlich die Menschheit auf der fünften Ebene eine Übertragung auf eine vollkommen neue Art des Ausdrucks von Leben erlernt und dabei die Erde für immer verlässt.

Der primäre visuelle Unterschied zwischen diesen Typen ist ihre Größe. Die Menschen der ersten Stufe sind etwa 1,20 bis 1,80 Meter groß. Die der zweiten Ebene haben eine Körpergröße von etwa 1,50 bis 2,10 Meter, dort befinden wir uns derzeit. Menschen der dritten Ebene sind etwa 3 Meter bis 4,80 Meter groß – wir sind gerade im Übergang hierzu begriffen. Die Wesen der vierten Ebene sind etwa 9 Meter bis 10,50 Meter groß, und die der letzten Ebene 15 bis 18 Meter. Die beiden letztgenannten Ebenen stehen für die ferne Zukunft an.

Zuerst mag das befremdlich wirken, aber fangen wir nicht als mikroskopisch kleine Eizelle an und werden bis zu unserer Geburt immer größer? Dann wachsen wir immer weiter, bis wir erwachsen sind. Nach dieser Theorie stellt das menschliche Erwachsenenstadium nicht das Ende unseres Wachstumsmusters dar. Wir setzen dies über Entwicklungsschritte der DNA immer weiter fort, bis wir 15 bis 18 Meter groß sind. Metatron, der hebräische Erzengel, der die Vollendung dessen darstellt, was aus der Menschheit einmal werden soll, misst 18 Meter! Erinnert ihr euch an die Riesen, die hier auf der Erde lebten, und auf die im Ersten Buch Mose, Kapitel 6, Bezug genommen wird? Den sumerischen Aufzeichnungen zufolge waren sie ungefähr 3 Meter bis 4,80 Meter groß. Betrachten wir uns das Bewusstsein von Dreijährigen und dann das von Zehnjährigen, so wissen wir, dass es hier Unterschiede im Niveau gibt, und wir orientieren uns in erster Linie an ihrer Größe, wenn wir zu einem solchen Urteil kommen.

Thot entsprechend hat jede Bewusstseinsebene eine andere DNA, der Hauptunterschied jedoch liegt in der Anzahl der Chromosomen. Wenden wir diese Theorie an, so sind wir nun auf der zweiten Ebene und haben 44 + 2 Chromosomen. Ein Beispiel für die erste Ebene wären bestimmte Aboriginesstämme in Australien, bei denen 42 + 2 Chromosomen auftreten. Auf der dritten Ebene sind wir im Begriff, uns zu Menschen zu entwickeln, die 46+2 Chromosomen haben. Die nächsten beiden Ebenen verfügen über 48 + 2 beziehungsweise 50 + 2.

Hierauf werden wir im zweiten Band dieses Buches noch eingehend zu sprechen kommen und heilige geometrische Figuren aufzeigen, die mit diesem Verständnis zusammenhängen, und durch die alles klarwerden wird.

Abb. 4-10. Büste von Tiya.

Ägyptische Belege für eine neue Betrachtungsweise der Geschichte

Wir konzentrieren uns jetzt auf Ägypten, da Ägypten das Land ist, wo sich die wichtigste Mysterienschule befand und wo es noch immer Belege für Menschen anderer Größe und anderen Bewusstseins gibt, wenn auch im Allgemeinen unerkanntermaßen. Ägypten war die Region, die dazu erwählt wurde, um dort am Ende unser Bewusstsein wiederherzustellen, und es war die zentrale Region, wo Überlebende aus Atlantis und die Aufgestiegenen Meister sich am selben Ort befanden. Wir könnten kurz auf die Geschichte der anderen Regionen eingehen und werden das auch etwas tun, aber das Hauptaugenmerk wird für diese Arbeit auf dem Vater ruhen, denn durch den Vater wollen die primären Informationen der Mer-Ka-Ba erinnert werden.

Dies hier ist eine ägyptische Plastik von Tiya [Abb. 4-10]. Tiya und ihr Ehemann Ay waren die ersten beiden, die interdimensional ein Kind zeugten, indem sie sich über das heilige Tantra miteinander verbanden, das für alle drei zu Unsterblichkeit führte: Vater, Mutter und Kind. Wenn man sie betrachtet, kann man sich ein recht gutes Bild vom Aussehen der Lemurier machen. Sie und ihr Gatte leben noch immer, und selbst nach zehntausenden von Jahren befinden sie sich heute noch auf dem Planeten. Sie sind zwei der ältesten Wesen der Welt und aufgrund all dessen, was sie für das menschliche Bewusstsein getan haben, zwei der geachtetsten Aufgestiegenen Meister.

Riesen im Land

Das hier ist Abu Simbel [Abb. 4-11] in Ägypten, gelegen an der Basis der Wirbelsäule im Chakrasystem des männlichen Aspekts des Christusgitternetzes. Achtet einmal darauf, wie riesig diese Statuen sind – das entsprach der *tatsächlichen Größe* dieser Wesen. Vergleicht ihre Körpergröße mit der Größe der Touristen, die in der Nähe der rechten unteren Ecke auf diesem Foto zu sehen sind. Würden die steinernen Gestalten aufstehen, läge ihre Größe in diesem Bereich von 18 Metern, was darauf schließen lässt, dass sie sich auf der fünften Bewusstseinsebene befanden.

Abb. 4-11. Abu Simbel.

Diese Wesen [Abb. 4-12] auf einer anderen Wand in Abu Simbel wären etwa 10,5 Meter groß und somit Vertreter der vierten Bewusstseinsebene. Man baute damals Räume für diese unterschiedlichen Größen. Dieser Durchgang wurde für die Venusier geschaffen (das Geschlecht der Hathoren), die sich auf der dritten Bewusstseinsebene befinden. Ich werde euch später noch mehr über die Hathoren erzählen.

Die Wesen der dritten Ebene, mit denen wir es hier zu tun haben [Abb. 4-13], sind etwa 4,80 Meter groß, was darauf schließen lässt, dass sie männlichen Geschlechts sind, denn die Frauen dieser Gattung sind etwa 3 Meter bis 3,60 groß. In ihrem Abschnitt des Bauwerks sind die Räume etwa 6 Meter hoch, mit Deckenhöhen und Gebälk, dessen Proportionen 3 Meter bis 4,80 großen Wesen entsprechen. Neben diesem Raum geht es durch eine kleine Tür (sie ist hier nicht zu sehen), die so aussieht, als sei sie für uns gemacht: zu einem kleinen Raum mit einer viel niedrigeren Decke. Die Ägypter schufen diese Plastiken nicht willkürlich – sie taten überhaupt *nie* etwas willkürlich. Es gibt auf keinem Stein einen einzigen Kratzer, glaube ich, nicht einmal einen, der unbewusst dorthin gekommen ist. Es gab einen Grund und einen Zweck für alles. Und gewöhnlich wurde etwas auf vielen, vielen verschiedenen Ebenen geschaffen. Die *Emerald Tablets* beispielsweise sind auf einhundert Bewusstseinsebenen geschrieben. Je nachdem, wer man selbst ist, versteht man etwas absolut und vollkommen anders als andere. Solltet ihr eine Bewusstseinsänderung erfahren, so greift noch einmal zu den *Emerald Tablets* und lest sie noch einmal. Ihr werdet kaum glauben können, dass es dasselbe Buch ist, denn es wird euch ganz anders ansprechen, abhängig von eurem Verständnisnivau.

Dies hier sind Erdwesen [Abb. 4-14] beim Durchlaufen der verschiedenen Bewusstseinsebenen. Auf diesem Foto seht ihr eine riesige, 16,5 Meter große Gestalt neben einer Statue von ungefähr unserer Größe, die zu ihren Füßen steht. Es sind der König und die Königin. Archäologen wissen das nicht zu deuten, also sagen sie einfach, die Könige seien wichtiger gewesen als die Königinnen, und deshalb sei die Königin hier so klein dargestellt. Aber es hatte absolut nichts mit derartigem zu tun. Die Statuen zeigen die fünf Ebenen des Bewusstseins. Jeder König und Pharao, der je in Ägypten lebte, hatte fünf Namen, was für die fünf Ebenen des Bewusstseins stand.

Manche Könige und Königinnen konn-

Abb. 4-12. Abu Simbel und das Hathor-Portal.

Abb. 4-13. Im Innern von Abu Simbel; Wesen der dritten Dimension.

Abb. 4-14. König und Königin auf unterschiedlichen Bewusstseinsebenen.

ten Dinge von einer Ebene auf eine andere übertragen, um die Bevölkerung in die spirituellen Sphären zu führen. Ein besonderes Beispiel dieser Art existiert noch immer. In Ägypten gibt es ein uraltes Rundhaus. Ich habe es noch nicht selbst gesehen, aber der renommierte Archäologe Ahmed Fayed hat es mir beschrieben, ich weiß also, dass es wirklich existiert. (Das war lange Zeit das Haus von Ay und Tiya, wenn sie es auch offenbar jetzt nicht mehr nutzen). Dieses Rundhaus hat in der Mitte eine Trennwand. Man kann nicht von einer Seite des Hauses zur anderen kommen, ohne nach draußen zu gehen, um das Haus herumzugehen, und dann zur anderen Seite wieder hereinzukommen. Klingt das nicht nach der Insel Udal in Atlantis? Auf einer Seite befindet sich in der Mitte der Wand eine Darstellung von Ay, der mit seinem eckig anmutendem Hemd und diversen ägyptischen Artikeln sehr ägyptisch aussieht. Er scheint von normaler Größe. Auf der anderen Seite der Wand befindet sich eine Darstellung von Ay, auf der er etwa 4,50 Meter groß ist. Er sieht hier ganz anders aus, aber man kann erkennen, dass sein Gesicht dasselbe ist. Er hat einen riesigen Hinterkopf, der weit nach hinten reicht, wie das bei höheren Arten der Fall ist (ich werde sehr bald Beispiele zeigen). Diese beiden Darstellungen von Ay zeigen, dass er zwischen diesen beiden Bewusstseinsebenen hin- und herwechseln konnte, indem er sein Bewusstsein veränderte.

Treppenstufen-Evolution

Dem Wissen der Melchizedek zufolge erschienen die Sumerer und die Ägypter fast im gleichen Augenblick auf dem Angesicht der Erde, als fertige Wesen, heil und vollkommen, mit völlig intakter Sprache, mit ihren gesamten Fähigkeiten und ihrem gesamten Wissen, und vor dieser Zeit hatte es fast keine Evolution für sie gegeben (zumindest keine, die der Wissenschaft bekanntgeworden ist). Sie traten einfach in einem bestimmten Augenblick der Geschichte in ihrem vollkommensten Zustand auf den Plan. Die Schriftzeugnisse, die in diesem Augenblick geschaffen wurden, waren außerordentlich kunstvoll und klar und sind seitdem nie verbessert worden. Nach diesem anfänglichen Impuls wurden diese Kulturen immer weniger klar, bis die hochentwickelten Zivilisationen schließlich degenerierten und sich auflösten. Man könnte meinen, dass sie mit fortschreitender Zeit besser geworden wären und sich weiterentwickelt hätten, doch genau das war nicht der Fall. Das ist eine wissenschaftliche Tatsache. Niemand unter den konventionellen Archäologen weiß, wie das geschah oder kann auch nur erklären, wie das geschehen *konnte*. Es ist ein großes Rätsel.

Ägypter und Sumerer werden einer bestimmten Kategorie zugeordnet, die von den Archäologen *Treppenstufen-Evolution* genannt wird. Diese Klassifizierung basierte darauf, wie sie sich anscheinend Informationen und Wissen aneigneten. Was geschah, war, dass, nachdem Ägypten erst einmal seine Sprache hatte, vollständig und komplett, dieses Wissen auf eine völlig andere Ebene erhob. Dann wussten sie etwa kurze Zeit später alles, was man sich auch nur vorstellen könnte über, sagen wir, den Bau einer bestimmten Art von Wassergraben, oder ein bestimmtes Bewässerungssystem. Daraufhin verging wieder etwas Zeit, und dann wussten sie plötzlich alles über Hydraulik. So ging es immer weiter. Woher hatten die Ägypter und Sumerer all diese Informationen? Wie kam es, dass sie plötzlich, in einem Tag, alles wussten? Ich werde euch Thots Antwort darauf wiedergeben.

Zuerst einmal muss ich das auf der Zeichnung verdeutlichen, die noch einmal die Präzession zeigt [Abb. 4.15]: Punkt A ist, wo wir uns jetzt befinden, und an Punkt C kam es zum Untergang von Atlantis. Punkt C ist auch der Punkt, an dem sich die Pole verschoben, wie die Wissenschaft herausgefunden hat. Es ist auch die Zeit, zu der sich die große Flut ereignete, die Noah erlebte, und zu der durch all die Veränderungen auf der Erde die Polkappen schmolzen. Punkt C ist der Punkt, an dem sich diese ganzen Verwüstungen ereigneten. Erinnert ihr euch daran, wie ich an einer früheren Stelle erwähnte, dass es noch zwei weitere Punkte gab, B und D, an denen es ebenfalls zu einer Veränderung kommen konnte, und die unproblematisch assimiliert werden könnten? Auf eine Zeitspanne von 6000 Jahren bezogen, mussten die Aufgestiegenen Meister von Punkt C, an dem die Zerstörung eintrat, bis zu Punkt D, wo neue Lehren erfolgen konnten, dasitzen und warten, während die Atlanter, nun haarige Barbaren in Ägypten, langsam in den Zustand zurückkehrten, in dem sie dieses neue und dennoch uralte Wissen annehmen konnten. Diese schätzungsweise 1600 Aufgestiegenen Meister hatten seit dem »Sündenfall« unter der Großen Pyramide (Cheopspyramide) gelebt, und sie mussten 6000 Jahre warten, bevor sie mit ihren Unterweisungen und dem Aufbau der neuen Kultur beginnen konnten.

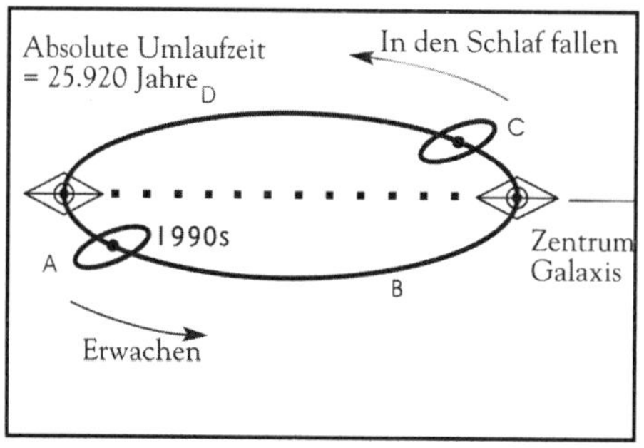

Abb. 4-15. Der Weg der Präzession.

Die Tat-Bruderschaft

Thots Sohn Tat blieb mit Ra nach dem Absturz der Menschheit (»Sündenfall«) in Ägypten. Später wurde diese Gruppierung unter dem Namen »Tat-Bruderschaft« bekannt. Selbst heute noch gibt es eine auf der äußeren Ebene existierende Bruderschaft in Ägypten, die »Tat-Bruderschaft« heißt – physische Menschen, die die Hüter und Bewahrer der heiligen Tempel sind. Hinter der derzeitigen Tat-Bruderschaft verbergen sich die Aufgestiegenen Meister.

Der unsterbliche Aspekt der Tat-Bruderschaft saß also da und wartete und wartete, beobachtete und wartete weiter, bis zu der Zeit, zu der die Ägypter ihre Unterweisungen empfangen konnten. Als der Tag schließlich kam, der die Geburt von Sumer und Ägypten war, beobachtete die Tat-Bruderschaft alles genau, bis sie in Ägypten entweder eine Person oder eine Gruppe von Menschen fanden, die für das uralte Wissen bereit waren. Dann erschienen ein, zwei oder auch drei Mitglieder der Bruderschaft in einem Körper, der ganz genauso aussah wie der der Menschen, die sie unterwiesen, und begannen ihnen ihre Lehren zu erteilen. Sie zeigten sich an der Erdoberfäche, traten auf die Person oder Gruppe zu und gaben ihr oder ihnen die Information ganz geradeheraus. Sie sagten ganz unumwunden: »He du, sieh dir das mal an. Hast du schon gewusst, dass dann, wenn du das-und-das tun würdest, das-und-das passieren würde? Und die Ägypter sagten dann regelmäßig: »Wow, hat man so etwas schon gesehen?!« Sie machten sich dieses Wissen dann zunutze und schufen so eine neue »Stufe« in ihrer Evolution.

Dann begaben sich die Männer und Frauen der Bruderschaft wieder unter die Pyramide zurück, die Ägypter, die diese Unterweisungen erhalten hatten, gaben sie an die übrige Kultur weiter, und die Kultur stieg schnell zur nächsten Stufe auf. Die Ägypter assimilierten dies dann eine Weile, und dann machte sich die Bruderschaft auf die Suche nach einer weiteren Gruppe, die soweit war, etwas zum nächsten Thema zu erfahren. Dann tauchten sie wieder an der Oberfläche auf und sagten: »Seht mal, hier habt ihr alles, was ihr hierzu wissen wollt.« Sie gaben ihnen das Wissen einfach. Die Aufgestiegenen Meister gaben den Menschen diese Informationen innerhalb eines kurzen Zeitraums, und die Evolution der ägyptischen Kultur entwickelte sich treppenstufenartig immer höher.

Die parallele Evolution in Sumer

Das gleiche Evolutionsmuster fand sich auch in Sumer. Obwohl es unter Historikern derzeit üblich ist, zu sagen, Ägypten hätte in etwa 3300 v. Chr. begonnen und Sumer 500 Jahre früher, etwa um 3800 v. Chr., glaube ich, dass beide fast im gleichen Moment begannen. Ich denke, wenn die Historiker dafür sorgen würden, dass ihre Daten exakt sind, dann würden sie darauf stoßen, dass Sumer und Ägypten nur um wenige Jahre zeitversetzt begannen. Jedoch wurde die Evolution in Sumer von den Nefilim, der mütterlichen Seite, angeleitet, und die in Ägypten von den Siriern, der väterlichen Seite. Darin liegt der primäre Unterschied. Ich denke, Mutter und Vater waren sich einig: »Jetzt ist es an der Zeit, dass sich unsere Kinder erinnern.« Ich glaube, es war ein elterlicher Beschluss und ich bin überzeugt, wenn die Forscher ganz genau hinsehen, werden sie feststellen, dass beide Länder im gleichen Moment erblühten – der an den entsprechenden Punkt in der Präzessionsumlaufbahn geknüpft war (Punkt D) –, als am wahrscheinlichsten war, dass dies Erfolg haben würde.

So wussten die Sumerer also von der Präzession der Tagundnachtgleichen. Man braucht 2160 Jahre, um zu erkennen, dass es eine Präzession der Tagundnachtgleichen gibt, aber der Grund, warum die Sumerer davon wussten, ist der, dass die Nefilim sagten: »Habt ihr schon gewusst, dass es eine Präzession der Tagundnachtgleichen gibt?« Ganz einfach. Es ist nicht weiter kompliziert. Sie erklärten das Ganze einfach, und die Menschen schrieben es auf. Die Sumerer wussten von Ereignissen, die 450.000 Jahre weit zurücklagen, weil sie die entsprechenden Informationen erhalten hatten. Sie hielten sie einfach nur schriftlich fest und wendeten sie an.

Abb. 4-16. Die Pyramide von Saqqara.

Doch nachdem diese alten Kulturen all diese brillanten Informationen hatten, degenerierten sie. Warum zerfielen sie, statt höher aufzusteigen? Weil sie sich im *Schlaf*zyklus befanden, dem Abschnitt der Präzession, in dem das »Einschlafen« stattfindet. Mit jedem Atemzug versanken sie tiefer in Schlaf, geradewegs ins Kali Yuga, dem am meisten mit Schlaf verbundenen Moment des Zyklus. Mitten in das Kali Yuga – vor 2000 Jahren – fielen die Tage Jesu, und zu diesem Zeitpunkt schnarchten die Menschen tief und fest. Menschen im Kali Yuga, die Bücher und andere Studien lasen, die früher geschrieben worden waren, in einem wacheren Zeitalter, fiel es schwer, voll und ganz zu verstehen, worüber dort geschrieben wurde. Und warum? Weil sie relativ unbewusst waren. Deshalb zerfielen Kulturen auf der ganzen Welt, bis sie schließlich aufhörten zu existieren. Jetzt im Moment sind wir im Begriff, voll und ganz zu erwachen und die Wahrheit um unser Sein zu erkennen.

Wohlgehütete Geheimnisse in Ägypten – Schlüssel zu einer neuen Sicht der Geschichte

Dies hier ist Saqqara [Abb. 4-16]. Dem linearen Verständnis der Archäologen zufolge ist sie die Wiege der ägyptischen Kultur. Diese Pyramide war ihrem Denken entsprechend die erste, die in Ägypten errichtet wurde. Bei ihrer Errichtung war sie zuerst mit wunderschönem weißen Stein bedeckt. Diese ganze Stadt zieht sich über viele Meilen hin und Hunderte von Fuß in die Erde, und sie umfasst auch *unterirdische* Gebäude und Gebäudekomplexe. Es wäre ein staunenswerter Anblick gewesen, wenn ihr das alles hätten sehen können, als es brandneu war – insbesondere angesichts der Tatsache, dass wir angeblich so kurze Zeit vor ihrer Errichtung alle noch haarige Barbaren waren. Es gab einen Sprung vom haarigen Barbaren zu dieser superverfeinerten Kultur in nur einer Sekunde, nach archäologischen Zeitbegriffen gemessen.

Das ist eine Pyramide [Abb. 4-17], von der ich denke, dass sie der Überzeugung ein Ende bereitet, dass alles mit Saqqara begann. Diese Pyramide ist mindestens 500 Jahre älter als Saqqara. Wenn das stimmt, stimmt die Zeit, zu der die Ägypter auf der Erde auftauchten, mit der Zeit überein, zu der die Sumerer in Erscheinung traten – und genau das ist, glaube ich, passiert. Diese Pyramide heißt Lehirit (ich buchstabiere den Namen hier nach dem Klang), und sie ist eine der wenigen unbewachten Pyramiden dieser Kategorie. Es gibt recht wenige solche mit Stufen versehene Pyramiden, *Mastabas* genannt. Die Ägypter haben um fast alle Pyramiden, die annähernd 6000 Jahre alt sind oder älter, Militärstützpunkte errichtet und riesige Elektrozäune um sie gezogen. Bei manchen stehen Soldaten mit Maschinengewehren Wache. Würde man versuchen, sich diesen Pyramiden zu nähern, so würden sie einen wahrscheinlich umbringen. Sie wollen nicht, dass irgendjemand von diesen Pyramiden weiß, und vor allem wollen sie nicht, dass jemand sie eingehender unter die Lupe nimmt. Wenn ihr mit einem Ägypter über sie sprecht oder darum bittet, sie zu besichtigen, spielen die Ägypter das herunter.

Ich habe genau das schon hinter mir. Man sagte mir dann: »Ach, die ist nicht weiter wichtig. Sie besteht doch nur aus ungebrannten kleinen Ziegeln, die ein primitives Volk aufeinandergeschichtet hat.« Sie bedeuten ihnen nichts, absolut gar nichts. Und dann sagte ich immer: »Gut, kann ich eine sehen?« – »Ach was, das ist doch nur Zeitverschwendung. Tun Sie's nicht.« Ich musste immer weiter drängeln, weil ich ja eine sehen wollte. Man brachte

Abb. 4-17. Die Pyramide, die das Ende der Saqqara-Theorie bedeutet. Auf einem der beiden flachen Blöcke im Vordergrund befindet sich ein eingeritzter Davidsstern in einem Kreis.

mich zu den Büros diverser staatlicher Stellen, und dort sagte ich immer wieder: »Bitte! Kann ich mir nicht wenigstens eine ansehen?« Und überall hörte ich: »Nein, nein, nein.« Schließlich musste ich Beamte bestechen, um zu diesen Orten hinzukommen. Ein Beamter der Regierung wollte 8.000 Dollar dafür haben, mich heimlich bei Nacht ohne Kameras hineinzuschmuggeln – nur einfach, um sie fünfzehn Minuten lang anzusehen und dann wieder meiner Wege zu ziehen. So streng werden diese Bauwerke bewacht.

Nach langem Hin und Her fand ich heraus, dass es eine Pyramide gab, wo kein Militärstützpunkt war, weil sich um sie herum ein kleines Dorf befand. Sie steht etwa eine halbe Stunde von Saqqara entfernt. Nachdem ich erkannt hatte, dass mich hier kein Vorschriftenkram von seiten irgendwelcher Behörden erwartete, fand ich schließlich jemanden mit Verbindungen zu diesem Dorf. Ich musste ihm eine Menge Geld zahlen (nicht Tausende, aber doch Hunderte), um dorthin zu gelangen. Wir fuhren also zu dem kleinen Dorf, und dort musste ich zum Dorfvorsteher, um seine Erlaubnis einzuholen, und auch *ihm* etwas bezahlen. Dann erlaubte man mir, dreißig Minuten dorthin zu gehen, aber ohne Aufnahmen zu machen. Ich schaffte es, dieses eine Foto zu bekommen, mehr nicht.

Nicht nur diese Pyramide stand dort, sondern es gab überall Pyramiden, sie waren rundum verstreut, meiner Schätzung nach über rund achtzehn Kilometer! Das muss einmal eine zentrale Anlage gewesen sein. Man unternimmt nichts für ihren Erhalt, da man weiß, dass sie wahrscheinlich älter sind als 6000 Jahre. Ich fand also heraus, dass diese »unwichtigen« Pyramiden am Ende gar nicht so unwichtig waren. Die Steine, mit denen diese Pyramide gedeckt war, wie die schräg angeordneten, die auf Abbildung 4-17 zu sehen sind, wiegen vermutlich 60 bis 80 Tonnen das Stück. Sie waren Kunst höchsten Ranges, wenn auch der innere Teil der Pyramide aus Adobeziegeln bestand.

Auf einem Block neben dem Sockel befand sich ein Kreis mit einem Davidsstern – dem Schlüssel zur Erfahrung der Mer-Ka-Ba. Eine Rampe führt etwa 200 Fuß zu dem unterhalb liegenden Fluss hinab, und die Pyramide ist noch in Betrieb, sie funktioniert noch – sie pumpt nämlich Wasser. Pyramiden pumpen Wasser herauf, wie in den Vereinigten Staaten nun gezeigt werden konnte. Wenn eine Pyramide korrekt konstruiert ist, so pumpt sie Wasser, ohne dass bewegliche Teile gebraucht werden. Diese Pyramide füllt sich also mit Wasser, das abgepumpt werden muss, bevor man hinein kann.

Um dem ganzen die Krone aufzusetzen, saß ich auf meinem Rückflug zufällig direkt neben einem Team von amerikanischen Linguisten (reines Glück natürlich), die es gerade geschafft hatten, diese Pyramide zu betreten! Sehr wenige Menschen kommen dort hinein, aber dies hier war eine Gruppe von dreißig Leuten. Er erzählte mir von den Inschriften im Innern, die definitiv älter waren als Saqqara. Es finden sich überall auf den Wänden geometrische Inschriften. Ich würde das *liebend* gerne sehen. Der Mann, der neben mir saß, geriet ganz aus dem Häuschen, als er mir erzählte, dass dieser dreißig Personen starke Expertenstab, der das Innere zu Gesicht bekommen hatte, nun glaubt, dass in dieser Pyramide *der Schlüssel zu allen Sprachen der Welt* verborgen liegt. Ich schätze, er hat recht. Er verstand sich auf heilige geometrische Muster, und heilige geometrische Figuren sind, wie ihr bald entdecken werdet, die Wurzel aller Sprache im Universum.

FÜNF

Ägyptens Rolle in der Evolution des Bewusstseins

Einführung in einige Grundbegriffe

Ägyptische Geräte und Symbole der Wiedererweckung

Die Alten benutzten bestimmte Symbole für die drei Aspekte des Bewusstseins, die wir für unseren Aufenthalt hier auf der Erde verwendeten. Darstellungen dieser Symbole findet ihr auf der ganzen Welt. Bei diesen Bildern gibt es ein Tier, das unter der Erde lebt; eines, das auf der Erde wandelt und eines, das über die Erde fliegt. Das Tier, das unterirdisch lebt, steht für den Mikrokosmos; das Tier, das durch die Luft fliegt, steht für den Makrokosmos, und das Tier, das zwischen beiden auf der Erde wandelt, steht für die Ebene in der Mitte zwischen beidem – etwa uns. Die gleiche Symbolik findet sich überall. In Ägypten sieht man links einen Geier, das rechte Auge des Horus in der Mitte, und dann rechts eine Kobra [Abb. 5-1]. In Peru sind es Kondor, Puma und Klapperschlange. Für die Indianer Nordamerikas sind es Adler, Berglöwe und Klapperschlange. In Tibet haben wir ein Huhn, ein Schwein und eine Schlange.

Abb. 5-1. Symbole für die drei Aspekte des Bewusstseins.

Abb. 5-2. Instrumentarium in Zusammenhang. mit der Wiederauferweckung

Dieses Foto [Abb. 5-2] zeigt die bei den Ägyptern gebräuchlichen Werkzeuge und Symbole der Wiedererweckung. Das Objekt an Punkt A ist eine verkürzte Form eines Stabes, der gewöhnlich rund 1,20 Meter lang ist und eine kleine Stimmgabel an einem Ende, und einen 45-Grad-Winkel am anderen hat. Dieses Instrument wurde am Hinterkopf angesetzt, um Schwingungen in den Körper zu übertragen. Hiermit zusammen wurden Haken und Dreschflegel verwendet, wie wir gleich sehen werden. Pfeil B zeigt auf das Oval, dessen Farbe gewöhnlich rotorange ist und das über dem Kopf des Initianten zu sehen ist. Dies war das Symbol für die Metamorphose, die sich abspielt, wenn wir unsere eigene Wiederauferstehung oder Himmelfahrt erleben, bei der sich buchstäblich Gestalt und Chemie unseres Körpers ändern. Pfeil C zeigt einen Stromgenerator, der mitunter zur Erhöhung der Schwingung eingesetzt wurde. Leider ging Thot von hier fort, bevor ich die Einsatzweise dieses Objekts voll und ganz begriffen hatte. Pfeil D deutet auf das Ankh, das ich besser verstehe und von dem ich euch vermitteln werde, wie ich es verstehe. Es ist das allerwichtigste Verständniswerkzeug, über das sie verfügten. Aus der Sicht der Ägypter ist es der Schlüssel zum ewigen Leben. Pfeil E weist auf ein Dreieck im Dreieck, die ägyptische Hieroglyphe für den Stern Sirius, das Symbol für Sirius A und Sirius B. Punkt F ist nur ein Name, man nennt das eine Kartusche. Der Vogel rechts oben ist ein Geier – ein Tier, das den Ägyptern heilig ist und mit der Bewegung von einer Bewusstseinsebene auf eine andere zu tun. hat. Ich gehe hier auf sonst nichts auf dem Bild ein, jedenfalls sind dies einige der Werkzeuge, die von den alten Ägyptern eingesetzt wurden.

Abb. 5-3. Geometrische Figuren.

Der Unterschied zwischen Sterben, Wiederauferstehung und Aufstieg

Diese geometrischen Figuren [Abb. 5-3] kommen aus dem alten Ägypten. Die kleinen Muster, die die Blume des Lebens zeigen, stehen in Verbindung mit Lehirit – der Pyramide, von der ich glaube, dass sie der Saqqara-Theorie ein Ende bereitet.

Abb. 5-4 ist ein Bild von Osiris (links). Er hält einen Krummstab (A), einen im Winkel von 45 Grad abgebogenen Stab mit einer Stimmgabel am Ende (B) und einen Dreschflegel (C), die drei zentralen Werkzeuge, die zur Auferstehung benötigt werden. Diese Werkzeuge standen in Verbindung mit der Wiederauferstehung, nicht dem Aufstieg in höhere Dimensionen. Es gibt einen Unterschied zwischen den beiden. Welcher Unterschied besteht da? Zunächst einmal gibt es Sterben, ein Prozess, bei dem man in den Zustand der Leere unmittelbar nach dem Tod eingeht. Man ist ohne Bewusstsein, ist sich des Sterbeprozesses so unbewusst, dass man keine Kontrolle über die Bilder hat. Diese Art zu sterben führt einen zum dritten Oberton der vierten Dimension, was bewirkt, dass man immer wieder in einem Kreislauf zum Erdendasein zurückkehrt – Reinkarnation. Weil man sich dieses Kreislaufs nicht bewusst ist, setzt man seine Mer-Ka-Ba nicht ein, zumindest nicht bewusst, sobald man also zur anderen Seite kommt, hat man keine Erinnerungen mehr an die erste Seite. Bei der Reinkarnation auf die Erde hat man ebenfalls keinerlei Erinnerung mehr daran, wo man hergekommen ist. Das Wiedergeborenwerden geht also einfach nur immer weiter. Es ist eine Menge Energie, die sich da ganz, ganz langsam bewegt. Irgendwann hat man es hinter sich, aber das ist ein sehr langsamer Prozess.

Abb. 5-4. *Die Wiederauferweckung von Osiris*

Wenn man durch die Wiederauferstehung hindurchgeht, ist man sich seiner Mer-Ka-Ba bewusst und nimmt sie wahr, obwohl man sie gewöhnlich erst nach seinem Tod voll und ganz wahrnimmt. Man stirbt, lässt die körperliche Hülle fallen, und *dann* wird man sich seiner Mer-Ka-Ba bewusst. Dann erschafft man seinen Körper neu und durchlebt einen Prozess, der einen dazu bringt, in den zehnten, elften oder zwölften Oberton der vierten Dimension einzugehen. Die Erinnerung ist nie wieder blockiert, und der Weg führt weiter ins ewige Leben.

Es gibt einen großen Unterschied zwischen Sterben und Auferstehung, aber einen noch größeren zum Aufstieg – der nun möglich ist, seit das Gitternetz 1989 fertiggestellt wurde. Vor seiner Fertigstellung war ein solcher Aufstieg höchst unwahrscheinlich. Bei ihm stirbt man überhaupt nicht; es kommt nicht zu einem Vorgang des Sterbens, wie wir ihn kennen. Selbstverständlich stimmt es, dass man sich nicht länger hier auf der Erde aufhält, und so betrachtet, stirbt man natürlich. Was geschieht, ist, dass man sich einfach auf die eine oder andere Weise seiner Mer-Ka-Ba gewahr wird – entweder, indem man sich von selbst daran erinnert oder hierin unterwiesen wird, oder wie auch immer sich dies einstellt. Das heißt, du nimmst deinen Körper als Licht wahr. Dann bist du in der Lage, ganz bewusst die Große Leere zu durchqueren – von der Seite der Erde durch die Große Leere zu den höheren Dimensionen, die ganze Zeit über dabei voll und ganz bewusst. Auf diese Weise geht man einfach aus diesem Leben heraus, ohne den Prozess des Sterbens durchzumachen, wozu ein Umbau des eigenen menschlichen Körpers erforderlich ist. Wenn ein Mensch aufsteigt, verschwindet er/sie einfach aus dieser Dimension und taucht in der nächsten wieder auf, und dabei wird die Große Leere durchquert.

Der Aufstieg ist mittlerweile tatsächlich möglich, und dieses Buch stellt ein mögliches Set von Anleitungen dar, wie man diesen Prozess im einzelnen bewerkstelligt. Ihr persönlich »geht« vielleicht nicht durch einen Aufstieg – es kann sein, dass ihr tatsächlich sterbt oder dass euer Abgang durch die Wiederauferstehung führt. Es spielt an diesem Punkt im Spiel des Lebens auf dem Planeten Erde keine große Rolle, denn wenn ihr auf normale Weise sterbt, wandert ihr in den dritten Oberton und für eine Zeitlang in ein Muster des Anhaltens. Wenn dann der Rest der Erdzyklen diese bevorstehende Veränderung durchläuft, werden alle Menschen auf diesem dritten Oberton ebenfalls auf die gleiche Dimension aufsteigen wie diejenigen, die wiederauferstanden oder aufgestiegen sind. Selbst in der Bibel findet das Erwähnung, heißt es doch dort, dass sich zu dieser Zeit die Toten erheben werden. So etwas wie Tod gibt es nicht – es gibt lediglich unterschiedliche Seinszustände. Es ist ein wenig wie beim Wasser, das ja flüssig, fest (Eis) oder gasförmig (Nebel) sein kann, aber dennoch Wasser bleibt.

Derzeit spielen sich sehr wenige Reinkarnationen auf der Erde ab, es sei denn, es herrschen bestimmte Bedingungen. Das ist wahrscheinlich euer letztes Leben, Leute – das war's! Natürlich bestätigen Ausnahmen wie immer die Regel, es mag also ein paar auf der Erde geben, die sich der Aufgabe verschrieben haben, wiedergeboren zu werden. Die Zeit wird knapp. Mich würde es wundern, wenn wir es bis zum Ende dieses Jahrhunderts schaffen. Ich habe ernste Zweifel, ob die dritte Dimension für menschliches Leben bis dahin noch zugänglich ist. Nur Gott weiß das sicher zu sagen. Woher kommen die Menschen, die heute hier auf die Erde geboren werden? Nicht von hier! Ich erkläre das später näher, wenn wir auf die neuen Kinder zu sprechen kommen.

Abb. 5-5. Der ägyptische Tierkreis, dargestellt mit entgegengesetzter Fließrichtung, obgleich diese Darstellung zeitgenössischer Natur ist.

Als die Sonne im Westen aufging

Als sich Ägypten zu entwickeln begann, entwickelte es sich zu zwei Ländern: Oberägypten und Unterägypten. Oberägypten war der Süden und Unterägypten war der Norden. Die Ägypter gaben Ober- und Unterägypten auf diese gleichsam umgekehrte Weise ihre Namen, da sich die Erde in ihrem früheren Leben als Land zur Zeit von Atlantis in die entgegengesetzte Richtung drehte und die magnetischen Pole vertauscht waren. Unser derzeitiger Norden war damals der Süden und umgekehrt. Nicht genug damit, dass sich die Position der Pole nach Atlantis verschob, sondern die Erde drehte sich tatsächlich in die entgegengesetzte Richtung. Thot sagte, er habe fünf Polverschiebungen durchlebt: Er habe die Sonne im Osten aufgehen sehen, und er habe die Sonne im Westen aufgehen sehen, dann wieder im Osten, dann im Westen, und schließlich wieder im Osten – fünfmal!

An der Decke des Tempels in Dendera, wo das Herzchakra des männlichen Aspekts des Christusgitternetzes gelegen ist, befindet sich ein astrologischer Tierkreis, der diese umgekehrte Polarität demonstriert. Der Tierkreis dreht sich hier in die umgekehrte Richtung, als würde die Sonne im Westen aufgehen statt im Osten [Abb. 5-5]. Der Nil fließt von Süden nach Norden, während fast alle anderen Flüsse auf der Welt von Norden nach Süden fließen. Darin zeigt sich für mich, dass die Ägypter selbst in der Erde am älteren Energiefluss festhielten.

Wir sind die Erschaffer unseres Universums. Wer sich mit Sufismus befasst, erinnert sich vielleicht an Sufi Sam, auch unter dem Namen Murshid Sam Lewis bekannt. Er wurde – ich glaube, in den frühen Siebzigern – bei der Lama Foundation in New Mexico begraben. Über seinem Grab befindet sich ein Schild, auf dem zu lesen steht: »An diesem Tag wird die Sonne im Westen aufgehen, und alle Männer, die Augen haben zu sehen, werden es glauben.« Er nahm damit Bezug auf die Zeit, die auf uns zukommt. Wenn sich die Pole nächstes Mal verschieben, wird es zu einer Umkehrung in der Drehrichtung der Erde kommen, und von daher in der Bewegung, die wir im Verhältnis zur Sonne vollziehen.

Osiris, der erste Unsterbliche

Vor Ägypten, während der Tage von Atlantis, existierte die Naacal-Mysterienschule unter der Führung von Ay und Tiya sowie eintausend Mitgliedern aus Lemurien. Sie befand sich auf der Insel Udal, nördlich des Festlands. Dort versuchte man die Atlanter zu lehren, wie sie Unsterblichkeit erlangen konnten. Die Sache war nur die, dass sie damals entweder keine sehr guten Lehrer waren oder die Menschen begriffen es einfach nicht, denn es dauerte 20- bis 30.000 Jahre, bis ein Mensch endlich den Seinszustand der Unsterblichkeit erlangte. Die erste Person, die das schaffte, war Osiris, der kein Ägypter war, sondern Atlanter. Die Geschichte von Osiris spielte sich nicht in Ägypten ab, obwohl darin vom Nil die Rede ist, sondern in Atlantis. Obwohl die meisten diese Geschichte wohl kennen, werde ich sie in verkürzter Form hier noch einmal erzählen.

Da waren zwei Brüder und zwei Schwestern aus der gleichen Familie. Ihre Namen waren Isis, Osiris, Nephthys (oder Nefus) und Set. Isis heiratete Osiris, und Nephthys heiratete Set. Zu dem Zeitpunkt, an dem die Geschichte einsetzt, hat Set Osiris umgebracht. Er hat Osiris' Körper in einer Kiste verstaut und lässt die Leiche den Nil flussabwärts treiben (wobei es sich in Wirklichkeit um einen Fluß in Atlantis handelte). Dieser Mord hat Isis keine Ruhe gelassen, und sie und ihre Schwester, Sets Gemahlin, machten sich auf den Weg, um Osiris zu suchen. Sie finden seinen Körper und bringen ihn zurück mit der Absicht, Osiris wieder zum Leben zu erwecken. Als Set das herausfindet, schneidet er Osiris Körper in vierzehn Stücke und verteilt sie auf der ganzen Welt, damit seine Schwestern ihn nicht zum Leben erwecken können. Isis und Nephthys machen sich also auf die Suche nach diesen Teilen, um ihn wieder zusammenzusetzen. Sie finden dreizehn der vierzehn Stücke und fügen sie zusammen, aber sie finden nie den Phallus, das vierzehnte Stück. Es war Thot (der in Atlantis wie auch in Ägypten war), der durch Magie das vierzehnte Stück wiederbeschaffte. So war der schöpferische Energiefluss wiederhergestellt, Osiris erwachte wieder zum Leben und erlangte darüber hinaus Unsterblichkeit.

Aus ägyptischer Sicht wurde die Unsterblichkeit durch sexuelle Energie erreicht. (Vergessen Sie nicht: durch sexuelle Energie, Tantra, fasste die Unsterblichkeit in Lemurien Fuß.) Ich werde das letzte Element dieser Geschichte bis zu einem anderen passenden Moment aufheben, da zunächst einmal ein gewisses Verständnis hergestellt werden muss. Aber beachtet, dass Osiris zuerst auf der ersten Bewusstseinsebene lebte und in seinem Körper herumlief. Dann wurde er getötet und sein Körper in Stücke zerteilt. Er war von sich selbst abgetrennt – das war Bewusstsein der zweiten Ebene, unserer Ebene. Dann wurden seine Stücke wieder zusammengefügt und er wieder heil, was ihn auf die dritte Bewusstseinsebene hob, nämlich die der Unsterblichkeit.

Er durchlief drei Ebenen des Bewusstseins. Bei der ersten war er ganz und heil, bei der zweiten von sich selbst getrennt, und bei der dritten wurden alle Komponenten wieder zusammengebracht. Das machte ihn wieder heil und ganz und gleichzeitig unsterblich – von nun an würde er nicht mehr sterben. Als Osiris schließlich durch all das hindurch war, kehrte er als Unsterblicher zurück, der erste wiederauferstandene Meister von Atlantis. Sie nutzten also Osiris' Verständnis dessen, wie er unsterblich geworden war, als Vorbild, an dem sich andere orientieren konnten, um den gleichen Bewusstseinszustand zu erlangen. Hieraus wurde die Religion von Atlantis und später die Religion Ägyptens.

Das transpersonale holographische Gedächtnis der ersten Bewusstseinsebene

Die Atlanter hatten aufgrund der Funktionsweise ihres Gehirns ein absolut vollständiges Erinnerungsvermögen. Sie konnten sich an alles erinnern, was sie je erlebt hatten. Und ihr Gedächtnis war *transpersonal*, was bedeutete, dass alles, woran sich eine einzelne Person erinnerte, auch in der Erinnerung anderer ihres Geschlechts fortbestand. Ein solches Gedächtnis haben noch heute die Aborigines in Australien. Wenn einem Aborigine irgendetwas geschieht, kann jeder und jede andere es auf Wunsch jederzeit nacherleben. Würde ein oder eine Aborigine jetzt hier ins Zimmer treten, so würde diese Person letztendlich die Erfahrung an alle Mitglieder ihrer Rasse an jedem beliebigen Punkt auf dem Planeten weitergeben.

Seht ihr – die Aborigines befinden sich auf der ersten Bewusstseinsebene, wo sie nicht von sich selbst getrennt sind. Wir befinden uns auf der zweiten Ebene und sind sehr getrennt von uns selbst. Wie die Atlanter haben Aborigines kein Gedächtnis, das sich mit unserer vagen Art von Erinnerung vergleichen ließe; sie haben eine dreidimensionale holographische Erinnerung. Sie könnten diesen Raum in jedem Moment rekonstruieren, während des gesamten Workshops, und all die restlichen Aborigines würden hierin herumlaufen und sich umsehen. Sie gehen zu eurem Tisch und sehen euch in die Augen. Das würde nicht in der Echtzeit stattfinden, sondern in dem, was sie Traumzeit nennen, wie in einem Traum, nur dass es eine exakte Nachbildung der Wirklichkeit darstellt. Ihr Erinnerungsvermögen ist perfekt; sie haben keine Fehler oder Makel. Aus offensichtlichen Gründen hatten die Atlanter in dieser Art von Kultur keinen Anlass, etwas schriftlich festzuhalten. Wozu versuchen, etwas mit Worten zu beschreiben, wenn man die reale Sache haben kann?

Sie brauchten Derartiges nicht; der Marsianer-Aspekt jedoch brauchte es durchaus, also hatten die Marsianer eine Schriftsprache. Selbst nach dem »Sündenfall« hatten die Ägypter (und andere) ein erstaunliches Erinnerungsvermögen. An diesem Punkt hatten sie ihr holographisches und transpersonales Gedächtnis verloren, aber sie hatten noch immer ein *fotografisches* Gedächtnis. Wenn die Schüler und Schülerinnen der Mysterienschule die komplizierte Form von Training durchführten, die wir bald praktizieren werden, konnten sie das alles im Kopf tun. Mit unserem weniger effektiven Gedächtnis können wir das nicht genauso wie sie; wir müssen uns schon Mühe geben, uns auch nur an den Namen von jemandem zu erinnern. Die Komplexität wird zunehmen, während wir weiter fortschreiten und es schwer machen, sich etwas von einem Foto bis zum nächsten zu merken, aber die Menschen von damals konnten es noch völlig im Kopf. Sich Derartiges im Kopf zu merken hat einen wichtigen Aspekt; ich werde also später noch einige Illustrationen zeigen, die euch dabei helfen werden, das auch selbst hinzubekommen.

Diese Erfahrung hält einen zentralen Schlüssel für das Verständnis der Natur der Schöpfung bereit. Er-schafft die später folgenden Illustrationen für euch neu, als befändet ihr euch tatsächlich in der Großen Leere und würdet die geometrischen Bewegungen durchspielen. Dies zu erfahren, vermittelt euch das Verständnis, dass die Kreise auf der Seite für wirkliche Bewegungen stehen, und dass diese geometrischen Bewegungen des Geistes in der Leere Anfang und Ende der Schöpfung sind.

Die Einführung der Schrift, durch die die zweite Bewusstseinsebene erschaffen wurde

In *Forty-Two Books of Thoth* ist verzeichnet, dass nach dem »Sündenfall«, als die Atlanter nach Ägypten kamen und nicht länger ihr volles Erinnerungsvermögen erfuhren, die Schrift eingeführt wurde. Es steht sogar direkt in den ägyptischen Aufzeichnungen, dass Thot derjenige war, der auf der Welt die Schrift einführte. Mit diesem einen Akt war der »Sündenfall« komplett, und wir wurden aus der ersten Bewusstseinsebene herausgeworfen und gelangten vollauf in die zweite, da es unseren Zugriff auf Erinnertes veränderte. Damit war unser Schicksal besiegelt.

Dieser Akt des Schreibenlernens bewirkte, dass sich die obere Hälfte unseres Schädels von den Augenbrauen aufwärts herausbildete. Der einfache Akt der Einführung des Schreibens veränderte viele Faktoren an unserer Wahrnehmung der Wirklichkeit. Um jetzt an unser Gedächtnis heranzukommen, müssen wir nach dort vordringen und ihm die gewünschten Informationen mit einem Code entlocken. Wir dringen mit einem Wort oder einer Vorstellung dort ein, um die Erinnerung an was auch immer wieder hervorzuholen. Tatsache ist, dass wir uns nicht einmal an etwas erinnern können, ohne dass bestimmte Augenbewegungen stattfinden. Unsere Augen müssen sich auf eine bestimmte Weise bewegen, damit die Erinnerungen hervorströmen können. Das ägyptische Erinnerungssystem unterschied sich immens davon, wie es vor dem »Sündenfall« ausgesehen hatte. Vergleichen wir dieses veränderte Gedächtnis mit der Osirislegende, so waren die Ägypter in das Stadium eingetreten, wo sie in voneinander abgespaltene Teile getrennt waren, wo sie sich in ihrem Körper befanden und dachten, sie seien getrennt vom Rest der Wirklichkeit. Dieses Gefühl des Getrenntseins war natürlich dazu angetan, viele Aspekte der Art und Weise zu verändern, wie die Menschen lebten.

Die Strassensperre des Polytheismus: Chromosomen und Neter

Nun laufen die Handlungsfäden zunehmend zusammen. Alles lief bestens im Hinblick auf den Stufenplan der Evolution. Nach einer Weile schlossen sich Unter- und Oberägypten unter König Menes zu einem einzigen Land zusammen, und die Erste Dynastie begann. Doch im Laufe der Zeit entwickelte sich ein ernstes Problem, das für uns im zwanzigsten Jahrhundert, wäre es nicht gelöst worden, Katastrophen größeren Ausmaßes hervorgerufen hätte – ja, wir hätten als Planet gar nicht überlebt. Wir hätten keine Chance gehabt. Das, worum es hier geht, scheint eine nicht weiter wichtige Sache zu sein, aber für diejenigen, die über diesen Planeten wachten, war es sehr wichtig. Es hatte mit den religiösen Überzeugungen der Ägypter zu tun.

Wie schon gesagt, hatten die Ägypter kein volles holografisches transpersonales Gedächtnis mehr, also mussten sie schriftlich festhalten, worin ihre Religion bestand. Dieses Schriftstück trägt den Titel *The Forty-Two Books of Thoth*. Donald Beaman, er lebt in Boston, hat dieses Buch rekonstruiert. Es waren 42 Bücher, wobei zwei weitere vom Hauptkorpus abgesetzt waren. Zweiundvierzig plus zwei ist die Anzahl von Chromosomen bei der ersten Bewusstseinsebene. Eure Chromosomen stellen, wie ihr sehr bald sehen werdet, geometrische Bilder und Muster dar, die die gesamte Wirklichkeit beschreiben – nicht nur euren Körper, sondern alles in der Wirklichkeit, vom fernsten Planeten bis zu der kleinsten Pflanze und jedem einzelnen Atom.

In diesem Buch werdet ihr etwas sehen, was als *Neter* bezeichnet wird. Neter sind Götter – Götter kleingeschrieben, sozusagen. Hier haben wir einen von ihnen: Anubis [Abb. 5-6]. Es sind mythische Menschenwesen mit Tierköpfen, und jeder von ihnen steht für ein anderes Chromosom, einen anderen Aspekt, ein anders charakterisiertes Leben. Neter stehen für den Weg, wie man von der ersten zur zweiten Bewusstseinsebene gelangt. Die Aufgestiegenen Meister nutzten Osiris genetischen Code, um anderen Menschen dabei zu helfen, den Aufstieg zu bewältigen. Mit anderen Worten, Osiris hatte die Erfahrung des Aufstiegs durchlebt, und nun fand sich dieser Weg in seiner DNA, um genauer zu sein, in den Chromosomen. Die genetischen Schlüssel wurden dem Initianten dann durch die Neter eröffnet, die Osiris' Chromosomen repräsentierten.

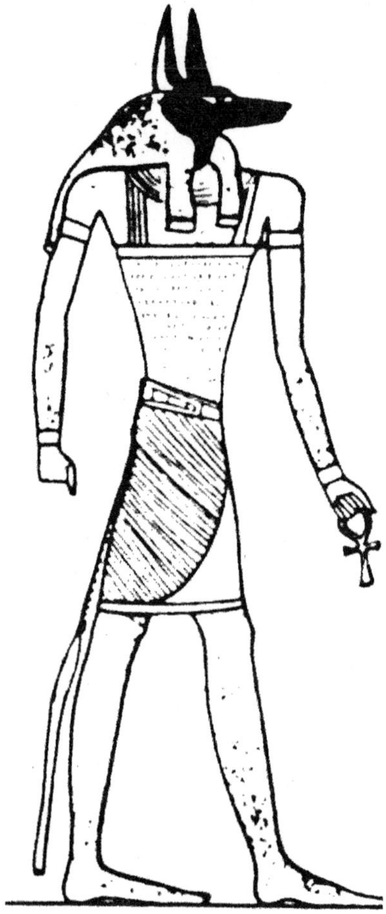

Abb. 5-6. Der Neter Anubis.

Aus dieser Art der Darstellung ihrer Religion entwickelte sich jedoch ein Problem, vor allem, als Ober- und Unterägypten wieder in stärkerem Maße voneinander getrennt war. Sowohl Unter- als auch Oberägypten hatten 42 + 2 Götter, oder Neter, die für die entsprechenden Stufen standen. Die Bilder, die man sich in Oberägypten machte, wichen jedoch leicht ab von denen in Unterägypten – sie hatten sich im Laufe der Zeit, während die beiden Länder separat existiert hatten, geändert. Als Menes die beiden zu einem einzigen Land namens Ägypten zusammenfügte, hatte er um der politischen Korrektheit willen alle diese Darstellungsweisen übernommen. Also hatten sie jetzt 84 + 4 Götter, die für die gleichen religiösen Vorstellungen standen. Das war wahrscheinlich ein großer Fehler, denn jetzt wurde es sehr verwirrend. Zum Beispiel nahm man in einer Region einen der Neter, wie etwa Anubis, und sagte: »Das ist unser Gott« – mit großem »G« sozusagen. In einer anderen hieß es: »Isis ist unsere Göttin«, und in wieder einer anderen beharrten die Menschen darauf, dass Sekhmet ihr Gott sei.

Es gab also 88 unterschiedliche Vorstellungen von Gott im Land. Die Leute sagten immer: »Mein Gott ist *der* Gott, und eure Götter sind die falschen.« Es wurde eine sehr separatistische und okkultistische Angelegenheit, und nach einer Weile kam keiner mehr auf den Gedanken, dass es in Wirklichkeit nur einen Gott gab. Die Menschen begriffen nicht, was die Tat-Bruderschaft ihnen zu sagen versuchte. Aus unserer amerikanischen Sicht wäre das so etwas wie ein Chromosomenbruch; es war eine Mutation und nicht so, wie es sein sollte. Selbst mit aller Hilfe von seiten der Tat-Bruderschaft verstanden sie es einfach nicht richtig, und es wurde schlimmer und schlimmer.

Alle Hinweise, die mir bislang untergekommen sind, deuten darauf hin, dass die christliche Religion unmittelbar der ägyptischen entsprang. Wenn man sich eingehender mit beiden befasst, so sind sie in jeder erdenklichen Hinsicht identisch, außer, was die ägyptische Auffassung von Gott angeht. Die christliche Religion verfiel später darauf, die ägyptische vollkommen herabzusetzen, obwohl Ägypten die wahrscheinliche Quelle der Ursprünge des Christentums ist. Die Christen sahen die Ägypter als okkultistisch. Und das waren sie auch, aber das lag daran, dass ihre religiöse Überzeugung korrumpiert worden war, mit der eindeutigen Ausnahme der 17,5 Jahre während der Achtzehnten Dynastie.

Die Befreiung des menschlichen Bewusstseins

Das Leben Echnatans: Ein strahlend heller Lichtblitz

Für einen kurzen Zeitraum von 17,5 Jahren blitzte ein strahlend helles Licht auf und verschwand dann wieder. Und dieses strahlend helle weiße Licht war die Rettung für unser spirituelles Leben. Es setzte etwa 1500 vor Christus ein, als die Verehrung so vieler Götter und der Streit über sie alles bestimmte, und die Aufgestiegenen Meister schließlich befanden, dass hier etwas getan werden musste. Am Ende entschieden sie sich für einen bestimmten Plan. Thot erzählte mir dazu die folgende Geschichte:

Als ersten Schritt beschlossen sie, ein tatsächliches Wesen mit Christusbewusstsein in einem tatsächlich christusbewussten Körper zu uns zu bringen, damit in der Akashachronik wieder die Erinnerung daran verzeichnet wurde, worum sich das Christusbewusstsein drehte. Es war beim »Sündenfall« verlorengegangen. Dieser christusbewusste Körper würde viel größer sein als der der Menschen damals auf dem Planeten. Er würde den Erdmenschen ein Vorbild bieten. Soweit der erste Teil des Plans. Es war ein sehr kühner Schritt, und sie unternahmen ihn.

Die Aufgestiegenen Meister hatten beschlossen, dass diese christusbewusste Person König von Ägypten werden sollte. Dazu mussten sie alle Regeln brechen, und wenn ich das sage, meine ich auch wirklich alle. Was sie also taten, war, auf den König der damaligen Epoche, Amenophis II., zuzugehen, und ihn um einen Gefallen zu bitten. Thot ging ganz einfach körperlich in den Raum, schritt geradewegs vor ihn hin und sagte: »Wisst Ihr, ich bin Thot«. Ich bin sicher, für einen König war das kaum zu fassen. Damals dachten die Ägypter wahrscheinlich, all diese Neter in ihren Geschichten gehörten dem Mythos an. Und dennoch steht da eine wirkliche Person, die einer der Neter war. Thot sagte: »Wir haben hier in Ägypten ein ernstes Problem, und ich brauche Eure Hilfe.«

Thot konnte Amenophis II. irgendwie dazu bewegen, etwas zu tun, was sonst kein ägyptischer König je getan hätte. Amenophis Sohn war im Begriff, König zu werden, und Thot sagte: »Ich will, dass Euer Sohn *nicht* König wird; ich will eine andere Linie, eine von außerhalb, auf dem ägyptischen Thron.« Amenophis II. erklärte sich damit einverstanden. Es muss ein sehr tiefgehendes Erlebnis für ihn gewesen sein. Ich weiß nicht, was Thot unternahm – wahrscheinlich kam er herein und glühte dabei oder levitierte oder irgendetwas in dieser Art. Jedenfalls tat er etwas, was den König davon überzeugte, dass der Schritt notwendig war. Nachdem sie die Erlaubnis des Königs eingeholt hatten, mussten sie regelrecht den Lichtkörper erschaffen, was nicht einfach war.

Die Erschaffung der Körper von Echnatan und dann Nofretete

Wie bewerkstelligten sie das? Sie gingen zu Ay und Tiya – die sehr, sehr alt waren, wie man es auch betrachtet – und sagten: »Wir möchten gerne, dass ihr ein Kind bekommt.« Sie mussten sich zu jemandem begeben, der unsterblich war, um sich die Unsterblichkeitsgene zu beschaffen, da die Unsterblichen eine andere Anzahl von Chromosomen aufweisen – 46 + 2 statt 44 + 2. Ay und Tiya erklärten sich einverstanden, und sie bekamen ihr Baby. Der Säugling wurde Amenophis II. übergeben, um der nächste König zu werden.

Der kleine Junge wuchs also auf und wurde König. Aus ihm wurde Amenophis III, der sich dann eine Frau nahm. Ich bin nicht sicher, ob physisch oder interdimensional, und ich weiß auch nicht, wen, aber er *musste* sich wohl mit an Sicherheit grenzender Wahrscheinlichkeit eine Frau gesucht haben, die die höhere Chromosomenzahl aufwies. Jedenfalls wurde der kleine Junge, der aus dieser Beziehung hervorging, als Amenophis IV. bekannt, und das war das Baby für das sie spezielle Pläne hatten. Das Kind, Amenophis IV, hat noch einen populäreren Namen, nämlich den euch bekannten: Echnatan.

Unterdessen warteten Ay und Tiya eine Generation lang ab, und dann setzten sie ein weiteres Baby in die Welt. Es war ein kleines Mädchen, dessen Name Nofretete lautete. Nofretete wuchs mit Echnatan zusammen auf, und dann heirateten sie. Sie waren wirklich Bruder und Schwester, da sie blutsverwandt waren. Die Osiris-Geschichte ist ganz ähnlich: Bruder und Schwester, die heiraten und eine neue Möglichkeit im Leben werden. Diese beiden Menschen wuchsen also auf und wurden König und Königin von Ägypten.

Die neuen Regenten und der eine Gott

Eine Zeitlang regierten Amenophis III und sein Sohn Echnatan das Land gemeinsam – zwei Könige gleichzeitig, auch dies wieder gegen die Regeln. Unterdessen erbauten sie eine brandneue Stadt namens Tel el Amarna, genau in der Mitte von Ägypten. Wir wissen noch heute nicht, wie sie die Stadt genau in die Mitte bekamen. Echnatan legte dort einen Stein hin, auf dem steht: »Dies ist das Zentrum des Landes.« Auch mit unseren heutigen Satelliten hätten wir es nicht besser machen können. Dabei fragt man sich schon, wer diese Leute waren, die auf den Quadratzoll genau ausmachen konnten, wo sich das Zentrum eines Landes befand, das sich über hunderte von Kilometern erstreckte. Es ist schon erstaunlich. Sie errichteten eine ganze Stadt aus weißem Stein. Sie war wunderschön – geradezu raumfahrtzeitaltermäßig.

Echnatan und sein Vater lenkten die Geschicke des Landes eine Zeitlang gleichzeitig von zwei Orten aus: von Theben und von Tel el Amarna. Der Vater gab noch zu seinen Lebzeiten den Thron auf – auch dies wiederum unter Bruch der Regeln – und übergab das Land an Echnatan, der dann der erste Pharao Ägyptens wurde. Vor Echnatan hatte es keinen Pharao gegeben, nur Könige. Pharao bedeutet *Das, was du werden wirst.* Mit anderen Worten, die Pharaonen zeigten der Bevölkerung buchstäblich, was in der Zukunft aus ihr werden konnte. Echnatan, Nofretete und ihre Kinder waren nicht ganz Menschen.

Diese große Gestalt [Abb. 5-7] ist Echnatan. Ich werde für einen Moment über dieses Bild sprechen. Echnatans Hauptaufgabe lag darin, all die okkulten Religionen aufzubrechen und das Land wieder zu einer einfachen Religion zurückzuführen, wo alle glaubten, dass es schlichtweg nur einen Gott gibt. Damals übten alle Andacht vor Statuen, daher waren sie es gewohnt, an Dinge zu glauben. Echnatan musste ihnen etwas geben, was sie sehen konnten und woran sie glauben konnten, also gab er ihnen das Bild der Sonne als Gott, da dieses Bild etwas war, das sie nicht wieder über ihre Altäre heften konnten.

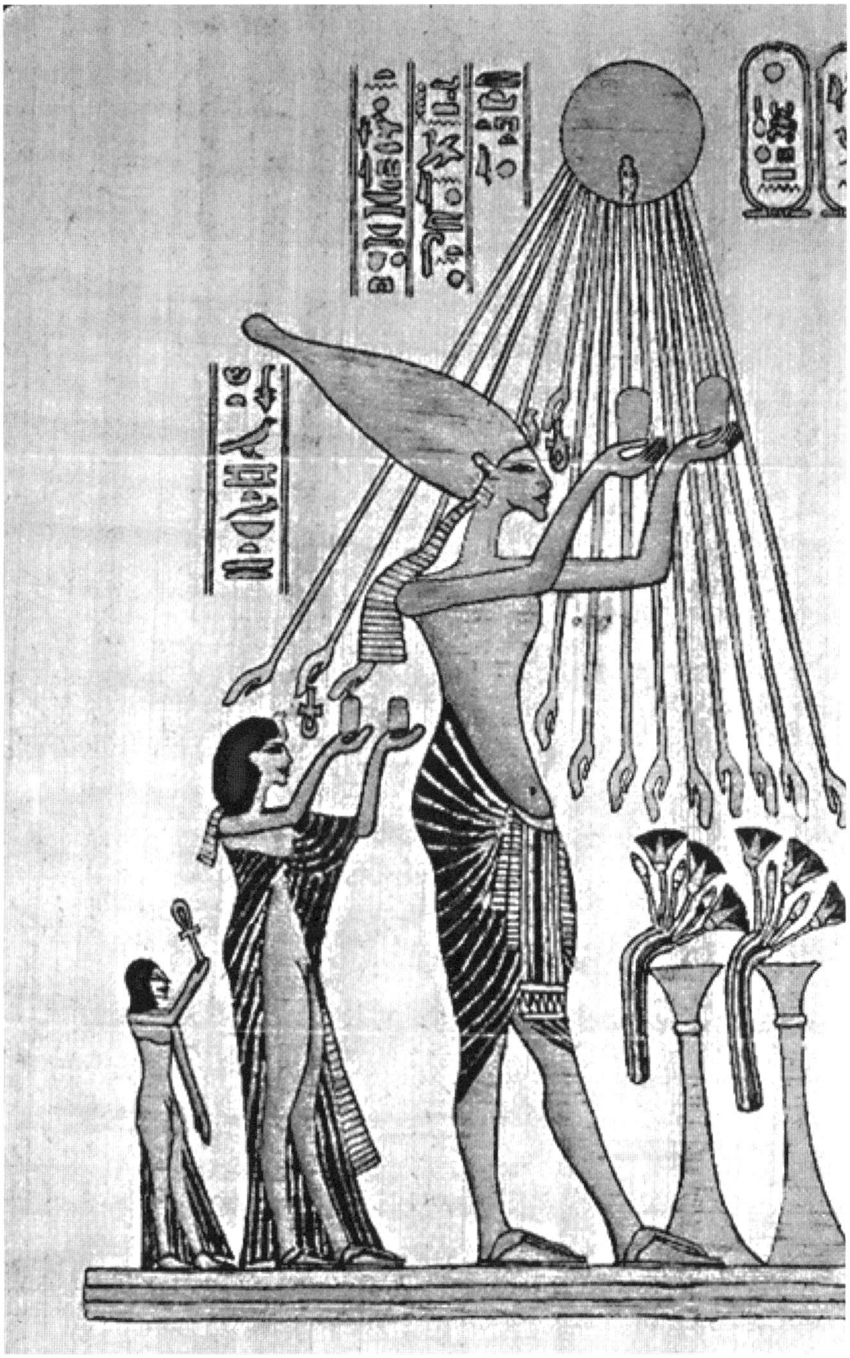

Abb. 5-7. Echnatan erteilt Unterweisungen über Gott – Kopie des Reliefs in Abb. 5-8.

Es gab noch einen weiteren Grund, warum er ihnen das Bild der Sonne gab. Er sagte ihnen, der Lebensatem, das Pranafeld, stamme von der Sonne. Vom Standpunkt der dritten Dimension aus gedacht ist das wahr, wenn der Prana auch in Wirklichkeit überall ist – an jedem Punkt gibt es unendliche Mengen davon. Da der Prana auch von der Sonne kommt, zeigt die Abbildung hier, wie die Sonnenstrahlen herabkommen; und auf zwei der Strahlen befinden sich kleine Ankhs, die von den Strahlen an die Nase gehalten werden, an den Atem, was zeigt, dass das ewige Leben durch den Atem kommt.

Abb. 5-8. *Echnatan erteilt Unterweisungen über Gott – Originalrelief.*

Abb. 5-9. *Kunstwerk aus der Achtzehnten Dynastie.*

Auf dem gleichen Bild seht ihr auch den Lotos, die Nationalblume von Atlantis. Über die Naacals wird in indischen Sanskrittexten geschrieben, und man spricht selbst in der heutigen Zeit von ihnen. Sie kamen lange vor Buddha und bestanden während buddhistischer Zeiten fort. In Ägypten stand der Lotus für Atlantis, und auf diesem Bild sieht man Lotusstiele aus den Vasen ragen. Alle wussten, dass Atlantis tot war, aber man zollte Atlantis noch Tribut, indem man die Lotusstiele in den Vasen zeigte. Abbildung 5-8 ist die Original-Wandschnitzerei. Achtet einmal darauf, dass Echnatan, die zentrale Figur, einen langen, knochigen Hals hat, hagere Hände, eine hoch sitzende Hüfte, breite Oberschenkel und dünne Beine. Die gängige Erklärung der Ägyptologen lautet, er habe an einer Krankheit gelitten und sei daher deformiert gewesen – und selbstverständlich auch Nofretete und ihre sämtlichen Töchter. (Offenbar hatten sie allesamt die gleiche Krankheit.) Ich dagegen glaube etwas ganz anderes.

Die Herrschaft der Wahrheit, aus der eine andere Genetik spricht

Abgesehen davon, dass er die Religionen wieder monotheistisch werden ließ, sagte Echnatan auch: »In dieser neuen Religion wird keine Lüge mehr herrschen, es wird keine Unwahrhaftigkeiten mehr geben. Und wir werden unsere Kunst dahingehend ändern, dass sie die volle Wahrheit spiegelt.« Während der Achtzehnten Dynastie – und nie zuvor oder danach – herrschte eine vollkommen vereinheitlichte Kunstform. Die Künstler erhielten Anweisungen, Skulpturen oder Gemälde von Dingen anzufertigen, wie ihre Augen sie sahen, wie mit dem Fotoapparat aufgenommen. So begann eine Kunst, die realistisch statt – wie zuvor – stilisiert aussah. Man bekommt Enten zu Gesicht, die wirklich wie Enten aussehen [Abb. 5-9], ganz wie wir sie in der moderneren Kunst haben. Es ist wichtig, sich dies beim Anblick eines Kunstwerks der Achten Dynastie in Erinnerung zu rufen, da das bedeutet, dass das, was ihr seht, dem entspricht, was der Künstler vor sich sah. Es war den Künstlern nicht erlaubt, zu lügen.

Die Sache mit der Wahrheit wurde so extrem ernst genommen, dass es nicht erlaubt war, Kleidung zu tragen, denn Kleidung anzuhaben, bedeutete, etwas zu verbergen, und das war eine Form der Lüge. Während der Achtzehnten Dynastie war es generell verboten, Kleidung zu tragen, außer zu Zeremonien und anderen besonderen Zwecken.

Der Name dieser Neter ist Maat [Abb. 5-10]. Was sich da über ihrem Kopf befindet, ist eine Feder. Sie wurde zu einer der wichtigsten Neter in dieser neuen Religion, was mit ihrem Namen zu tun hat, der übersetzt *Wahrheit* oder *Wahrhaftigkeit* bedeutet. Sie war sehr wichtig. Alles musste

Abb. 5-10 .(links) Maat, der Neter der Wahrhaftigkeit.

Abb. 5-11. Statue von Echnatan im Ägyptischen Museum, Kairo.

absolut der Wahrheit entsprechen, und es durfte keine Verzerrungen der Wirklichkeit, keine Lügen geben, damit alles die entsprechende Ausrichtung wiedergewinnen würde. Das war ein bedeutender Teil der Lehren Echnatans.

Hier haben wir eine Plastik von Echnatan im Kairoer Museum [Abb. 5-11]. Echnatan war 4,35 Meter groß, seine Kopfbedeckung nicht mitgerechnet. Als ich neben dieser Statue stand, reichte ich mit meinem Kopf in Scheitelhöhe bis zum breitesten Teil seiner Hüften. Nofretete maß etwas über drei Meter. Sie war eigentlich klein für ihre Rasse. Auch die Töchter waren sehr groß, wie Thot berichtet. Unumstößliche Belege dafür sind neulich in die Hände offizieller Kreise gelangt, und man weiß dort nicht, was man davon halten soll. Es wurden nämlich in Tel el Amarna, der Stadt Echnatans, zwei Särge gefunden. Bei einem der Särge war die Blume des Lebens direkt über dem Kopf der in ihm liegenden Mumie eingeätzt, und im zweiten Sarg befanden sich die Gebeine eines siebenjährigen Jungen – nur dass er 2,40 Meter groß war! Dieser Sarg steht derzeit im Keller des Kairoer Museums – wahrscheinlich zumindest. Bislang ist er der einzige reale Beweis dafür, wie diese Körper aussahen. Nach dem zu urteilen, was Thot lehrt, zeigt diese Statue von Echnatan genau, wie er ausah – als hätte man ein Foto von ihm aufgenommen.

Abb. 5-12. Büste von Nofretete, Nationalgalerie in Berlin.

Dann haben wir hier eine Büste von Nofretete [Abb. 5-12], die in Tel el Amarna gefunden wurde. Von dieser Stadt ist so gut wie nichts übriggeblieben. Irgendwann war die Stadt Stein für Stein abgerissen worden und über die ganze Welt verstreut. Die Ägypter wollten nicht, dass man erfuhr, dass Echnatan und Nofretete jemals gelebt hatten. Der einzige Grund dafür, dass wir dennoch von ihnen wissen, ist der, dass sie einige Gegenstände in Räumen tief unter der Erde vergraben hatten, die in früheren Zeiten nicht gefunden wurden. Dort wurde auch diese Büste gefunden. Viele denken, wenn sie Nofretete sehen, dass sie eine sehr schöne Frau ist, ohne zu

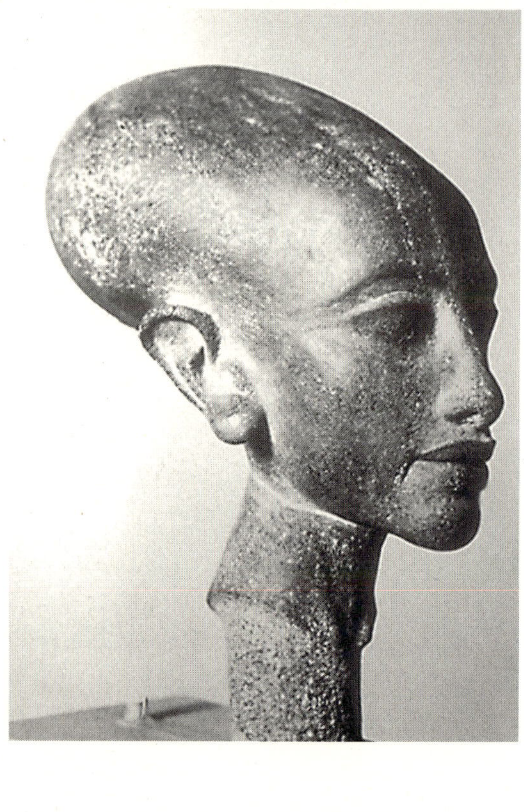

Abb. 5-13. (links) Akt von Nofretete.

Abb. 5-14. (oben rechts) Zwei der Töchter von Nofretete und Echnatan.

Abb. 5-15. (rechts) Eine weitere Tochter.

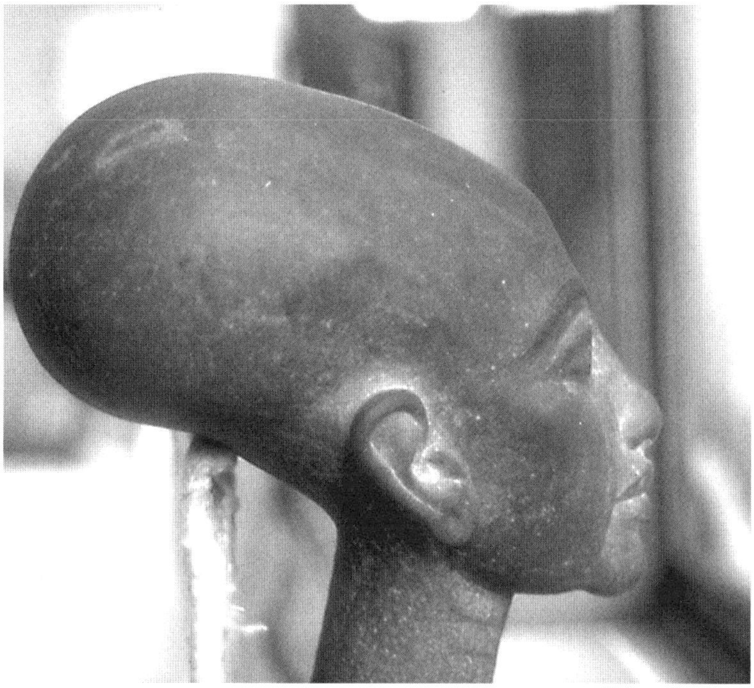

Abb. 5-16. (oben). Eine jüngere Tochter.

Abb. 5-17. (rechts). Eine der Töchter als Teenager.

Abb. 5-18. (unten). Noch eine kleine Tochter.

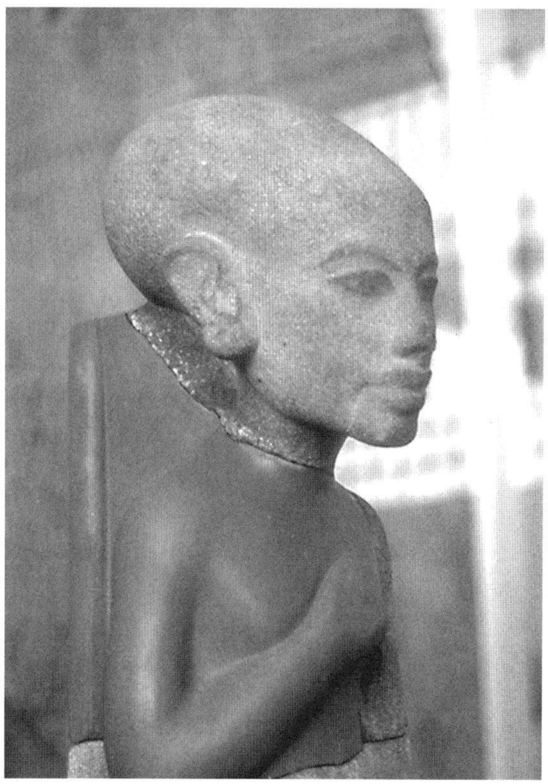

merken, dass sie außerordentlich groß war und ihr Körper in gewisser Hinsicht sehr ungewöhnlich.

Abb. 5-13 zeigt die wenig bekannte Statue von Nofretete, die im gleichen Raum gefunden wurde wie die Büste. Sie trägt keine Kleidung, weil man damals nichts von Kleidung hielt. Sie hatte einen riesigen Kopf, große Ohren, einen langen, dünnen Hals und eine hohe Taille. Außerdem hatte sie eine Art vorgewölbten Bauch. Und wenn ihr hier den Rest von ihr sehen könntet, würdet ihr sehen, dass sie dünne Beine hatte und üppige Oberschenkel.

Hier sind zwei ihrer Töchter [Abb. 5-14]. Sie haben einen enormen Hinterkopf und hochsitzende Taillen, magere Waden und riesige Ohren.

Hier eine weitere Tochter [Abb. 5-15]. Ich habe das sichere Gefühl, dass sie genauso aussah. Wenn ihr den Kopf von hinten sehen könntet, könntet ihr seine Größe ermessen. Er war riesig. Es ist schwierig, die Größe dieser Ohren einzuschätzen, bevor man nicht direkt daneben steht.

Abbildung 5-16 zeigt eine weitere Tochter, jünger als die erste – wenig Nacken, riesiger Hinterkopf.

Hier eine Darstellung von einer der halbwüchsigen Töchter.

Hier eine weitere [Abb. 5.18]. Man kann sehen, wie groß der Kopf im Verhältnis zum Körper ist.

Abb. 5-19 Ein Säugling aus Echnatans Familie

Das hier ist ein Kleinkind [Abb. 5-19]. Auch hier reicht der Hinterkopf wieder weit in die Höhe und rundherum. Die Ohren sind halb so groß wie der Kopf.

Physiologisch betrachtet sind diese Körper völlig anders als menschliche Körper – Unterschiede im Hinblick auf das Gehirn und viele andere ungewöhnliche Dinge. Zum Beispiel haben sie zwei Herzen. Der einzige Grund, warum wir ein Herz haben, ist der, dass wir eine Sonne haben. Dies jedoch sind Wesen vom Sirius – sie gehörten sogar zu den 32 Wesen, die um die Urflamme saßen –, und ihr Körper stammt vom Planeten Sirius. Das sirische Sternensystem umfasst zwei Sterne, Sirius A und Sirius B. Es ist ein binäres System, wie die große Mehrheit der Sternensysteme. Und in diesen Systemen haben die dort entstehenden Formen von Leben zwei Herzen. (Bei mehr als zwei Sternen im System bleibt es dennoch bei zwei Herzen).

König Tut – und weitere verlängerte Hinterköpfe

Das hier ist König Tut [Abb. 5-20], der direkt die Macht übernahm, nachdem man sich Echnatans entledigt hatte. König Tut war erst achtzehn Jahre alt, als er König wurde. Niemand weiß genau zu sagen, woher er kam. Auf dem Dia steht, er sei ein Schwiegersohn Nofretetes und Echnatans gewesen, verheiratet mit ihrer Tochter. Er gehörte offenbar der gleichen Erblinie an, wenn auch sein Schädel nicht ganz so groß wirkt. Aber er hat durchaus die großen Ohren. Wie Thot sagt, wurde es König Tut nur für ein Jahr erlaubt, die Macht zu übernehmen. Er herrschte in der Zeit des Übergangs zwischen Echnatan und der nächsten Phase. König Tut stand auf telepathischem Wege mit Nofretete in Verbindung, während diese durch ihn für dieses eine Jahr das Land regierte. Sie hielt sich in dieser Zeit in einem Versteck auf.

So sieht das Museum in Lima, Peru, aus [Abb. 5-21]. Ich möchte hier nur anmerken, dass man auch dort einige recht erstaunliche Schädel findet. Peru gehört mit zu den Orten, die Thot aufsuchte. Man fand dort in Peru diese Schädel [Abb. 5-22], ganz genauso wie die in Ägypten. Auf diese riesigen Schädel stößt man in drei Regionen der Welt: In und um Ägypten, in Peru und Tibet – nirgendwo sonst, zumindest meines Wissens. Erinnert ihr euch: Das sind die primären Gebiete, in die sich diese Wesen begaben.

Hier einer meiner Lehrer, mittlerweile verstorben. Sein Name war Kalu Rinpoche, ein tibetischer Lama. Ich habe viele Lehrer gehabt, aber diesem fühle ich mich besonders verbunden; ich liebe ihn wirklich sehr. Beachtet die Form seines Schädels.

Das Gedächtnis: der Schlüssel zur Unsterblichkeit

Ihr fragt euch vielleicht: Wenn Echnatan und andere unsterblich waren, warum sind sie dann tot? Ich definiere Unsterblichkeit für euch einmal aus der Sicht der Melchizedek, und ich hoffe, das ist eine Hilfe. Jemand anders mag eine andere Definition haben, aber die folgende entspricht dem, wie wir die Sache sehen.

Abb. 5-20. Büste von König Tut.

Unsterblichkeit hat nichts damit zu tun, für immer und ewig im gleichen Körper zu leben. Ewig leben werdet ihr ohnehin – ihr seid immer gewesen und werdet immer sein, aber vielleicht seid ihr euch dessen nicht immer bewusst. Die Definition, die für uns Gültigkeit hat, hat mit dem Gedächtnis zu tun. Wenn ihr unsterblich geworden seid, erreicht ihr den Punkt, an dem euer Gedächtnis von diesem Punkt an intakt bleibt. Mit anderen Worten, von diesem Punkt an seid ihr bewusst, es kommt kein Unbewusstes mehr ins Spiel. Es bedeutet, dass ihr im Körper bleibt, solange ihr wollt, und wenn ihr ihn verlassen wollt, verlasst ihr ihn. Für immer in einem einzigen Körper bleiben zu müssen, wäre wie im Gefängnis oder in einer Falle zu sitzen, denn es hieße ja, dass man nicht weg kann. Es mag einen Grund dafür geben, diesen Körper zu verlassen, und dann werdet ihr schließlich herausfinden, dass ihr weiter wollt als an den Ort, wo ihr euch befindet. Das ist die Definition von ewigem Leben: Einfach ausgedrückt, hat man ein kontinuierlich fortbestehendes, durch nichts unterbrochenes Gedächtnis.

Zurück nun zu dem, was geschah, nachdem Echnatan vom Thron abgesetzt war. Um alles wieder so werden zu lassen wie früher (was man damals wollte), trat das Land in ein Übergangsstadium ein. Die Menschen, die unmittelbar nach ihm König und Königin wurden, hatten fast komische Züge – sie überließen Ay und Tiya die Macht über das Land. Wir haben hier eine lang andauernde zeitliche Lücke, dann wurden sie König und Königin. Es ist geradeso in den Aufzeichnungen vermerkt. Sie übernahmen für etwa dreißig Jahre die Regentschaft, und dann übergaben sie diese Seti I., der der erste König der Neunzehnten Dynastie wurde. Dieser stellte sofort den alten Zustand wieder her, radierte alles aus und betitelte Echnatan mit dem gleichen Namen, mit dem man auch Jesus bedachte: »Verbrecher.« Er nannte ihn den schlechtesten König, der je gelebt hatte, da er lehrte, dass es nur einen Gott gäbe.

Abb. 5-21. (oben). Museum in Lima.

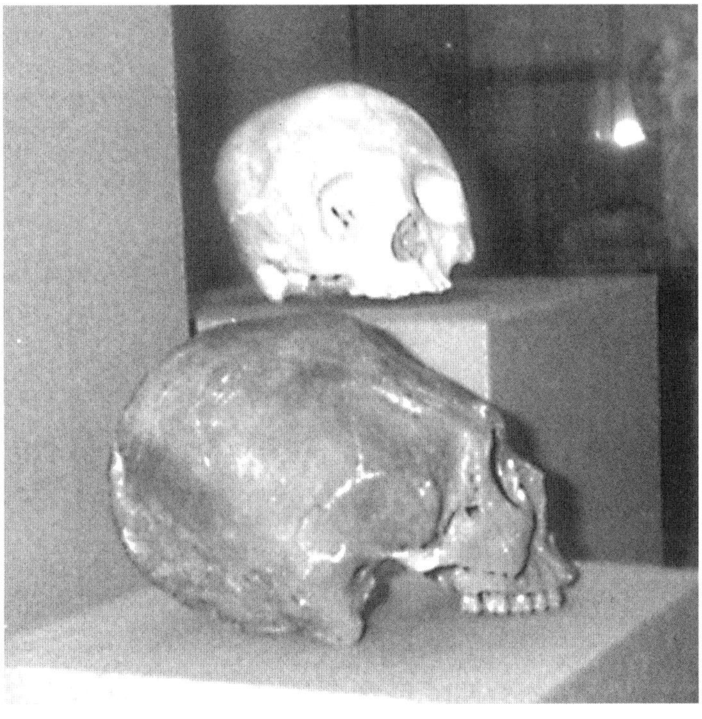

Abb. 5-22. (links). In Peru gefundene Schädel.

Abb. 5-23. (unten). Kalu Rinpoche.

Was geschah mit Echnatan wirklich?

Die meisten Ägypter hassten Echnatan, bis auf eine kleine Gruppe. Die Priesterschaft hasste ihn vor allem, da die Priester im Mittelpunkt der religiösen Überzeugungen der Ägypter standen. Sie kontrollierten das Volk, seine Lebensführung und die Wirtschaft des Landes. Sie wurden reich und mächtiger als jeder andere. Und dann kam Echnatan daher und sagte: »Ihr braucht keine Priester; Gott ist in euch. Es gibt nur einen Gott, und ihr könnt im Herzen eures eigenen Selbst Zugang zu ihm finden.« Die Priester reagierten darauf, um sich selbst und die ihnen zustehenden Rechte zu schützen. Außerdem hatte Ägypten das mächtigste Militär der Welt, und als Echnatan Pharao wurde, scharrten die Militärs sozusagen gerade schon mit den Hufen, um auszuziehen und die Herrschaft über die ganze Welt an sich zu reißen. Echnatan aber sagte nein. Er war durch und durch Pazifist und sagte: »Kehrt auf unseren Boden zurück. Greift niemanden an, es sei denn, ihr selbst werdet angegriffen.« Er ließ die schon aufgebrochenen Streitkräfte zurückkehren und untätig herumsitzen, und das gefiel ihnen gar nicht.

Also hatte er nicht nur die Priesterschaft, sondern auch das Militär gegen sich. Dazu kam, dass das Volk selbst sich sehr mit seinen Religiönchen angefreundet hatte, und die Leute liebten es, ihre kleinen Götter zu verehren. Letzten Endes brachte es ihnen nichts ein – es brachte sie nicht an den Punkt, an den sie hätten kommen müssen, wäre es nach dem in der DNA verankerten Plan des Universums gegangen – nämlich zurück nach Hause zu Gott, dem *einen* Gott – aber jedenfalls hatten sie sich regelrecht hineingesteigert in das, was sie da praktizierten.

Als man den Menschen unter Androhung von Sanktionen sagte, dass sie bestimmte religiöse Akte nicht länger durchführen durften, flammte große Feindseligkeit gegenüber Echnatan auf. Es wäre, wie wenn der Präsident der Vereinigten Staaten sagen würde: »Okay, von jetzt an gibt es keine Religionen mehr in den Vereinigten Staaten, es gibt nur noch die Religion des Präsidenten.« Und wenn der Präsident, auf Isolierung des Landes bedacht, die gesamten Streitkräfte auf den amerikanischen Boden zurückzöge, würde er sich damit nicht sehr beliebt machen. Und beliebt war auch Echnatan nicht. Aber er wusste, er musste es tun, was auch geschehen mochte, selbst wenn es seinen eigenen Tod bedeuten würde. Er musste so vorgehen, um den Weg zu korrigieren, den unsere kollektive DNA der Wirklichkeit in Codeform eingegeben hatte. Zusätzlich musste er dafür sorgen, dass die Erinnerung an den heiligen Zweck, die vom Christusbewusstsein bewahrt wurde, in die Akashachronik aufgenommen wurde.

Was geschah also dann? Der gängigen Geschichtsschreibung zufolge taten sich Priesterschaft und Militär zusammen und verabreichten Echnatan ein Gift, an dem er starb. Thot zufolge trifft das die Sache nicht ganz, denn sie *konnten* ihn gar nicht umbringen. Er konnte das Gift trinken, ohne dass es ihm schadete. Nein, sie unternahmen etwas viel Exotischeres. Thot sagt, die Priesterschaft habe drei schwarze Hexer aus Nubien angeheuert, die ein Gebräu herstellten, das starke Ähnlichkeit mit dem hat, das in Haiti heute benutzt wird, damit jemand tot *aussieht*. Dieses wurde Echnatan bei einer öffentlichen Versammlung verabreicht, die von Priesterschaft und Militär einberufen worden war. Nachdem Echnatan die Flüssigkeit zu sich genommen hatte, hörten bei ihm scheinbar sämtliche Lebenszeichen auf. Sobald er vom königlichen Leibarzt für tot erklärt worden war, wurde er eiligst in einen speziellen Raum gebracht, wo ein Sarkophag bereitstand. Sie legten ihn in den Sarkophag, legten einen Deckel mit einem magischen Siegel darauf und begruben ihn an einer verborgenen Stelle. Thot sagte, Echnatan habe fast 2000 Jahre lang im Sarkophag warten müssen, bis das Siegel brach, und mit ihm der Zauberbann. Dann kehrte er in die Hallen von Amenti zurück. Für Echnatan war das kein Problem. Thot sagte, für einen Unsterblichen wie Echnatan sei das eher wie ein Nickerchen gewesen. Meine Frage ist: Ließ er wirklich zu, dass dies mit ihm geschah?

Echnatans Mysterienschule

Wichtig hier ist folgende Tatsache: Echnatan entwickelte eine Mysterienschule. Diese Schule nannte sich die Ägyptische Mysterienschule Echnatans, des Gesetzes des Einen. Wie sich herausstellen sollte, hatte er nur 17,5 Jahre zur Verfügung, um etwas zu bewirken. Er brachte Schülerinnen und Schüler von der Mysterienschule »Linkes Auge des Horus« (der weiblichen Seite), über die ich noch später sprechen werde – Absolventen, die mindestens 45 Jahre alt waren – in die Mysterienschule »Rechtes Auge des Horus«. Diese rechtsäugigen Informationen waren noch nie zuvor in Ägypten gelehrt worden. Er unterrichtete sie zwölf Jahre lang, und danach hatte er nur noch fünfeinhalb Jahre, um herauszufinden, ob er sie dazu bringen könnte, Unsterblichkeit zu erlangen. Und das gelang ihm! Er schaffte es, ungefähr 300 Menschen zu Unsterblichen zu machen. Ich glaube, sie waren allesamt, oder zumindest fast alle, Frauen.

Jemand stellte einmal die Frage: »Warum arbeitete Echnatan nicht auf eine andere Weise mit dem Volk – auf eine Weise, bei der er es vermieden hätte, sich in eine derart gefährliche Situation zu begeben?« Aber könnt ihr euch einen Weg vorstellen, die gesamte Bevölkerung in so kurzer Zeit umzukrempeln, ohne dass es zum Blutvergießen kommt? Könntet ihr das heute in den Vereinigten Staaten bewerkstelligen – in einem Jahr aus allen Religionen eine machen? Ich glaube, um das zu tun, gibt es keinen anderen Weg, selbst auf die Gefahr hin, dass es bedeuten würde, »umgebracht« zu werden. Außerdem bestand das einzige, was er letztlich wirklich tun musste, einfach darin, sein Leben zu leben. Es würde in die Akashachronik gelangen und dann zu einer Erinnerung werden, die wir alle in unserer DNA tragen. Ein einziger Tag würde ausreichen, um die Kodierung vorzunehmen, danach würden sie mit ihm dann machen können, was sie wollten. Darum machte er sich wirklich keine Sorgen. Er wusste, dass das Land, die Gesellschaft und die Bräuche allesamt wieder so werden würden wie früher. Aber er hatte ja diese 300 Unsterblichen, die seine eigene Existenz und die Ägyptens überdauern würden.

Die Bruderschaft der Essener und Jesus, Maria und Josef

Nachdem Echnatan nicht mehr war, traten die 300 unsterblichen Ägypter der Tat-Bruderschaft bei und warteten von etwa 1350 bis 500 vor Christus – rund 850 Jahre lang. Dann wanderten sie zu einem Platz namens Masada in Israel und schlossen sich zur Essener-Bruderschaft zusammen. Selbst heute noch kennt man Masada als Hauptstadt der Essener. Diese 300 Personen wurden der innere Kern, und größtenteils ganz gewöhnliche Menschen bildeten einen äußeren Kreis, der sehr groß wurde.

Maria, die Mutter Jesu, war ein Mitglied des inneren Zirkels der Essener-Bruderschaft. Schon bevor Jesus unsterblich wurde, war sie unsterblich. Josef stammte aus dem äußeren Kreis. Soweit Thot, es ist nicht aufgezeichnet worden. Zum ägyptischen Plan gehörte auch, dass der nächste Schritt darin bestehen würde, jemanden in diesen Kreis zu bringen, der genau vorführen konnte, wie man unsterblich wird, wenn man als gewöhnlicher Mensch anfängt, diese Erfahrung in der Akashachronik aufzuzeichnen und sie Realität werden zu lassen. Jemand musste es tun. Wie Thot sagt, kamen Maria und Josef zusammen und paarten sich interdimensional (worauf wir noch später eingehen werden), um den Körper für Jesus zu erschaffen, der es ermöglichen würde, sein Bewusstsein von einer sehr, sehr hohen Ebene ins Spiel zu bringen. Als Jesus hier ankam, begann er sein Leben auf der Erde zunächst einmal als Mensch wie wir alle. Er war ganz Mensch. Und durch seine eigene Arbeit an sich versetzte er sich durch Wiederauferstehung, nicht durch seinen Aufstieg, in den Zustand der Unsterblichkeit und verzeichnete in der Akashachronik das exakte Verfahren, wie dabei vorzugehen sei. Soweit Thots Bericht, und es wurde lange, lange Zeit vorher geplant, als es dann stattfand.

Die beiden Mysterienschulen und die 48-Chromosomen-Bilder

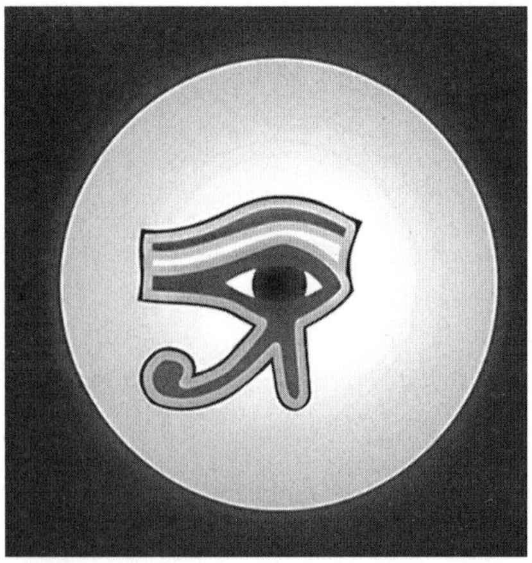

Abb. 5-24. Symbol für die Mysterienschule »Rechtes Auge des Horus«.

Wir ändern nun wieder den Kurs und beginnen mit einem neuen Wissenssystem, das für eine Weile weitergehen wird, bis ihr ein gutes Stück später wieder dieses Symbol seht. Es war das Symbol für die Ägyptische Mysterienschule von Echnatan, dem Gesetz des Einen [Abb. 5-24]. Es stellt das rechte Auge des Horus dar. Das rechte Auge wird von der linken Gehirnhälfte gesteuert; es ist männliches Wissen. Obwohl das rechte Auge direkt zur rechten Gehirnhälfte »hinsieht«, entspricht dies nicht dem, was die Ägypter damit vermittelten. Es ging hier nicht um das »Sehen«, sondern vielmehr um das *Unterbrechen* der »Seh«-Informationen – *das* war hier wichtig. Das, was den Fluss des Gesehenen unterbricht, ist die linke Gehirnhälfte; sie steuert die rechte Körperseite und umgekehrt. Analog hierzu ist das linke Auge des Horus, gesteuert von der rechten Gehirnhälfte, weibliches Wissen, das in den zwölf zentralen ägyptischen Tempeln entlang des Nils gelehrt wurde. Der dreizehnte Tempel war die Große Pyramide selbst. Es erforderte zwölf Jahre der Initiation, wobei jeweils ein Jahr, ein Jahreskreis, in jedem dieser Tempel verbracht wurde, um alle weiblichen Komponenten des Bewusstseins zu erlernen.

Die männliche Komponente jedoch, das rechte Auge des Horus, wurde nur einmal gelehrt, und es existieren nirgendwo schriftliche Aufzeichnungen darüber. Sie wurde rein mündlich überliefert, wenn auch ihre zentralen Komponenten auf einer einzelnen Wand unter der Großen Pyramide eingeätzt sind, die zur Halle der Aufzeichnungen führt. Geht, wenn ihr euch in diese Halle hinunter begebt, bis fast ganz unten, und unmittelbar vor einer 90°-Biegung seht ihr hoch oben auf der Wand ein Bild von etwa 1,20 Meter Durchmesser, das die Blume des Lebens darstellt. Neben ihm würdet ihr 47 weitere Bilder sehen, eines nach dem anderen, bei denen es sich um Darstellungen der Chromosomen des Christusbewusstseins handelt, der Bewusstseinsebene, in die wir uns nun hineinbewegen. Nach Veröffentlichung dieser beiden Bücher veröffentlichen wir vielleicht ein Buch mit diesen Bildern.

Diese Bilder kommen immer wieder hier im Buch vor, in leicht veränderter Form. Darum geht es bei der Großen Pyramide. Ihr oberster Zweck ist vor allem, jemanden, der unserer Bewusstseinsebene angehört, aus dieser

Ebene heraus und zur nächsten zu bringen. Es gibt noch viele weitere Gründe, warum sie existiert, aber Aufstieg und Wiederauferstehung sind ihr absoluter Zweck.

Die Genesis: der Schöpfungsbericht

Ägyptische und christliche Versionen

Wir beginnen mit der Erkenntnis, dass das christliche und das ägyptische Verständnis von Wirklichkeit fast identisch sind. Die christliche Auffassung leitet sich von der ägyptischen ab. Hier drei Sätze vom Anfang der christlichen Bibel: »Am Anfang schuf Gott Himmel und Erde. Und die Erde war wüst und leer, und es war finster auf der Tiefe, und der Geist Gottes schwebte auf dem Wasser. Und Gott sprach: 'Es werde Licht', und es ward Licht.«

Zunächst einmal entspricht diese Aussage, dass die Erde »wüst« war (ohne Form), bis sie aus der Leere kam, aus dem Nichts, genau dem, was die Ägypter glaubten. Es deckt sich auch mit dem, was man in vielen anderen Religionen glaubt. Sowohl in der ägyptischen als auch in der christlichen Religion glaubt man, alles, was man brauche, um den Schöpfungsvorgang in die Wege zu leiten, sei *Nichts* und *Geist*, und wenn diese beiden Vorstellungen zusammenkommen, lässt sich alles erschaffen. Man glaubt, das Erschaffen beginne mit einer *Bewegung* des Geistes. Im zweiten Satz heißt es: »Und die Erde war wüst und leer«, und dass der Geist Gottes auf dem Wasser schwebte. Und im nächsten Satz sagt Gott dann: »Es werde Licht.« Zuerst geschah die Bewegung, fast sofort danach stellte sich das Licht ein. Der ägyptischen Überzeugung zufolge wurde aus den aktuellen christlichen Bibeln ein winziges Detail ausgelassen. Es ist jedoch in den älteren Bibeln nicht unbedingt falsch. Es gibt auf der Welt 900 Bibelfassungen, und in vielen der älteren heißt es im ersten Satz: »Am Anfang waren sechs.« Sie beginnt gelegentlich auch noch anders – sie wurde im Laufe der Jahre viele Male geändert.

Die alten Ägypter würden sagen, dass es unmöglich stimmen kann, dass die Schöpfung so begann, insbesondere, wenn man aus physikalischer Sicht darüber nachdenkt. Man stelle sich einen dunklen, unendlichen Raum vor, der immer, immer weiter in alle Richtungen führt. Es ist nichts in ihm – nur unendlicher Raum mit nichts darin. Stellt euch euch selbst in der Mitte all dessen vor – nicht euren Körper, sondern euer Bewusstsein. Ihr schwebt dort nur mit nichts. Ihr könnt im Grunde nicht abstürzen, denn wohin würdet ihr fallen? Ihr würdet nicht wissen, ob ihr hinunterfallt oder ob es hinaufgeht oder zur Seite weg, de facto gibt es keine Möglichkeit, überhaupt Bewegung zu erfahren.

Rein physikalisch oder mathematisch betrachtet, ist Bewegung als solche, kinetische Energie, in einer Leere absolut unmöglich. Man kann sich nicht einmal drehen, da Bewegung nur dann real werden kann, wenn es wenigstens ein weiteres Objekt im umliegenden Raum gibt. Es muss etwas geben, das *in Relation* zu dir steht. Wenn du nichts hast, im Verhältnis zu dem du dich bewegst, wie sollst du dann wissen, dass du dich bewegst? Ich meine, woran merkst du dann, dass du zehn Meter höher gelangt bist? Es verändert sich ja nichts. Ohne Veränderung keine Bewegung. Die alten Ägypter sagten also, bevor Gott »auf dem Wasser schwebte«, musste er/sie zuerst einmal etwas schaffen, im Verhältnis zu dem er/sie sich bewegen würde.

Wie Gott und die Mysterienschule das Kunststück vollbrachten

Stellt euch nun vor, ihr steht in einem dunklen Raum, unweit der Tür zu einem zweiten Zimmer. Ihr seid im Begriff, in den zweiten Raum zu gehen, in dem es sehr, sehr dunkel ist. Ihr könnt kaum die Tür erkennen, die zu ihm hinführt. Ihr geht in den zweiten Raum, schließt die Tür hinter euch, und es ist pechschwarz um euch.

Wenn ihr mit dieser Situation konfrontiert seid, habt ihr die Fähigkeit, einen Sensorstrahl von der Gegend eures dritten Auges aus zu projizieren, und außerdem könnt ihr mit euren Händen erspüren (man kann eigentlich von jedem Chakra aus erspüren, aber die meisten tun es über ihr drittes Auge oder ihre Hände). Ihr könnt über eine bestimmte Entfernung einen Bewusstseinsstrahl in diesen dunklen Raum projizieren. Er mag nur 3 Zentimenter weit reichen, oder vielleicht könnt ihr 30, 60 Zentimeter weiter fühlen, und ihr wisst einfach nur, dass sich in diesem Raum nichts (oder etwas) befindet. Euer Bewusstsein begibt sich so weit, wie diese Entfernung reicht, nach außen, und dann macht es halt. Hier endet euer Wissen, und ihr wisst nicht, was sich jenseits davon befindet. Ihr wisst wahrscheinlich alle, wovon ich rede, obwohl viele von uns zugelassen haben, dass sich dieser Sinn zurückbildet, da wir uns so sehr auf unsere Augen verlassen.

Manche Menschen jedoch, insbesondere die alten Ägypter, waren richtige Talente hierin. Sie konnten einen dunklen Raum betreten und mental um sich tasten und wissen, ob etwas dort war, auch wenn ihre Augen nichts erkennen konnten. Es gibt Blinde, die diese Fähigkeit ebenfalls unter Beweis stellen.

Tatsache ist, dass wir sechs von diesen Fühlstrahlen haben – nicht nur einen, sondern sechs. Sie alle entspringen dem Zentrum unseres Kopfes: der Zirbeldrüse. Ein Strahl tritt vorn am dritten Auge aus unserem Kopf, und ein anderer tut dies am Hinterkopf; einer kommt links und ein anderer rechts aus dem Gehirn; wieder ein anderer wandert geradewegs aufwärts durch das Kronenchakra, und der sechste direkt durch unseren Nacken nach unten – die sechs Richtungen. Es sind die gleichen Richtungen, denen wir bei der x-, y- und z-Achse in der Geometrie begegnen. Die Ägypter glaubten, dieser angeborene Aspekt des Bewusstseins sei das, was es ermöglicht, dass die Schöpfung beginnt. Hätten wir diese Fähigkeit nicht, glaubten sie, so wäre die Schöpfung nie eingetreten.

Abb. 5-25. Geist Gottes in der Großen Leere.

Um diesen Schöpfungsvorgang auf der tiefsten Ebene zu verstehen, wurden ägyptische Schülerinnen und Schüler angewiesen, sich jenen Prozess vorzustellen und ihn auszuagieren, den wir nun durchgehen werden. Die nachfolgende Schilderung gibt wieder, wie sie dies in ihren Mysterienschulen erklärten und praktizierten. Die Art und Weise, wie man das dort lernte, ist nicht die einzige, aber jedenfalls entsprach das ihrer Schulung.

Der dunkle Hintergrund auf diesem Bild stellt die Große Leere dar, und das kleine Auge steht für den Geist Gottes [Abb. 5-25]. Wir haben hier also den Geist Gottes, der in der Leere existiert, draußen im Nichts. Stellt euch vor, ihr seid dieser kleine Geist inmitten der Leere. (Wenn ihr euch in der Großen Leere befindet, werdet ihr übrigens erkennen, dass ihr und Gott eins seid, dass es überhaupt keinen Unterschied gibt.) Nachdem ihr lange Zeit in der Leere ausgeharrt habt, würde euch vermutlich langweilig werden oder ihr würdet neugierig oder euch einsam fühlen, und ihr würdet gern etwas Neues ausprobieren, ein neues Abenteuer in eurem Leben haben.

Erschafft zunächst einen Raum

Der Geist, das einzelne Auge, schießt also einen Strahl Bewusstsein in die Leere hinaus. Er schießt diesen Pfeil zunächst vorne heraus, dann nach hinten, dann nach links, dann nach rechts, dann geradeaus aufwärts und geradeaus herab [Abb. 5-26]. Macht euch bewusst, dass ihr genau die Entfernung, über die ihr nach vorn projiziert, auch nach hinten sowie nach links, rechts, aufwärts und abwärts projiziert. Der Bewusstseinsstrahl projiziert sich bei jedem beliebigen Individuum in alle sechs Richtungen über die gleiche Entfernung. Wenn es auch für jeden und jede einzelne von uns unterschiedlich ist, wie weit wir diesen Strahl senden können (bei der einen Person mögen es zweieinhalb Zentimeter sein, bei der anderen fünfzig, und bei wieder einer anderen fünfzehn Meter) –, immer ist die Entfernung in alle sechs Richtungen gleich. Der Geist projiziert also die Strahlen in diese sechs Richtungen nach außen und definiert so den Raum: Norden, Süden, Osten, Westen, oben und unten.

Vielleicht deshalb finden die Indianer Nordamerikas und Eingeborenenvölker auf der ganzen Welt diese sechs Richtungen so wichtig. Ist euch schon einmal aufgefallen, wie wichtig es in ihren Zeremonien ist, dass sie die Himmelsrichtungen festlegen? Auch in der Kabbala, in manchen Meditationen, die hier praktiziert werden, ist das von Bedeutung.

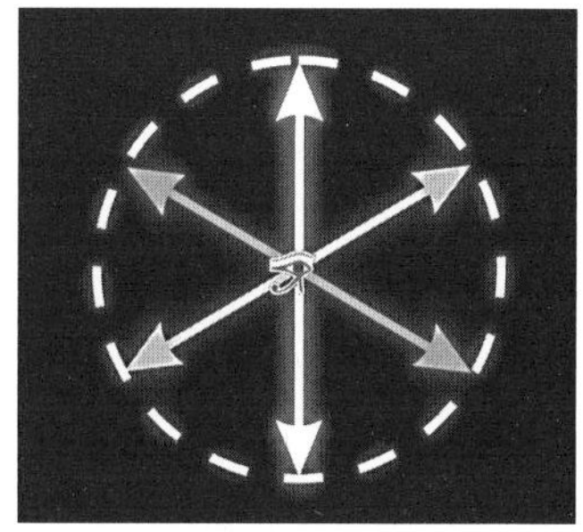

Abb. 5-26. Der Geist Gottes projiziert Bewusstsein in sechs Richtungen.

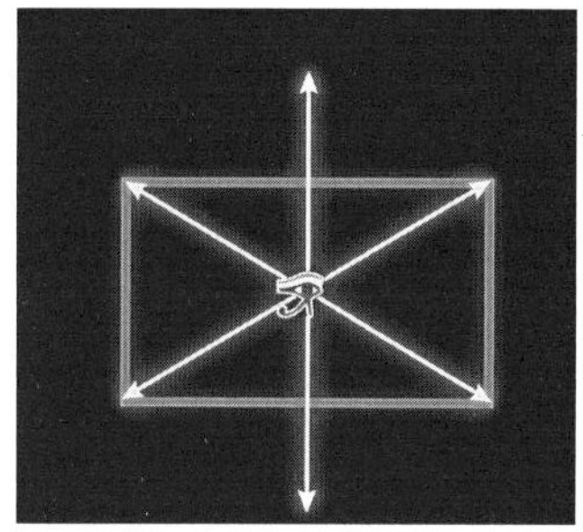

Abb. 5-27. Der Geist Gottes in seinem zuerst geschaffenen Diamanten.

Grenzt als nächstes diesen Raum ein

Nachdem die Adepten in den Mysterienschulen diese sechs Strahlen in die sechs Richtungen ausgesendet haben, ziehen sie als nächstes Verbindungslinien zwischen den Endpunkten dieser Projektionen. So entsteht ein Rhombus oder ein Quadrat um sie [Abb. 5-27]. Natürlich sieht es, aus dem Winkel betrachtet, der hier in dieser Zeichnung vorliegt, wie ein Rechteck aus, aber man kann sehen, dass es eigentlich ein Quadrat wäre. Sie errichten also ein kleines Quadrat um ihren Bewusstseinspunkt. Von diesem Quadrat aus schicken sie einen Strahl nach oben, so dass auf der Standfläche des Quadrats eine Pyramide entsteht [Abb. 5-28].

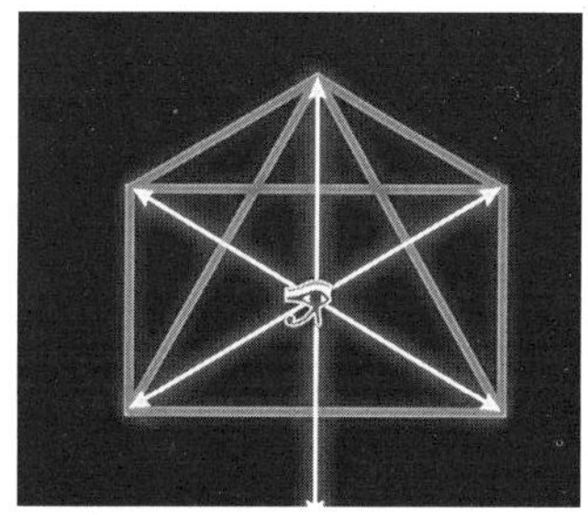

Abb. 5-28. Projektion einer Pyramide oberhalb.

Nachdem die überlagerte Pyramide hergestellt ist, schicken sie einen Strahl hinunter, so dass unterhalb eine Pyramide entsteht [Abb. 5-29]. Betrachtet man sich das Ganze dreidimensional, so bilden die beiden Rücken an Rücken liegenden Pyramiden ein Oktaeder. Hier noch eine weitere Darstellung des Oktaeders [Abb. 5-30].

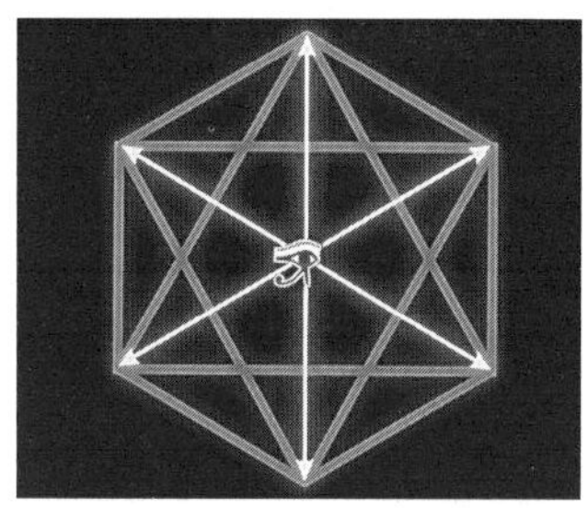

Abb. 5-29. Projektion einer Pyramide unterhalb.

Denkt daran, das dies allein über den Geist geschieht. Ihr braucht in der Großen Leere keinen Körper; ihr seid nur Geist. Ihr befindet euch also in der Großen Leere, und ihr habt dieses Feld um euch geschaffen. Nun, sobald ihr den Raum definiert habt, indem ihr das Oktaeder mit zwei Rücken an Rücken liegenden Pyramiden angelegt habt, habt ihr ein Objekt. Nun ist kinetische Energie oder Bewegung möglich; es wird etwas möglich, das vorher nicht möglich war. Der Geist kann sich außerhalb der Form bewegen, und um sie herum. Er kann sich über viele Kilometer in jede Richtung bewegen und dann wieder zurückkehren, und dabei hat er einen zentralen Ort für alles. Was der Geist noch kann, ist, inmitten der Form bewegungslos zu bleiben und stattdessen die Form sich bewegen lassen. Die Form kann kreisen oder eine Präzessionsbewegung vollführen oder sich auf jede erdenkliche Weise bewegen. Es sind nun also relative Bewegungen möglich.

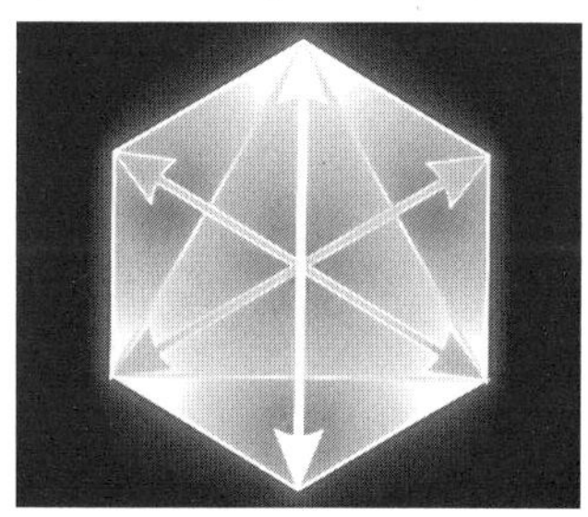

Abb. 5-30. Oktaeder um den Geist Gottes.

Dreht die Form nun so, dass eine Kugel entsteht

Das Oktaeder, das die Schülerinnen und Schüler auf diese Weise schufen, hatte drei Achsen – von vorn nach hinten, links nach rechts sowie oben und unten. Man sagte ihnen, sie sollten die Form dazu bringen, sich um eine der Achsen zu drehen – welche, das spielte keine Rolle, die Richtung spielte keine Rolle. Sie drehten sie in eine beliebige Richtung, und dann noch einmal um eine andere Achse und schließlich um die dritte. Mit nur einer Umdrehung um jede der drei Achsen zeichneten sie die Parameter einer perfekten Kugel nach. Bevor es ihnen erlaubt war, ihren eigenen Bewusstseinspunkt zu bewegen, lernten sie diese Oktaederform zu drehen und um sich selbst eine Kugel zu erzeugen.

Meines Wissens sind sich alle, die sich mit heiliger Geometrie befassen, darin einig, dass gerade Linien männlich und gekrümmte weiblich sind. Da das hier vom Geist projizierte Oktaeder nur aus geraden Linien besteht, ist es eine männliche Form; und da die Kugel nur aus gekrümmten Linien besteht, ist sie eine weibliche. Was die Ägypter also taten, war, dass sie eine männliche Form schufen und dann in eine weibliche verwandelten. Sie gelangten von Männlich zu Weiblich.

Die gleiche Geschichte wird uns durch die Bibel vermittelt, wo zuerst Adam geschaffen wurde, und dann aus Adam, oder besser gesagt, aus einer Rippe von ihm, das Weibliche. Naheliegenderweise ist das Bild des Geistes innerhalb der Kugel gleichzeitig auch das »Logo« der Schule.

Heilige geometrische Figuren begannen damit, dass der Geist seine erste Projektion in die Große Leere vornahm und das erste Oktaeder um sich schuf. Die Große Leere ist unendlich – da ist nichts in ihr – und unendlich sind auch die Formen, die hier geschaffen wurden. Sie sind lediglich imaginäre Linien, die aus Bewusstsein gemacht sind. Das vermittelt euch eine Vorstellung davon, was die Wirklichkeit ist: nichts. Die Hindus nennen die Wirklichkeit *Maja*, was Illusion bedeutet.

Der Geist kann lange Zeit in der Mitte seiner ersten Schöpfung sitzen [Abb. 5-31]; aber schließlich wird er den Beschluss fassen, etwas zu unternehmen. Um diesen Prozess von neuem entstehen zu lassen, erhielten die Schülerinnen und Schüler der Mysterienschule Anweisungen, die gleichen Schritte zu unternehmen, die der Geist unternahm. *Zwei simple Anweisungen* – mehr braucht es nicht, um alles im gesamten Universum zu erschaffen und zu vollenden.

Die erste Bewegung in der Genesis

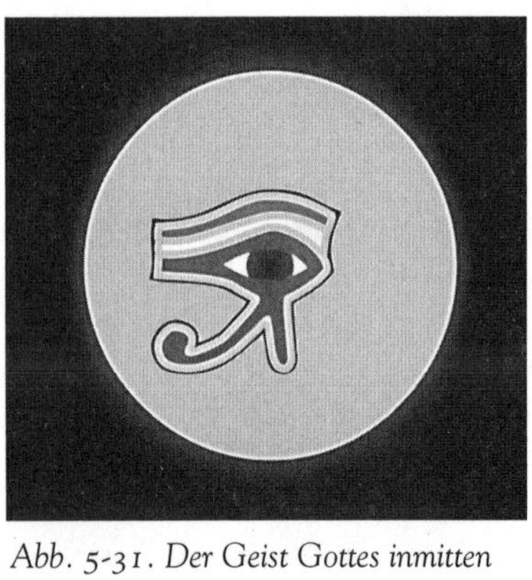

Abb. 5-31. Der Geist Gottes inmitten seiner ersten Schöpfung.

Erinnert euch daran, dass der Geist in einer Kugel sitzt. Die Anweisungen bestehen darin, zu dem *neu Geschaffenen* überzugehen und dann *eine weitere Kugel zu projizieren, die ganz genauso ist wie die erste*. Das bewirkt etwas ganz Besonderes und Einzigartiges. Es ist ein absolut narrensicheres System für die Erschaffung von Wirklichkeit. Man kann dabei nichts falsch machen, was man auch tut. Man begibt sich nur zu dem, was neu geschaffen wurde, und projiziert eine weitere Kugel von der gleichen Größe wie die erste. In diesem System existiert, da ja außer dieser Blase in der Leere nichts existiert, und das Innere der Blase dem entspricht, was außerhalb von ihr ist, nichts – das einzige, was neu oder anders ist, ist die Membran selbst, die *Oberfläche* der Kugel.

Das Bewusstsein beschließt also, sich an die Oberfläche zu begeben. Es

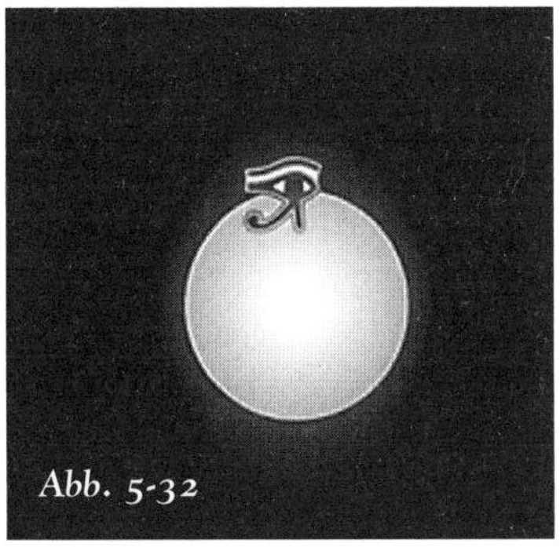
Abb. 5-32

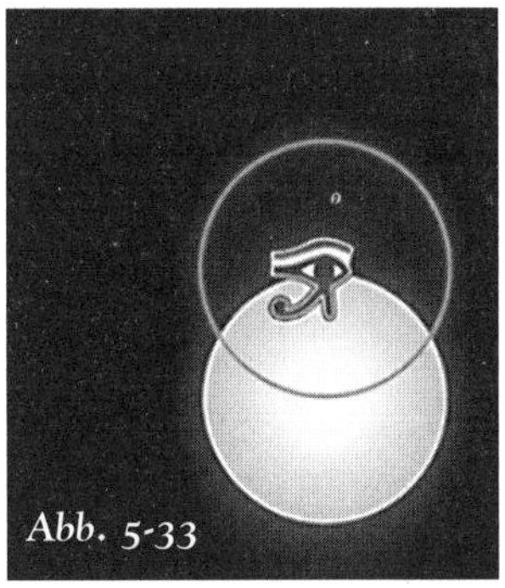
Abb. 5-33

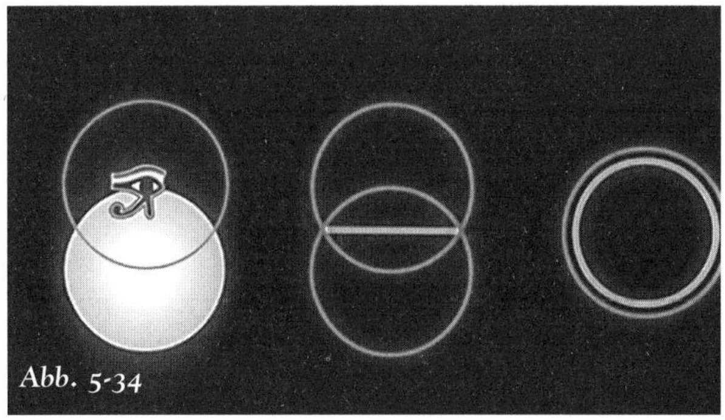
Abb. 5-34

Abb. 5-32 (links). Die erste Bewegung des göttlichen Geistes.
Abb. 5-33 (Mitte). Die erste Bewegung/der erste Tag; die beiden erstgeschaffenen Kugeln bilden eine Vesica.
Abb. 5-34 (rechts). Erste Bewegung/erster Tag. Die beiden erstgeschaffenen Kugeln (im Bild links); Querschnitt (in Bildmitte) und Aufsicht (im Bild rechts).

spielt keine Rolle, wohin dort – es kann überall hin. Es ist auch gleich, *wie* es dorthin gelangt, ob schnurgerade oder in Kurven oder spiralförmig nach außen, oder ob es jedes Fleckchen Raum bis dorthin erkundet. Es kann wirklich kreativ sein; das spielt keine Rolle. Auf die eine oder andere Weise jedoch wird es schließlich auf der Oberfläche der Kugel landen.

Um dieses Beispiel weiter auszuführen, sagen wir jetzt einmal, der Geist hätte sich auf die Oberseite begeben (nur um der Symmetrie willen und weil es leichter zu handhaben ist). Jedenfalls landet der Geist, dieses einzelne kleine Auge, auf der Oberfläche [Abb. 5-32]. Es hat gerade die erste Bewegung in der Genesis unternommen: »Und der Geist Gottes schwebte auf dem Wasser.« Und gleich danach: »Gott sprach: ›Es werde Licht‹, und es ward Licht.«

An diesem Punkt versteht sich der Geist nur auf eines – nein, eigentlich versteht er sich auf zwei Dinge, aber das Endergebnis ist das gleiche: Er weiß (1), wie er das kleine Oktaeder projizieren und eine Kugel erzeugen kann, und (2) wie er sich zu dem neu Geschaffenen hinbewegt. Mehr nicht, eine sehr einfache Wirklichkeit. Sobald er also auf der Oberfläche ankommt, erzeugt er eine weitere Kugel von der Größe der ersten. Sie weist die gleiche Größe auf, da sie das gleiche Vermögen hat, etwas in die Leere hineinzuprojizieren. Nichts hat sich in dieser Hinsicht geändert. So wird also eine zweite Kugel von genau derselben Größe wie die erste geschaffen.

Die Vesica piscis, durch die das Licht entsteht

Hiermit hat das Bewusstsein etwas getan, das, was heilige geometrische Figuren anbelangt, etwas ganz Besonderes ist: Es hat an der Überschneidungsstelle der beiden Kugeln eine Vesica piscis geschaffen [Abb. 5-33]. Habt ihr schon einmal zwei Seifenblasen gesehen, die aneinanderkleben? Wenn sich zwei Seifenblasen zusammentun, führt eine Linie oder ein Kreis um ihre Verbindungssstelle. Würde man die beiden Kugeln von der Seite betrachten, so würde der neu entstandene Abschnitt wie eine Linie aussehen, betrachtete man aber die beiden Kugeln von oben, so würde man den Umfang der neu entstandenen Form *innerhalb* der größeren Kugeln sehen. Der Umfang der Vesica piscis weist eine Symmetrie zum Umfang der größeren Kugeln auf und ist kleiner als dieser. Mit anderen Worten, von der Seite würde das ganze wie eine gerade Linie wirken [Abb. 5-34, Mitte], und von oben wie ein Kreis [rechts]. Obwohl die Vesica piscis in der Regel zweidimensional ist wie eine Münze, hat ihre dreidimensionale Ansicht ebenso Gültigkeit. Würde man sie aus der Mitte der beiden Kugeln herausnehmen, hätte sie Ähnlichkeit mit einem Football, wie bei Abbildung 5-35.

Abb. 5-35. *Eine Vesica piscis in 3-D, ein dreidimensionaler Festkörper, herausgenommen aus den beiden Kugeln, aus denen er entstand.*

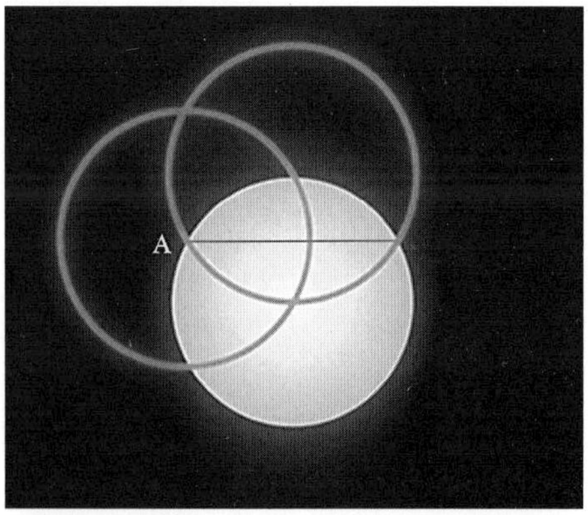

Abb. 5-36. *Dritte Kugel, zweite Bewegung/zweiter Tag der Genesis. Sitzt man auf der Mitte des obersten Kreises/der obersten Kugel und blickt von dort herab, so sieht man die waagrechte Linie als Kreis.*

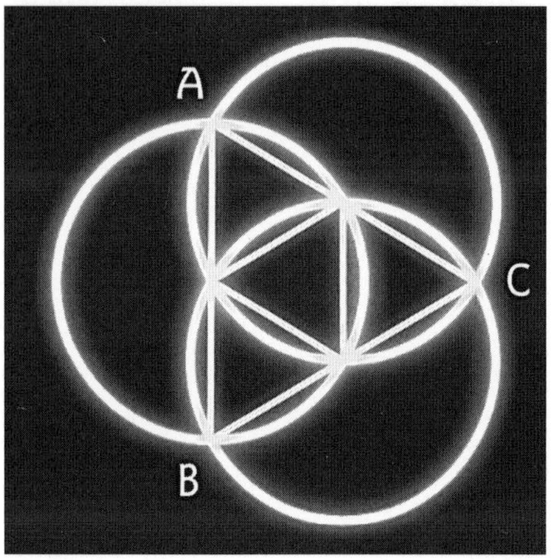

Abb. 5-37. *Kleine und große Tetraeder in drei Kugeln.*

Ich kann euch das hier nicht beweisen, aber später in diesem Buch werde ich nachweisen können, dass dieses Gebilde Licht ist. Es ist das geometrische Gebilde, durch welches das Licht erschaffen wurde. Es ist auch das geometrische Gebilde, durch das eure Augen erschaffen wurden, die Licht empfangen. Vom Licht abgesehen, ist es auch das Bild für die Muster, die mit euren Emotionen und vielen, vielen weiteren Seiten des Lebens verbunden sind. Dies ist die Geometrie, die dem elektromagnetischen Feld zugrundeliegt. Es ist an dieser Stelle allzu einfach um es zu verstehen. Ich muss warten, bis es komplexer wird, dann kann ich es erklären. Ich werde euch aufzeigen, dass die erste Bewegung bei der Genesis das Muster erzeugt, das Leben ist. Das ist der Grund, warum Gott sagte: »Es werde Licht.« Er konnte es nicht sagen, bevor er nicht die zweite Kugel projiziert und die Vesica piscis angelegt hatte.

Die zweite Bewegung lässt das sternförmige Tetraeder entstehen

Befindet sich der Geist im Zentrum seiner zweiten Kugel und blickt auf die Vesica piscis hinunter, so blickt er auf einen neuentstandenen Kreis, den Kreis der Vesica piscis. Dieser Kreis ist das einzige, was hier neu ist, und die Anweisung an den Geist lautet, sich zu dem hinzubegeben, was neu geschaffen ist. Es spielt keine Rolle, wohin er sich auf dem neuen Kreis begibt. Er kann keinen Fehler machen; er wandert nur irgendwo auf diesem Kreis hin und projiziert eine neue Kugel wie auf Abbildung 5-36.

Gleich, wo der Geist landet, wir können die Kugeln drehen, damit sie so aussehen wie auf dieser Zeichnung. Ich sagte also jetzt, er wanderte auf dem Kreis zu Punkt A, links. In diesem Augenblick entstand eine *immense* Menge an Informationen (bei jeder Bewegung im Rahmen der Genesis kommen riesige Mengen an Wissen heraus). Der erste SchöpfungsProzess brachte die Kugel hervor. Die erste Bewegung/der erste Tag schuf die Vesica piscis, die Grundlage für das Licht. Die zweite Bewegung/der zweite Tag brachte, in der sich wechselseitig durchdringenden Beziehung zwischen den drei Kugeln, die geometrischen Grundformen des sternförmigen Tetraeders hervor [Abb. 5-37], von dem ihr bald erkennen werdet, dass es für das Leben eine der wichtigsten Formen ist.

Wir werden hier nicht auf alle Informationen eingehen, die zu diesem Zeitpunkt entstanden, doch jedes Mal, wenn eine neue Kugel entsteht, erschließen sich mehr und mehr Informationen und zeigen sich mehr und mehr Entstehungsmuster. Nachdem die erste und zweite Bewegung stattgefunden haben – von einem beliebigen Punkt auf der Kugel zu einem beliebigen anderen (gleich, wie sich der Geist bewegt hat, gleich wohin auf dem Kreis/der Kugel er sich begab, es wird immer perfekt sein) –, wird er exakt auf dem Äquator der Ausgangskugel entlangzuwandern beginnen. Es gibt auf dieser Kugel eine unendliche Zahl von Äquatorlinien, aber er wird sich eine perfekte aussuchen.

»Wandere zu dem neu Geschaffenen«, bis es vollendet ist

Nachdem dieses Muster geschaffen ist, bleibt nur noch eine Anweisung zu befolgen – und das für immer. Der einzige sonstige Schritt, der bis zum Ende aller Zeiten zu unternehmen ist, besteht darin, *immer zu den*

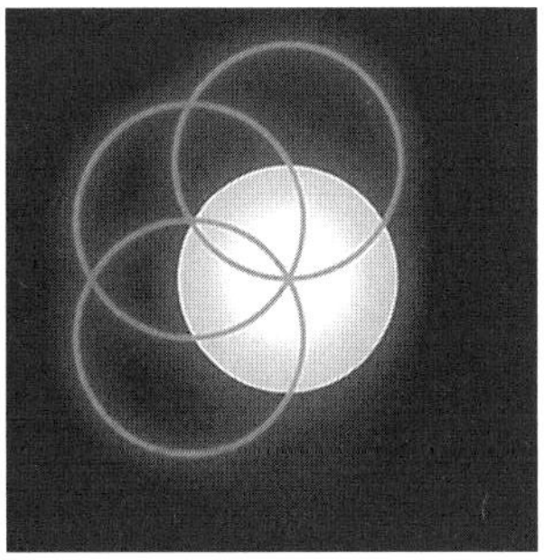

Abb. 5-38. *Vierte Kugel, dritter Tag der Genesis.*

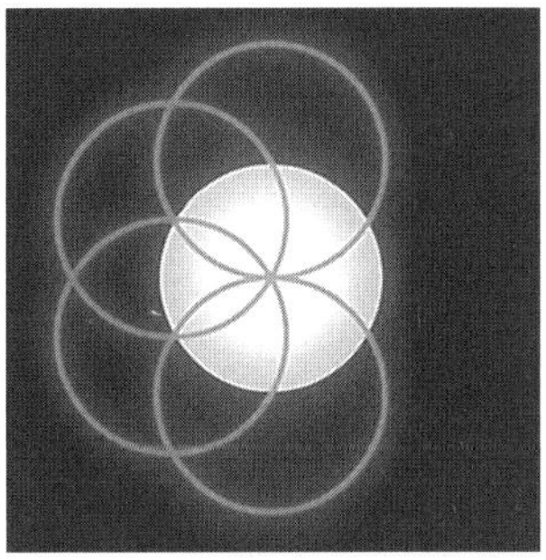

Abb. 5-39. *Fünfte Kugel, vierter Tag der Genesis.*

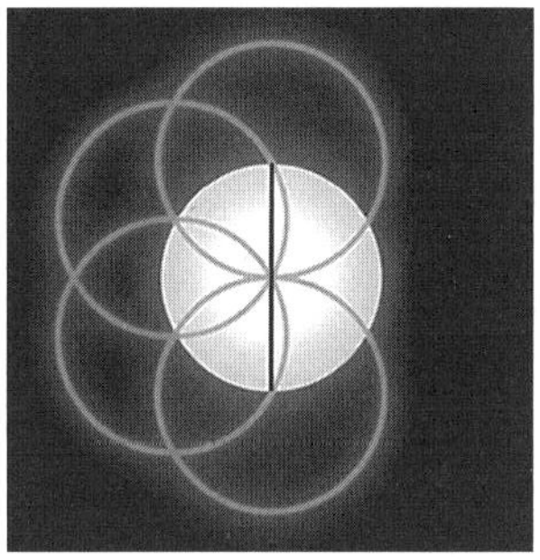

Abb. 5-39 a. *Hälfte der Schöpfung.*

Abb. 5-40. *Sechste Kugel, fünfter Tag der Genesis.*

allerinnersten Kreispunkten zu wandern und eine weitere Kugel zu projizieren. Definieren wir um der Klarheit willen, was wir mit »allerinnersten Kreispunkten« meinen. Betrachtet einmal Abbildung 5-36. In diesem Fall gibt es drei allerinnerste Kreispunkte. Würde euer Auge den Außendurchmesser dieses Musters verfolgen, so würde es an drei Stellen kommen, die sich am nächsten zur Mitte befinden. Diese der Mitte am nächsten gelegene Stellen bezeichnen wir als die allerinnersten Kreispunkte. Im Fall des Genesismusters, das diese Bewegung des Geistes erzeugt, gibt es sechs allerinnerste Kreispunkte.

Abb. 5-41. *Siebte Kugel, sechster Tag der Genesis.*

Dies im Sinn behaltend, beginnt also der Geist exakt um den Äquator der Ausgangs- oder mittleren Kugel zu wandern. Wenn er volle 360 Grad zurückgelegt hat und den Punkt erreicht, an dem er angefangen hat (was sechs Punkte oder Bewegungen sein werden), so macht er sich daran, seinem zweiten Impuls zu folgen (beziehungsweise der zweiten Anweisung, wenn wir von den Adepten der Mysterienschule sprechen): *Wandere zu den allerinnersten Kreispunkten*, die sich nun auf dem Umriss der Ausgangskugel befinden, wo sich zwei Vesicae pisci überschneiden. Ganz simpel ausgedrückt, sind das die Punkte, die der Außenseite des Musters so nah wie möglich sind. Durch diese kontinuierliche Bewegung entsteht ein Wirbel. Diese Wirbelbewegung erzeugt diverse Arten von dreidimensionalen Formen, eine nach der anderen, die die Bausteine oder Blaupause der gesamten Wirklichkeit darstellen.

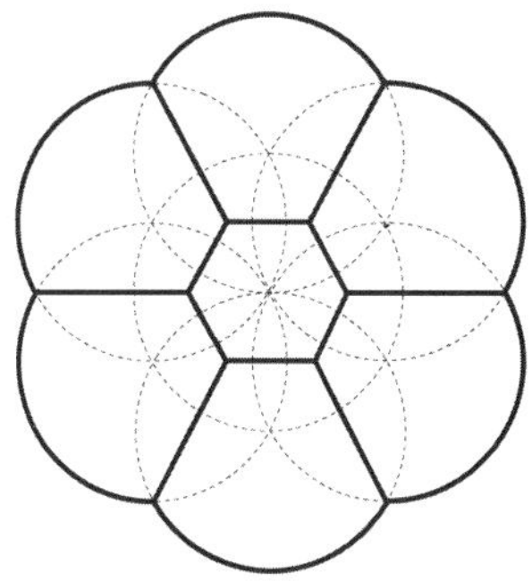

Abb. 5-41a. *3-D-Ansicht hiervon.*

Nachdem der Geist die dritte Kugel geschaffen hat, wandert er nun zum allerinnersten Kreispunkt und projiziert eine weitere Kugel [Abb. 5-38]. Hier gibt es Informationen hinzuzufügen, aber sie sind an dieser Stelle zu komplex.

Dies hier [Abb. 5-39] ist hochinteressant; es ist die vierte Bewegung/der vierte Tag. In vielen Bibeln der Welt heißt es, dass am vierten Tag der Genesis genau die Hälfte der Schöpfung fertiggestellt war. Beginnend mit der ersten Bewegung war genau eine Hälfte des Kreises entstanden [Abb. 5-39a]. Wir haben uns vom Punkt der ersten Bewegung um genau 180 Grad weiterbewegt.

Abbildung 5-40 ist der fünfte Tag der Genesis – weitere Informationen.

Und am sechsten Tag [Abb. 5-41] stellt sich ein geometrisches Wunder ein: mit dem letzten Kreis entsteht eine vollständige Blume mit sechs Blütenblättern. Das ist damit gemeint, wenn es in vielen der früheren Bibeln heißt, »Am Anfang waren sechs«. Nun sagt unsere Bibel, dass die Schöpfung in sechs Tagen entstand, und das passt genau. Es ist das Muster, nach dem die Genesis erfolgt, wir nennen es also das Genesismuster. Es ist in diesem Universum, in dem wir leben, der Anfang der Schöpfung.

Diese ursprünglichen Bewegungen des Geistes sind wirklich wichtig. Deshalb verwende ich so viel Zeit darauf, dies gegen Anfang des Kurses durchzugehen. Später werden wir komplexer werden, aber fürs erste ist das lediglich der Anfang dessen, wie die Manifestation der Wirklichkeit geschaffen wird.

Wir werden diese 3-D-Formen gleich eine nach der anderen von der Buchseite herunterbringen. Könnte man Festkörper daraus machen, so könntet ihr sie in die Hand nehmen und betrachten. Wir werden uns daran machen, diese abstrakte Information in eurer Wirklichkeit Fuß fassen zu lassen. Dann werden wir noch etwas weitergehen und euch zeigen, wie ihr tatsächlich die Wirklichkeit erschafft, in der wir leben. Befaßt ihr euch eigenständig hiermit, werdet ihr merken, dass einige außerordentlich komplexe Aspekte der Schöpfung sich von eben dieser Erklärung der Wirklichkeit herleiten. Würdet ihr diese geometrischen Muster unablässig selbst konstruieren, so würdet ihr irgendwo in der heiligen Geometrie, die der Geist erschafft, wenn er sich durch die Leere bewegt, eine Linie ziehen, und es wird etwas ganz Erstaunliches bedeuten, und dann wird eine andere Linie etwas noch viel Erstaunlicheres bedeuten. Das Leben begann ganz einfach, und dann erschuf es die vielschichtige Welt, in der wir leben.

Das hier ist nicht nur Mathematik, und es geht nicht nur um Kreise oder Geometrie. *Dies ist die lebendige Landkarte der Erschaffung aller Wirklichkeit.* Das müßt ihr verstehen, sonst werdet ihr nicht mehr wissen, worum es geht, und nicht verstehen, worauf dieses Buch hinauswill. Der Grund dafür, dass wir all das tun, ist der, dass eure linke Gehirnhälfte die Einheit aller Schöpfung begreifen und so das Polaritätsdenken überwinden kann.

SECHS

Die Bedeutung von Form und Struktur

Entwicklung des Genesismusters

Der Torus, die erste Form

Betrachten wir das erste Objekt, das aus der Zeichenebene herauskommt – das Genesismuster selbst [siehe Abb. 5-41]. Nimmt man ein Mathematikbuch zur Hand, so weist dieses Genesismuster die minimale Menge an Linien auf, die man auf einer ebenen Fläche ziehen kann, um jene dreidimensionale Form zeichnerisch darzustellen, die Torus (Ringwulst) genannt wird. Ein Torus entsteht, wenn man das Genesismuster um seine Mittelachse dreht. So entsteht eine Form, die etwas von einem Doughnut oder einem Berliner mit einem Loch in der Mitte hat, nur dass dieses Loch unendlich klein ist.

Ein solcher Torus – in diesem besonderen Fall könnte man ihn als Röhrentorus bezeichnen, da er an das Innere einer Röhre erinnert [Abb. 6-1], ist von daher etwas Einzigartiges, als er sich einwärts falten und sich dabei nach innen oder nach außen drehen kann. Keine andere existierende Form kann dies oder etwas ähnliches. Der Torus ist die erste Form, die sich ergibt, wenn das Genesismuster vollendet ist, und er ist absolut einzigartig unter allen Formen, die es gibt.

Ein Mann namens Arthur Young entdeckte, dass es bei dieser Form sieben Regionen gibt, die man zusammengenommen als *seven-color map* bezeichnet. Ihr könnt fast jedes Mathematikbuch in die Hand nehmen – immer wenn ihr zum Torus kommt, ist dort von der seven-color map die Rede. Es gibt sieben Regionen, alle von gleicher Größe, die genau in den Röhrentorus passen, ohne dass irgendetwas übrigbleibt. Genauso wie beim Genesismuster sechs Kreise, die um den siebten, mittleren führen, dessen gesamte Fläche einnehmen. Es ist perfekt, makellos.

Abb. 6-1. Der farbenfrohe röhrenförmige Tubus.

In der heiligen Geometrie gibt es etwas, das man mit dem Gebrauch eines Steckschlüssels vergleicht. Man nimmt einen Kreis oder eine Linie und geht damit so um, wie wenn der Automechaniker einen Steckschlüssel zur Hand nimmt und dazu benutzt, etwas ein gewisses Stück weit zu drehen. Stellt euch zum Beispiel zwei Genesismuster vor, die übereinandergeschichtet sind. Eines bleibt unbeweglich; würdet ihr das andere Muster um 30 Grad drehen, so hättet ihr zwölf Kugeln um die mittlere. Zweidimensional betrachtet, würde das so aussehen [Abb. 6-2]. Dreidimensional sähe es wie ein Röhrentubus aus. Bringt dann alle Linien, die möglich sind, in der Mitte zusammen, so entsteht dieses Muster [Abb. 6-3].

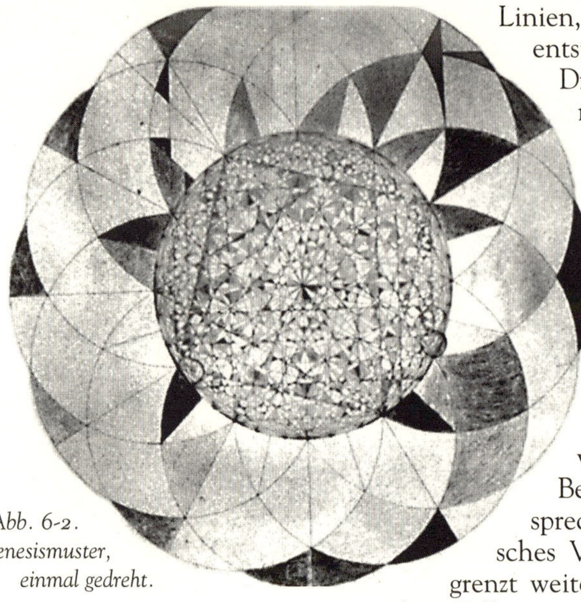

Abb. 6-2. Genesismuster, einmal gedreht.

Dreht man die zwölf Kugeln mit dem Steckschlüssel noch ein weiteres Mal, dieses Mal um 15 Grad, so dass man 24 Kugeln hat, ergibt sich dieses Muster hier [Abb. 6-4]. Dieses Muster wird mit etwas in Verbindung gebracht, das man transzendentes Muster nennt. Was ist ein transzendentes Muster? Eine transzendente Zahl ist, so wie ich es betrachte, in der Mathematik eine Zahl, die aus einer anderen Dimension stammt. In dieser Dimension ist sie wahrscheinlich heil und ganz, aber wenn sie hierherkommt, lässt sie sich nicht vollständig auf diese Welt übertragen. Wir haben viele Zahlen dieser Art. Eine von ihnen ist zum Beispiel der *Phi-Quotient*, auf den ich später noch zu sprechen komme. Es handelt sich um ein mathematisches Verhältnis, das mit 1,6180339 beginnt und unbegrenzt weitergeht, was bedeutet, dass man nie weiß, wie die nächste Ziffer aussehen wird, und es hat nie ein Ende: Da waren Leute, die monatelang den Computer laufen ließen, ohne zu einem Abschluss zu kommen. Einfach erklärt: Das ist mit »transzendenter Zahl« gemeint.

Der Torus, der Ringwulst, herrscht als Form bei vielen Aspekten unseres Lebens vor. So zum Beispiel hat das menschliche Herz sieben Muskeln, die einen Torus bilden, und es pumpt Blut in die sieben Regionen. Wir haben alles Wissen verkörpert. Der Torus findet sich buchstäblich um *alle* Formen von Leben, alle Atome und alle Himmelskörper wie etwa Planeten, Sterne, Galaxien und so weiter. Er steht an erster Stelle von allen existierenden Formen.

»Am Anfang war das Wort.« Ich glaube, die Zeit wird zeigen, dass Sprache/bewusste Töne/das Wort alle im Torus offenbart werden. Es gibt diejenigen, die schon jetzt glauben, dass das zutrifft, doch nur die Zeit wird es erweisen.

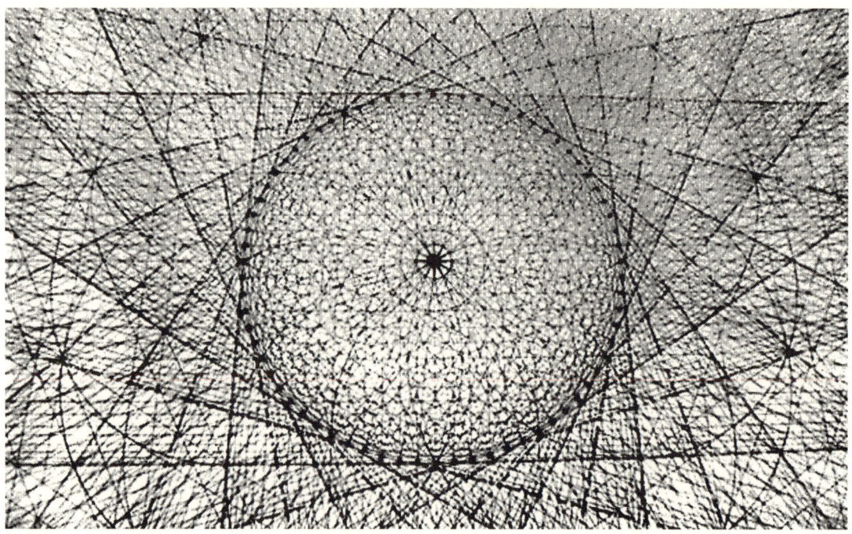

Abb. 6-3. Gedrehtes Genesismuster mit allen möglichen Verbindungslinien.

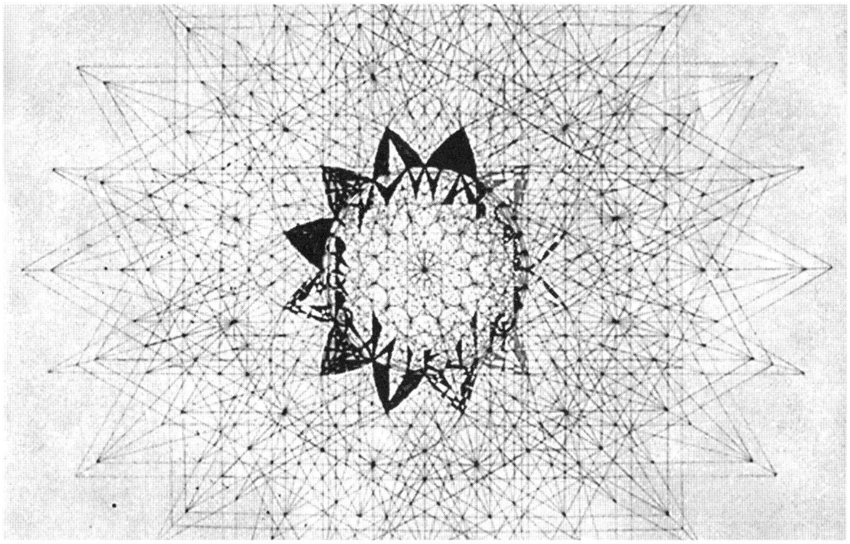

Abb. 6-4. (links). Doppelt gedrehtes Genesismuster mit allen möglichen Verbindungslinien.

Das Labyrinth als Bewegung von Lebenskraftenergie

Abbildung 6-5 ist ein siebenfaches Labyrinth. Es findet sich auf der ganzen Welt – von China nach Tibet, über England nach Irland und Peru, zu den Indianern Nordamerikas.

Eines wurde gerade in Ägypten entdeckt. Dieses Labyrinth ist auf den Böden so vieler europäischer Kirchen anzutreffen. Die gleiche Form findet sich überall auf Steinwänden. Sie muss für die Menschheit in alter Zeit von großer Wichtigkeit gewesen sein. Es gibt darin sieben Regionen, was eine Beziehung zum Torus und dem menschlichen Herzschlag aufweist. Später werde ich noch auf die uralte Mysterienschule der Druiden auf der Insel Avalon in England zu sprechen kommen. Um dort auf den Gipfel des Hügels zu kommen, muss man durch genau solch ein Labyrinth. Man muss erst vor und dann wieder zurück, so entsteht diese Bewegung.

Bei einem Aufenthalt in England sprach ich mit Richard Feather Anderson, einem Autor, der über Labyrinthe geschrieben hat und ein Experte auf diesem Gebiet ist, und von ihm lernte ich etwas Neues. Im Rahmen seiner Forschungsarbeit lässt er Menschen durch das Labyrinth gehen. Er hat entdeckt, dass man beim Durchqueren gezwungen ist, unterschiedliche Bewusstseinszustände zu durchwandern, und das vermittelt ein ganz bestimmtes Erlebnis. Es führt dazu, dass die Energie der Lebenskraft sich nach dem folgenden Muster durch die Chakras bewegt: drei, zwei, eins, vier, sieben, sechs, fünf. Die Energie beginnt im dritten Chakra, dann wandert sie zum zweiten, dann zum ersten, dann springt sie zum Herzen hinauf (viertes), dann in die Kopfmitte zur Zirbeldrüse (siebtes), dann in Richtung Stirn zur Hirnanhangdrüse (sechstes), und dann hinunter zur Kehle (fünftes).

Beim Durchqueren des Labyrinths durchläuft man, es sei denn, man verschließt sich diesem Erlebnis, automatisch diese Veränderungen. Selbst wenn man über derartige Dinge gar nichts weiß, macht man dennoch diese Erfahrungen. Menschen in der ganzen Welt haben sich schon davon überzeugen können, dass das zutrifft. Mr. Anderson glaubt, wenn man Linien zieht (wobei die Anzahl der Striche anzeigt, um welchen der sieben Pfade es sich handelt), um diesen Weg zurückzulegen – drei, zwei, eins, vier, sieben, sechs, fünf –, so entsteht ein Gebilde, das an einen Kelch erinnert [Abb. 6-6]. Er hat das Gefühl, dass dieses Labyrinth mit der Form des Heili-

Abb. 6-5. Siebenfaches Labyrinth.

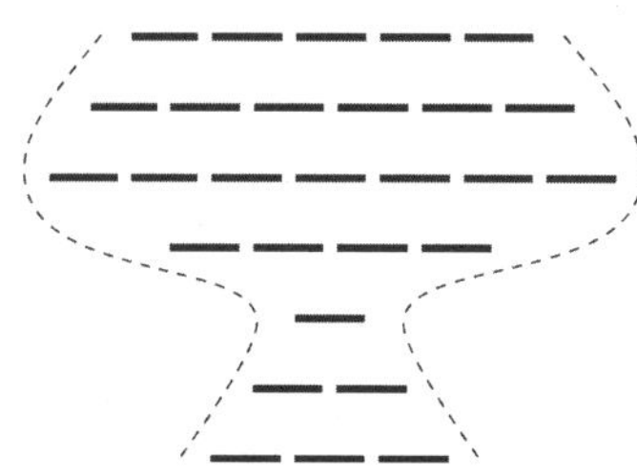

Abb. 6-6. Wie aus der Labyrinthsequenz ein Kelch entsteht.

Bild des biblischen Melchizedek. Er hält in einer Schüssel den Schlüssel zum Labyrinth.

Abb. 6-7. Wirbel unter dem Genesismuster. →

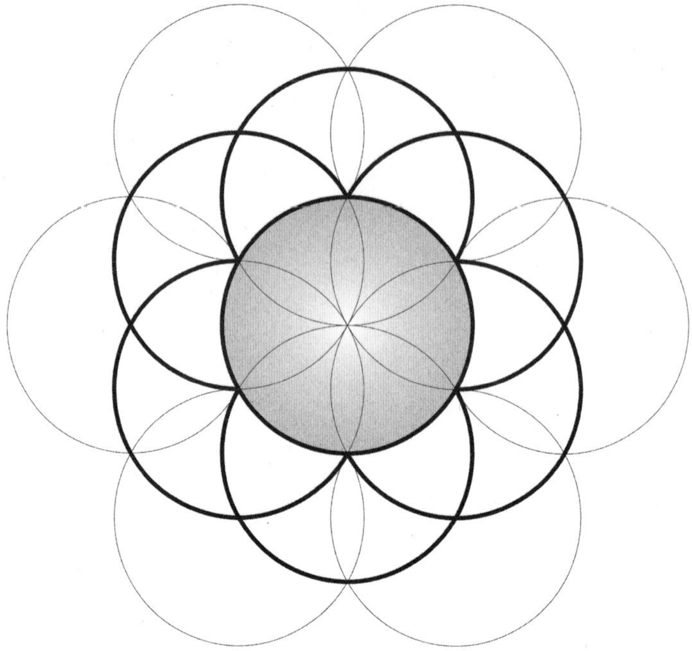

Abb. 6-8. 3-D-Kugeln/Bälle.

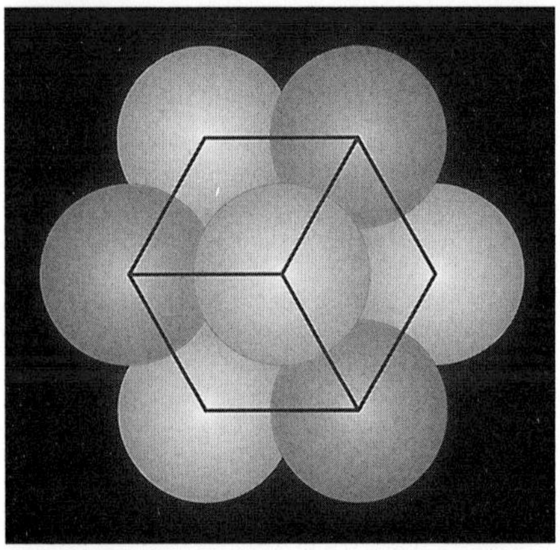

Abb. 6-8 a. Aus der Verbindung der Mittelpunkte entsteht ein Würfel.

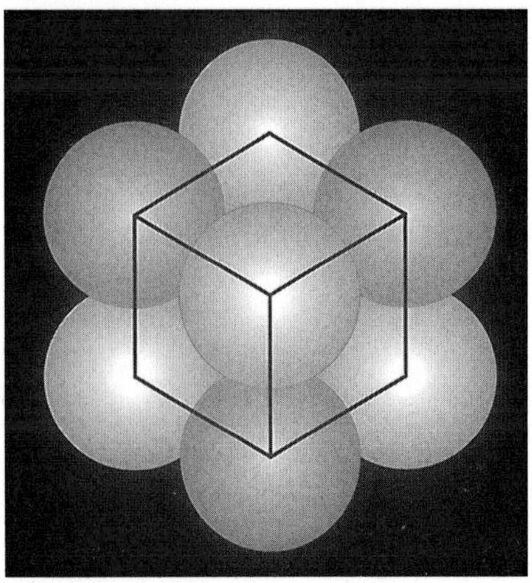

Abb. 6-8 b. Andere Perspektive.

gen Grals und dem mit ihm verbundenen Geheimwissen zusammenhängt. Wenn ich von meinem Erfahrungshintergrund ausgehe, würde ich sagen, dass das für mein Gefühl stimmt, aber ich bleibe diesbezüglich geistig offen. Ich weiß noch nichts darüber – es mag wahr sein.

Ich habe im Selbstversuch ebenfalls schon mit diesem Labyrinth experimentiert, und es stimmt, dass ich solche Veränderungen erleben konnte. Ich konnte die gleichen Veränderungen jedoch auch auf andere Weise erleben. Ich konnte einer gerade Linie entlang auf das Zentrum des Labyrinths zugehen und einfach die Veränderungen in mir selbst vornehmen, wenn ich an den Stellen ankam, wo in dem Labyrinth die Biegung gewesen wäre. Ich schaffte es, den gleichen Zustand zu erreichen, ohne durch das gesamte Muster hindurchzulaufen. Merkt euch die Sache mit dem Labyrinth; ich werde nach einer Weile noch einmal darauf zurückkommen.

Das Ei des Lebens: die zweite Form jenseits der Genesis

Die dunklen, innersten Kreise zeigen die sechs Tage der Genesis [Abb. 6-7]. Das Bewusstsein projiziert erst einmal die ersten sieben Kugeln und bringt dieses Genesismuster zum Abschluss, dann bewegt es sich weiter nach einem Rotationsmuster von den einzelnen aufeinanderfolgenden am weitesten innen liegenden Stellen, immer weiter, bis seine zweite Wirbelbewegung zum Abschluss kommt, wie man an den hellen äußeren Kreisen sieht. Mit dieser Bewegung wiederum wird eine dreidimensionale Form vollendet, die man in der Hand halten kann, und die aussieht wie Abbildung 6-8. Würde man Abbildung 6-7 nehmen und alle Linien in der Mitte sowie bestimmte andere Linien ausradieren, wäre dieses Muster zu sehen. Das Muster mit den Kugeln entspricht dem, was der Geist gesehen hätte, hätte er sich nach außerhalb seiner Schöpfung begeben und gesagt: »Aha! Jetzt sehe ich dieses Ding da! Es sieht soundso aus« [Abb. 6-8].

Die achte Kugel befindet sich hinter diesen sichtbaren Kugeln. Würde man Verbindungslinien vom Mittelpunkt einer jeden Kugel zu dem der anderen ziehen, hätte man einen Würfel [Abb. 6-8a und 6-8b].

Na und? Wen interessiert das schon? Nun, die Menschen in alter Zeit interessierte es durchaus, denn sie befassten sich sehr mit Erschaffung, Leben und Tod. Sie nannten diese Kugeltraube das Ei des Lebens. Bald werde ich euch zeigen, inwiefern das Ei des Lebens die morphogenetische Struktur ist, die euren Körper hervorgebracht hat. Euer gesamtes physisches Dasein hängt von diesem Gebilde ab, dem Ei des Lebens. Alles an euch wurde über diese Form, das Ei des Lebens, geschaffen, bis zur Farbe eurer Augen, dem Schwung eurer Nase, der Länge eurer Finger und alles andere. Das alles basiert auf dieser *einen Form*.

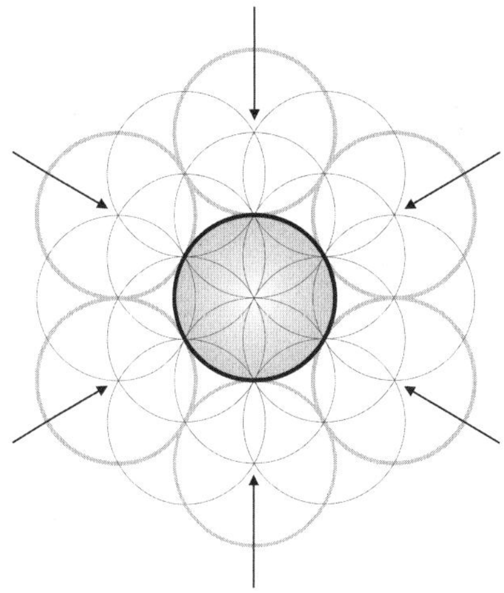

Abb. 6-9. *Die dritte Drehung.*

Die dritte Drehung/Form: Die Frucht des Lebens

Der nächste Wirbel ist die dritte Rotation [Abb. 6-9]. Die Kugeln in diesem Wirbel sind mittig zu den allerinnersten Stellen auf der äußeren Begrenzungslinie des vorherigen Runds ausgerichtet, wie hier mit den sechs Pfeilen angedeutet. Wenn also der Geist in diesem dritten Wirbel rotiert, erhält man die hier gezeigten grauen Ringe. Dann fällt euch eine neue Beziehung auf – dort, wo die sechs Kreise den mittleren und einander berühren. Würdet ihr sieben Pfennigstücke nehmen und auf einem Tisch zusammenschieben, so ergäbe sich ein solches Bild. Diese dritte Drehung stellt eine außerordentlich wichtige Beziehung in der Erschaffung unserer Wirklichkeit dar. Wenn ihr die Blume des Lebens eingehend betrachtet, seht ihr diese sieben Kreise, die einander berühren.

Abb. 6-10. *Blume des Lebens.*

Es gibt in der Blume des Lebens neunzehn Kreise [Abb. 6-10], und sie sind von zwei konzentrischen Kreisen umgeben. Aus unerfindlichen Gründen findet man dieses Bild auf der ganzen Welt. Die Frage lautet: Warum gibt es das auf der ganzen Welt, und warum hat man immer bei neunzehn Kreisen aufgehört? Es ist ein unendliches Netz und hätte überall enden können. Der einzige Ort auf dem ganzen Planeten, wo ich erleben konnte, dass es über die neunzehn Kreise hinausging, war China, bei dort hergestellten Raumteilern [Abb. 6-11]. Und eines der populärsten Muster auf diesen Schirmen war die Blume des Lebens. Die Paravents wurden in Rechteckform gefertigt, und man ließ das Muster bis an die Ränder reichen.

Bei allen anderen, die man fand, bekam man gewöhnlich nur das Muster der Blume des Lebens zu Gesicht. Das liegt daran, dass weise Menschen in alter Zeit, als ihnen klar wurde, worin die andere Komponente bestand und wie wichtig sie war, beschlossen, sie geheimzuhalten. Sie wollten nicht, dass die Menschen diese Beziehung sahen, die ich euch jetzt aufzeigen werde. Sie war so heilig und so wichtig, dass sie einfach nicht zulassen konnten, dass dieses Wissen Allgemeingut wurde. Für die damalige Zeit war das angemessen; nun jedoch machen wir entweder von dieser Information Gebrauch oder stürzen noch tiefer in die Dunkelheit.

Abb. 6-11. *Chinesischer Paravent: stilisierte Blume des Lebens.*

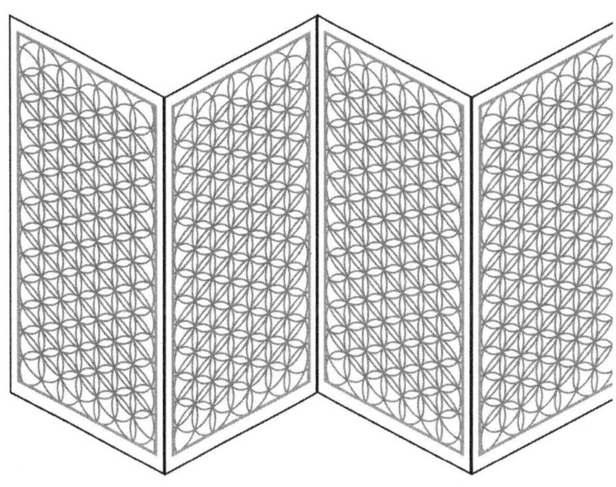

Achtet einmal darauf, dass ihr innerhalb des Musters der Blume des Lebens viele unvollständige Kreise seht, die natürlich auch Kugeln sein können. Sucht hiernach entlang des gesamten äußeren Rands der Figur in Abbildung 6-10. Würdet ihr lediglich noch diese Kreise vervollständigen, so würde sich das Geheimnis offenbaren. Auf diese Weise wurden in alter Zeit Informationen verschlüsselt.

Die zusätzlichen Kreise/Kugeln, die sich über das ursprüngliche Muster der Blume des Lebens innerhalb des großen grauen Rings in Abb. 6-12 hinaus ausdehnen, vervollständigen alle unvollständigen Kreise am Rand dieses Musters.

Sobald ihr diese Kreise vervollständigt, habt ihr mit nur einem weiteren Schritt das Geheimnis: Begebt ihr euch zu den innersten Stellen der äußeren Begrenzung, auf die die Pfeile gerichtet sind, und dreht den nächsten Wirbel. Wenn ihr das tut, erhaltet ihr als Muster dreizehn Kreise, wie hier von den kleineren grauen Kreisen angezeigt, das Zentrum inbegriffen. Wird dieses vom restlichen Muster extrahiert, sieht das so aus wie auf Abbildung 6-13.

Abb. 6-12. Vervollständigung der unvollständigen Kreise.

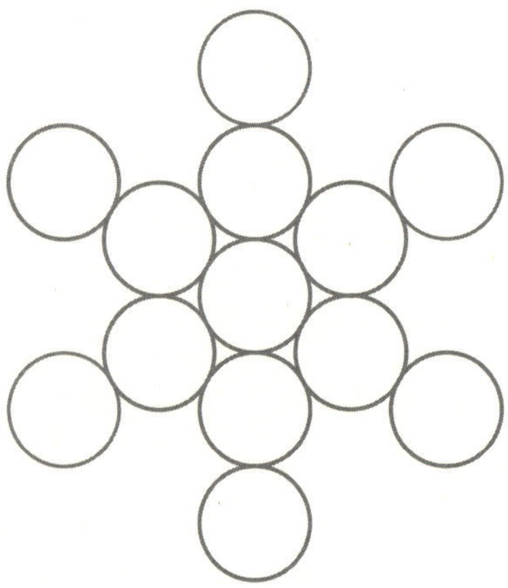

Abb. 6-13. Die Frucht des Lebens.

Dieses aus dreizehn Kreisen bestehende Muster ist eine der heiligsten Formen, die es gibt. Auf der Erde nennt man sie die Frucht des Lebens. »Frucht« deshalb, weil dies das Ergebnis, die Frucht ist, aus der das Geflecht der Einzelheiten unserer Wirklichkeit hervorgegangen ist.

Das erste Informationssystem, Metatrons Würfel, entsteht durch die Kombination von Männlichem und Weiblichem

Nun sind ja die gesamten Kreise in diesem Muster weiblich. Und es gibt dreizehn Möglichkeiten, mit diesen dreizehn Kreisen, wie man männliche Energie – mit anderen Worten, gerade Linien – über diese dreizehn Kreise legen kann. Schichtet man auf dreizehn verschiedene Weisen gerade Linien über all das, so erhält man hierbei dreizehn Muster, die zusammen mit dem Ei des Lebens und dem Torus, die Erschaffung von allem bewirken. Das Ei des Lebens, der Torus und die Frucht des Lebens hier, alles in allem also drei Muster, erschaffen ausnahmslos alles, was es gibt – zumindest habe ich noch keine Ausnahme entdecken können. Ich gebe an euch weiter, was ich in Erfahrung gebracht habe; natürlich kann ich euch nicht alles zeigen, aber genug, um euch davon zu überzeugen, dass das der Wahrheit entspricht. Ich werde diese drei als *Informationssysteme* bezeichnen. Es gibt dreizehn Informationssysteme, die mit dem Muster der Frucht des Lebens zusammenhängen. Jedes System bringt eine unermessliche und breit gefächerte Menge an Wissen mit sich. Ich zeige euch dies an nur vieren davon auf. Ich glaube, das ist genug.

Das einfachste System entsteht ganz simpel dadurch, dass man die Mitte sämtlicher Kreise mit geraden Linien verbindet. Wenn ihr gerade Linien auf diesem Muster unterbringen würdet, würden vermutlich 90 Prozent von euch zuerst auf die Idee kommen, sämtliche Kreismitten miteinander zu verbinden. Wenn ihr das tut, erhaltet ihr ein Muster wie dieses [Abb. 6-14], das im ganzen Universum, überall, unter dem Namen »Würfel des Metatron« bekannt ist. Dies ist eines der wichtigsten Informationssysteme im Universum, eines der grundlegenden Schöpfungsmuster des Daseins.

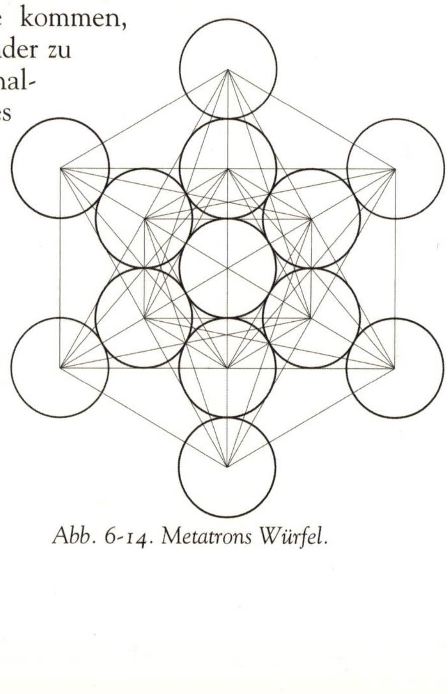

Abb. 6-14. Metatrons Würfel.

Die Platonischen Festkörper

Jeder, der sich mit heiliger Geometrie, oder auch nur mit ganz normaler Geometrie beschäftigt hat, weiß, dass es fünf unverwechselbare Formen gibt, und diese sind entscheidend für das Verständnis der heiligen wie auch der regulären Geometrie. Man nennt sie die *Platonischen Festkörper* [Abb. 6-15].

Ein Platonischer Festkörper zeichnet sich durch bestimmte Merkmale aus, sonst wäre er keiner. Zunächst einmal haben alle Flächen dieselbe Größe. So zum Beispiel hat der Würfel, der bekannteste der Platonischen Festkörper, auf jeder Fläche ein Quadrat, so dass alle seine Flächen die gleichen Abmessungen aufweisen. Zweitens haben alle Kanten der Platonischen Festkörper die gleiche Länge, alle Kantenlängen eines Würfels sind gleich. Drittens ist der Innenwinkel zwischen zwei Flächen immer gleich groß. Beim Würfel beträgt dieser Winkel zum Beispiel 90 Grad. Und viertens berühren, wenn man einen Platonischen Festkörper in eine Kugel (der richtigen Größe) steckt, alle Spitzen die Oberfläche der Kugel. Legt man diese Definition zugrunde, gibt es neben dem Würfel (A) nur vier geometrische Formen, die alle diese Merkmale aufweisen. Die zweite (B) ist das Tetraeder (*tetra* bedeutet vier), ein Polyeder mit vier Flächen, allesamt gleichseitigen Dreiecken mit ein und derselben Seitenlänge und ein und demselben Winkel, und alle Spitzen berühren die Oberfläche einer Kugel. Noch eine einfache Form dieser Art ist das Oktaeder (der Achtflächner – *octa* heißt acht), dessen acht Flächen aus gleichseitigen Dreiecken derselben Größe und Seitenlänge und mit demselben Winkel bestehen, und bei dem alle Spitzen die Oberfläche einer Kugel berühren.

Die beiden anderen Platonischen Festkörper sind etwas komplizierter. Einer (D) wird Ikosaeder genannt (Zwanzigflächner), er weist zwanzig Flächen auf, die aus gleichseitigen Dreiecken der gleichen Seitenlänge und mit dem gleichen Winkel bestehen, und alle Spitzen berühren die Oberfläche einer Kugel. Der letzte (E) wird Pentagondodekaeder genannt (fünfeck-Zwölfflächner – *dodeca* heißt 12), dessen zwölf Flächen aus 12 Fünfecken mit derselben Seitenlänge und mit demselben Winkel bestehen (fünf Seiten), auch hier berühren alle Spitzen die Oberfläche einer Kugel.

Wer Ingenieurwesen oder Architektur studiert hat, wird sich an der Uni zumindest am Rande mit diesen fünf Formen befasst haben, denn sie sind die Grundlage von Bauten.

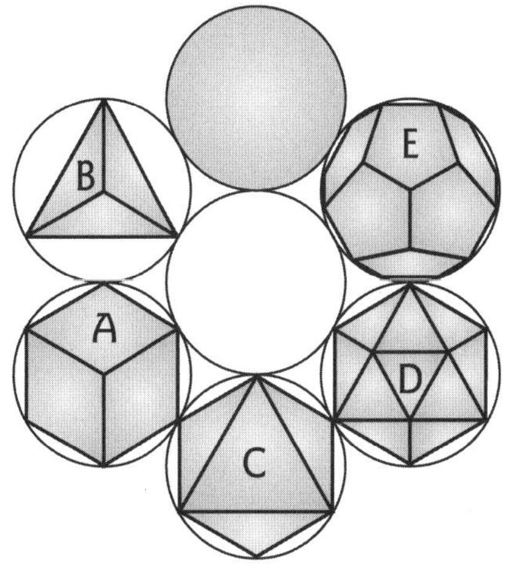

Abb. 6-15. Die fünf Platonischen Festkörper.

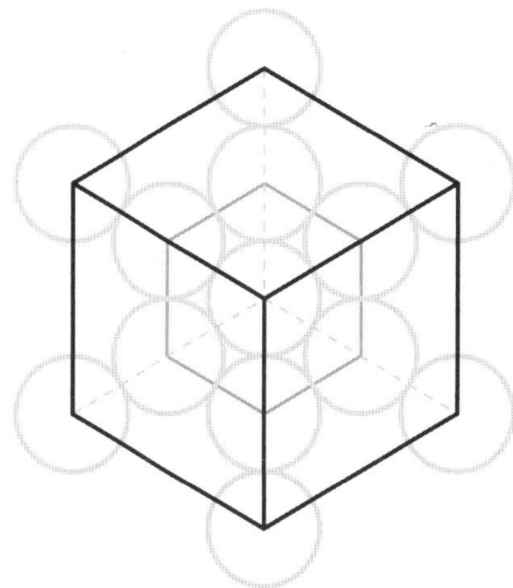

Abb. 6-16. Hier die beiden aus Metatrons Würfel extrahierten Würfel.

Ihr Ursprung: Metatrons Würfel

Wer sich mit heiliger Geometrie beschäftigt, kann ein beliebiges Buch zur Hand nehmen und wird feststellen, dass darin die Platonischen Festkörper gezeigt werden, denn sie sind das ABC der heiligen Geometrie. Aber wenn man diese ganzen Bücher liest – und ich habe die meisten davon gelesen – und die Experten fragt: »Wie kommen die Platonischen Festkörper zustande? Was ist ihr Ursprung?« dann sagen fast alle, sie wüssten es nicht. Nun, die fünf Platonischen Festkörper kommen aus dem ersten Informationssystem der Frucht des Lebens. In den Linien von Metatrons Würfel [siehe Abb. 6-14] verbergen sich sämtliche dieser fünf Formen. Betrachtet man Metatrons Würfel, sieht man alle fünf Platonischen Festkörper gleichzeitig. Um die einzelnen besser zu erkennen, muss man wieder den Trick anwenden, einzelne Linien auszuradieren. Radiert man alle aus bis auf

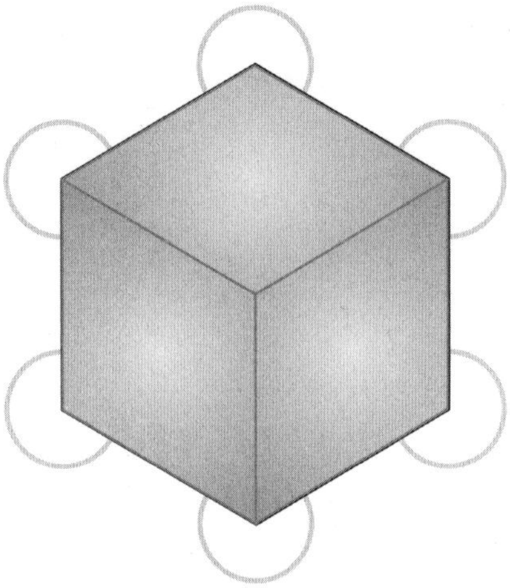

Abb. 6-16 a. Fester größerer Würfel aus der vorherigen Figur.

einige ganz bestimmte, so erhält man diesen Würfel [Abb. 6-16]. Könnt ihr den Würfel sehen? Eigentlich ist es ein Würfel in einem Würfel. Einige Linien sind gestrichelt, da sie hinter den Vorderflächen wären. Sie sind nicht zu sehen, wenn der Würfel aus fester Materie ist. Hier haben wir die feste Form des größeren Würfels [Abb. 6-16a]. (Achtet darauf, dass ihr diesen wirklich sehen könnt, es wird nämlich im weiteren Verlauf immer schwerer werden, sie zu erkennen.)

Durch Ausradieren bestimmter Linien und Verbinden anderer Zentren [Abb. 6-17] erhält man zwei übereinandergeschichtete Tetraeder, so dass ein sternförmiges Tetraeder entsteht. Wie beim Würfel erhält man auch hier im Grunde gleich zwei davon, ein sternförmiges Tetraeder im anderen. Hier die feste Form des größeren sternförmigen Tetraeders [Abb. 6-17a.]

Abbildung 6-18 ist ein Oktaeder in einem anderen Oktaeder, wenn auch aus einem bestimmten Blickwinkel gesehen. Abbildung 6-18a ist das größere Oktaeder in fester Form.

Abbildung 6-19 ist ein Ikosaeder im anderen, und Abbildung 6-19a zeigt die feste Ausgabe des größeren. Irgendwie wird es einfacher, wenn man es so sieht.

Das sind dreidimensionale Objekte, die aus den dreizehn Kreisen der Frucht des Lebens kommen.

Hier Sulamith Wülfings Gemälde vom Christuskind in einem Ikosaeder [Abb. 6-20], was sehr passend ist, da das Ikosaeder für Wasser steht, wie ihr

Abb. 6-17. Die aus Metatrons Würfel extrahierten sternförmigen Tetraeder.

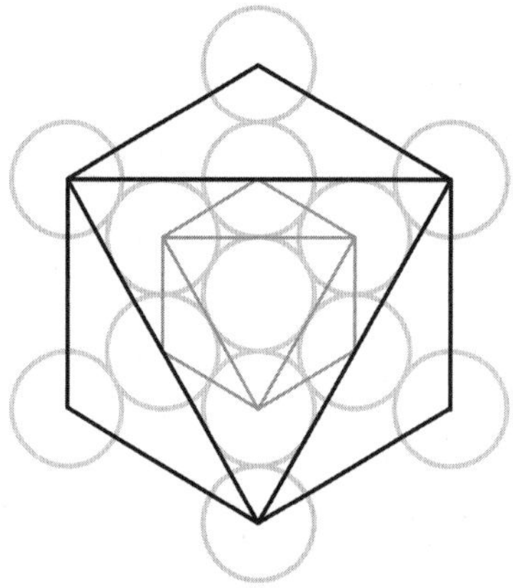

Abb. 6-18. Zwei aus Metatrons Würfel extrahierte Oktaeder.

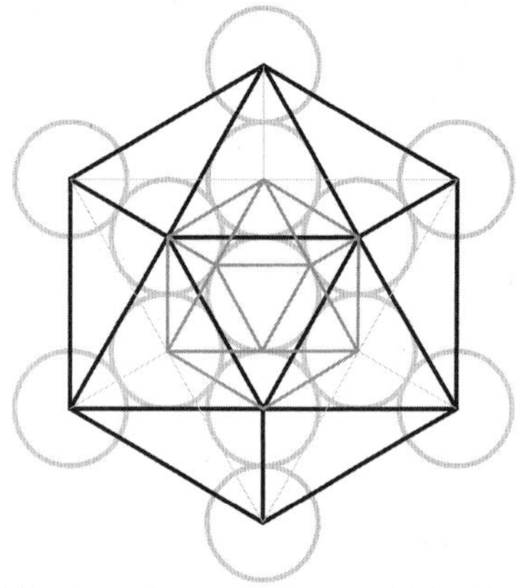

Abb. 6-19. Zwei aus Metatrons Würfel extrahierte Ikosaeder.

Abb. 6-17 a. Festes größeres, sternförmiges Tetraeder in Abb. 6-17.

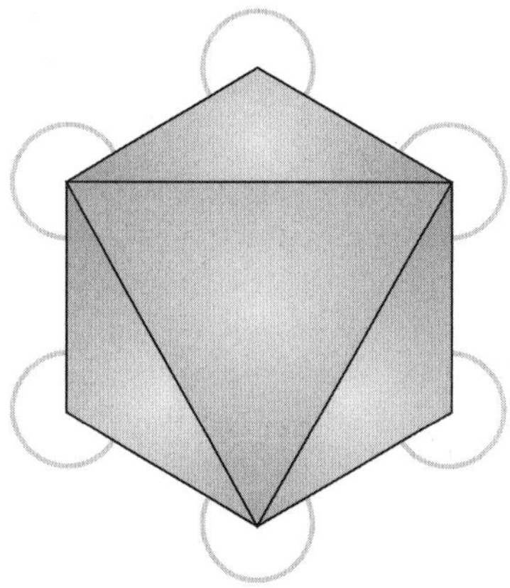

Abb. 6-18 a. Festes, größeres Oktaeder.

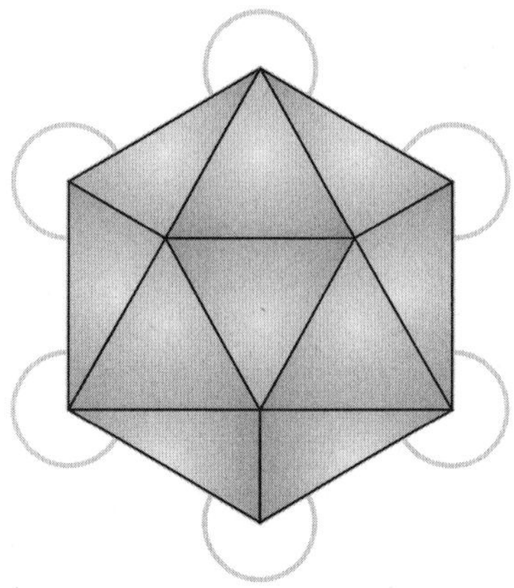

Abb. 6-19 a. Festes größeres Ikosaeder.

Abb. 6-20 Sulamith Wülfings Gemälde vom Christuskind

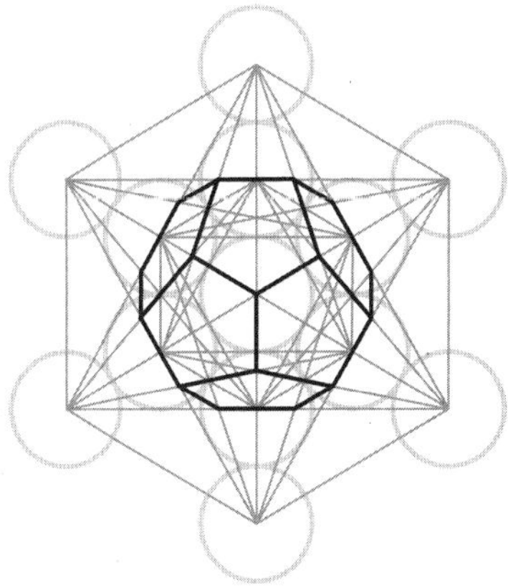

Abb. 6-21. Fünfeck-Dodekaeder in Metatrons Würfel.

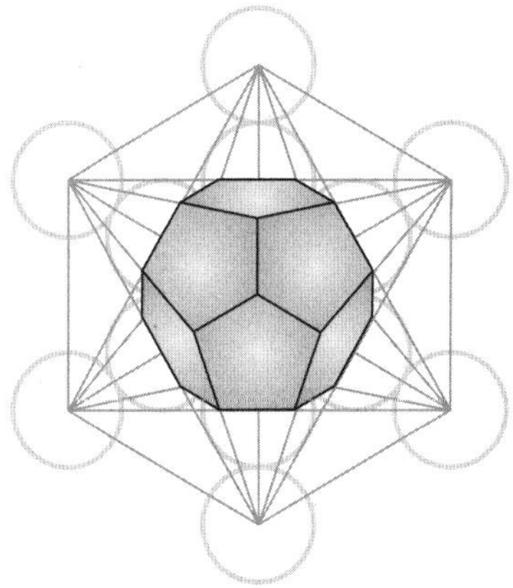

Abb. 6-21 a. Festes Dodekaeder.

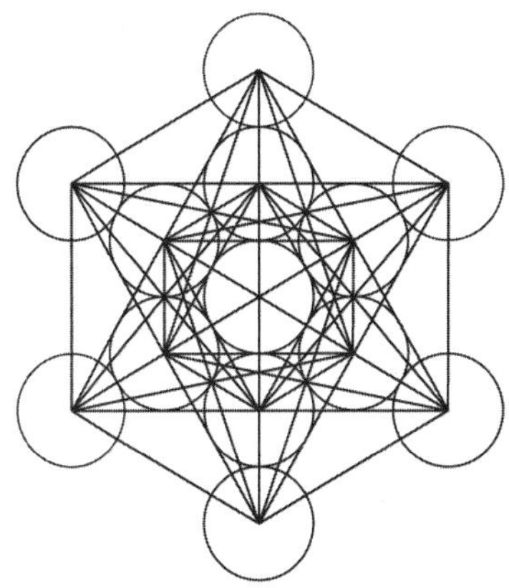

Abb. 6-22. Metatrons Würfel.

gleich sehen werdet, und Christus wurde ja in Wasser getauft, und damit begann ein neues Bewusstsein.

Als nächstes die fünfte und letzte Form: zwei Pentagondodekaeder, eines im anderen [Abb. 6-21] (hier wird zur Vereinfachung nur das innere Dodekaeder gezeigt). Abbildung 21a ist das gleiche in fest.

Wie wir gesehen haben, sind also alle Platonischen Festkörper in Metatrons Würfel anzutreffen [Abb. 6-22].

Die fehlenden Linien

Den letzten Platonischen Festkörper in Metatrons Würfel zu finden, kostete mich mehr als zwanzig Jahre. Nachdem die Engel gesagt hatten: »Sie sind alle darin enthalten«, machte ich mich auf die Suche nach ihnen, aber es gelang mir nie, das Dodekaeder zu finden. Bis schließlich eines Tages einer meiner Schüler sagte: »He, Drunvalo, du hast in Metatrons Würfel ein paar Linien vergessen!« Dann zeigte er sie mir, und ich sagte: »Stimmt, du hast recht!« Ich hatte gedacht, ich hätte alle Zentren miteinander verbunden, aber ich hatte einige vergessen. Kein Wunder, dass ich dieses Dodekaeder nicht finden konnte, denn es wurde von genau diesen fehlenden Linien definiert! Über zwanzig Jahre lang hatte ich geglaubt, alle Linien zu haben, und dabei war es gar nicht so.

Das gehört in der Wissenschaft zu den großen Problemen: Zu glauben, man hätte ein Problem gelöst, und dann weiterzumachen und diese Informationen zu benutzen, um weiter darauf aufzubauen. Die Wissenschaft hat nun mit der gleichen Art von Problem zu kämpfen, zum Beispiel was fallende Körper in einem Vakuum angeht. Man hat immer angenommen, dass sie gleich schnell fallen, und vieles in unserer höheren Wissenschaft basiert auf diesem grundlegenden »Naturgesetz«. Es hat sich nachweislich als falsch erwiesen, und dennoch wird es von der Wissenschaft weiterhin verwendet. Ein sich drehender Ball fällt viel schneller als ein sich nicht drehender. Irgendwann wird der Tag kommen, an dem das wissenschaftlich anerkannt wird.

Als ich Macki heiratete, befasste sie sich ebenfalls eingehend mit heiligen geometrischen Formen. Ihre Arbeit ist für mich sehr interessant, da sie ja eine Frau ist – in der rechten Gehirnhälfte lokalisierte pentagonale Energien. Sie zeigt auf, wie Gefühle und Farben und Formen alle miteinander zusammenhängen. Sie hat sogar das Dodekaeder in Metatrons Würfel gefunden, bevor mir das gelang. Sie nahm es und machte etwas, auf das ich nie gekommen wäre. Metatrons Würfel wird ja gewöhnlich auf eine plane Fläche gezeichnet, aber in Wirklichkeit ist er dreidimensional. Eines Tages hielt ich also ein dreidimensionales Modell in der Hand und versuchte, darin das Dodekaeder zu finden, und Macki sagte: »Lass mich das Ding doch mal ansehen.« Sie nahm die dreidimensionale Form und drehte sie so weit, wie es dem Phi-Quotienten entsprach. (Etwas, worüber wir noch nicht gesprochen haben, ist der Goldene Schnitt als Maßverhältnis, auch Phi genannt, etwa 1,618.) Die Form auf diese Weise zu drehen, darauf wäre ich von mir aus nie gekommen. Nachdem sie das getan hatte, ließ sie einen Schatten durch ihn fallen und erhielt dieses Bild [Abb. 6-23].

Ursprünglich war Macki die Urheberin dieser Dastellung, und sie gab sie dann an mich weiter. Sie hat eine Mitte in Fünfeck A. Nimmt man dann die fünf Fünfecke, die von A abgehen (die Fünfecke B) und ein weiteres Fünfeck, das von jedem dieser fünf abgeht (Fünfecke C), hat man ein auseinandergefaltetes Dodekaeder. Ich dachte: Wow, das ist das erste Mal, dass ich jemals überhaupt irgendeine Art von Dodekaeder darin gefunden habe! Und sie schaffte das in drei Tagen. Ich hatte es in zwanzig Jahren nie gefunden.

Einmal verbrachten wir fast einen ganzen Tag damit, uns diese Zeichnung anzusehen. Es war eine spannende Sache, weil doch tatsächlich jede einzelne Linie in dieser Zeichnung sich an den Proportionen des Goldenen Schnitts orientiert. Und es gibt überall dreidimensionale Rechtecke, die dem Goldenen Schnitt entsprechen. Eines an Punkt E, wo die beiden Rauten oberhalb und unterhalb Oberseite und Unterseite eines dreidimensionalen Rechtecks mit Proportionen nach dem Goldenen Schnitt abgeben, und die gestrichelten Linien sind die Seiten. Schon erstaunlich. Ich sagte: »Ich weiß nicht, was das ist, aber wahrscheinlich ist es wichtig.« Also legten wir es beiseite, um ein andermal erneut darüber nachzudenken.

Laut David Adair hat die NASA im Weltraum ein Metall erzeugt, das 500mal härter ist als Titan, so leicht wie Schaum und so klar wie Glas. Basiert es auf diesen Prinzipien?

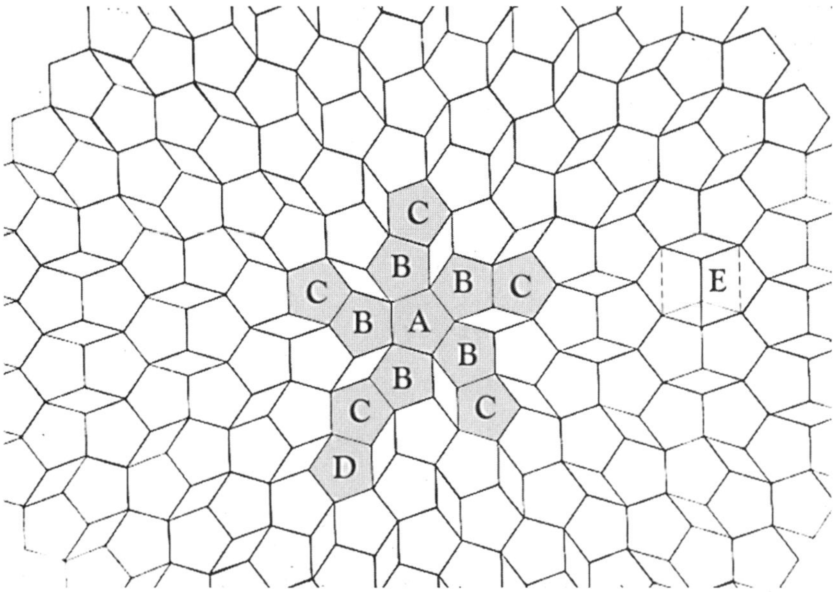

Abb. 6-23. Mackis aus Metatrons Würfel gewonnene Fünfeck-Konfiguration. Ausgeschnitten und gefaltet ergibt sich hieraus ein dreidimensionales Pentagondodekaeder (pentagonal dodecahedron).

Quasi-Kristalle

Später fand ich etwas über eine brandneue Wissenschaft heraus. Diese neue Wissenschaft wird die Welt der Technologien drastisch ändern. Durch Einsatz dieser neuen Technologie, so glauben die Metallurgen, werden wir in der Lage sein, Metall herzustellen, das zehnmal härter als Diamant ist, wenn ihr euch das vorstellen könnt. Das wäre unglaublich hart.

Lange Zeit war es so, dass man, wenn man sich mit der Struktur von Metallen befasste, eine Methode verwendete, die man Röntgendiagramm nennt, um sich anzusehen, wie die Atome verteilt sind. Ich werde euch kurz ein Foto dieser Art zeigen. Es zeigten sich bestimmte spezifische Muster, an denen deutlich wurde, dass nur ganz bestimmte atomare Strukturen auftraten. Man dachte, das sei alles, was es in dieser Hinsicht zu lernen gab, denn das war alles, was sich finden ließ. Es beschränkte die Möglichkeiten der Metallherstellung.

Und dann lief im *Scientific American* ein Spiel, das auf Penrose-Mustern basierte. Roger Penrose war ein britischer Mathematiker und Relativist, der herausfinden wollte, wie man fünfeckige Ziegel so verlegen kann, dass sie eine ebene Fläche vollständig bedecken. Man kann Fünfecke nicht so verlegen, dass allein durch sie eine Fläche bedeckt wird – das kann nicht funktionieren. Also verfiel er auf den Gedanken, zwei Rautenformen zu nehmen, die vom Fünfeck abgeleitet sind, und mit diesen beiden Formen gelang es ihm dann, viele verschiedene Muster zu ersinnen, die lückenlos auf eine Ebene passten. Daraus entwickelte sich im *Scientific American* in den achtziger Jahren ein Spiel, bei dem es darum ging, diese Formen zu neuen Mustern zusammenzufügen, und davon wiederum ließen sich dann einige Wissenschaftler aus der Metallurgie leiten, die dieses Spiel beobachteten und die dabei der Verdacht nicht losließ, dass sich hier neue physikalische Erkenntnisse andeuteten.

Schließlich stießen sie auf eine neue Art von atomarem Raster. Es war schon immer dagewesen; nur entdeckten sie es jetzt erst. Diese Gitternetzstrukturen nennt man heute Quasi-Kristalle, und sie sind wirklich etwas

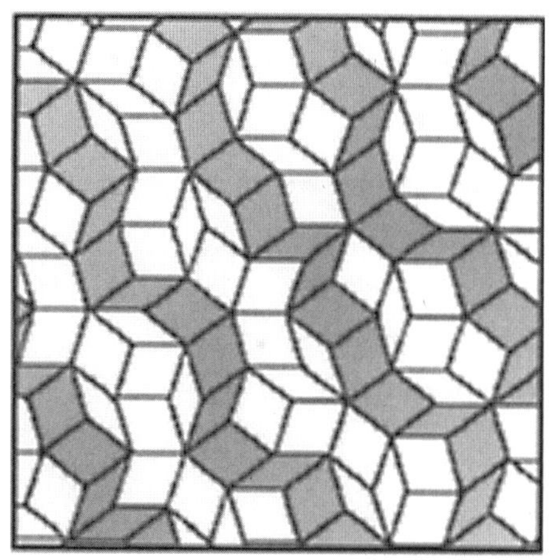

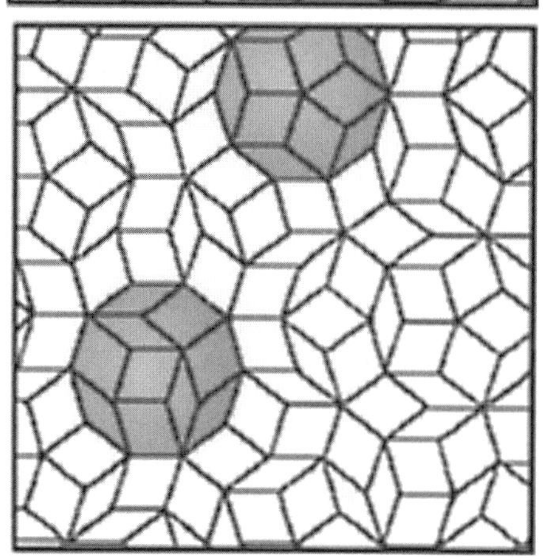

1998 beginnen wir uns eine weitere völlig neue Wissenschaft zu eröffnen: die Nanotechnologie. Wir haben mikroskopisch kleine »Maschinen« hergestellt, die sich in die Matrix eines Metalls oder Kristalls hineinbegeben können, um die Atome umzuordnen. 1996/97 entstand in Europa mit Hilfe der Nanotechnologie aus Grafit ein Diamant. Dieser Diamant hatte einen Querschnitt von etwa 90 Zentimetern, und er ist echt. Wenn die Wissenschaft von den Quasikristallen und die Nanotechnologie miteinander verschmelzen, wird sich auch unsere Art und Weise verändern, wie wir das Leben erfahren. Betrachten wir nur das ausgehende 19. Jahrhundert im Vergleich zu heute.

Neues (1991). Sie offenbaren, welche Formen und Muster sich mit Metallen herstellen lasssen. Die Wissenschaft ersinnt Wege, diese Formen und Muster dazu zu verwenden, neue Metallprodukte herzustellen. Und ich wette, das Muster, das Macki aus Metatrons Würfeln herausholte, ist der Großmeister von allen, und sämtliche existierende Penrose-Muster leiten sich davon ab. Und warum? Weil es durch und durch Goldener Schnitt ist, es ist ganz elementar – es ist direkt aus dem Grundmuster in Metatrons Würfel hervorgegangen. Es ist zwar nicht meine Aufgabe, aber irgendwann werde ich wahrscheinlich noch dahinterkommen, ob das wirklich stimmt. Ich sehe, dass statt zwei Penrose-Mustern und dem Fünfeck hier nur eines davon und ein Fünfeck verwendet werden. (Ich habe mir nur gedacht, dass ich diesen Gedanken hier einmal einbringe.) Was sich in dieser neuen Wissenschaft derzeit abspielt, ist eine interessante Sache.

Im weiteren Verlauf dieses Buches werdet ihr entdecken, dass heilige geometrische Formen höchst detailliert jedes beliebige Thema beschreiben können. Es gibt absolut gar nichts, das euer Mund aussprechen kann und das sich nicht *vollständig, durch und durch und absolut – mit allem Wissen, das man haben kann* – durch heilige geometrische Figuren beschreiben lässt. (Und wir unterscheiden hier zwischen Wissen und Weisheit: Weisheit braucht Erfahrung.) Ein noch wichtigerer Zweck dieser Arbeit ist jedoch der, euch daran zu erinnern, dass *ihr* das Potential eines lebendigen Mer-Ka-Ba-Felds um euren Körper habt, und euch zu vermitteln, wie ihr von ihm Gebrauch machen könnt. Ich werde ständig an Stellen kommen, wo ich in alle erdenklichen Wurzeln und Verästelungen hinein abweiche und über jedes Thema spreche, das ihr euch auch nur vorstellen könnt. Aber ich werde wieder auf das rechte Gleis zurückkommen, denn ich peile eine ganz bestimmte Richtung an: auf die Mer-Ka-Ba zu, den menschlichen Lichtkörper.

Ich habe viele Jahre mit dem Studium der heiligen Geometrie verbracht und ich glaube, man kann über ein Thema alles wissen, was es darüber zu wissen gibt, indem man sich einfach auf die Geometrie dahinter konzentriert. Alles, was man dazu braucht, ist ein Zirkel und ein Lineal – ihr braucht nicht einmal einen Computer, obwohl es hilft, einen zu haben. Ihr tragt alles Wissen bereits in euch, und alles, was ihr zu tun habt, ist, es zur Entfaltung zu bringen. Ihr lernt einfach die Landkarte kennen, nach der sich der Geist in der Großen Leere bewegt – das ist alles. Ihr könnt das Mysterium eines jeden Gegenstands lüften.

Um es zusammenzufassen: Das erste Informationssystem stammt aus der Frucht des Lebens durch Metatrons Würfel. Durch Verbinden der Zentren aller Kugeln habt ihr fünf Formen – eigentlich sechs, denn es gibt ja auch noch die Kugel in der Mitte, mit der alles begann. Ihr habt also sechs Urformen – Tetraeder, Würfel, Oktaeder, Ikosaeder, Dodekaeder und die Kugel.

Die Platonischen Festkörper und die Elemente

Diesen sechs geometrischen Formen wurde von den Alchemisten der Antike und von großen Seelen wie Pythagoras, dem Vater Griechenlands, jeweils ein bestimmter *Element*aspekt zugeschrieben [Abb. 6-24].

Das Tetraeder wurde mit dem Feuer in Verbindung gebracht, der Würfel mit der Erde, das Oktaeder mit der Luft, das Ikosaeder mit Wasser, und das Dodekaeder mit dem Äther. (Die Äther-, Prana- und Tachyonenenergie sind ein und dasselbe; sie finden sich überall und sind an jedem Punkt in der Raum-Zeit-Dimension zugänglich. Darin besteht das große Geheimnis

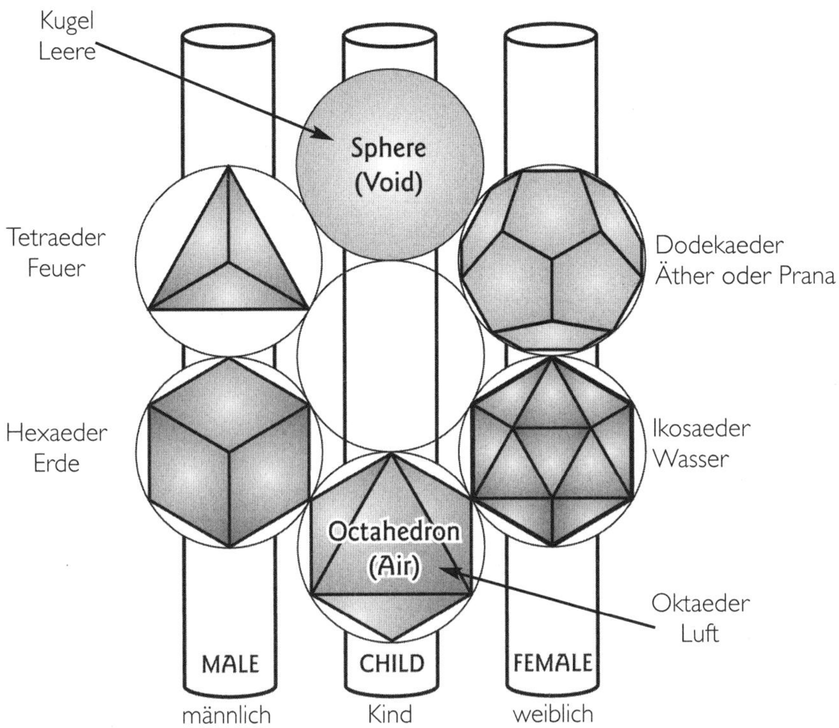

Abb. 6-24. Beziehung der sechs Elemente zu den Urformen, aufgezeigt in drei Säulen, die für die Trinität der Polarität stehen. Die linke (männnliche) Säule steht für die linke Gehirnhälfte und das Proton und umfasst 3- und 4seitige Flächen; die mittlere Säule (Kind) stellt das Corpus callosum und das Neutron dar. Die rechte (weibliche) Säule repräsentiert die rechte Gehirnhälfte und das Elektron und weist 3- und 5seitige Flächen auf. Der Äther ist die Ausgangsform des Christusbewusstseinsgitternetzes.

der Nullpunkt-Technologie.) Und die Kugel ist Leere. Diese sechs Elemente sind die Bausteine des Universum. Sie erzeugen die Eigenschaften des Universums.

In der Alchemie ist gewöhnlich nur von Feuer, Erde, Luft und Wasser die Rede; selten wird dort von Äther oder Prana gesprochen. Das liegt daran, dass er so heilig ist. In der Schule des Pythagoras hätte man das Wort »Dodekaeder« außerhalb der Schule auch nur in den Mund zu nehmen brauchen, und man wäre auf der Stelle umgebracht worden. So heilig war diese Form. Sie ließen sich nicht einmal auf religiöse Debatten ein. Zweihundert Jahre später, zu Lebzeiten Platos, sprach er darüber, wenn auch nur sehr vorsichtig.

Und warum? Weil das Dodekaeder in der Nähe der äußeren Grenze eures Energiefelds ist und die höchste Form des Bewusstseins darstellt. Wenn ihr außerhalb der 16,5-Meter-Grenze eures Energiefelds kommt, ist es eine Kugel. Aber die allernächste Form in der Kugel ist das Dodekaeder (oder besser, die Beziehung zwischen Ikosaeder und Dodekaeder). Außerdem leben wir in einem großen Dodekaeder, das das Universum enthält. Wenn euer Geist sich soweit dehnt, dass er das Ende des Alls erreicht – und es *hat* ein solches – ist da ein von einer Kugel umschlossenes Dodekaeder. Ich kann das sagen, da der menschliche Körper ein Hologramm des Universums ist und die gleichen Prinzipien enthält. Auch die zwölf Tierkreiszeichen und die dazugehörigen Konstellationen passen hier hinein. Das Dodekaeder ist der Endpunkt der geometrischen Formen, und es ist sehr wichtig. Auf der mikroskopischen Ebene sind Dodekaeder und Ikosaeder die Beziehungsparameter der DNA, der Blaupause allen Lebens.

Ihr könnt die drei Spalten in dieser Abbildung zum Baum des Lebens und den drei primären Energien des Universums in Verbindung setzen: männlich (links), weiblich (rechts) und Kind (Mitte). Oder wenn ihr bis auf die Ebene des Stoffs geht, aus dem das Universum gemacht ist, so habt ihr links das Proton, rechts das Elektron und in der Mitte das Neutron. Diese mittlere Säule, die erschaffende, ist das Kind. Denkt daran, wir kamen vom Oktaeder zu einer Kugel, um aus der Leere heraus mit dem Prozess zu beginnen. Es ist der AnfangsProzess der Schöpfung, und man findet ihn im Kind, in der mittleren Säule.

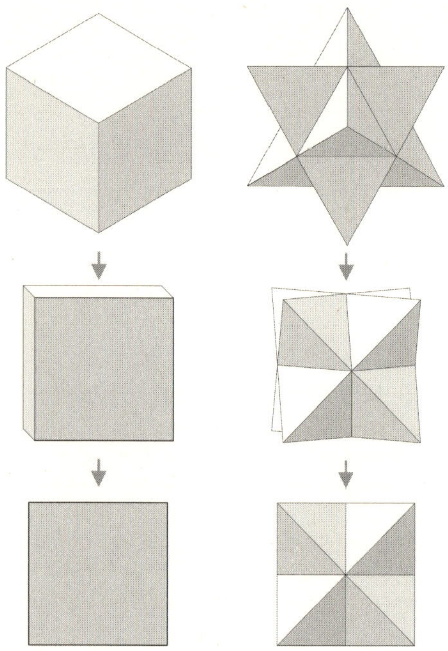

Abb. 6-25. Würfel und sternförmiges Tetraeder nebeneinander, um die quadratische Natur des sternförmigen Tetraeders aufzuzeigen.

Die linke Säule, die Tetraeder und Kubus enthält, ist die männliche Komponente des Bewusstseins, die linke Gehirnhälfte. Die Flächen dieser Vielecke sind Dreiecke oder Quadrate. Die Mittelsäule ist das Korpus callosum, das linke und rechte Gehirnhälfte verbindet. Die rechte Säule mit Dodekaeder und Ikosaeder ist die weibliche Komponente des Bewusstseins, die rechte Gehirnhälfte, und die Flächen der Vielecke bestehen aus Drei- und Fünfecken. Die Vielecke links sind also drei- und vierseitige Flächen, und die Formen rechts drei- und fünfseitige Flächen.

Auf das Erdbewusstsein übertragen, ist die rechte Säule die Komponente, die fehlt. Wir haben die männliche (linke) Seite des Erdbewusstseins geschaffen, und was wir nun tun, ist die weibliche Komponente zu erschaffen, damit Ganzheit und Ausgewogenheit bestehen. Die rechte Seite hängt außerdem mit dem Christus- oder Einheitsbewusstsein zusammen. Das Dodekaeder ist die Grundform des Christusbewusstseins-Gitternetzes, das sich um die Erde spannt. Die beiden Formen in der rechten Säule sind das, was man ein Gegenstück nennt, das heißt, wenn man die jeweilige Mitte der Flächen eines Dodekaeders durch gerade Linien verbindet, bekommt man ein Ikosaeder; und wenn man die jeweilige Mitte der Flächen eines Ikosaeders verbindet, ergibt sich ein Dodekaeder. Es gibt eine ganze Reihe von Vielflächnern, die ein Gegenstück haben.

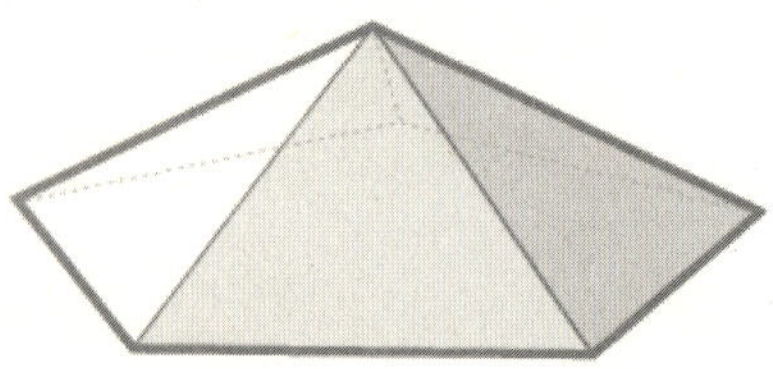

Abb. 6-26. Ikosaederkappe.

Die heilige 72

In Dan Winters Buch *Heartmath* wird aufgezeigt, dass das DNA-Molekül durch die duale Beziehung von Dodekaedern und Ikosaedern zustandekommt. Man kann auch das DNA-Molekül als rotierenden Würfel sehen. Dreht man einen Würfel nach einem bestimmten Muster um 72 Grad, so entsteht ein Ikosaeder, das wiederum ein Gegenstück des Dodekaeders darstellt. Es existiert also ein reziprokes Muster, das sich die DNA-Stränge hinaufzieht: das Ikosaeder, dann das Dodekaeder, dann wieder das Ikosaeder und so weiter, vor und zurück. Diese Drehung durch den Würfel erzeugt das DNA-Molekül. Man hat festgestellt, dass dies die genaue heilige geometrische Figur hinter der DNA ist, obwohl viele weitere verborgene Beziehungen bestehen mögen.

Dieser 72-Grad-Winkel, der in unserer DNA rotiert, stellt eine Verbindung mit der Blaupause/dem Daseinszweck der Großen Weißen Bruderschaft her. Wie ihr vielleicht wisst, sind der Großen Weißen Bruderschaft 72 Orden angeschlossen. Viele sprechen von den 72 Ordnungen von Engeln, und die Hebräer sprechen von den 72 Namen Gottes. Der Grund dafür, dass es gerade die 72 ist, hängt mit der Bauweise der Platonischen Festkörper zusammen, die wiederum eine Verbindung zum Christusgitternetz um die Erde hat.

Nimmt man zwei Tetraeder und schichtet sie (wenn auch in unterschiedlicher Position) übereinander, so erhält man ein sternförmiges Tetraeder, das, aus einer anderen Perspektive betrachtet, lediglich ein Würfel ist

[Abb. 6-25]. Man kann sehen, wie die beiden in Beziehung stehen. Ähnlich kann man auch fünf Tetraeder zusammenfügen und eine Ikosaederkappe herstellen [Abb. 6-26].

Stellt man zwölf Ikosaederkappen her und setzt je eine auf die einzelnen Flächen des Dodekaeders (man bräuchte dazu 5 x 12 = 60 Tetraeder, um einen Dodekaeder zu erzeugen), so hätte man ein *sternförmiges* Dodekaeder, da aus der Mitte einer jeden Fläche eine Spitze hinausragt. Sein Doppel sind die 12 Spitzen in der Mitte einer jeden Fläche des Dodekaeders, durch die ein Ikosaeder entsteht. Die 60 Tetraeder plus die 12 Spitzen aus den jeweiligen Flächenmitteln summieren sich auf 72 – auch hier wieder die Anzahl von Orden, die man mit der Großen Weißen Bruderschaft in Verbindung bringt. Die Bruderschaft wirkt de facto durch die physischen Beziehungen dieser sternförmigen Dodekaeder-/Ikosaederform, die die Grundlage des Christusbewusstseinsgitternetzes ist, das sich um die Erde zieht. Mit anderen Worten, die Bruderschaft versucht das Bewusstsein der rechten Gehirnhälfte des Planeten ins Spiel zu bringen.

Der Urorden war der Alpha- und Omegaorden Melchizedeks, der vor etwa 200.200 Jahren von Machiventa Melchizedek gegründet wurde. Seit dieser Zeit wurden 71 weitere Orden ins Leben gerufen. Der jüngste ist die Bruderschaft der Sieben Strahlen in Peru und Bolivien, der zweiundsiebzigste Orden.

Jeder der 72 Orden hat ein Lebensmuster, das einer Sinuswellenkurve gleicht. Manche von ihnen gibt es für eine bestimmte Zeit, und dann verschwinden sie für eine Weile. Sie haben Biorhythmen ganz wie der menschliche Körper. Die Rosenkreuzer zum Beispiel haben einen Hundertjahreszyklus. Sie kommen für einhundert Jahre zum Vorschein, und dann verschwinden sie für weitere hundert Jahre völlig – sie verschwinden plötzlich buchstäblich vom Erdboden. Hundert Jahre später hat die Erde sie dann wieder, und sie funktionieren für weitere hundert Jahre.

Sie alle befinden sich in unterschiedlichen Zyklen, und sie alle wirken aus einem Grund zusammen: Diesem Planeten das Christusbewusstsein wiederzugeben, diesen verlorengegangenen weiblichen Aspekt des Bewusstseins auf die Beine zu stellen und ein Gleichgewicht zwischen der linken und der rechten Seite des Gehirns unseres Planeten herzustellen. Und es gibt noch eine Betrachtungsweise des Ganzen, die wirklich spannend ist. Wenn wir auf England zu sprechen kommen, gehe ich darauf ein.

Der Einsatz von Bomben und das Verstehen des Grundmusters des Erschaffens

Frage: Wenn eine Atombombe gezündet wird, was passiert dann mit den Elementen?

Was die Elemente anbelangt, so werden sie in Energie und andere Elemente umgewandelt. Aber die Sache ist noch vielschichtiger. Es gibt zwei Arten von Bomben: Kernspaltung und Kernfusion. Kernspaltung heißt Spaltung von Materie, und bei der Fusion wird Materie zusammengebracht. Es ist völlig in Ordnung, Materie zusammenzubringen – darüber beschwert sich keiner. Alle bekannten Sonnen im Universum sind Fusionsreaktoren. Mir ist klar, dass das, was ich gleich sagen werden, noch nicht wissenschaftlich anerkannt ist, aber wenn man Materie durch einen SpaltungsProzess auseinanderreißt, ist da auch immer ein entsprechender Ort im entfernteren All, der mitbetroffen ist – wie oben, so unten. Mit anderen Worten, der innere Raum (der Mikrokosmos) und der äußere

Abb. 6-27. *Zusammenhängende Formen.*

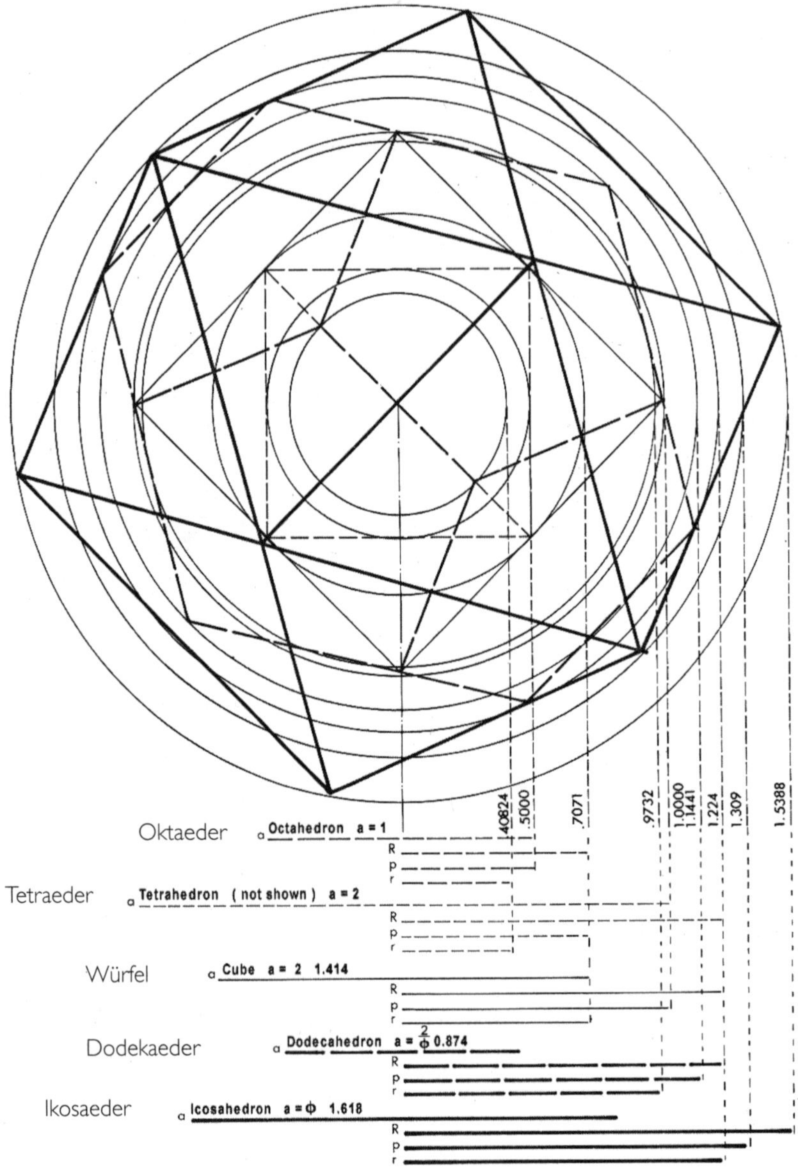

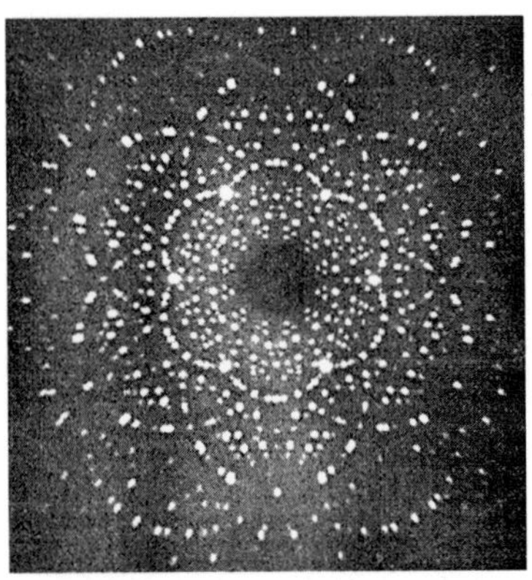

Abb. 6-28. *Atomares Muster eines Beryllkristalls.*

Raum (der Makrokosmos) stehen miteinander in Verbindung. Das ist der Grund dafür, dass die Spaltung im ganzen Universum illegal ist.

Atombomben zu zünden, erzeugt außerdem ein enormes Ungleichgewicht auf der Erde. Wenn ihr euch zum Beispiel überlegt, dass die Schöpfung Erde, Luft, Feuer, Wasser und Äther im Gleichgewicht hält, so ist es ja so, dass eine Atombombe an einer Stelle enorm viel Feuer entstehen lässt. Hier gibt es also eine Sequenz, bei der das Gleichgewicht gestört ist, und die Erde muss darauf reagieren.

Würdet ihr wer weiß wie viele Millionen oder Milliarden Tonnen Wasser auf eine Stadt schütten, so hätte man auch da eine Situation, bei der etwas aus dem Lot geraten ist. Überall wo es zu viel Luft gibt, zu viel Wasser, zu viel was auch immer, ist etwas aus Gleichgewicht. Alchemie ist das

Wissen, wie man all das im Gleichgewicht halten kann. Wenn ihr diese geometrischen Muster versteht und wisst, in welcher Beziehung sie zueinander stehen, so könnt ihr für euch erschaffen, was ihr wollt. Der Gedanke ist lediglich der, die Landkarte zu begreifen, die sich hinter all dem verbirgt. Denkt daran: Die Landkarte bezieht sich auf die Art und Weise, wie der Geist sich zur Großen Leere begibt. Kennt ihr die all dem zugrundeliegende Landkarte, so habt ihr das Wissen und Verständnis, mit Gott zusammen Dinge zu erschaffen.

Abbildung 6-27 zeigt die wechselseitigen Beziehungen zwischen all diesen Formen. Jeder Punkt hat eine Verbindung zum nächsten, und sie haben alle bestimmte mathematische Beziehungen: Phi-Proportionen. Je mehr man sich hiermit befasst, desto mehr werden diese fünf Formen eins. Wir haben uns erst in neuester Zeit an diese uralte Wissenschaft zu erinnern begonnen, obwohl man vor langer Zeit in Ägypten, Tibet und Indien alles schon vollkommen verstand. Man verstand es in Griechenland, und dann vergaß man es für eine lange Zeit. Während der italienischen Renaissance erinnerte man sich wieder daran, und dann geriet es wieder in Vergessenheit. Die moderne Welt hat fast vollkommen vergessen, was Formen in Wirklichkeit bedeuten, und wir beginnen uns gerade erst wieder zu erinnern.

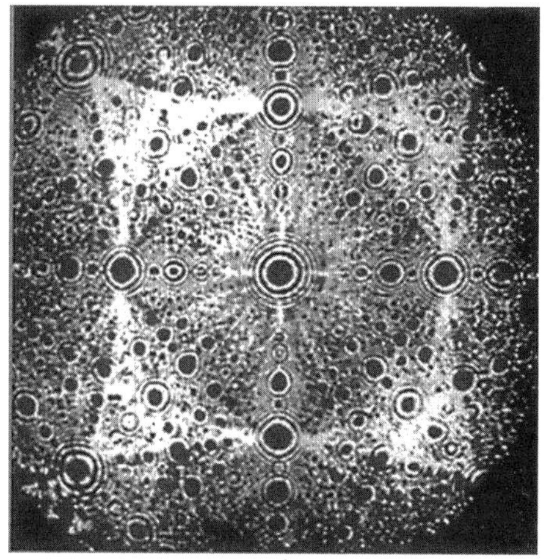

Abb. 6-29. Atomares Muster einer Kristallmatrix.

Kristalle

Unser Wissen im Alltag

Nun nehmen wir diese abstrakten Informationen, die sich scheinbar nicht wirklich auf unser alltägliches Leben anwenden lassen, und bringen sie mit unserer Alltagserfahrung in Verbindung. Manches hiervon ist nicht Alltagserfahrung, aber wir können die Themen mehr oder weniger verstehen und mit ihnen etwas anfangen.

Zuerst werde ich diese Informationen auf Kristalle beziehen. Es gibt viele andere Bereiche in der Natur, die ich benutzen könnte, aber bei Kristallen ist es so offensichtlich, dass jeder es sehen kann. Ich könnte auch Viren oder Diotomeenerde verwenden. Es gäbe eine Menge Dinge, an denen ich es aufzeigen könnte, aber Kristalle sind gut, da Menschen sie mögen.

Betrachten wir uns, wenn wir anfangen, uns mit diesen Kristallen zu beschäftigen, zuerst das Röntgenbeugungsmuster hier [Abb. 6-28]. Schießt man Röntgenstrahlen die C-Achse der atomaren Matrix eines Kristalls oder Metalls hinunter, erhält man diese kleinen Punkte, die einem exakt zeigen, wo die Atome lokalisiert sind. In diesem Fall haben wir einen Beryllkristall, der doch tatsächlich die Blume des Lebens zeigt. Der Beryllkristall verwendet das Muster, um seine Atome zu arrangieren und diesen speziellen Kristall entstehen zu lassen. Es ist wirklich verblüffend, dass diese kleinen Atome sich einfach im Raum aneinanderreihen, oft mit enormen Entfernungen dazwischen. Diese mikroskopisch kleinen Abstände sind relativ gigantisch, wie zwischen den Sternen am Nachthimmel. DieAtome richten sich perfekt zu Würfeln und Tetraedern und allen erdenklichen geometrischen Figuren aus. Warum?

Hier ein Röntgenbeugungsmuster eines Kristalls [Abb. 6-29]. Ihr könnt sehen, wie sich die Atome zu einem kubischen Muster angeordnet haben. Interessant, dass bei all den unterschiedlichen Formen, die sich in der Wirklichkeit manifestieren, selbst noch die Atome Kugeln sind. Diese simple Tatsache ist den meisten Forschern entgangen, aber die Kugel ist die zentrale Form, aus der alles anfangs einmal entstanden ist. Es ist wichtig, das zu verstehen.

Die gesamte Textur von allem, was sich in unserem Dasein findet, besteht aus »Murmeln« – Kugeln jeder erdenklichen Größe. Wir sitzen auf einer solchen Kugel, der Erde, und um uns kreisen Kugeln. Mond, Sonne, Sterne – sie alle sind Kugeln. Das ganze Universum, vom Makrokosmos zum Mikrokosmos, besteht auf die eine oder andere Weise aus kleinen Kugeln. Die Lichtwellen, die durch das All wandern, sind allesamt Kugeln. Wir denken uns eine Lichtwelle als etwas, das Wellen durch das All schickt, aber es ist viel komplexer. Ein elektrisches Feld wirbelt in einer Richtung darum herum, und ein Magnetfeld rotiert im Winkel von 90 Grad zum elektrischen Feld, und sie expandieren in Kreismustern.

Stellt euch einen Würfel tief im All vor, und seht vor euch, wie ein helles Licht daraus hervorblitzt, in alle Richtungen, 360 Grad. Was habt ihr dann? Habt ihr ein kubisches Lichtwellenenergiefeld, das sich davon wegbewegt? Spontan würdet ihr vielleicht sagen, es wäre ein sich ausdehnender Würfel, der größer und größer und größer wird. Aber das entspricht nicht dem, was eigentlich geschieht. Lichtwellen wandern strahlenförmig mit einer Geschwindigkeit von 300.000 Kilometern in der Sekunde von ihrem Ursprung hinweg, wenn sich also eine Lichtwelle von der Oberfläche eines Kubus fortbewegt, den ich in der Hand halte, so ist innerhalb von einer Sekunde das Licht von der Seitenwand des Kubus schon 300.000 Kilometer entfernt. Und die Welle, die *von einer Ecke* des Kubus gestartet ist, die etwas weiter von der Mitte entfernt ist als die Seitenfläche, ist in einer Sekunde 300.000 Kilometer vom Zentrum entfernt plus vielleicht ein Zentimeterbruchteil. Wenn ihr bei 300.000 Kilometern einen Zentimeterbruchteil sehen könntet, hättet ihr eine phantastische Sicht. Aber das spielt sich in nur einer Sekunde ab; zwei Sekunden später hat sich die Form doppelt so weit ausgedehnt, und eine Minute später hat sie schon riesige Ausmaße.

Ihr habt also eine Kugel, die sich von etwas fortbewegt, das ursprünglich als *Würfel* begann. Wenn das Objekt zufällig wirklich groß ist, dann tendiert die Lichtwelle zuerst dazu, die Form des Objekts anzunehmen, doch dann verwandelt sie sich langsam in eine Kugel, während sie sich fortbewegt, und das Objekt wird im Verhältnis zu diesem Lichtfeld immer kleiner. Was ihr also da draußen in der Weite habt, das sind jede Menge Lichtkugeln, die sich in alle Richtungen entfernen und miteinander verbinden.

Wenn ihr Licht seht, das direkt auf euch zukommt, ist es weiß. Kommt es jedoch nicht direkt auf euch zu, ist es schwarz. Tatsache ist, dass der gesamte Nachthimmel von strahlend weißem Licht erfüllt ist, aber wir sehen Licht nur dann, wenn es sich auf uns zubewegt. Wir können die Lichtwellen, die sich, von uns aus betrachtet, seitwärts bewegen, nicht sehen – wir sehen in diesem Fall nur schwarz. Wenn wir das ganze Licht sehen könnten, würde es uns blenden. Überall ist Licht, und es gibt meines Wissens keinen Ort im All, wo keines ist. Die Kugel ist buchstäblich überall.

Elektronenwolken und Moleküle

Auch Atome bestehen aus Kugeln. Betrachtet man das Wasserstoffatom, so sitzt das Proton kompakt im Zentrum, und das Elektron ist irgendwo weit entfernt davon und umkreist das Proton. Hätte das Proton die Größe eines Golfballs, so wäre das Elektron in etwa ein Fußballfeld weit entfernt – und dieses Elektron bewegt sich *wirklich schnell!* Ich weiß noch, wie ich, als ich noch Physik studierte, nicht glauben konnte, dass das kleine Elektron, das ein nadelspitzegroßer Punkt ist, den man nicht einmal sehen kann, immer wieder auf mikroskopisch kleinem Raum seine Kreise zieht und dabei ein Tempo von *neun Zehntel der Lichtgeschwindigkeit* erreicht. Das bedeutet, dass das Elektron mit einer Geschwindigkeit von etwa *270.000 Kilometern pro Sekunde* um das Proton kreist – *um etwas, das man nicht einmal sehen kann!* Dabei setzte mir förmlich der Verstand aus! Ich ging nach Hause, legte mich ins Bett und starrte für eine lange Zeit die Decke an. Es war einfach unvorstellbar für mich.

Das kleine Elektron bewegt sich so schnell im Kreis, dass es wie eine Wolke wirkt. Man nennt es sogar auch Elektronenwolke. Es gibt nur ein Elektron, aber es bewegt sich so schnell, dass es eine Kugel um das in der Mitte befindliche Proton zu ergeben scheint. Es ist wie ein Fernsehbildschirm, bei dem es nur einen Elektronenstrahl gibt, der in jedem Augenblick über den Bildschirm wandert, sorgfältig und gezielt, im Zickzack vor und zurück, bis er am alleruntersten Rand ankommt, und dann fängt er wieder von vorne an. Das geht so schnell, dass dabei der Eindruck eines völlig glaubwürdigen Bildes entsteht.

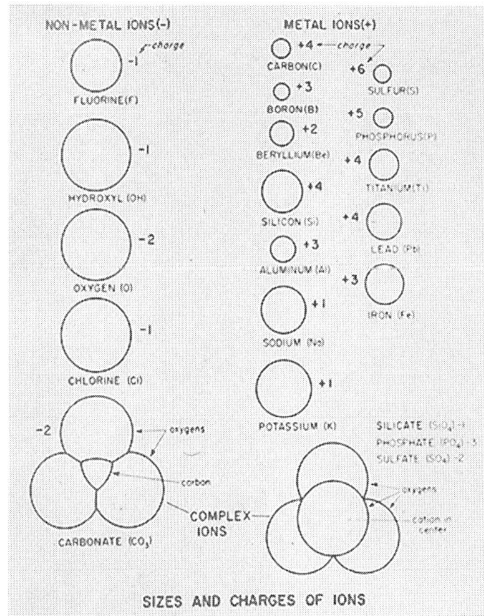

Abb. 6-30 *Größe und Ladung von Ionen.*

Kugeln sind also der primäre Bestandteil der von uns erlebten Wirklichkeit. Obwohl eine Elektronenbahn eine Kreisbahn beschreibt, so kann sie auch ein anderes geometrisches Muster beschreiben, wie etwa eine Acht. Die Physik hat das bislang nur für Wasserstoff berechnen können, und der Rest ist bislang lediglich Ratearbeit. Ein Atom wird Ion genannt, wenn es zu viele oder zu wenige Elektronen hat und entweder eine positive oder negative Ladung. Vorrangig ist ein Atom also davon gekennzeichnet, wie groß es ist und wie es geladen ist [Abb. 6-30]. Diese beiden Hauptfaktoren entscheiden darüber, ob unterschiedliche Atome sich zu Molekülen verbinden können. Es gibt noch weitere subtile Faktoren, die hier eine Rolle spielen, aber Größe und Ladung sind die vorrangigen.

Abbildung 6-31 zeigt, wie Atome sich mit anderen kombinieren. Dies waren lange Zeit die primären Muster, die man kannte, bis man auf die Quasikristalle stieß. Die Atome auf dieser Tabelle zeigen unterschiedliche Variationen. A zeigt ein lineares Muster mit einem kleineren Atom in der Mitte. *B* zeigt ein Dreiecksmuster mit drei Atomen und einem kleinen Atom in der Mitte. Das kleine Atom kann buchstäblich da sein oder nicht. *C* zeigt ein Tetraedermuster, mit einem Atom in der Mitte oder auch nicht. *D* zeigt ein Oktaedermuster, und *E* ein kubisches. Aufgrund neuer wissenschaftlicher Informationen können wir nun Ikosaeder- und Dodekaedermuster hinzufügen.

Atommuster in Kristallen

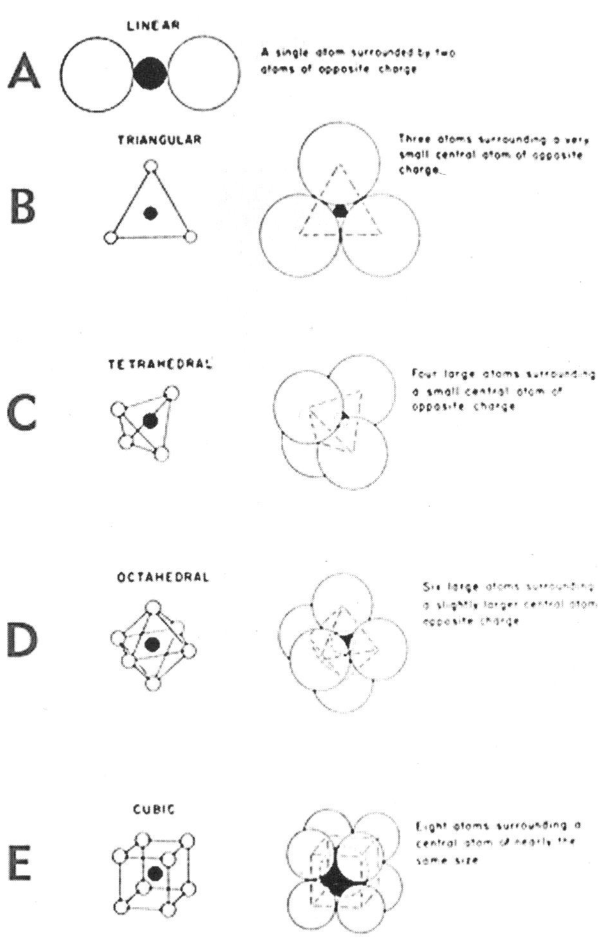

Abb. 6-31. *Atommuster in Kristallen.*

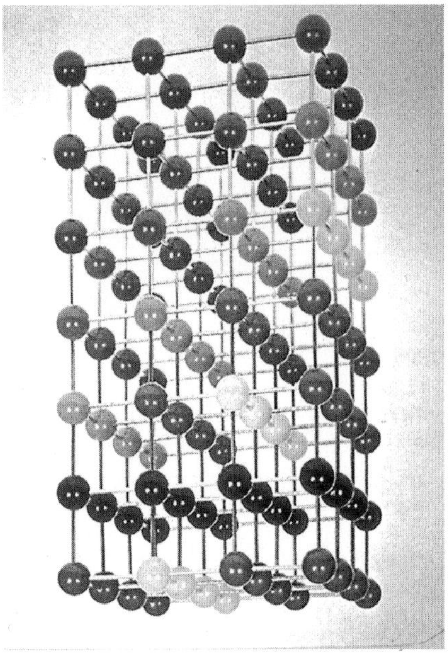

Abb. 6-32. *Einfache Gitterformation von Atomen.*

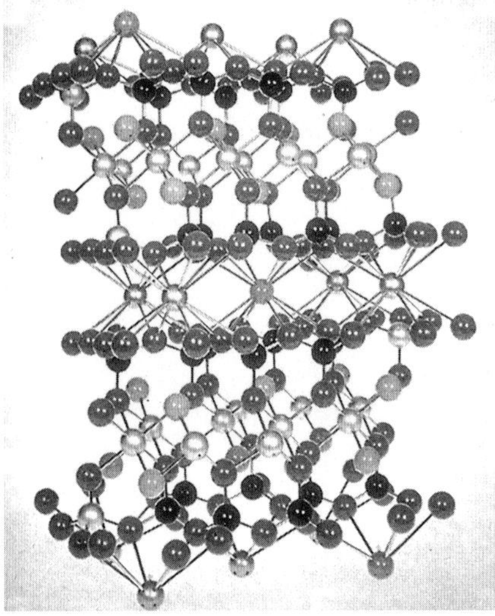

Abb. 6-33. *Komplexe Molekülformation.*

Abb. 6-34. *(rechts) Kristallsysteme.*

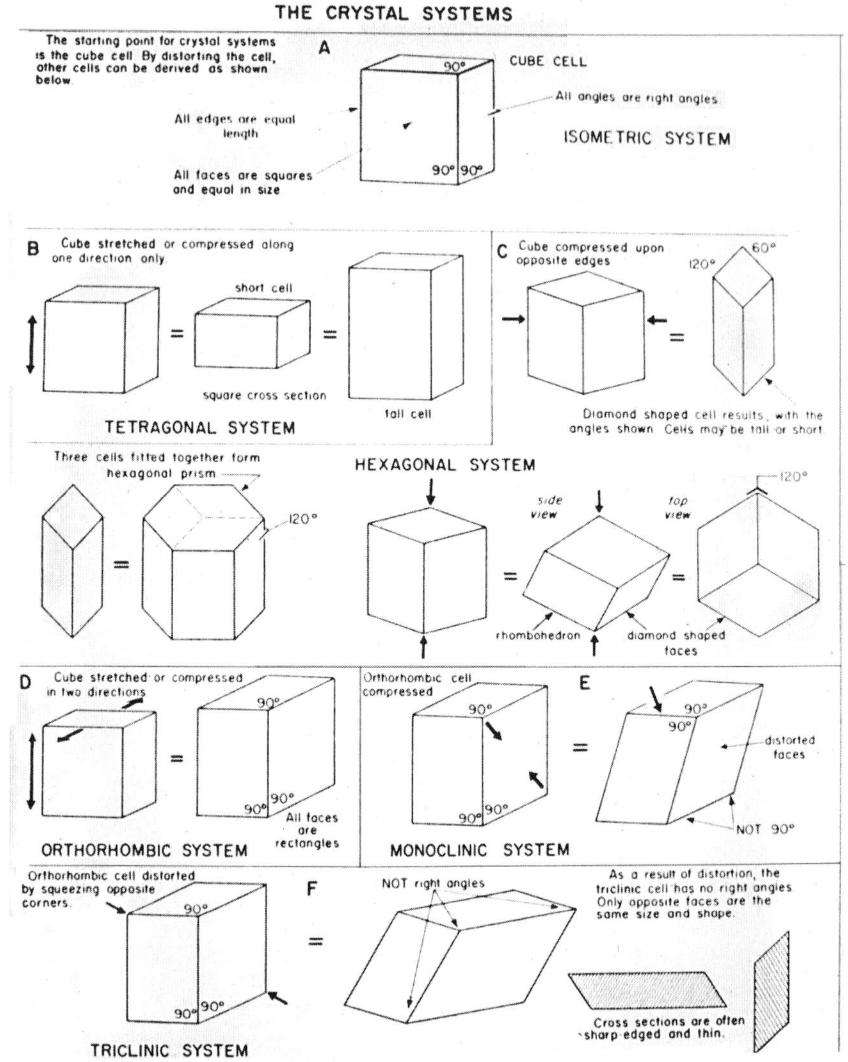

Atome reihen sich immer auf spezifische Weisen aneinander, wenn sie kristallisieren [Abb. 6-32]. Sie bilden, sagen wir, einen Kubus, und dann setzt dieser Kubus einen weiteren neben sich, und bald hat man einen Kubus neben dem anderen, der sich dann wiederum mit einem Kubus verbindet und so ein Gebilde ergibt, das man Gitter nennt. Es gibt alle erdenklichen Möglichkeiten, wie Atome sich zusammenfügen können. Die Moleküle, die sich hieraus ergeben, haben immer Bezug zur heiligen Geometrie und den fünf Platonischen Festkörpern. Man fragt sich dabei, woher diese kleinen Atome wissen, dass sie nur an bestimmte Stellen sollen, vor allem, wenn es sehr komplex wird!

Selbst wenn man in dieses hochkomplizierte Molekül kommt [Abb. 6-33] und es zerlegt, so sieht man die Formen darin, und *immer* gehen sie auf einen der fünf Platonischen Festkörper zurück – es spielt keine Rolle, wie die Struktur beschaffen ist. Wie man sie auch nennt – ob ein Metall, Kristall oder was auch immer – immer wird man sie auf eine dieser fünf Urformen zurückverfolgen können. Ich zeige euch noch mehr Beispiele, wenn wir näher hierauf eingehen.

Die sechs Kategorien von Kristallen

Jetzt kommen wir zu den Kristallen. Es gibt mindestens einhunderttausend unterschiedliche Arten von Kristallen. Wer schon einmal in Arizona gewesen ist, bei der großen Edelstein- und Mineralienausstellung in Tucson, wird genau wissen, wovon ich hier rede. Diese Ausstellung beansprucht gut acht oder zehn Hotels, und dabei ist jeder Raum in den vielstöckigen Hotels voll von Kristallen. Im Auditorium sieht man sämtliche Edelsteine. Es gibt viele, viele, *viele* verschiedene Arten von Kristallen. Und es werden immer mehr gefunden – fast jedes Jahr findet man acht, neun, zehn brandneue Kristalle, die man vorher noch nicht gekannt hat. Aber gleich, wie viele Kristalle es gibt, sie alle lassen sich in sechs Kategorien unterteilen: isometrisch, tetragonal, hexagonal, orthorhombisch, monoklin und triklin [Abb. 6-34]. Und diese sechs Systeme, nach denen man alle bekannten Kristalle kategorisiert, leiten sich vom Würfel her, einem der Platonischen Festkörper. Die Frage ist, aus welchem Blickwinkel man den Würfel betrachtet – quadratisch, hexagonal oder rechteckig, im Gegensatz zum normalen 90°-Winkel des Würfels. Nun, hier fängt es an, interessant zu werden, für mich zumindest – und hoffentlich auch für euch.

Das hier sind Fluoritkristalle [Abb. 6-35a und b]. Fluorit findet man in so ziemlich jeder Farbe, die ihr euch denken könnt, auch in glasklar. Es gibt auf der Welt zwei herausragende Fluoritminen: eine ist in den Vereinigten Staaten und die andere in China. Fluorit trifft man mit zwei völlig unterschiedlichen Atomstrukturen an: zum einen oktahedral, zum anderen kubisch. Dieser purpurfarbene Fluoritkristall besteht aus winzigen Würfeln, die alle zu einem Klumpen zusammengefügt sind. Der durchsichtige Fluoritkristall ist ein richtiges Oktaeder. Er ist nicht so geschliffen worden, aber in diesem Fall ist es auch nicht so, dass er so gewachsen ist. Man findet ihn gewöhnlich in Lagen, und wenn man eine solche Lage fallen lässt oder dagegenschlägt, so bricht sie entlang der schwächsten Verbindungen, und das sind die Oktaeder, da die Atome sich in einem Gitter in Oktaederform finden. Würde ich ihn auf einen harten Untergrund fallen lassen, so würde er in jede Menge winzig kleiner Oktaeder auseinanderbrechen.

Aber besonders interessant ist, dass man entdeckt hat, dass Fluorit so wächst, dass es sich von einer Form in die andere entwickelt – von kubisch zu oktaederförmig und wieder in die umgekehrte Richtung. In seinem Naturzustand wird ein oktaederförmiger Fluoritkristall, wenn man ihm genug Zeit gibt, kubisch. Sie pendeln im Laufe der Zeit zwischen beiden Formen und werden zuerst das eine, dann das andere, immer abwechselnd, und das über sehr lange Zeiträume hinweg. Geologen haben einige Fluoritkristalle gefunden, die solche Wechsel durchmachten, aber sie konnten nicht nachvollziehen, wie die Kristalle immer zwischen beidem pendelten.

Schräges Abschneiden von Polyedern

Ein Geologiebuch versuchte die Veränderungen beim Fluorit folgendermaßen zu erklären [Abb. 6-36]. Unten seht ihr einen Würfel. Würdet ihr überall genauso viel von seinen Ecken abschneiden, so spräche man von einem Würfelstumpf. Man kann jedes Polyeder, damit sind die Vielflächner gemeint, abstumpfen. Tut man das (hier bei einem Würfel). so kann man entweder die *Ecken* abschneiden oder die *Kanten* oder die *Flächen*, solange nur überall gleichviel abgeschnitten wird.

Stumpft man diesen Würfel ab, in dem man auf allen Seiten die Ecken

Abb. 6-35 a. Fluoritkristall mit kubischer Struktur.

Abb. 6-35 b. Fluoritkristall mit Oktaederstruktur.

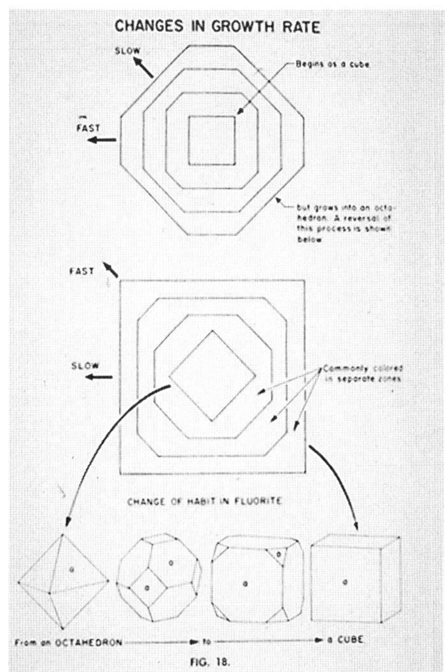

Abb. 6-36. Ein Fluoritkristall.

Abb. 6.37. *Mein eigener Fluoritkristall.*

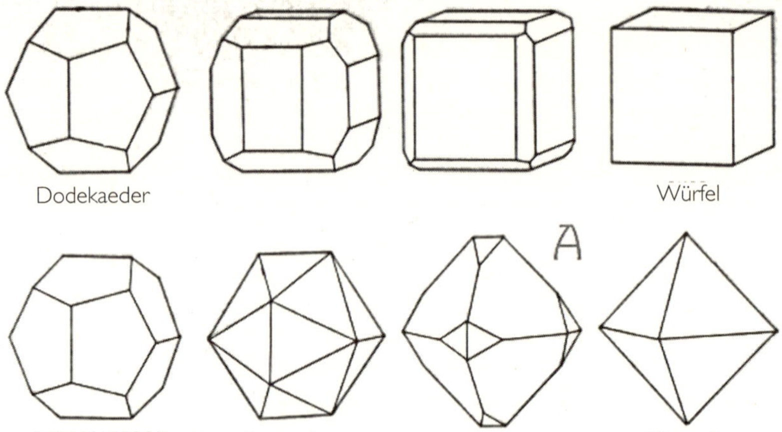

Abb. 6-38. *Unterschiedliche Abstumpfungsmöglichkeiten. Obere Reihe: Abstumpfung von Kanten; untere Reihe: Abstumpfung an Eckpunkten.*

unter 45-Grad kappt, erhält man die nächste Form links. Stumpft man diese wiederum auf exakt die gleiche Weise ab, so entsteht ein Oktaeder (ganz links). Man kann wieder den umgekehrten Weg gehen und die Ecken des Oktaeders kappen, und nochmals die gleiche Verfahrensweise durchspielen, bis es sich wieder in einen Würfel verwandelt. Soweit der Versuch des Geologiebuchs, zu erklären, warum um alles in der Welt Fluorit auf diese Weise seine Form ändert. Das Buch erklärt eigentlich nur, wie diese Veränderung aus geometrischer Sicht vor sich gehen *könnte*. In Wahrheit geschieht jedoch etwas noch weit Erstaunlicheres, wenn Fluorit die Form ändert. Die Ionen vollziehen regelrecht eine Drehung und expandieren oder ziehen sich zusammen, um ein ganz neues Gitter entstehen zu lassen! Es ist also viel komplexer als im Buch aufgezeigt.

Hier ein weiterer Fluoritkristall [Abb. 6-37], einer aus meiner eigenen Sammlung. Er ist sehr groß, etwa zehn Zentimeter pro Seite. So groß bekommt man sie nicht mehr oft zu sehen. Falls ihr es nicht ganz erkennen könnt: Die Seiten steigen in Richtung eines Punktes in der Mitte an.

Jemand legte diesen Kristall in ein Fenster, wo das Sonnenlicht darauf fiel, und da die Verbindungen beim Fluorit so schwach sind, zersprang er – entlang der Atomlinien des Oktaeders, versteht sich.

Oben rechs in der Ecke von Abb. 6-38 haben wir einen Würfel. Der Würfel links davon ist an den Kanten abgestumpft. Noch zwei weitere Male abgestumpft, und das verflixte Ding verwandelte sich in ein Dodekaeder. Das ist ein Beispiel für den Kubus/das Dodekaeder in Kristallen.

Abb. 6-39. *Pyrit: ein Würfel (oben) und eine Traube von Pentagondodekaeder (unten).*

Der obere Kristall auf Abbildung 6-39 ist ein Pyritwürfel. Er ist so gewachsen – niemand hat ihn so geschliffen. Einen riesigen Kristall dieser Art gibt es in Silverado, Colorado – etwa 3,2 Quadratmeter, glaube ich. Man hat ihn einfach als perfekten Würfel der Erde entnommen. Dieser kleine Pyrit ist an zwei Seiten quadratisch und an den Seiten rechteckig. Der untere Kristall ist eine winzige Pyritdodekaedertraube. Manche davon sind so gut wie perfekt – und dieser in Peru gefundene Kristall ist so gewachsen. Hätte man diesen kleinen Klumpen lange genug in der Erde gelassen, so hätten sich die kleinen Dodekaeder in Würfel verwandelt, und wenn man ihnen danach genug Zeit ließe, würden sie sich wieder in Dodekaeder verwandelten. Nimmt man das Dodekaeder [Abb. 6-38 unten links] und stumpft es an den Spitzen ab, so verwandelt es sich in ein Ikosaeder. Durch weiteres Abstumpfen der Spitzen verwandelt es sich in ein Oktaeder. [Abb. 6-38 vonlinks nach rechts.] Mit dieser Abstumpfgeschichte könnte ich noch lange weitermachen. Es gibt tausenderlei Weisen, dabei vorzugehen. Jedes Muster und jeder Kristall, gleich, wie komplex sie werden, verwandelt sich in einen der Platonischen Festkörper, wenn man ihn genau richtig abstumpft, und zeigt so die dem Aufbau der Kristalle innewohnende Natur der fünf Platonischen Festkörper.

Eine kleine Bemerkung am Rande: Wenn ihr in ein an den Spitzen abgestumpftes Tetraeder aus Glas oder Kristall oder sogar Spiegeln hineinschaut, so reflektiert es das Licht. Das Spiegelbild im Innern ist ein perfektes Ikosaeder. Probiert es aus.

Damit könnt ihr unbegrenzt fortfahren. Ihr werdet einige sehen, die wirklich eigenartig wirken, als könnten sie unmöglich auf irgendetwas Logischem aufbauen, aber ihr braucht nur ein wenig Geometrie, und ihr werdet *sage und schreibe jedes Mal* herausfinden, dass die betreffende Form sich von einem der Platonischen Festkörper herleitet. Es gibt keine uns bekannten Ausnahmen. Gleich, welches Muster der betreffende Kristall aufweist, immer basiert es auf einem Platonischen Festkörper. Kristallstrukturen sind eine Funktion der fünf Platonischen Festkörper, die aus der Frucht des Lebens, aus Metatrons Würfel, hervorgegangen sind. Falls ihr mehr von diesen Kristallen sehen möchtet, so findet ihr jede Menge davon in dem Buch *Rocks and Minerals* von Charles A. Sorrell.

Es gibt noch eine Kombination, über die ich sprechen möchte und die sich noch einmal auf Abbildung 6-38 bezieht: »Unterschiedliche Abstumpfmöglichkeiten«. Wenn ihr ein Oktaeder abstumpft, indem ihr alle Ecken abschneidet, so dass sie einen 90°-Winkel zueinander bilden (bei A auf der Abbildung gezeigt), so entsteht die Form links. Würde man sie auf eine plane Fläche zeichnen, so wäre sie ein Quadrat mit einer Raute in der Mitte [Abb. 6-40] Dieses Muster ist mit unserem Bewusstsein verwandt, mit der tiefsten Natur dessen, was wir sind.

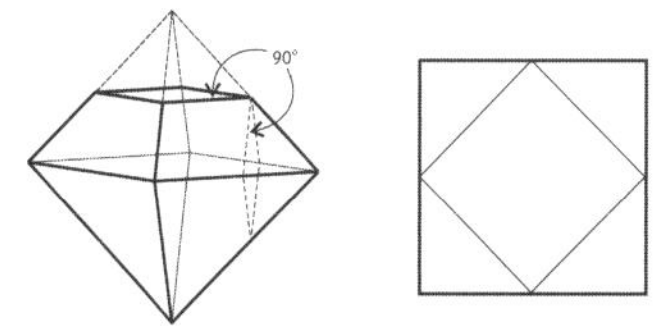

Abb. 6-40. Blick auf die Seitenfläche (rechts), die durch Abstumpfung aller 6 Punkte eines Oktaeders entsteht (links, hier mit nur einem abgestumpften Punkt und einem weiteren bei 90°).

Buckminster Fullers kubisches Gleichgewicht

So sieht diese Form dreidimensional aus [Abb. 6-41]. Man nennt sie kubisches Oktaeder oder vektorielles Gleichgewicht. Man kann sehen, dass das ursprünglich ein Kubus ist, aber wenn man den Winkel an Punkt A nach obenhin fortsetzen würde, ergäbe sich ein Oktaeder. Es ist beides gleichzeitig, Oktaeder und Kubus. Das Gebilde weiß selbst nicht, wo es sich zuordnen soll; es ist irgendetwas dazwischen. Als Buckminster Fuller auf dieses Polyeder stieß, beschäftigte er sich bis fast zur Manie damit. Nach seinem Dafürhalten war der kubische Oktaeder das Wichtigste überhaupt, die großartigste Form, die je geschaffen wurde, weil sich an ihr etwas findet, das es bei keiner anderen uns bekannte Form gibt. Sie war für ihn so bedeutend, dass er ihr einen brandneuen Namen gab: vektorielles Gleichgewicht. Er entdeckte nämlich, dass diese Form sich durch unterschiedliche Rotationsmuster in *alle fünf* der Platonischen Festkörper verwandelt! Diese eine Form scheint alle in sich zu beinhalten [Abb. 6-42]. Interessiert euch das? Dann kauft dieses Spielzeug [siehe Hinweise am Ende des Buches] und spielt damit. Es wird all eure Fragen beantworten, wenn ihr das zulasst.

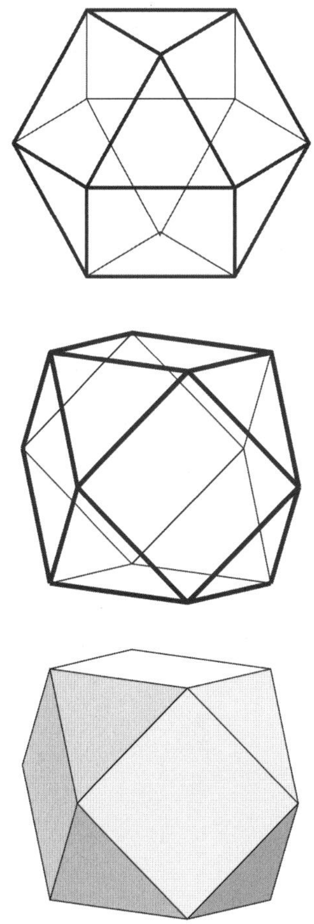

Abb. 6-41. Ansichten eines Vektorgleichgewichts (kubisches Oktaeder).

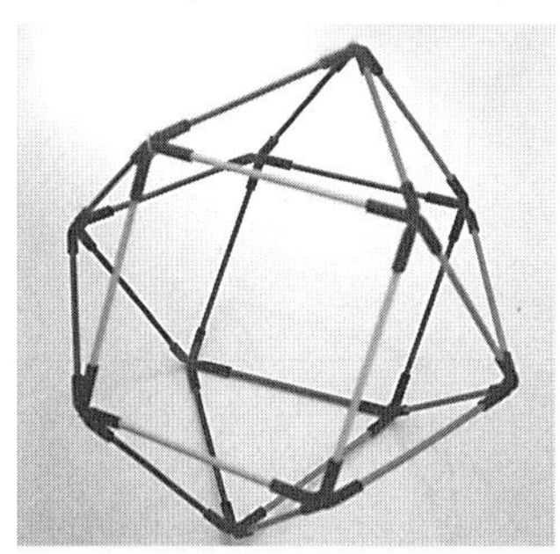

Abb. 6-42 Vektor- oder Würfelgleichgewicht als Spielzeug, Vector Flexor genannt

Tief im Innern eines Sesamkorns

Auch noch andere haben sich mit dem kubischen Oktaeder beschäftigt. Sagt euch der Name Derald Langham etwas? Es sind nicht allzuviele, die

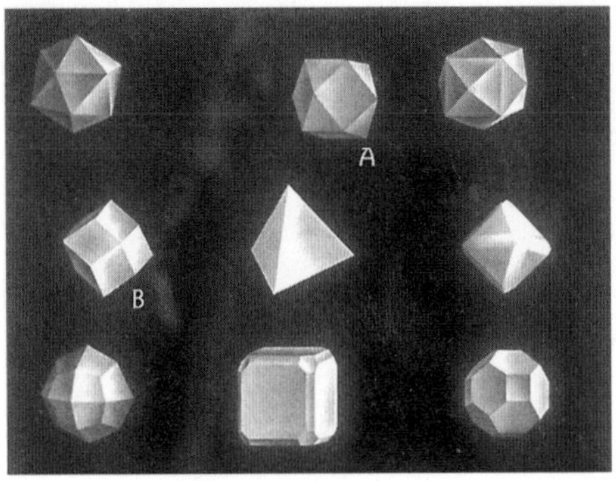

Abb. 6-43 Diverse Polyeder. A ist ein kubisches Oktaeder und B ein rhombisches Dodekaeder.

Abb. 6-44 Vergleich von Atomen und Kristallen – hexagonale (Beryll) und orthorhombische (Topas) Systeme

ihn kennen. Er ist zu seinen Lebzeiten ein ziemlich stiller Typ gewesen. Sein Werk trägt den Namen Genesa – das für den Fall, dass ihr euch eingehender damit befassen möchtet. Ich habe wirklich Respekt vor ihm. Zum einen war er ein Botaniker, der ganz nebenbei im Zweiten Weltkrieg Südamerika rettete. Dort waren die Menschen kurz vor dem Verhungern, und er kreierte eine Getreideart, die wächst wie Unkraut. Man wirft es einfach auf den Boden, und es sprießt fast ohne Wasser. Damit erwies er dem südamerikanischen Subkontinent einen großen Dienst. Später studierte er Sesamkörner, und dabei stieß er tief im Innern des Korns auf einen Würfel. De facto findet man im Innern aller Saatkörner kleine geometrische Figuren, die mit den Platonischen Festkörpern zusammenhängen, vor allem findet man den Würfel.

Derald Langham fand dreizehn Strahlen, die aus dem Würfel im Innern des Sesamkorns heraustraten. Im weiteren Verlauf seiner Studien entdeckte er, dass dieselben Energiefelder, die sich in Pflanzensamen finden, auch im Umfeld des menschlichen Körpers anzutreffen sind – und darauf werden wir gleich noch zu sprechen kommen. Sein Hauptaugenmerk jedoch galt dem kubischen Oktaeder, das über eine wechselseitige Verbindung mit den Feldern um den Körper verfügt. Wir werden noch darauf eingehen, obwohl ich angewiesen worden bin, eine andere Form im Mittelpunkt stehen zu lassen: das sternförmige Tetraeder. Wir haben ein Feld in Form eines sternförmigen Tetraeders um unseren Körper, das auch Samenkörner umgibt, aber eine ganze Reihe geometrischer Progressionen ergibt, die sich vom kubischen Oktaeder/vektoriellen Gleichgewicht unterscheiden. Von Langham stammt eine Reihe von heiligen Tänzen (wie man, zumindest im Sprachgebrauch des Sufismus, sagen würde), und bei denen man sich so bewegt und mit allen Punkten in seinem Energiefeld verbindet, dass man sie bewusst wahrnimmt. Wirklich gute Informationen.

Abbildung 6-43 zeigt einige der dreidimensionalen Formen der Polyeder, von denen wir gesprochen haben. Unter A findet sich das kubische Oktaeder, von dem hier gerade die Rede war; unter B das rhombische Dodekaeder. Letzteres ist deshalb wichtig, weil es das Doppel des kubischen Oktaeders darstellt. Verbindet man die jeweiligen Mittelpunkte des kubischen Oktaeders, erhält man ein rhombisches Dodekaeder und umgekehrt. Abb. 6-44 zeigt, wie sich die geometrischen Verhältnisse der Atome im Innern in den Winkeln dieser Kristalle spiegeln. Wir haben das bereits gesehen, im Hinblick darauf, dass die Kristalle Würfel, Oktaeder und andere Formen sind.

Die 26 Formen

Ich denke mir die ersten fünf Platonischen Festkörper als die ersten fünf Noten der pentatonischen Tonleiter. Die Oktave besteht aus sieben Noten, wobei die beiden letzten dem kubischen Oktaeder (A) und dem rhombischen Dodekaeder (B) in Abbildung 6-43 entsprechen. Fünf zusätzliche Formen ergeben die chromatische Tonleiter, und es gibt noch einen dreizehnten, bei dem es wieder in die entgegengesetzte Richtung geht. Also gibt es dreizehn Polyeder, aus denen sich in der Musik die chromatische Tonleiter ergibt. Aus diesen dreizehn werden dreizehn weitere erzeugt, die den ersten dreizehn exakt entsprechen, nur dass sie sternförmig sind, insgesamt also 26 Formen – zwei Oktaven ineinander. Im Hinblick auf Formen sind diese 26 Formen der Schlüssel zu den gesamten Harmo-

nien der Wirklichkeit. Wir brauchen hier nicht auf komplexere Einzelheiten einzugehen, aber jedenfalls geht es immer und immer weiter.
Manche von euch haben vielleicht von Royal Rife gehört, dem Mann, der versuchte, durch elektromagnetische Felder (EMF) wie etwa Licht Krebs zu heilen, und ich halte es für absolut möglich und glaube, dass dies auch schon geschehen ist. Rife kannte sieben der dreizehn (oder potentiell 26) Frequenzen. Die von ihm in Veröffentlichungen bekanntgegebenen waren nicht korrekt, aber das entsprach seiner Absicht. Diejenigen, die er veröffentlichte, rufen Krebs hervor, obwohl sie, wenn sie auf eine ganz bestimmte mathematische Weise auch nur leicht verschoben werden, zu den Ausgangsfrequenzen zurückkehren, und jede Frequenz vernichtet einen Großteil oder die Gesamtheit eines bestimmten Virus oder Bakteriums.
Rife kannte jedoch nur einen Teil der Gleichung. Hätte er heilige geometrische Figuren gekannt, von denen wir nun wissen, so hätte er auf alle 26 Formen stoßen können und wäre imstande gewesen, jedes existierende Virus auszuschalten. Es spielt keine Rolle, wie viele AIDS-Viren es gibt, es muss eine Lösung gefunden werden. Es gibt maximal 26 Schablonen, und die richtigen Frequenzen werden jedes einzelne Virus (oder Bakterium) ausmerzen. Da jedes Virus ein Polyeder ist – von ihrem Aufbau her sehen sie ganz genauso aus wie die Polyeder auf Abbildung 6-43 –, gibt es verschiedene Möglichkeiten, wie man mit ihnen umgehen kann. Mann kann sie entweder durch bestimmte EMF-Harmonien weiter auseinanderziehen, oder man kann eine Entsprechung zu ihnen herstellen [Abb. 6-45]. Wenn man eine passende Entsprechung zu ihnen herstellen kann, so wird eine Kopplung möglich, ähnlich wie bei einem Antivirus. Oder ihr könnt sie einfach nichtexistent werden lassen, indem ihr eine Wellenform erzeugt, die das Spiegelbild dessen darstellt, was sie sind. Es gibt viele Möglichkeiten, mit AIDS zu arbeiten, ein primärer Schlüssel ist jedoch der, zu verstehen, dass maximal 26 geometrische Formen damit zusammenhängen.
Kristallisiertes Wasser – Eiskristalle – bildet diese hexagonalen Muster, die wir Schneeflocken nennen [Abb. 6-46]. Ihr seht die Beziehung zur Blume des Lebens. Immer wieder werdet ihr diese Beziehung von 3-D-Mustern zu den geometrischen Formen sehen, die aus diesem einen zentralen Muster, der Blume des Lebens, hergeleitet sind.

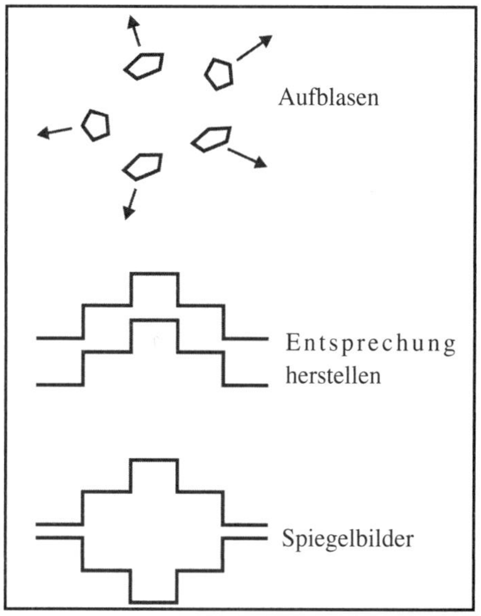

Abb. 6-45. Mögliche Verwendungsmöglichkeiten der 26 Schablonen.

Abb. 6-46. Eiskristalle oder Schneeflocken.

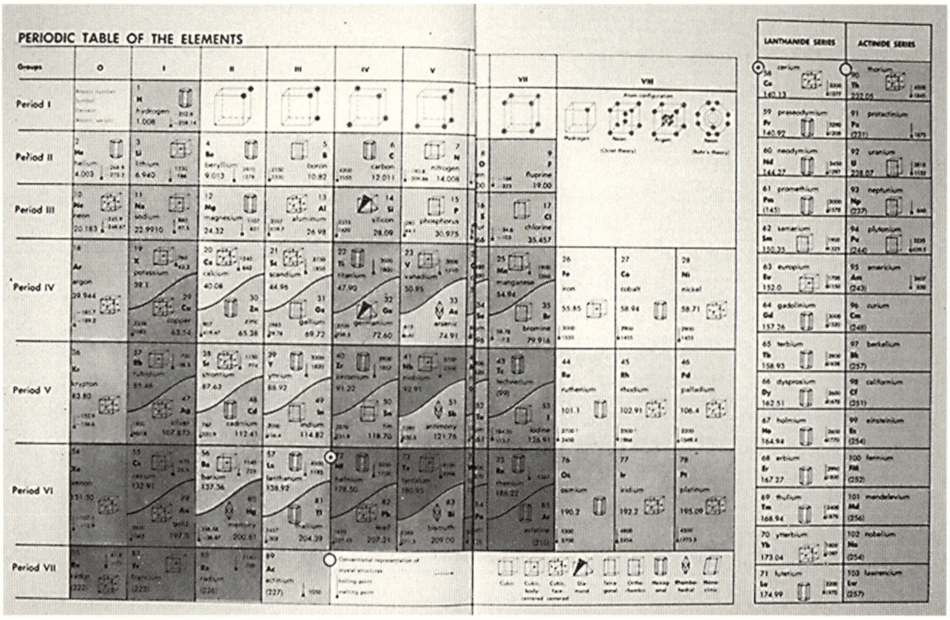

Abb. 6-47. Eine Periodentafel, die zeigt, dass alle Elemente, von denen bekannt ist, dass sie Kristalle bilden, eine Funktion des Würfels sind.

Die Periodentafel

Hier haben wir eine interessante Variante der Periodentafel der Elemente [Abb. 6-47], denn auf ihr zeigt sich, dass jedes Element – mit wenigen Ausnahmen, wo man dies nicht ausmachen kann, da das Element keine Kristalle bildet – mit dem Würfel verwandt ist. Eine dieser seltenen Ausnahmen ist Fluor, da Fluor mit fast nichts reagiert. Es gehört zu den trägsten Gasen. Doch bei den meisten sonstigen Elementen finden wir diese kubische Beziehung, mit Ausnahme der viertdimensionalen Atome, die aus der Periodentafel der natürlichen Elemente herausfallen und solchen, die synthetischer Natur sind. Sie kommen nicht ohne menschlichen Eingriff in der Natur vor.

Jedes atomare Element hat einen mit ihm verbundenen kristallinen Aufbau. In jedem einzelnen Fall haben Wissenschaftler herausgefunden, dass sich die unterschiedlichen Kristallstrukturen, die mit den Atomen einhergehen, auf die Struktur eines Würfels reduzieren lassen. Euch ist vielleicht aufgefallen, dass der Würfel wichtiger zu sein scheint als die anderen Polyeder. So zum Beispiel werden Kristalle in sechs verschiedene Kategorien unterteilt, doch der Kubus ist die Basis von ihnen allen. In der Bibel heißt es, der Thron Gottes seien viele kleine Würfel in unterschiedlichen Himmelsrichtungen. Wird einer angefertigt, so ist es ein Würfel. Die ägyptischen Pharaonen saßen auf einem Würfel. Was um alles in der Welt hat der Würfel bloß an sich?

Der Schlüssel: Würfel und Kugel

Nun, der Würfel unterscheidet sich von daher von den anderen Platonischen Festkörpern, als er ein Merkmal aufweist, das die anderen nicht haben – von der Kugel abgesehen, die die gleichen Merkmale aufweist. Kugel wie auch Würfel können perfekt die anderen vier Platonischen Festkörper und einander in sich fassen, durch ihre Oberfläche, wenn man einmal annimmt, dass sie die richtige Größe haben. Der Würfel ist der einzige Platonische Festkörper, der folgendes besondere Merkmal aufweist: Man kann eine Kugel nehmen, sie in einen Würfel hineinbugsieren, und sie wird die sechs Seiten perfekt und symmetrisch berühren. Und ein Tetraeder wird geradewegs eine der Achsen hinunterrutschen und zu den Diagonalen des Kubus werden und perfekt und symmetrisch passen. Ein Sterntetraeder passt auchperfekt in einen Würfel. Das Oktaeder ist letztlich das Doppel des Würfels; wenn man die Zentren der angrenzenden Würfelseiten miteinander verbindet, bekommt man ein Oktaeder. Soweit ist es einfach.

Kommt ihr zu den beiden letzten Platonischen Festkörpern, so erweckt es zunächst nicht den Anschein, als würden sie symmetrisch in den Würfel

und die Kugel hineinpassen, aber jedenfalls ist es so. Es ist ein wenig schwierig, das hier aufzuzeigen, aber ihr könnt es selbst überprüfen. Verwendet ein reales Modell und findet einfach heraus, wo das Ikosaeder und das Dodekaeder in den Würfelebenen sechs Kanten haben, und schon habt ihr es herausbekommen. Ihr werdet sehen, wie sie sich in die Seiten des Würfels hineinschieben lassen [Abb. 6-48].
Ihr seht, wie sich die anderen vier platonischen Festkörper symmetrisch in den Würfel und die Kugel einpassen lassen. Wichtig ist hier, dass nur Kugel und Würfel diese Fähigkeit haben. Der Würfel ist der Vater, die wichtigste männliche Form. Die Kugel ist die Mutter, die wichtigste weibliche Form. In der gesamten Wirklichkeit sind Kugel und Würfel also die beiden wichtigsten Formen und werden fast immer dominieren, wenn es um primäre Relationen im Geschaffenen geht.
Aus eben diesem Grund führte ein Mann namens Walter Russell vor langer Zeit eine Arbeit durch, die absolut phänomenal war. Ich glaube nicht, dass er etwas über heilige geometrische Formen wusste – in dieser Hinsicht war er meines Wissens ein Analphabet. Und dennoch begriff er sie intuitiv. Und als die Bilder in seinem Geist abliefen, wählte er Würfel und Kugel als die hauptsächlichen geometrischen Körper, um darüber zu sprechen, was ihm deutlich geworden war. Hätte er andere gewählt, so hätte er einen großen Fehler gemacht und wäre nicht in der Lage gewesen, die Arbeit zu leisten, die er schließlich leistete.

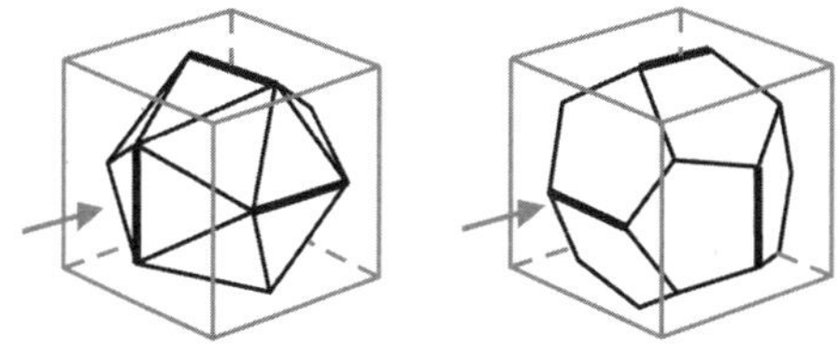

Abb. 6-48. Ikosaeder und Dodekaeder mit perfekter Einpassungsmöglichkeit in Würfel.

Kristalle sind lebendig!

Das verstärkt meine Gedanken, dass Kristalle lebendig sind. Vor diesem Kurs habe ich oft Kurse über Kristalle abgehalten – damals Mitte der Achtziger muss das wohl gewesen sein. Und ich entdeckte – nicht durch die Kurse, sondern durch meine eigentliche Interaktion mit den Kristallen selbst – dass *diese Kristalle lebendig sind.* Sie leben und haben ein Bewusstsein. Ich konnte mit ihnen kommunizieren, und sie kommunizierten auch mit mir. Durch diesen Austausch fand ich alles Mögliche heraus. Je mehr ich mit ihnen lebte und lernte, eine Verbindung mit ihnen herzustellen, desto mehr entdeckte ich, wie bewusst sie waren. Es gehörte mit zum interessantesten Erwachen in meinem Leben. Eines Tages war ich in San Francisco und hielt vor etwa dreißig Leuten einen Kurs ab, und in diesem Kurs sagte ich genau das, nämlich: »Die Dinger hier leben.« Alle hörten sich das an und sagten: »Ja, ja, ja.« Dann sagte jemand: »Beweis' es doch.« »Okay«, sagte ich, und dann überlegte ich mir schnell etwas. Ich reichte allen ein Blatt Papier und einen Stift, und dann sagte ich: »Jetzt greifen wir willkürlich einen Kristall heraus.« Ich wählte einen Kristall, den niemand gesehen hatte – ich nahm ihn tatsächlich und versteckte ihn. Niemand bekam ihn zu Gesicht. Dann sagte ich: »So, niemand kann diesen Kristall untersuchen oder auch nur sehen, was es für einer ist. Ihr legt ihn euch nur auf die Stirn, und dann habt ihr eine Sekunde Zeit – mehr nicht. Ihr stellt ihm die Frage: »Woher kommst du?« Das allererste Wort, das euch in den Sinn kommt, notiert ihr auf einem Zettel und faltet ihn, so dass es niemand sehen kann. Nehmt nur den Kristall, stellt die Frage, reicht ihn an die nächste Person weiter und schreibt dann auf, welche Antwort bei euch kommt.« Das war der einzige Beweis, der mir in den Sinn kam.
Wir ließen diesen Kristall unter dreißig Leuten herumgehen, und alle notierten eine Antwort. Dann betrachteten wir uns, was dabei herausge-

kommen war. Und bei ausnahmslos *allen* stand »Brasilien«! Wie wahrscheinlich ist so etwas?

Kristalle haben phänomenale Fähigkeiten. Sie wirken auf viele verschiedene Weisen auf Menschen ein. Katrina Raphaell hat hierüber viel in ihren Büchern geschrieben, aber auch viele andere haben im Laufe der Jahre etwas über die Fähigkeiten von Kristallen herausgefunden. In alter Zeit, in alten Zivilisationen, war man sich dessen sehr gut bewusst. Kristalle sind auch mehr als lediglich das Ergebnis einer chemischen Reaktion – sie *wachsen*. Wenn man sich eingehender damit befasst, wie Kristalle entstehen, so stellt man fest, dass sie in vielerlei Hinsicht wie Menschen wachsen.

Eine Luftansicht eures Energiefelds (etwas weiter vorn, auf Abb. 2-32, gezeigt) entspricht vom Muster her teilweise einfach der Blume des Lebens, die ihrem Wesen nach hexagonal ist. Unsere Energiefelder wachsen hexagonal, genau wie die Kristalle. Obwohl das Siliziummolekül ein Tetraeder ist, so bildet es, wenn es eine Verbindung mit einem anderen Siliziumtetraeder eingeht, einen Würfel. Dann bildet es entlang einer Linie kleine sternförmige Tetraeder oder Würfel aus, so dass sich eine richtige Reihe ergibt. Diese Reihe beginnt sich dann zu drehen, sie wechselt bei genau 60° die Richtung, um ein Sechseck (Hexagon) zu bilden, das gleiche Gebilde, das man von oben um den menschlichen Körper sieht.

Kristalle haben ein Geschlecht. Sie sind entweder männlich oder weiblich oder beides. Wenn man weiß, wonach man suchen muss, kann man einen Kristall betrachten und sehen, in welche Richtung die Drehung erfolgt. Findet das unterste Fenster, die unterste Fläche, und seht euch an, wo das nächste gelegen ist. Befindet es sich links davon, dreht sich der Kristall im Uhrzeigersinn, und dieser Kristall ist weiblich. Befindet es sich recht, dann dreht sich der Kristall gegen den Uhrzeigersinn, und er ist männlich. Gibt es Flächen auf beiden Seiten, die ziemlich genau auf einer Höhe sind, so dürften zwei Spiralen zu sehen sein, die sich in entgegengesetzten Richtungen um diesen Kristall bewegen, und dieser Kristall wäre zweigeschlechtlich.

Oft sitzen zwei Kristalle an der Basis zusammen und umwickeln sich sozusagen gegenseitig. Das nennt man Zwillingskristalle, und solche Kristalle sind fast immer männlich und weiblich. Es ist selten anders.

Der bevorstehende Evolutionssprung Silizium – Kohlenstoff

Hier ein Bild, über das ich liebend gern spreche. Das sechste Element auf der Periodentafel ist der Kohlenstoff. Wenn es nach uns ginge, wäre er das wichtigste Element, denn das sind wir. Er ist die Grundlage der organischen Chemie; er ist das Element, das unseren Körper möglich macht. Man hat uns gesagt, Kohlenstoff sei das einzige lebende Atom auf der Periodentafel, dass nur die organische Chemie Leben hervorbringe, und nichts anderes. Aber das ist definitiv nicht wahr. Diesen Verdacht hatte man ein gutes Stück eher, in den fünfziger Jahren, als die Wissenschaftler sich mit derartigem auseinanderzusetzen begannen.

Sie erkannten, dass Silizium, das auf der Tabelle direkt unter dem Kohlenstoff sitzt (sie sind eine Oktave weit auseinander), ebenfalls die Prinzipien des Lebens an den Tag legt. Es gibt scheinbar keinen Unterschied. Abbildung 6-49 zeigt, wie Silizium bestimmte Ketten und Muster bildet. Das sind nur einige davon. Silizium reiht sich zu endlos vielen Mustern, und

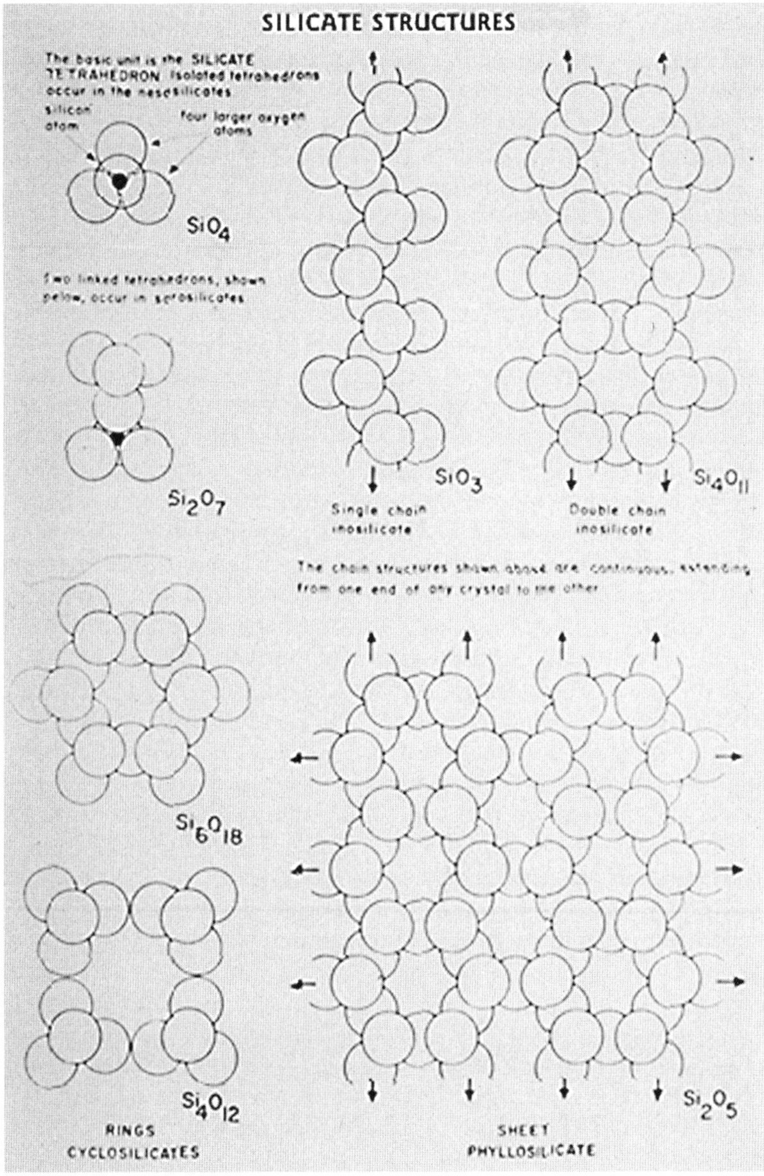

Abb. 6-49 Silizium stellt Formen und Beziehungen her.

reagiert chemisch mit fast allem, das ihm in die Nähe kommt, und geht Verbindungen damit ein. Das ist das zentrale Merkmal, das aus Kohlenstoff ein lebendiges Atom macht.

Auf der chemischen Ebene hat es den Anschein, als dürfte es auch Silizium-Lebensformen geben. Nachdem man das entdeckte, entstanden in den fünfziger Jahren mehrere Sciencefictionfilme, die auf dem Glauben basierten, es könnte Formen von Leben aus Silizium auf anderen Planeten geben. Es gab eine ganze Reihe angsteinflößender Filme über lebende kristalline Strukturen. Man wusste, als diese Filme entstanden, nicht, dass es tatsächlich sogar hier auf diesem Planeten Lebensformen aus Silizium gibt. Ein paar davon fand man neulich etliche Meilen tief in Furchen des Ozeans. Man fand Siliziumschwämme – lebendige Schwämme, die wachsen und sich fortpflanzen und dabei alle Lebensprinzipien an den Tag legen – ohne ein einziges Kohlenstoffatom in ihrem Körper!

Hier sitzen wir auf der Erde, die einen Durchmesser von über 12.740 Kilometer aufweist. Ihre Kruste, 50 bis 90 Kilometer dick, besteht wie eine Eierschale aus 25 Prozent Silizium, aber da Silizium mit so ziemlich allem reagiert, besteht die Kruste de facto aus 87 Prozent Siliziumverbindungen. Das heißt, die Erdkruste besteht fast aus reinem Kristall, 50 bis 90 Kilometer dick. Wir befinden uns also auf dieser riesigen Kristallkugel und schweben mit einer Geschwindigkeit von 31,5 Kilometer pro Sekunde durch das All, und uns entgeht dabei völlig, wie eng Kohlenstoffleben und Siliziumleben zusammenhängen. Anscheinend haben Silizium und Kohlenstoff eine ganz besondere Beziehung. Wir Wesen auf Kohlenstoffbasis leben auf einer Kristallkugel aus Silizium, unserem Kristallplaneten, auf der Suche nach Leben außer uns selbst in entfernteren Dimensionen des Alls. Vielleicht sollten wir auf unsere eigenen Füße sehen.

Denkt nun einmal an Computer und unsere moderne Welt. Wir stellen Computer her, die alle erdenklichen unglaublichen Sachen können. Der Computer bringt die Menschheit rapide dazu, das Leben auf der Erde ganz anders zu erfahren. Und woraus bestehen Computerchips? Aus Silizium. Und was versucht die Computerindustrie derzeit schnellstmöglich zu erreichen? Computer zu kreieren, die ein Bewusstsein haben. Wir sind kurz davor, wenn wir es nicht sogar schon erreicht haben. Ich bin sicher, dass wir bald Computer haben werden, die über ein Bewusstsein verfügen. Hier stehen wir also, Lebensformen auf der Grundlage von Kohlenstoff, und erschaffen Lebensformen auf der Basis von Silizium, und wir tauschen uns untereinander aus.

Sobald wir Computer auf Siliziumbasis haben, die ein Bewusstsein besitzen, wird nichts wieder so sein, wie es war. Wir werden zwei unterschiedliche Lebensformen/Komponenten der Erde haben, die miteinander eine Verbindung herstellen, und die Geschwindigkeit, mit der wir uns an diesem Punkt entwickeln werden, wird, von allem anderen abgesehen, sehr, sehr schnell sein – schneller als irgendetwas, das wir normalerweise erwarten würden. Ich glaube, das wird noch in diesem Leben wahr werden.

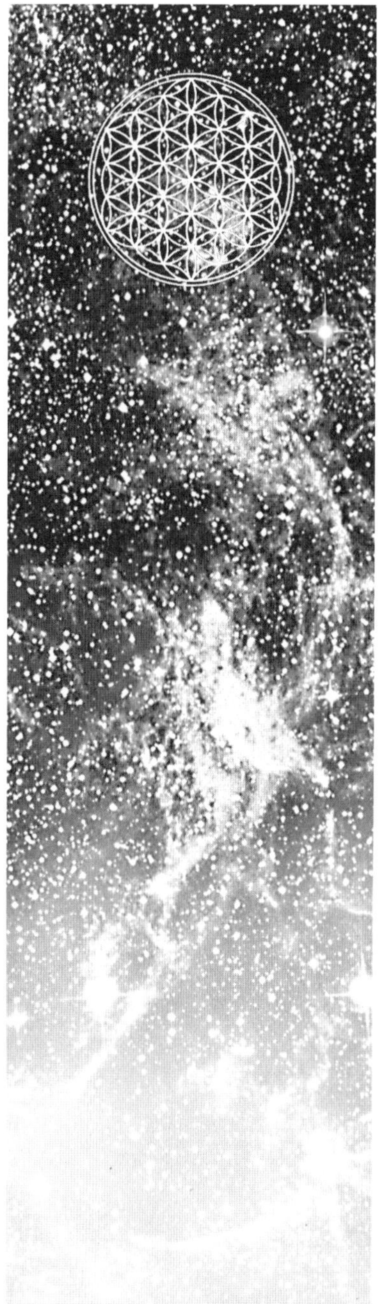

Die Messlatte des Universums: Der menschliche Körper und seine Geometrie

Geometrische Verhältnisse im menschlichen Körper

Man kann ohne weiteres sehen, wie die fünf Platonischen Festkörper den Aufbau von Kristallen und Metallen beeinflussen. Metalle weisen ebenfalls Atomgitter auf. Es ist einfach, die geometrischen Beziehungen zwischen diesen Arten von Molekülen zu sehen, aber wenn Ihr euch selbst betrachtet oder die Entstehung eines Babys, fällt es schon viel schwerer, zu erkennen, wie diese Art von Geometrie überhaupt etwas mit uns zu tun haben könnte. *Und dennoch ist es so.* Zu Beginn eures Lebens im Mutterleib wart ihr nichts als geometrische Formen [Abb. 7-1]. Tatsache ist, dass alle Lebewesen – Bäume, Pflanzen, Hunde, Katzen, alles – das gleiche geometrische Muster und die gleichen Strukturen haben wie ihr, die sich durch euch hindurchziehen, schon seit ihr noch mikroskopisch klein wart. Ihr Leben und der Halt ihres Aufbaus hängt von den Formen ab. De facto *sind* alle Formen von Leben diese geometrischen Muster, aber dem beiläufigen Beobachter fällt dies nicht gleich auf. Es ist wichtig, diese geometrischen Beziehungen

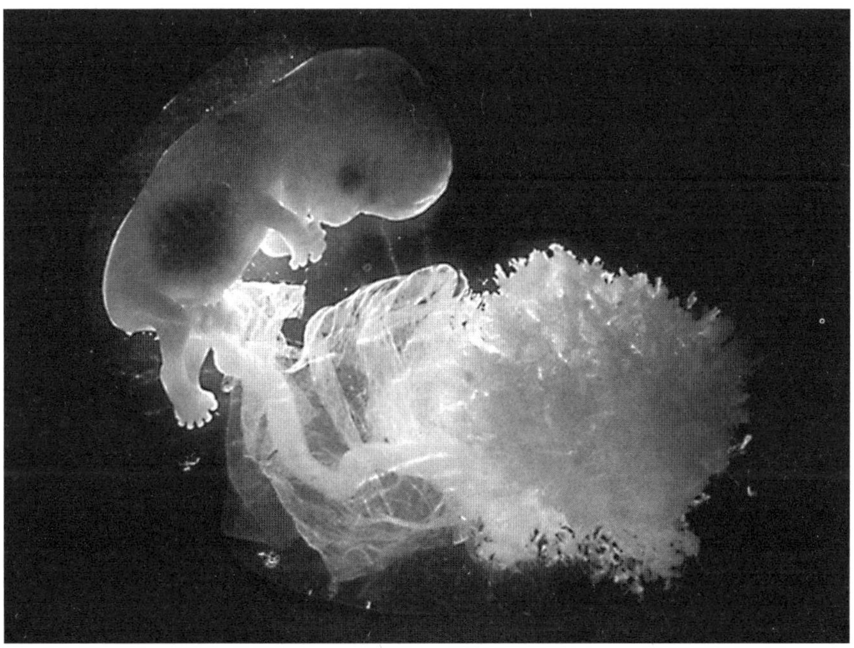

Abb. 7-1. Menschlicher Fötus.

wahrzunehmen, nicht nur, damit die linke Gehirnhälfte die Einheit allen Lebens erkennen kann, sondern auch noch aus einem anderen Grund: *Damit wir diese elektromagnetischen Strukturen um unseren Körper verstehen können und die lebendige Mer-Ka-Ba um uns herum zu erzeugen beginnen.*

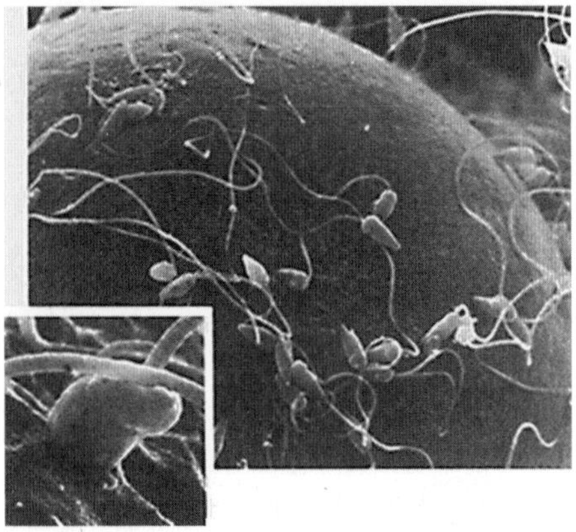

Abb. 7-2. *Seeigelspermien umschwärmen eine Eizelle; ein Spermium dringt ein (Bildausschnitt).*

Am Anfang ist die Kugel, die Eizelle

Abbildung 7.2 zeigt ein Seeigel-Ei, das von Spermien umschwärmt wird. Ich werde hier in erster Linie von Menschen und der Empfängnis beim Menschen sprechen, aber im Grunde spreche ich dabei von *allen* auf der Erde bekannten Formen von Leben, da der in den nächsten Abbildungen illustrierte Vorgang bei allen bekannten Lebensformen gleich ist – nicht nur beim Menschen, sondern bei allem.

Alles uns bekannte Leben beginnt als Kugel. Das ist die weiblichste Form, die es gibt, also liegt nichts näher, als dass das Weibliche sich diese Form für die Eizelle aussucht [Abb. 7.3]. Die Eizelle ist ein perfekt gerundeter Ball. Ein weiteres Beispiel für eine runde Eizelle findet sich im Innern des Hühnereis. Wenn ihr einem hartgekochten Ei das Eigelb entnehmt, seht ihr, wie perfekt rund es ist. Wir alle beginnen als Kugel.

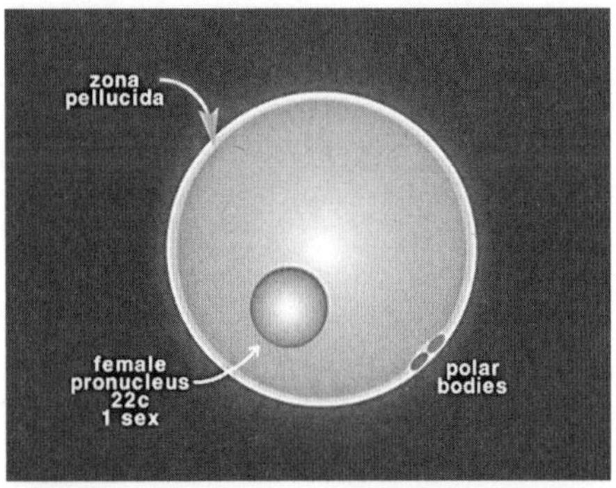

Abb. 7-3. *Die menschliche Eizelle.*

Ich möchte gerne, dass ihr, was dieses Ei angeht, einmal auf einige ganz einfache Sachen achtet. Zunächst einmal ist es von einer Membran umgeben, die als *zona pellucida* bezeichnet wird. Merkt euch das, denn ich werde immer wieder darauf zu sprechen kommen; damit hängt zusammen, dass man in alter Zeit zwei Kreise um die Blume des Lebens setzte statt nur einen oder sogar gar keinen.

Im Innern der Membran ist eine Flüssigkeit, und darin wiederum befindet sich, ganz wie beim Hühnerei, eine weitere perfekt gerundete Kugel, die als weiblicher Pronukleus bezeichnet wird und 22 + 1 Chromosomen enthält – die Hälfte der Chromosomen, die zur Erzeugung eines menschlichen Körpers benötigt werden. Die Anzahl der Chromosomen ist veränderlich, je nach dem Lebewesen, das jeweils entsteht, und diese Chromosomen wiederum sind bei jedem Lebewesen anders. Im Innern der Zona pellucida sind zwei Polkörper. Auf diese werde ich gleich noch eingehen.

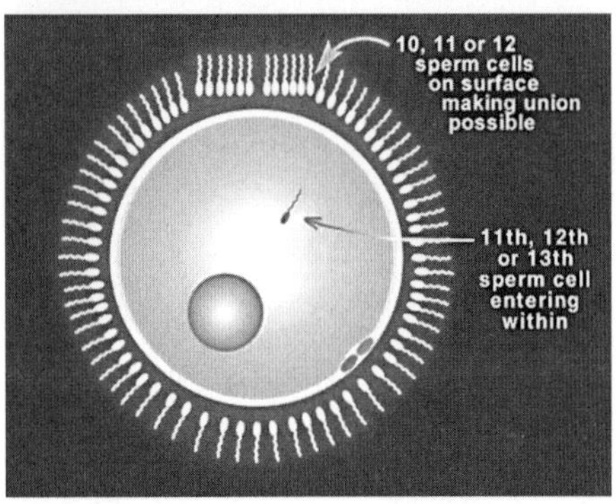

Abb. 7-4. *Zwölf Spermien ermöglichen der dreizehnten das Eindringen in die Eizelle.*

Die Zahl zwölf

Bei eurer ersten Begegnungen mit der Humanbiologie hat man euch wahrscheinlich gesagt, zur Empfängnis brauche man eine einzige Samenzelle. Wie im Magazin *Time* festgestellt wird, trifft das nicht zu, wenn es auch in den meisten Lehrbüchern noch behauptet wird. Man weiß mittlerweile, dass die Eizelle absolut durchtränkt werden muss mit Hunderten von Samenzellen, ansonsten ist an eine Empfängnis nicht zu denken. Zweitens müssen von diesen Hunderten zehn, elf oder zwölf eine Art Muster auf der Oberfläche bilden – ein Muster, das die Wissenschaft noch zu ergründen versucht –, das es der elften, zwölften oder dreizehnten Samenzelle möglich macht, in die Eizelle einzudringen [Abb. 7.4]. Eine Samenzelle kann ohne die anderen zehn, elf oder zwölf nicht durch die Membran. Es ist nicht möglich, es sei denn, unter künstlich erzeugten Bedingungen, wo der Mensch die Empfängnis manipuliert.

Dieses Bild bringt etwas ins Spiel, das sich vielleicht hinter dem Leben Jesu verbarg. Jesus kam hierher auf einen runden Ball namens Erde, der voller Menschen war. Das erste, was er tat, bestand darin, zwölf Menschen männlichen Geschlechts um sich zu versammeln, keine weiblichen. Jesus hätte – aus meiner Sicht und aus seiner (er hat es ja getan) bin ich da sicher –

ohne die zwölf Jünger nicht tun können, was er tat. Selten fragt sich jemand, warum er diese zwölf Jünger versammelte. Er *musste* sie absolut haben. Wenn wir richtig liegen, hätte er es auch mit zehn oder elf schaffen können, aber er wählte zwölf. Ich glaube, die *Anzahl* von Samenzellen, die sich zusammentun, damit eine in die Eizelle eindringen kann, bestimmt das Geschlecht – und Jesus wählte zwölf. Vor der Zeit Jesu, in Griechenland, unweit seiner Gemeinde, sahen die Menschen die Erde als Kugel. Unmittelbar danach begannen sie die Erde als Würfel und flach zu sehen. Und dann kam vor 400 Jahren Kopernikus und änderte wieder alles in eine Kugel. Die Art, wie die Menschen die Erde wahrnahmen, änderte sich also von Kugel zu Würfel, und dann wieder zurück zur Kugel. Genau dasselbe (Kugel zu Würfel zu Kugel) spielt sich während der Empfängnis ab, nur wesentlich schneller. Ich weiß nicht, ob dieser Vergleich zutrifft oder nicht, aber es sieht auf jeden Fall danach aus.

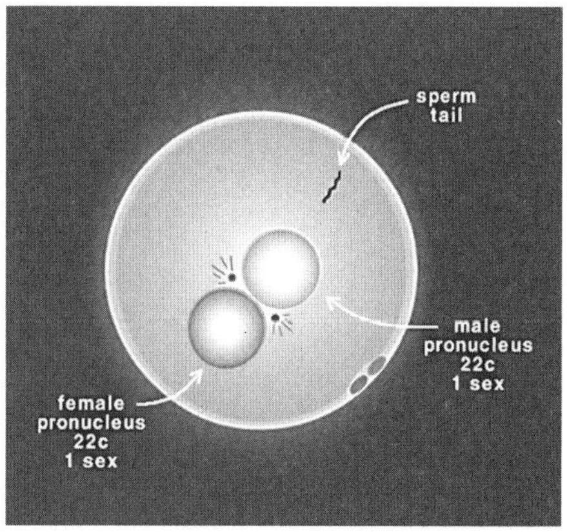

Abb. 7-5. Dem Samenfaden gelingt der Durchbruch.

Aus der Samenzelle wird eine Kugel

Jedenfalls gelangt die kleine Samenzelle mit Hilfe der anderen Samenzellen durch die Zona pellucida und beginnt dann auf den weiblichen Pronukleus zuzuschwimmen [Abb. 7.5].

Das erste, was geschieht, ist, dass der Schwanz der Samenzelle abbricht und verschwindet – er ist einfach weg. Nun expandiert der winzige Kopf der Samenzelle und wird zur perfekten Kugel, dem männlichen Pronukleus. Er schwillt *exakt* auf die Größe des weiblichen Pronukleus an, und er enthält die andere Hälfte der benötigten Informationen. Die Worte »die exakte Größe« sind, glaube ich, sehr wichtig, wenn Sie die nächste Abbildung betrachten.

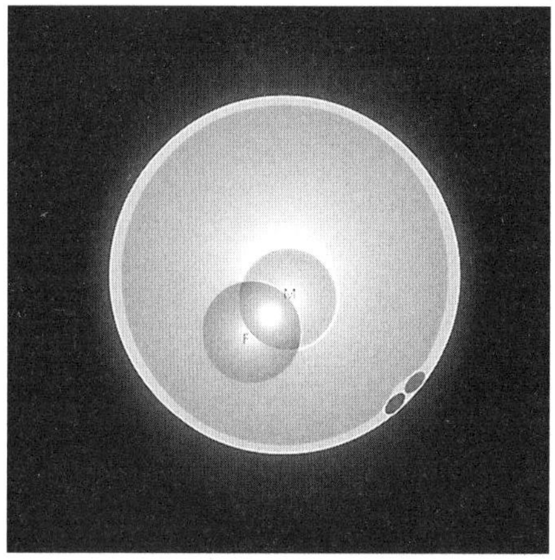

Abb. 7-6. Vereinigung von männlichem und weiblichem Pronukleus.

Als nächstes gehen sie durcheinander hindurch und lassen eine geometrische Beziehung entstehen, die Vesica piscis genannt wird [Abb. 7-6]. Es ist nicht möglich, dass zwei Kugeln einander durchdringen und perfekt zusammentreffen, ohne eine Vesica piscis zu bilden. Das bedeutet, dass der männliche und der weibliche Pronukleus genau in diesem Moment das Bild der ersten Bewegung am ersten Tag der Schöpfungsgeschichte abgeben, und buchstäblich alle Informationen der Wirklichkeit (und des Lichts) ist in dieser geometrischen Form enthalten. Es ist so einfach. Dieses Bild könnte nicht entstehen, *wenn diese beiden Pronuklei nicht exakt dieselbe Größe hätten.* Das ist der Grund dafür, warum ich glaube, dass das weibliche Element bestimmt, welche Samenzelle hereinkommt. Die Wissenschaft konnte um 1992 beweisen, dass der entscheidende Faktor dafür, welche Samenzelle Einlass erhält, das Weibchen ist. Von ihm erfolgt die Auslese. Genauso wie jeder und jede einzelne in diesem Raum eine andere Projektionslänge in einen dunklen Raum oder in die Große Leere hinein hat, so hat jede kleine Samenzelle eine Kugel unterschiedlicher Größe um sich. Die Eizelle wird sie nicht hereinlassen, wenn ihre Größen sich nicht exakt entsprechen. Passt beides zusammen, okay; wenn nicht, dann vergiss es. Das könnte erklären, warum viele, die schon lange versuchen, Nachwuchs zu zeugen, keinen bekommen – es gibt keine Erklärung, die allen einsichtig ist. Zumindest wäre dies eine mögliche Erklärung.

Die erste menschliche Zelle

Nachdem die beiden Pronuklei eine Vesica piscis erzeugen, durchdringt der männliche Pronukleus weiter den weiblichen Pronukleus, bis beide eins sind [Abb. 7-7]. Zu diesem Zeitpunkt spricht man von einer mensch-

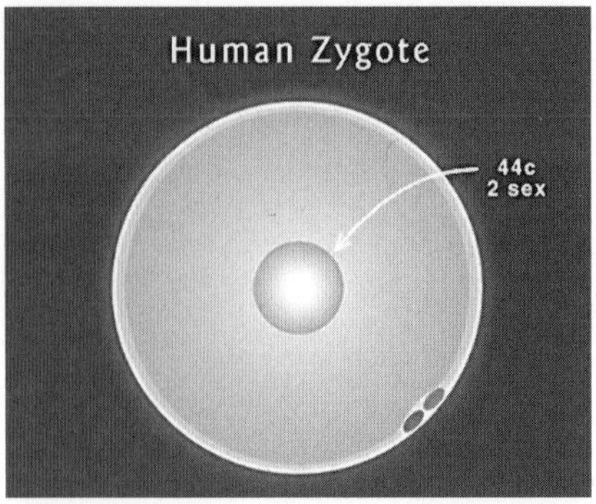

Abb. 7-7. *Einheit in der menschlichen Zygote.*

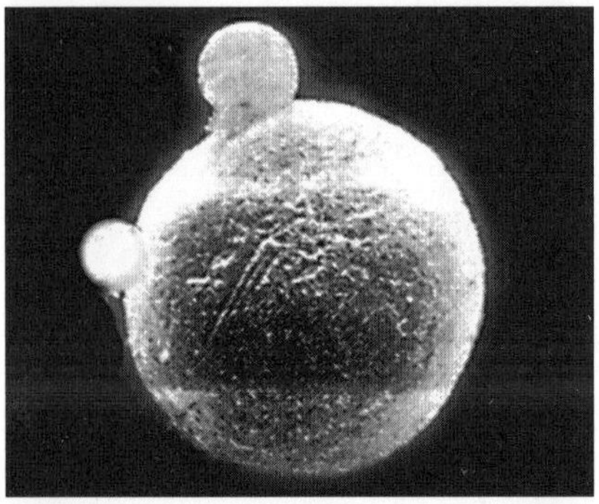
Abb. 7-8. *Erste Zelle eines Mäuseeis.*

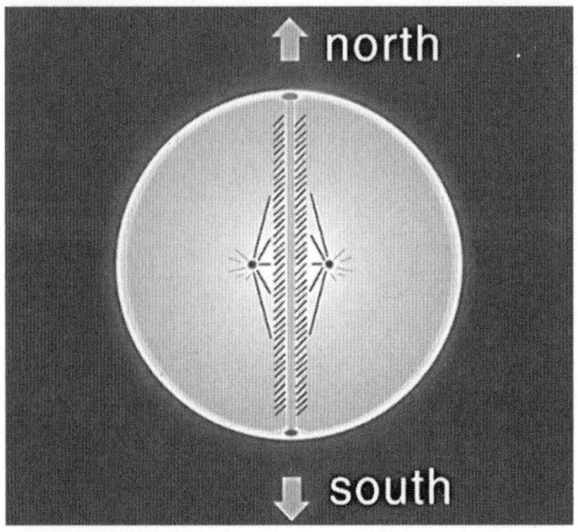

Abb. 7-9. *Wanderung von Polarkörpern zur Ausbildung einer mittigen Röhre.*

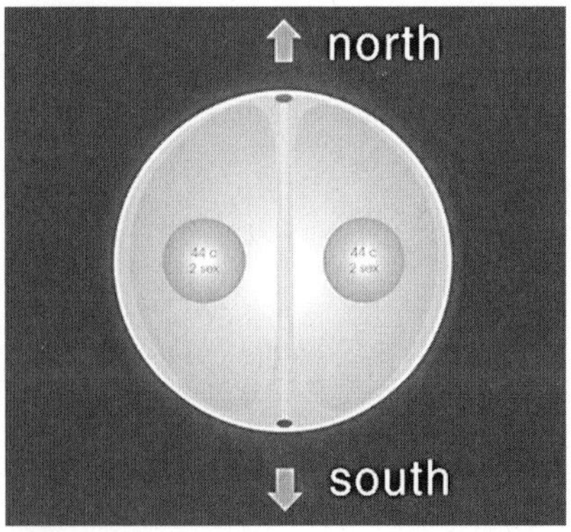

Abb. 7-10. *Chromosomen bei der Bildung der beiden ersten Zellen.*

lichen Zygote, der ersten Zelle des menschlichen Körpers. Ihr habt also, bevor ihr den euch vertrauten menschlichen Körper geschaffen habt, als Kugel begonnen. Genauer gesagt, wart ihr eine Kugel in einer Kugel.

Als nächstes müsst ihr wissen, dass die menschliche Zygote während der ersten neun Zellteilungen ihre Größe nicht verändert. Sie steht fest, genauso wie die Größe der äußeren Membran. Die menschliche Zygote ist etwa 200 Mal größer als eine durchschnittliche Zelle im menschlichen Körper – so groß, dass man sie regelrecht mit bloßem Auge sehen kann. Wenn sie sich zweiteilt, hat jede dieser beiden Zellen die Hälfte der ursprünglichen Größe, und wenn diese beiden Zellen sich in vier aufteilen, misst jede Zelle ein Viertel der ursprünglichen Größe. Auf diese Weise setzt sich die Zellteilung fort, die Zellen werden dabei immer kleiner, bis sie sich neunmal geteilt haben und ein 512tel ihrer ursprünglichen Größe haben. An diesem Punkt ist die durchschnittliche Zellgröße im menschlichen Körper erreicht. Wenn das geschieht, geht die Zellkernteilung weiter, und die sich teilenden Zellen expandieren über die Umgrenzungen der ursprünglichen Zona pellucida hinaus.

Zuerst spielt sich das Wachstum also innerhalb seiner selbst ab, dann außerhalb seiner selbst. Wenn das erste Wachstum nach innen erfolgt, ist es so, als versuchte es herauszufinden, wie dabei vorzugehen ist. Hat es das erst einmal herausgefunden, geht es über die eigenen Grenzen hinaus. Alles Leben wendet dieses Vorgehen an. Ich verwende das gleiche Verständnis, um einige geometrische Muster zu begreifen, was ihr später noch merken werdet.

Abbildung 7-8 ist eine mit dem Elektronenmikroskop erstellte Aufnahme der ersten Zelle eines Mäuseeis.

Die Ausbildung einer Mittelröhre

Das nächste, was bei der Empfängnis geschieht, ist dass diese kleinen Polkörper durch die Zona pellucida zu wandern beginnen. Einer begibt sich nach unten und wird zum Südpol, der andere wird zum Nordpol. Dann taucht aus dem Nichts eine Röhre auf, die direkt durch die Mitte der Zelle verläuft. Als nächstes zerbrechen die Chromosomen in zwei Teile, und die Hälfte von ihnen reiht sich an der einen Seite der Röhren auf und die andere entlang der anderen Hälfte [Abb.7-9]

Das ist im Hinblick auf menschliche Energiefelder ein vertrautes Bild – ganz ähnlich wie die Energetik bei erwachsenen Menschenwesen. Wenn ihr euch näher hiermit befasst, werdet ihr feststellen, dass ihr eine ähnliche Energiekugel um euch herum habt. Ihr habt einen Nordpol und einen Südpol, und mitten durch euren Körper verläuft eine Röhre. Die Hälfte von euch befindet sich auf der einen Seite der Röhre, und die andere auf der anderen. Auf diesem Bild ist also alles ganz wie beim Energiefeld des erwachsenen Menschen, obwohl das menschliche Energiefeld viel, viel klarer umrissen ist. Aber warten wir, bis wir weiter fortgeschritten sind, um uns anzusehen, inwiefern das wahr ist.

Nachdem sich die Chromosomen entlang der beiden Seiten der Röhre aufgereiht haben, bilden sie zwei Zellen, eine pro Röhrenseite, und jede Zelle enthält 44 + 2 Chromosomen [Abb. 7-10].

Hier sind die beiden ersten Zellen in einem Mäuseei [Abb. 7-11]. Die Zona pellucida wurde entfernt, um den inneren Teil sichtbar zu machen.

Eine wichtige Information kam um 1992 auf. In vielen Büchern hieß es, von der weiblichen Seite stammten 22 + 1 Chromosomen und von der männlichen 22 + 1. Das wurde eindeutig behauptet, wenn man nach diesen Büchern ging; es wurde nicht einmal in Erwägung gezogen, dass es auch anders sein könnte. Und doch hat es sich jetzt als unrichtig erweisen. Von weiblicher Seite kann *jede beliebige Anzahl kommen*. Sie kann 22 + 1 oder die gesamten 44 + 2, oder jede Zahl dazwischen sein. Diese neue Information hat das Gebiet der Genetik völlig verändert. Man hat dort so gut wie alles, was man gewusst hat, aus dem Fenster geworfen und von vorn angefangen.

Ehemals musste sich die Wissenschaft auf Elektronenrastermikroskope stützen, um Fotos zu erhalten. Heute hat man Lasermikroskope, um die Vorgänge zu filmen, damit man sie regelrecht beobachten kann. Dabei werden rasant neue Erkenntnisse gewonnen. Ich bin sicher, es gibt noch weit mehr davon, als wir euch hier zeigen. Die Wissenschaft ist mitten in dem Unterfangen, jedes einzelne der 100.000 Chromosomen in der DNA des menschlichen Körpers ausfindig zu machen. Nur noch ein paar Jahre, und wir werden wissen, wie jedes einzelne Chromosom beschaffen ist und was es bewirkt, und das bedeutet, wir werden jede Art von Mensch konstruieren können, die ihr euch vorstellen könnt – jede äußere Erscheinung oder Intelligenz und jeden Emotionalkörper –, was wir auch wollen. Wir werden das bewerkstelligen können und genau wissen, was wir bekommen. Sind wir Gott? Das ist eine Frage, die noch nach einer Antwort verlangt.

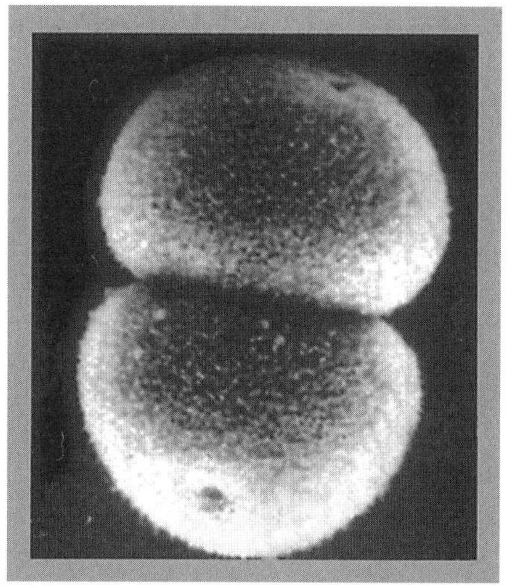

Abb. 7-11. Die ersten beiden Zellen in einem Mäuseei.

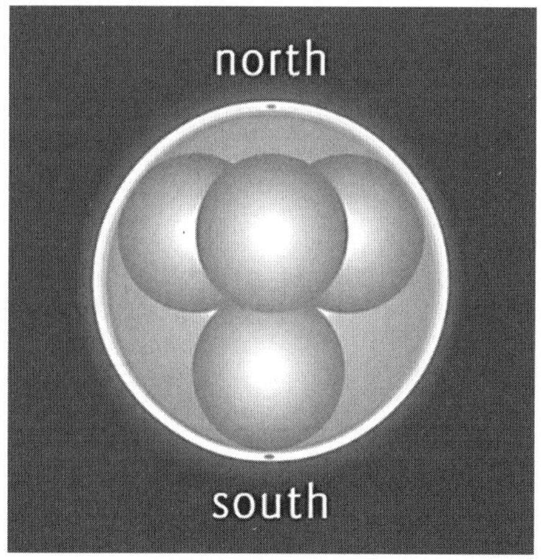

Abb. 7-12. Die erste von vier Zellen lässt ein Tetraeder entstehen.

Die ersten vier Zellen bilden einen Tetraeder

Der nächste Schritt besteht darin, dass die Zellen sich erneut teilen, aus zweien werden vier – eine Binärsequenz – 1, 2, 4, 8, 16 etc. In den meisten Lehrbüchern wird gezeigt, wie die ersten vier Zellen ein kleines Quadrat bilden, aber so geschieht es eigentlich gar nicht. In Wirklichkeit bilden sie ein Tetraeder – einen der Platonischen Festkörper –, und die Spitze des ersten Tetraeders weist entweder in Richtung Nordpol oder Südpol [Abb. 7-12]. (Das Tetraeder entsteht durch Verbindung der Zentren der Kugeln miteinander.) Ich glaube, ob die Spitze nach Norden oder Süden zeigt, entscheidet möglicherweise darüber, welches Geschlecht es erhält. Die Wissenschaft hat das noch nicht entdeckt, aber wahrscheinlich wird sie noch darauf stoßen, basierend auf den Polaritäten des Tetraeders. Bildet sich das Tetraeder mit einer Spitze, die in Richtung Südpol zeigt, auf die Füße des neu entstehenden Fötus, so dürfte dieser weiblich sein; bildet sich einer, dessen Spitze in Richtung Nordpol zeigt, auf den Kopf, so dürfte der Fötus männlich sein. Wenn das stimmt, wird man sofort das Geschlecht bestimmen können. Da dies jedoch innerhalb etwa einer Stunde nach der Empfängnis geschehen müsste, wäre es recht unpraktisch.

Dies hier sind die geometrischen Formen des ersten Tetraeders [Abb. 7-13]. Die Seitenansicht ist rechts zu sehen und die Ansicht von oben links.

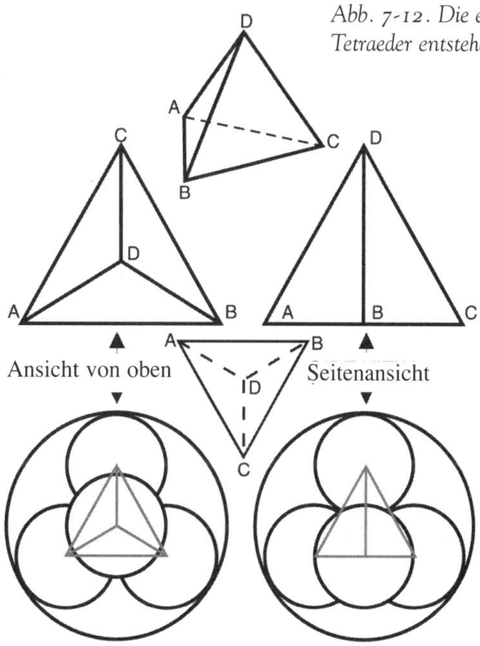

Abb. 7-13. Geometrie des ersten Tetraeders.

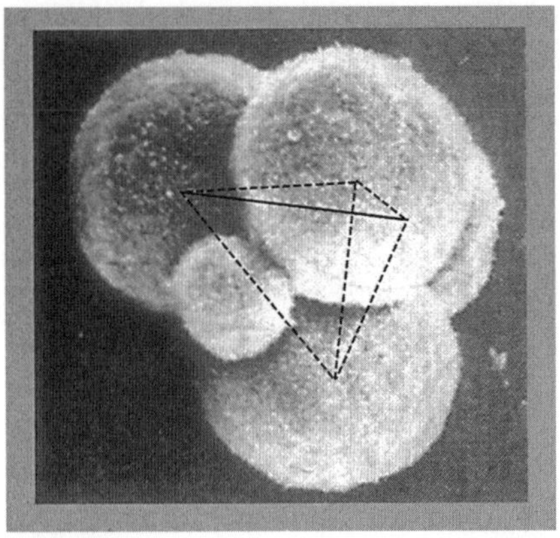

Abb. 7-14. Das vierzellige Tetraeder in einer Mäuseeizelle

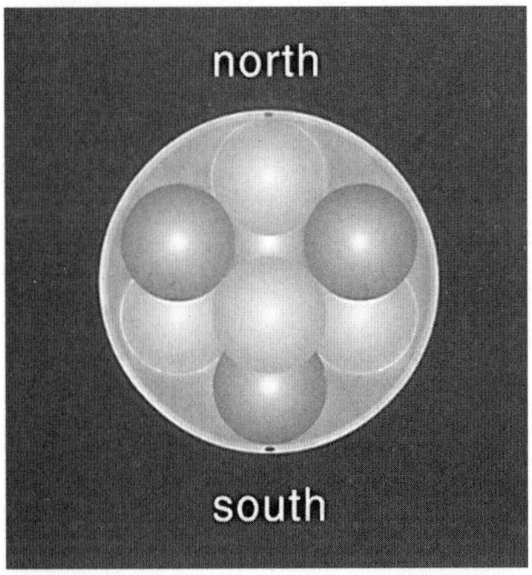

Abb. 7-15 Ei des Lebens in den ersten acht Zellen

Abbildung 7-14 ist eine mit dem Elektronenrastermikroskop aufgenommene Abbildung eines Mäuseeis. Auf diesem Bild wächst es wirklich schnell, aber es ist noch immer durch den Nord- und Südpol ausgerichtet. Diese winzige Zelle beginnt sich jenseits des ursprünglichen Tetraeders zu bilden. Der vierte Punkt des Tetraeders ist im Zentrum der großen Zelle im Hintergrund.

Als nächstes teilen sich die Zellen in acht; sie bilden ein Tetraeder, das nach oben gerichtet ist, und eines, das nach unten gerichtet ist, und so erhält man ein sternförmiges Tetraeder. Hier haben wir es – das Ei des Lebens [Abb. 7-15]. Diese Form ist aus der Genesis entstanden, erinnert ihr euch? Es ist aus der zweiten Drehung des Geistes gekommen. Jede bekannte Form von Lebewesen – auf der Erde sowieso und wahrscheinlich überall – muss durch dieses Stadium: das Ei des Lebens. Den Engeln zufolge ist der Punkt, wo die ursprünglichen acht Zellen ein sternförmiges Tetraeder bilden – oder einen Würfel, je nach Blickwinkel – einer der wichtigsten bei der Entstehung eines Körpers. Auch die Wissenschaft hat anerkannt, das dieses Entwicklungsstadium sich von allen anderen unterscheidet und viele einzigartige Eigenschaften aufweist, die zu keinem anderen Entwicklungszeitpunkt auftreten.

Die wichtigste Eigenschaft dieser ursprünglichen acht Zellen ist die, dass sie scheinbar identisch sind – es scheint zwischen ihnen absolut keinen Unterschied zu geben. Gewöhnlich fällt es nicht schwer, Unterschiede zwischen einzelnen Zellen zu erkennen, aber hier scheinen sie alle gleich. Die Wissenschaftler haben versucht, Unterschiede auszumachen, aber es ist ihnen nicht gelungen. Es war immer, als seien gleicheiige Achtlinge im Raum, alle genau gleich angezogen und mit exakt der gleichen Frisur. Die Wissenschaft hat festgestellt, dass man in diesem Stadium die Eizelle in zwei Hälften teilen kann, durch die Würfelmitte, mit vier Zellen in einem Teil und vier im anderen, und schon hat man zwei identische Menschen – oder Kaninchen, oder Hunde, oder was auch immer. Man hat es auch geschafft, die Zelle noch ein weiteres Mal zu teilen, so dass vier identische Lebewesen entstanden. Ich weiß nicht, ob irgendjemand schon weiter gekommen ist als bis an diesen Punkt und acht Lebewesen geschaffen hat, aber bei vier ist man definitiv schon angelangt.

Unsere wahre Natur findet sich in unseren acht Ausgangszellen

Den Engeln zufolge kommen diese ursprünglichen acht Zellen euch näher als euer physischer Körper, sie sind eurer wahren Natur näher. Das klingt merkwürdig, ich weiß, da wir gewohnt sind, uns mit unserem menschlichen Körper zu identifizieren. Diese acht Zellen jedoch sind näher bei dem, was wir *wirklich* sind. Die Engel sagen, diese acht Zellen seien unsterblich in ihrer Relation zu eurem Körper. Ihr erhaltet alle fünf bis sieben Jahre einen brandneuen Körper; jede einzelne Zelle eures Körpers stirbt innerhalb eines Zeitraums von fünf bis sieben Jahren ab und wird durch eine neue ersetzt, mit Ausnahme der ursprünglichen acht. Diese bleiben vom Zeitpunkt eurer Empfängnis bis zu der Zeit am Leben, zu der ihr sterbt und euren Körper verlasst. Alle anderen durchlaufen ihre Lebenszyklen, nicht jedoch diese acht.

Diese Zellen sind im genauen geometrischen Zentrum eures Körpers angesiedelt, leicht oberhalb des Perineums. Bei der Frau liegt das Perineum zwischen After und Vagina. Beim Mann befindet es sich zwischen After und Skrotum. Dort findet sich ein kleines Hautstück, und wenn dort auch keine Körperöffnung ist, so befindet sich dort doch tatsächlich eine energetische Öffnung. Dort verläuft die Mittelröhre durch euren Körper, wobei sie oben durch euer Kronchakra, aus dem Kopf, austritt. Betrachtet ihr ein Neugeborenes während der ersten paar Wochen, so werdet ihr ein Pulsieren an seinem Scheitel wahrnehmen. Würdet ihr das Baby von unten ansehen, sein Perineum, so würdet ihr das gleiche Pulsieren sehen. Das liegt daran, dass das Baby so atmet wie vorgesehen. Beide Enden pulsieren, da die Energie von diesen beiden Polen fließt – sie kommt nicht nur von oben herab, sondern auch von unten nach oben – und trifft aufeinander. Das ist das grundlegende Verständnis hinter der Mer-Ka-Ba. Von dem Punkt, an dem die ursprünglichen acht Zellen sitzen bis zu eurem Scheitel ist es genauso weit wie bis zu euren Fußsohlen, der gleiche Abstand. Und die Zellen sind ganz genauso angeordnet, wie sie es waren, als ihr Dasein für sie begann – im Muster des Eis des Lebens: Norden oben, Süden unten.

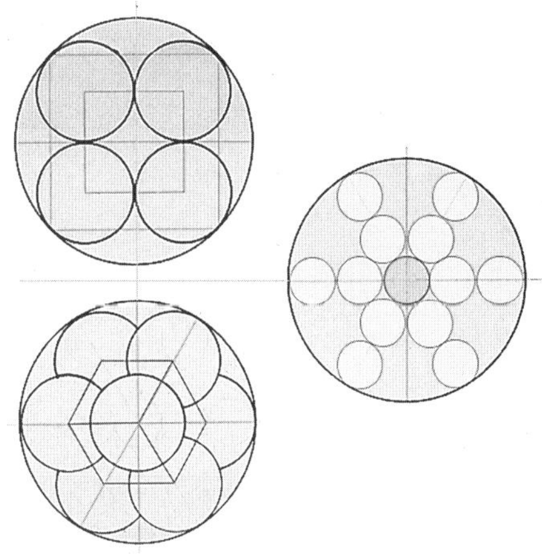

Abb. 7-16. Geometrie der ersten acht Zellen, zwei Ansichten.

Wenn ihr einmal auf die vorherige Illustration achtet, verhält es sich so, dass man dann, wenn das Ei des Lebens in Richtung Norden und Süden ausgerichtet wird, tatsächlich durch die Mitte, eine in heller Farbe erscheinende Kugel auf der Rückseite sehen kann. Das ist ganz anders, wenn man sie als Sechseck betrachtet – man kann durch das hexagonale Muster nicht hindurchsehen. Ich möchte, dass euch dieser Unterschied für später auffällt und ihr ihn merkt, denn wir werden noch davon sprechen, wenn wir die Meditation zur Aktivierung der Mer-Ka-Ba praktizieren.

Abbildung 7-16 und die nachfolgende sind die beiden Ansichten der ersten acht Zellen. Diese Urzellen bilden den Schlüssel, denn entsprechend der Engel wachsen wir nicht wie die grünen Bohnen, indem wir länger und länger werden. In Wirklichkeit wachsen wir strahlenförmig in alle Richtungen, aus den ursprünglichen acht Zellen.

Dieses Bild des Mäuseeis wurde genau in dem Moment aufgenommen, wo sich die acht Zellen wieder zu teilen beginnen [Abb. 7-17]. Es ist keine sonderlich gute Fotografie, da es schwierig ist, solche Aufnahmen zu machen; die Zellen teilen sich schließlich ja sehr schnell. Die Fotografen müssen die Zona pellucida erwischen, müssen die Zellen am richtigen Punkt stoppen und dann die Aufnahme machen.

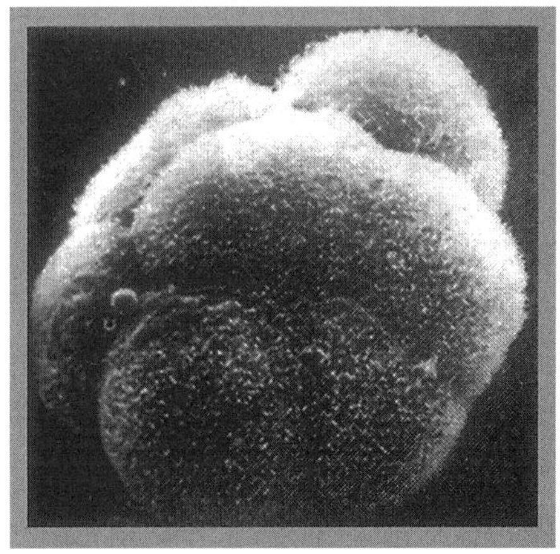

Abb. 7-17. Mäuseei beginnt sich zwischen den ersten acht Zellen zu teilen.

Das sternförmige Tetraeder / der Würfel aus 16 Zellen wird zur Hohlkugel / zum Hohlkubus

Nach der Teilung in acht Zellen erfolgt eine Teilung in 16 Zellen, worauf sich am Ende ein weiterer Würfel oder sternförmiger Tetraeder ergibt. Dies ist das letzte Mal, dass dieser symmetrisch sein wird. Wenn er sich in 32 teilt, sind 16 in der Mitte und 16 außen. Zieht man die 16 außen ab und versucht, die Lücken aufzufüllen, um die Symmetrie zu erhalten, so werdet ihr merken, dass das nicht möglich ist. (Ich habe das sogar tatsächlich gemacht. Man hat am Ende zwei offene Lücken, gleich wie man vorgeht.) Man braucht zur Symmetrie 18 Zellen. Ihr fragt euch jetzt wohl, warum. Bei der nächsten Teilung gibt es 32 weitere Zellen, aber es wird schlimmer [Abb. 7-18]. Ihr fragt euch: »Was läuft hier eigentlich? Es wird schon ganz schön seltsam. Wo ist die ganze Symmetrie geblieben?«

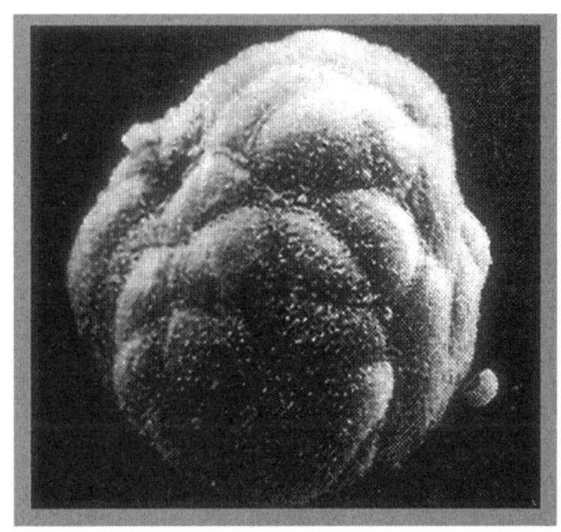

Abb. 7-18. Verwandlung in einen Klumpen.

Nun, so war es auch gedacht. Das ganze beginnt sich in einen Klumpen zu verwandeln. Für eine Zeitlang werden wir zum Klumpen. Doch der Klumpen hat in all seiner Klumpigkeit ein Bewusstsein. Er streckt sich dann,

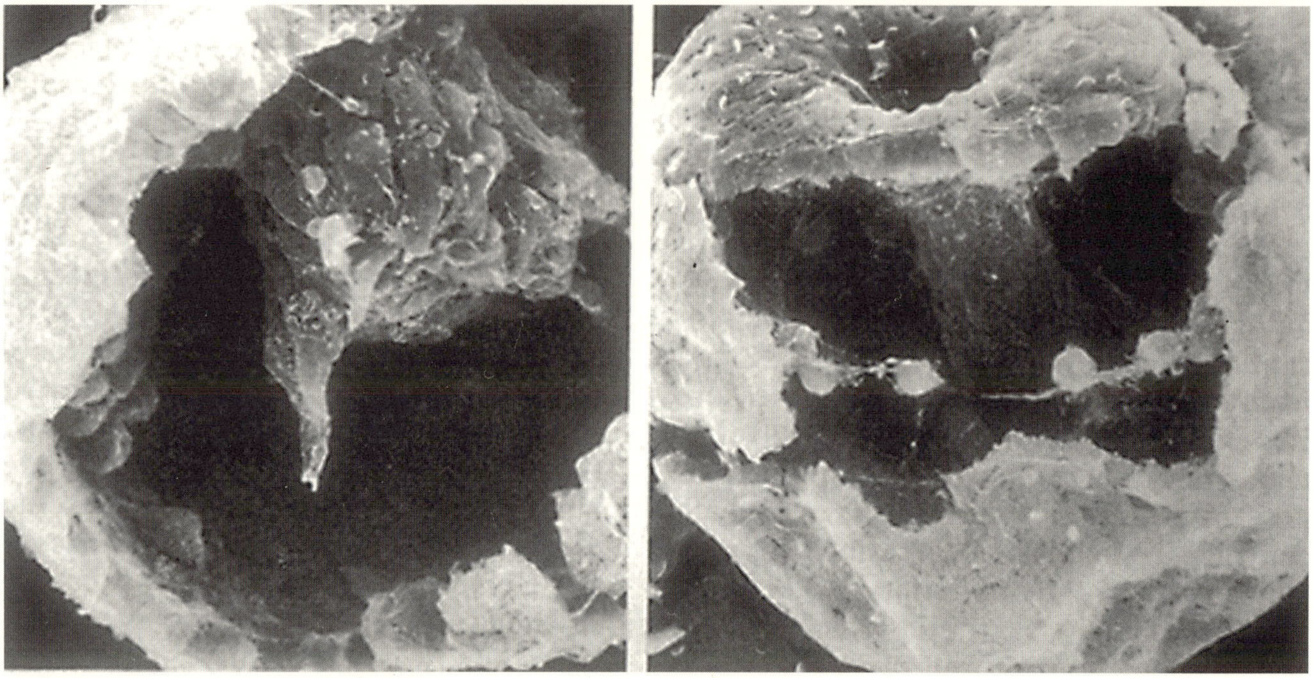

Abb. 7-19. Die ursprünglichen acht Zellen bilden einen Torus (siehe rechtes Foto). Ein Seeigelembryo, 2000fach vergrößert, beginnt als hohler Ball von Zellen. Er formt einen Darm indem er sich einwärts faltet, bis die Zellen die gegenüberliegende Seite erreichen. (links).

und das Innere wird nach außen gekehrt, so dass er ein hohler Ball wird wie auf diesem Foto [Abb. 7-19].

Ist dieses Stadium erst einmal erreicht, wird das Gebilde zur perfekten Hohlkugel. Dann beginnt der Nordpol durch den Raum im Innern abzusinken und wandert in Richtung Südpol, und der Südpol kommt durch den leeren Raum hinauf, um dem Nordpol zu begegnen. Der Embryo auf diesem Foto ist in der Mitte auseinandergebrochen worden, damit die Mitte fotografiert werden konnte. Könnte man ihn ganz sehen, so würde er aussehen wie ein Apfel, der in der Mitte entkernt wurde. Die Hohlkugel wird dann zum Torus – einem ringförmigen Wulst wie auf dem Photo rechts. Jedes einzelne Lebewesen macht dieses Ringwulststadium durch. Diese Formgebung in der Apfel-/Torusform nennt man *Morula.*

Danach geht die Ausdehnung weiter, über die Zona pellucida hinaus, und die Zellen beginnen sich auszudifferenzieren. Der Hohlraum im Torus wird zu den Lungen, aus dem Nordpol wird der Mund, aus dem Südpol der After, und alle inneren Organe bilden sich entlang der Röhre, die durch die Mitte verläuft. Handelt es sich um einen Frosch, so bekommt er von da an kleine Beine, ist es ein Pferd, so wächst ihm ein kleiner Schwanz. Bei einer Fliege entwickeln sich kleine Flügel, und ist es ein Mensch, so beginnt das Gebilde menschliche Gestalt anzunehmen. Vor dieser Differenzierung jedoch sehen wir alle wie ein Torus aus. Ich habe den Verdacht, wenn ich es auch nicht beweisen kann, dass das der Grund dafür ist, dass es in der biblischen Überlieferung heißt, der Baum der Erkenntnis von Gut und Böse sei ein Apfelbaum. Wir verwandeln uns tatsächlich in etwas, das in einem bestimmten Stadium sehr ähnlich aussieht wie ein Apfel.

Die Weiterentwicklungen der Formen von Leben durch die Platonischen Festkörper

Zusammenfassend gesagt, beginnen wir als eine Kugel, die Eizelle. Dann geht es weiter, und wir werden zu einem Tetraeder, zu vier Zellen, dann zu zwei ineinander geschobenen Tetraedern (einem sternförmigen Tetraeder oder Würfel) mit acht Zellen. Aus zwei Würfeln zu sechzehn Zellen verwandeln wir uns wieder in eine Kugel, beginnend mit 32 Zellen, und ausgehend von der Kugel werden wir ein Torus mit 512 Zellen. Der Planet Erde und sein Magnetfeld ist ebenfalls ein Torus. All diese Formen sind heilige Formen, die aus dem ersten Informationssystem der Frucht des Lebens kommen, die auf Metatrons Würfel basiert.

Wir könnten wahrscheinlich noch einmal sieben oder acht Monate über dieses Thema reden und aufzeigen, dass mehr und mehr und mehr Dinge mit diesen fünf Formen in Verbindung stehen – den Platonischen Festkörpern. Aber ich denke, ihr könnt schon genau sehen, was ich meine. Übrigens sagen die modernen Mathematiker, dass man die Platonischen Festkörper erst seit Beginn der Zivilisation etwa vor 6.000 Jahren kennt, aber das ist nicht wahr. Manche legen ihre Entdeckung auf die griechische Antike. Archäologen fanden neulich einige perfekte Modelle der Erde – perfekt in Stein gehauen – die ihren Erkenntnissen nach 20.000 Jahre alt waren. Diese haarigen Barbaren wussten offenbar mehr, als wir ihnen zutrauen.

Unterwassergeburten und Delphine als Hebammen

Ich würde hier gerne kurz einen Schlenker fort vom geometrischen Aspekt der Geburt und zu etwas anderem unternehmen, das in eine etwas andere Richtung geht. Ein Russe namens Igor Charkovsky befasst sich schon seit langem mit Unterwassergeburten. Er hat bei wohl mindestens 20.000 Unterwassergeburten assistiert. Seine Tochter, eines der ersten Kinder, die unter Wasser geboren wurden, war, glaube ich, um die zwanzig, als sich der folgende Zwischenfall ereignete. Charkovsky und sein Team hatten eine Frau zu einer Unterwassergeburt ans Schwarze Meer gebracht. Sie saßen da und waren auf die Geburt vorbereitet, wobei die Frau in etwa 60 Zentimeter tiefem Wasser lag.

Meiner Erinnerung nach näherten sich drei Delphine, schubsten alle beiseite und übernahmen die Regie. Die Delphine machten etwas, das so wirkte, als würden sie mit ihrem Echolot ihren Körper abtasten, auf und ab – etwas, das ich auch selbst schon erlebt habe und das seine Auswirkungen auf den menschlichen Organismus hat. Die Frau gebar fast schmerzfrei und ohne Angst. Es war ein phänomenales Erlebnis. Mit diesem Erlebnis mit Unterwassergeburten begann eine neue Praxis, Delphine als Hebammen einzusetzen, die mittlerweile auf der ganzen Welt verbreitet ist. Das Echolot, das die Delphine zum Zeitpunkt der Geburt aussenden, hat etwas, durch das sich die Mutter wirklich zu entspannen scheint.

Dephine haben ihre eigenen Vorlieben, was Menschen angeht. Diese Regel hat nicht immer Gültigkeit, aber gewöhnlich trifft sie zu. Schwimmt man mit Delphinen, und es sind Kinder dabei, so kommen die Delphine zuerst zu den Kindern. Sind keine Kinder da, gehen sie zu den Frauen. Und sind keine Frauen da, gehen sie zu den Männern. Und für den Fall, dass eine Schwangere dabei ist, können alle anderen einpacken – dann bekommt diese Frau ihre völlige Aufmerksamkeit. Das neuankommende Baby scheint überhaupt das Größte von allem. Die Delphine werden ganz aufgeregt, wenn sie Menschen bei der Geburt erleben. Sie lieben das regelrecht.

Delphine können Dinge, die wirklich erstaunlich sind. Babys, die mit Delphinhebammen auf die Welt gekommen sind, erweisen sich, zumindest macht dies in Russland die Runde, als außergewöhnliche Kinder. Nach allem zu urteilen, was ich bislang gelesen habe, hat keines dieser Babys einen IQ von weniger als 150, und sie alle haben einen extrem stabilen Emotionalkörper und einen extrem starken physischen Körper. Sie scheinen auf die eine oder andere Weise überlegen.

Auch in Frankreich hat es Unterwassergeburten gegeben – über 20000 bislang. Die Frauen gebären dort in großen Wasserbehältern. Als das Ganze noch in den Anfängen steckte, wurden dabei sämtliche Instrumente und Hilfen für den Notfall auf den Tischen bereitgelegt, und es stand ein Arzt oder eine Ärztin dabei, für den Fall, dass es ein Problem geben würde. Aber es tauchte lange Zeit gar kein Problem auf, und schließlich war ein Jahr vergangen, und es war noch immer kein Problem aufgetreten. Noch ein weiteres Jahr verging, und schließlich waren 20000 Geburten *ohne eine einzige Komplikation* erfolgt! Mittlerweile werden Instrumente und Notfallausrüstung irgendwo in einer Ecke verstaut, weil einfach nie Probleme auftauchen. Ich weiß nicht, ob man weiß, warum, aber aus irgendeinem Grund hat es den Anschein, dass sich dann, wenn eine Frau sich auf dem Wasser treiben lässt, die meisten Komplikationen von selbst lösen.

Ich verbrachte einige Zeit im Umfeld einer Frau, die Assistentin bei Charkovksy in Russland war. Sie hatte von dort viele Filme mitgebracht, die während der Geburten aufgenommen worden waren. Ich sah zwei Filme von zwei verschiedenen Frauen bei der Geburt, die nicht nur schmerzfrei gebaren, sondern sogar Orgasmen hatten, während sie ihre Kinder bekamen – lange, ausgedehnte Orgasmen, die etwa zwanzig Minuten dauerten. Es war Vergnügen pur. Ich weiß, so soll es eigentlich sein. Es macht einfach Sinn, und diese Frauen waren der Beweis.

Ich habe auch russische Filme gesehen, in denen Säuglinge und Kleinkinder von zwei, drei Jahren oder auch älter auf dem Boden von Schwimmbecken schlafen. Sie schlafen buchstäblich auf dem Boden des Beckens, unter Wasser, und im Schlaf kommen sie etwa alle zehn Minuten an die Oberfläche, tauchen mit dem Gesicht aus dem Wasser auf, atmen einmal durch, und richten sich dann wieder auf dem Boden ein. Diese Kleinen leben im Wasser – es ist ihr Zuhause. Man hat ihnen einen Namen gegeben, fast so, als gehörten sie einer anderen Spezies an. Sie werden *Homo dolphinus* genannt. Sie scheinen eine Mischung zwischen Mensch und Delphinzu sein. Das Wasser wird ihr natürliches Medium, und sie sind außergewöhnlich intelligent.

Ich habe also größten Respekt vor Unterwassergeburten. Und die Möglichkeit, gleichzeitig auch noch Delphine dabei zu haben, ist wirklich ein Geschenk. Ich denke, es ist ein gesunder Trend, dass in vielen Ländern nun dieser neue Weg, auf die Welt zu kommen, zugelassen wird, obwohl in den Vereinigten Staaten viel Druck dagegen gemacht wird. In jüngerer Zeit scheint sich der Druck in den USA gelegt zu haben, und ich glaube, man kann Unterwassergeburten jetzt in Florida und Kalifornien legal durchführen. Überall auf der Welt, in Neuseeland, Australien und an anderen Orten, gibt es eine Menge Zentren dieser Art. Und immer mehr Frauen sehen, dass andere Frauen dabei keine Schmerzen durchmachen, und dann wollen sie das natürlich auch.

Geometrische Strukturen, die den Körper umgeben

Und damit wären wir bei unserem nächsten Abenteuer angelangt. Wir haben nun gesehen, wie sich bei der Empfängnis die geometrischen Formen entfalten. Wir haben gesehen, wie wir mit einem kleinen Würfel aus acht Zellen begannen, aus denen das Zentrum unseres Körpers wurde. Nun will ich die geometrischen Formen außerhalb des Körpers betrachten. Ich werde das alles so an euch weitergeben, wie es mir die Engel erklärt haben.

Es begann, als ich in Boulder, Colorado war, irgendwann zwischen 1976 und 1978 – ich kann es nicht mehr sicher festmachen. Ich lebte zusammen mit einer Clique von Freunden in einer Wohngemeinschaft und hatte mein eigenes Zimmer. Eines Nachts meldeten sich die Engel mit einer neuen Unterweisung für mich. Sie zeigten mir die geometrischen Formen, indem sie leuchtende Formen in den leeren Raum projizierten. Sie wirkten wie Holographien, die manchmal gut zwei Meter oder 2,50 Meter von mir entfernt auftauchten, und von dort ausgehend arbeitete ich dann mit ihnen In meinem Zimmer zeigten mir die Engel dieses Bild eines Kreises und eines Quadrats [Abb. 7-20]. Sie sagten, sie wollten, dass ich dieses Bild in Metatrons Würfel fände [Abb. 7-21]. Dann verabschiedeten sie sich und gingen, ohne mir irgendwelche Anweisungen zum weiteren Vorgehen gegeben zu haben.

Nachdem sie mich verlassen hatten, dachte ich mir, es würde wohl nicht allzuschwer sein, denn sie gaben mir immer kleine Dinge zu erledigen. Ich erledigte sie und wartete dann darauf, dass die Engel wiederkehren würden, und dann gaben sie mir etwas Neues zu tun. Ich überlegte mir, dass es nicht allzulange dauern würde. Aber als ich es herausfand, war es gar nicht so einfach. Mindestens vier Monate verstrichen, und ich kam immer noch nicht darauf. Meiner Auffassung nach griffen die Engel direkt ein, um mir hierbei zu helfen.

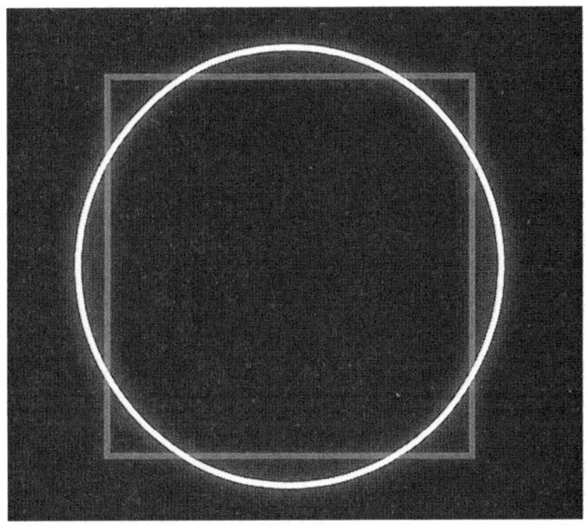

Abb. 7-20. Kreis und Quadrat.

Ich saß eines Abends gegen neun Uhr in meinem Zimmer, den Fußboden voller Zeichnungen. (Ich verwendete meinen Fußboden als Tisch, da ich so viele Zeichnungen hatte.) Meine Tür war geschlossen, und ich saß dort und befasste mich mit meinen Zeichnungen und versuchte die Problemstellung zu knacken, die mir die Engel gegeben hatten. Ich hatte so viele Zeichnungen, dass ihr es kaum glauben würdet, und das alles, weil ich herauszufinden versuchte, wo in Metatrons Würfel der Kreis und das Rechteck anzutreffen waren.

Damals erzählte ich keiner Menschenseele, was ich da machte; ich erzählte es Leuten überhaupt lange, lange Zeit gar nicht, da es für mich ein sehr persönliches Erlebnis war. Und offengestanden interessierten sie sich auch ohnehin nicht dafür. Damals scherte sich keiner um Geometrie, da sie noch nicht im Wachbewusstsein der meisten Leute war, wie es jetzt der Fall ist.

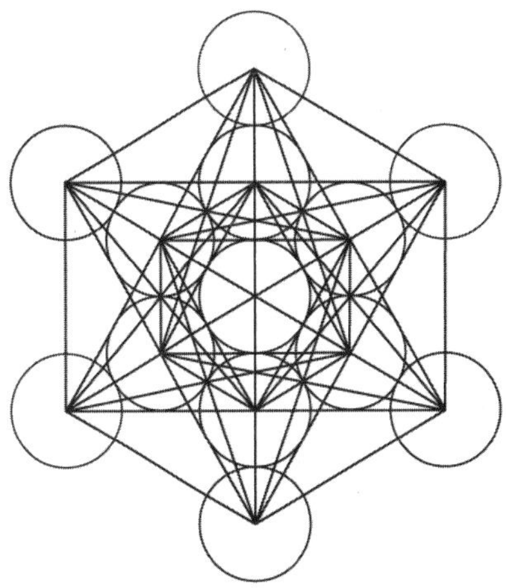

Abb. 7-21. Metatrons Würfel

Der Freimaurerschlüssel zur Quadratur des Kreises

Es klopfte. Ich machte die Tür auf, und da stand dieser hochgewachsene Typ vor mir. Ich hatte ihn noch nie in meinem Leben gesehen. Er wirkte etwas verlegen, wie er so sagte: »Ich bin hierhergekommen, weil ich Ihnen etwas mitzuteilen habe.« Ich fragte ihn, wie er hieß, und was er wollte.

»Nun«, sagte er, »die Freimaurer haben mich hierher geschickt, um Ihnen etwas zur Quadratur des Kreises zu sagen.«

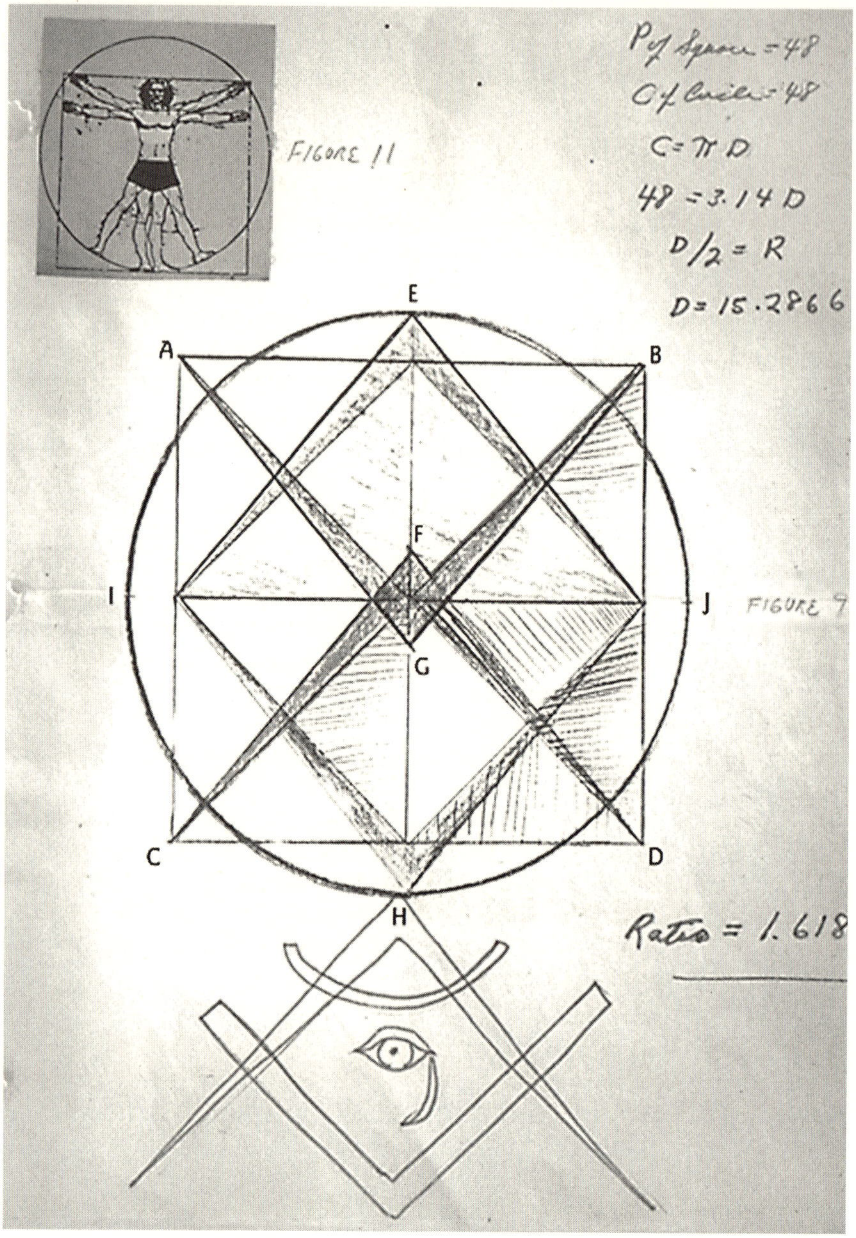

Abb. 7-22. Die Freimaurerzeichnung.

Ich war platt. Ich stand wie vom Blitz getroffen vor ihm und starrte ihn einen Moment lang fassungslos an. Wie konnte das sein? Dann überlegte ich mir, dass es mir letztlich egal war, *wie* das denn sein konnte, Hauptsache, es war. Ich ergriff also nur seine Hand und sagte: »Kommen Sie herein«, und zog die Tür hinter uns zu. »Ich will alles wissen, was Sie mir dazu zu sagen haben«, sagte ich zu ihm. Also fertigte er die obenstehende Zeichnung an [Abb. 7-22].

Zuerst zeichnete er das Quadrat, dann zeichnete er auf eine ganz bestimmte Weise den Kreis um das Quadrat – und vor mir stand das Bild, das in meinem Zimmer vor mir aufgeleuchtet hatte! »Das sieht gut aus«, dachte ich mir. Er unterteilte das Quadrat in vier Abschnitte, und dann zog er Diagonalen von den Ecken durch die Mitte zu den gegenüberliegenden Ecken. Daraufhin zog er Diagonalen durch die vier kleineren Quadrate.

Dann zog er Linien von I nach E und E nach J; und dann Linien von I nach H und von H nach J (wobei E und H die Punkte auf der Außenlinie des Kreises waren, wo diese von der vertikalen Mittellinie geschnitten wird). Bis zu diesem Punkt hatte mir die Sache keine Probleme bereitet, aber dann zeichnete er eine Linie von A nach nirgendwo (G), und zurück zu B, und dann von D zu nigendwo (F), und zurück zu C. »Augenblick mal«, unterbrach ich ihn, »das ist nicht in den Regeln, die ich bekommen habe. Es passt nicht – dort ist doch gar nichts.« Und er gab zurück: »Es ist in Ordnung so, denn diese Linie (A-G) verläuft parallel zu dieser Linie hier (I-H), und die Linie dort (D-F) verläuft parallel zu der Linie hier (J-E).«
»Mm«, sagte ich, »das ist eine neue Regel. Die hatte ich vorher noch nicht. Ich meine, an der Stelle ist doch gar nichts. Parallelen? – Na gut, ich höre.«
Daraufhin begann er, mir alle möglichen Dinge zu erklären. Er sagte, der erste Schlüssel bestünde darin, dass der Umfang des Kreises und der Umfang des Quadrats gleich seien – das entspricht dem, was ich euch schon gesagt habe. Dieser Kreis und dieses Quadrat geben das gleiche Bild ab, wenn man aus der Luft auf die Große Pyramide blickt, und das Raumschiff steht auf ihrer Spitze.

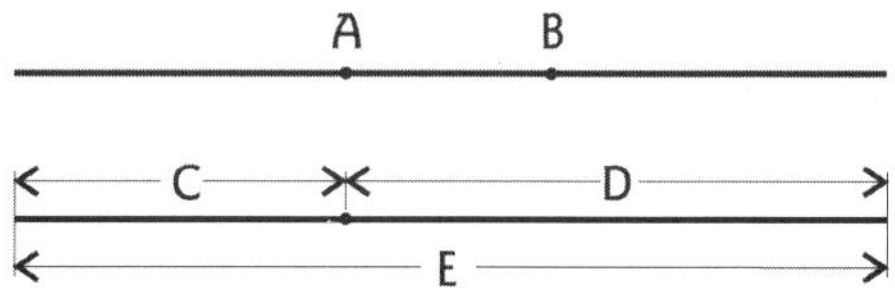

Abb. 7-23. Punkte, die den Phi-Quotienten kennzeichnen.

Der Phi-Quotient

Er begann mir etwas über den Phi-Quotienten 1,618 (hier auf drei Dezimalstellen gerundet) zu erzählen. Der Phi-Quotient ist ein ganz simples Verhältnis. Wenn Sie einen Stab hätten und irgendwo eine Markierung einkerben würden, so würden nur zwei Stellen den Phi-Quotienten kennzeichnen, in dieser Illustration als Punkte A und B aufgezeigt [Abb. 7-23]. Es gibt nur zwei Stellen, je nachdem, von welchem Ende ihr kommt. Wie auf der unteren Zeichnung aufgezeigt, ist es ein Verhältnis, das so aussieht, dass dann, wenn man D durch C teilt und E durch D, das Ergebnis jeweils dasselbe sein wird: 1,618. Man teilt also den längeren Abschnitt durch den kürzeren, das ergibt den Quotienten 1,618. Dividiert man die gesamte Länge durch die nächstkürzere, nämlich D, erhält man das gleiche Verhältnis. Es ist eine magische Stelle. Obwohl ich zu dem Zeitpunkt, zu dem sich dieser Zwischenfall ereignete, Mathematikstudent am College war, war mir der Phi-Quotient irgendwie »zu hoch« gewesen. Ich hatte nicht begriffen, was es mit ihm auf sich hatte. Jetzt musste ich noch einmal darauf zurückkommen und mich mit dem ganzen Kram noch einmal beschäftigen.
Der Typ kam auch auf Leonardos Zeichnung mit dem Kreis und dem Quadrat um ihn herum zu sprechen, und gab mir zusätzliche Informationen dazu, von denen ich euch später noch berichten werde. Ich stellte ihm eine Menge Fragen, und in etwa der Hälfte der Fälle wusste er keine Antwort. Er sagte dann einfach: »So geht das eben«, oder: »Weiß ich nicht – das ist uns nicht bekannt.« Obwohl ich es nicht sicher zu sagen weiß, habe ich den Verdacht, dass den Freimaurern eine Menge an Informationen verlorengegangen sind. Ich denke, sie hatten einmal ein brillantes Wissen, das an das der Ägypter herankam, und mit beiden Disziplinen ist es bergab gegangen.
Bevor er mich wieder verließ, zeichnete er die Skizze ganz unten auf diesem Blatt [siehe Abb. 7-22], mit einem Quadrat und dem rechten Auge von jemandem – ich kann nicht sagen »von Horus«, da ich nicht weiß, wessen Auge es ist – und dann ging er. Ich habe ihn seitdem nie wiedergesehen. Ich erinnere mich nicht einmal an seinen Namen.

Abb. 7-24. Dreidimensionaler Würfel des Metatrons, Endansicht.

Abb. 7-25. Dreidimensionaler Metatron-Würfel, Quadratansicht.

Anwendung des Schlüssels auf Metatrons Würfel

Der Herr, der von den Freimaurern kam, antwortete nicht speziell auf meine Frage: wie der Kreis und das Quadrat in Metatrons Würfel hineinpassen. Ich glaube sogar nicht einmal, dass er Metatrons Würfel je gesehen hat. Aber etwas von dem, was er sagte, löste in mir Vorgänge aus, durch die ich verstand, was es damit auf sich hatte. Unmittelbar nachdem er gegangen war, wusste ich die Antwort. Wie ihr wisst, ist Metatrons Würfel in Wirklichkeit ein dreidimensionales Objekt, nicht flächig. Dreidimensional betrachtet, sieht Metatrons Würfel so aus [Abb. 7-24]. Er ist ein Würfel in einem Würfel, dreidimensional gesehen. Dreht man ihn dann so, dass man die Ansicht in Abbildung 7-25 herstellt, so zeigt sich seine quadratische Seite.

Sobald das erfolgt ist, habt ihr Abbildung 7-26. An diesem Punkt könnt ihr die Außenansicht fallenlassen; alles, was ihr braucht, sind die ursprünglichen acht Zellen. Diese acht Zellen umgibt bereits eine Kugel, die Zona pellucida. Die Zellen befinden sich in einer Würfelform, zeichnet man also einen Kreis wie auch gerade Linien um ihn herum, so erhält man das Bild von Kreis und Quadrat, das mir die Engel gezeigt hatten. War ich froh!

Die beiden konzentrischen Kreise / Kugeln

Doch dann berechnete ich den Umfang des Quadrats und den Kreisumfang – und sie waren nicht gleich. Ich war ziemlich lange schachmatt gesetzt, weil ich dachte, ich hätte die Lösung doch nicht gefunden. Etwa drei Jahre später fand ich heraus, dass ich sie doch gefunden hatte, ich hatte sie nur einfach nicht verstanden. Bei den heiligen geometrischen Formen ist es so, dass, wenn man etwas findet, das nicht korrekt scheint, man fortfahren muss, immer weiter in die Tiefe zu dringen, denn oft hat man einfach noch nicht das Gesamtbild.

Was ich entdeckte, war, dass die Zona pellucida eine bestimmte Dicke hat; es gibt innen eine Oberfläche, und es gibt außen eine Oberfläche. Jede Membran hat eine Innen- und eine Außenoberfläche, und wenn man die äußere Oberfläche der Zona pellucida einsetzt, so erreichen die Proportionen einen beinahe perfekten Phi-Quotienten. Die Größenordnung der Unvollkommenheit ist sogar Teil der Gleichung. (Ihr werdet bald wissen, was das heißen soll.) Deshalb finden sich zwei Linien um die Blume des Lebens – der innere und der äußere Kreis der Zona pellucida. Von nun an sprechen wir also immer dann, wenn wir die vier Kreise in einem Quadrat sehen, vom Ei des Lebens, den ursprünglichen acht Zellen. Nehmt das einfach als gegeben hin.

In dieser Zeichnung also [Abb. 7-27] zog ich alle Linien, die der Freimaurer gezeichnet hatte, um mir einfach anzusehen, wie sie sich zueinander fügen würden und was dabei mit den acht Zellen im Vergleich zu der Freimaurerzeichnung passieren würde. In der Mitte der Zeichnung schien gar nichts zu geschehen, soweit ich das sehen konnte, obwohl ich an diesem Punkt einen Verdacht hatte, der mit einem Kreis zu tun hatte, der genau in die Mitte der vier Kugeln passen würde. Aber was ich in der Tat entdeckte, war dass die Ecken eines Quadrats (genauer gesagt, eines Würfels) jeweils die exakte Mitte der äußeren Schicht von Zellen bei der Teilung in 16 Zellen definieren würden, wie an Punkt A. Das war eine interessante Beobachtung. So malte ich weiter darin herum und überlegte, was sie damit wohl meinten. Offenbar wollten die Engel, dass ich dieser Straße folgte, wenn ich auch keine Ahnung hatte, wohin sie führte.

Studien zu da Vincis Normalform

Ich beschloss, mir diese Zeichnung Leonardos einmal eingehender zu betrachten [Abb. 7-28]. Ich hatte ja auch im Hauptfach Kunst studiert, von daher hatte ich mich viel mit Leonardos Werk beschäftigt, aber erst später wurde mir klar, wie viel er in der Kunst geleistet hatte. Diese Zeichnung ist wahrscheinlich eines seiner berühmtesten Werke geworden. Vielleicht ist sie für uns noch wichtiger als die Mona Lisa oder ein anderes berühmtes Kunstwerk von ihm. Diese Art von Zeichnung, eine Norm für etwas (in diesem Fall für den Menschen), wird als Normalform bezeichnet, hier eine menschliche Normalform.

Das erste, was mir an dieser Zeichnung auffiel, ist, wie erstaunlich gut wir uns alle darauf einstellen können. Bei Videos werden ja pro Sekunde 30 Bilder gezeigt, und man könnte diese Zeichnung Leonardos nur einen kurzen Moment lang aufblitzen lassen, und dennoch würde sie sofort erkannt werden. Wir wissen, dass etwas an ihr wichtig ist; vielleicht wissen wir nicht so genau, was, aber dennoch merken wir uns das Bild. In dieser Zeichnung steckt enorm viel an Informationen über uns selbst. Und doch eigentlich, wie sich herausstellt, gar nicht wirklich über uns. Sie sagt aus, wer wir einmal gewesen sind, nicht, wer wir jetzt sind.

Beachtet, wenn wir mit dieser Analyse beginnen, zunächst einmal, dass hier Linien über Arme und Rumpf, über den Brustkorb und Beine und Hals gezogen wurden. Der Kopf ist wiederum durch weitere Linien unterteilt. Achtet darauf, dass die Füße sowohl im 90- als auch im 45°-Winkel gezeichnet sind – subtile Kleinigkeiten. Beachtet auch, dass sich dann, wenn ihr mit gerade ausgestreckten Armen und geraden Beinen da stehen würdet, um euren Körper ein Quadrat oder Würfel entstehen würde wie auf Leonardos Zeichnung. Das Zentrum dieses Quadrats befindet sich exakt dort, wo die acht ursprünglichen Zellen angesiedelt sind, nämlich ebenfalls in einem Quadrat oder Würfel in eurer Körpermitte. Achtet auf den kleinen Würfel um eure ursprünglichen Zellen, und auf den größeren Würfel, der euren ausgewachsenen Körper umschließt.

Wenn ihr wie der Mann bei Leonardo mit ausgestreckten Armen dasteht, gibt es einen Unterschied zwischen der Höhe und der Breite eures Quadrats. Computermessungen an hundert oder mehr Personen haben ergeben, dass es ein Zehntausendstel Zoll Differenz zwischen der Breite eurer ausgestreckten Arme und eurer Größe gibt. Obwohl ich lange Zeit nicht verstand, wie dieser Unterschied zustande kam, denke ich jetzt, dass ich es weiß. Es hat etwas mit der Fibonacci-Sequenz zu tun, auf der das Leben basiert. Das werdet ihr in Kürze sehen können.

Wenn ihr die Beine grätscht, wie bei den äußeren Beinen auf Leonardos Zeichnung gezeigt, und eure Arme so ausstreckt wie dort die oberen Arme, so passt ein perfekter Kreis oder eine perfekte Kugel um euren Körper, und ihr Mittelpunkt befindet sich exakt dort, wo euer Nabel sitzt. Wenn ihr das tut, berühren sich Kreis und Quadrat genau unten. Würdet ihr das Zentrum des Kreises hinunter zum Zentrum des Quadrats verschieben, so würden sich Kreis und Quadrat synchronisieren wie auf der Freimaurerzeichnung und auf der Zeichnung, auf der das Kriegs-Luftschiff gezeigt wird, wie es auf der Spitze der Großen Pyramide lagert. Es ist ein zentrales Geheimnis des Lebens.

Bei fast allen Kopien von Leonardos Zeichnung werdet ihr bei genauerem Nachmessen feststellen, dass der Kreis in Wirklichkeit ein Oval ist und das Quadrat ein Rechteck. Es ist bei ihnen allen anders, da sie so viele Male

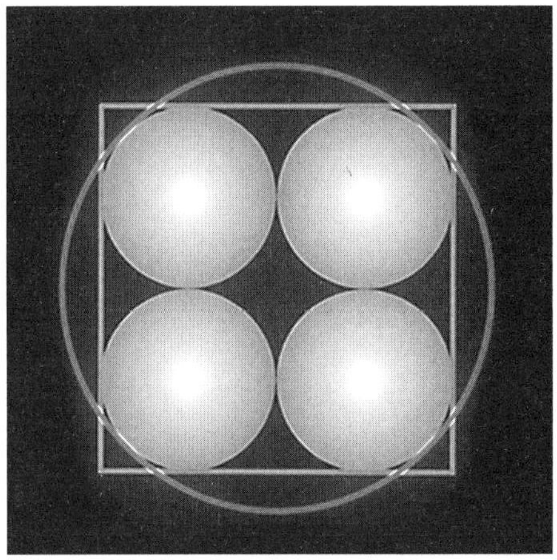

Abb. 7-26. Kreis und Quadrat in Metatrons Würfel.

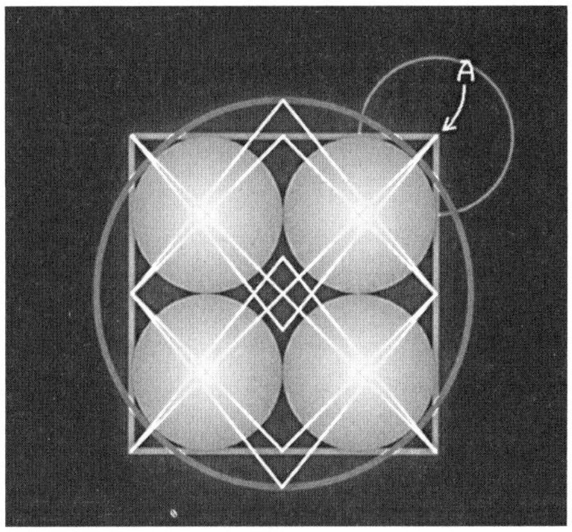

Abb. 7-27. Die Freimaurerlinien über dem Ei des Lebens.

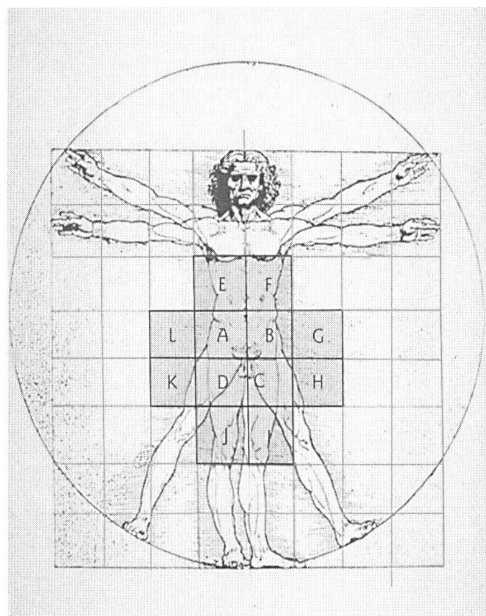

Abb. 7-28. Leonardos berühmt gewordener Mann (Normalformen).

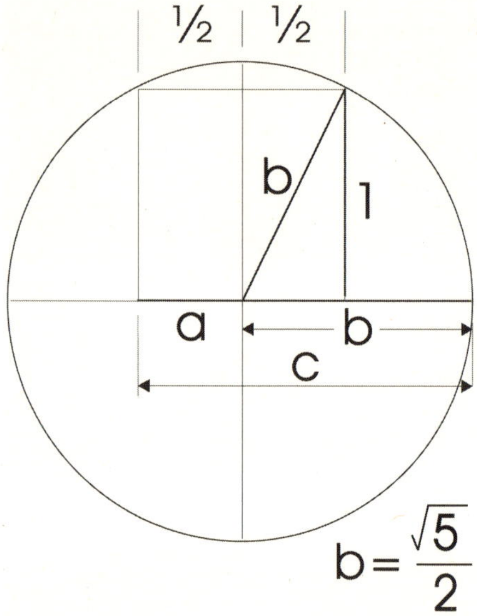

Abb. 7-29 Phi-Quotienten-Diagramm für den menschlichen Körper

$$\frac{2a}{b-a} = \frac{b+a}{2a} = \Phi$$

$$\Phi = 1/2 + \sqrt{5}/2 = 1{,}6180339$$

Abb. 7-30 Gleichung für den Phi-Quotienten

kopiert und gefaltet wurden. In der Originalzeichnung jedoch, die genau ist, entspricht die Handlänge von der Handgelenkslinie zum längsten Finger der Entfernung vom Scheitelpunkt des Kopfes bis zum höchsten Punkt des Kreises, wenn die beiden Mittelpunkte aufeinander ausgerichtet sind. Die gleiche Länge liegt vom Nabel zum Mittelpunkt des Quadrats vor. Wenn ihr also die beiden Mitten zusammenbringt, kommt alles in Einklang.

Phi-Quotienten im menschlichen Körper

Als ich das entdeckte, dachte ich: »Wir haben diese geometrischen Formen, die außerhalb des Körpers zu sein scheinen sowie auch innerhalb von ihm.« Eines der Dinge, die mir die Engel sagten und die mich wirklich perplex machten, war, dass der menschliche Körper die Messlatte des Universums ist – dass absolut alles im Universum sich ausgehend von unserem Körper und von dem Energiefeld um ihn messen und bestimmen lässt. Da der Phi-Quotient für den Freimaurer ein so wichtiger Aspekt zu sein schien und da er sich lange, lange darüber ausließ, wollte ich sehen, wo er am menschlichen Körper anzutreffen war.

Ich entdeckte ihn – und natürlich haben ihn auch andere entdeckt. Achtet einmal darauf, dass das Quadrat, das auf Abbildung 7-29 zu sehen ist, das Quadrat um den Körper wie in Leonardos Zeichnung ist. Und dass die Linie, die das Quadrat halbiert, die Mittellinie des menschlichen Körpers darstellt. Beachtet außerdem, dass Linie *b* nicht nur die Diagonale von einer Hälfte des Quadrats ist, sondern auch der Radius des Kreises.

Nun, wenn ihr euch für Mathematik interessiert, betrachtet doch einmal Abbildung 7-30, die beweist, dass der Phi-Quotient zumindest im Hinblick auf dieses eine Verhältnis in den geometrischen Energiefeldern um den Körper zu finden ist. Es gibt viele, viele sonstige Phi-Beziehungen im Körper und um ihn herum.

Wie ihr sehen könnt, gilt: Phi-Quotient = $1/2+\sqrt{5}/2$. Wenn ihr dies in euren Computer eingebt, werdet ihr merken, wie die transzendente Zahl Phi sich solange fortsetzt, bis der Arbeitsspeicher eures Rechners erschöpft ist. Ich weiß, den meisten von euch da draußen ist das gleich, aber für die wenigen, die es interessiert, habe ich diese Information hier dennoch vorgestellt.

Übrigens – ich stelle es hier nur einmal in den Raum: Wenn ihr euch mit heiligen geometrischen Formen befasst, werdet ihr merken, dass die Diagonalen zu den Hauptschlüsseln gehören, wenn es darum geht, euren Formen Informationen zu entlocken (zusätzlich zu den Schatten, zur Expansion von zwei auf drei Dimensionen, dem Vergleich von Männlichem und Weiblichem und so weiter). Ein todsicherer Tipp.

Ich glaube, es war Buddha, der seine Schüler um besinnliche Betrachtung ihres Bauchnabels bat. Wer es auch gewesen sein mag, bei meinen Studien wurde mir klar, dass es mit dem Nabel mehr auf sich hat, als augenscheinlich ist. Dann fiel mir ein Medizinbuch in die Hände, dessen Verfasser wohl ebenfalls Buddha gehört hatten, denn sie betrieben immensen Forschungsaufwand in Zusammenhang mit dem Bauchnabel. Was die geometrischen Analysen ergeben, ist, dass im Idealfall der Nabel so zwischen Scheitel und Fußsohlen sitzt, dass sein Sitz sich nach dem Phi-Quotienten richtet. So wird es in den meisten Büchern angegeben.

Die Verfasser fanden heraus, dass sich der Nabel beim Neugeborenen exakt in der geometrischen Mitte des Körpers befindet. Sowohl bei männlichen als auch bei weiblichen Babies ist das der Ausgangspunkt, und während ihres weiteren Wachstums beginnt der Nabel dann in Richtung Kopf zu wandern. Er wandert aufwärts, auf den Phi-Quotient und dann weiter nach oben. Dann wandert er wieder nach unten, und der Phi-Quotient wird unterschritten. So geht es während der Wachstumsjahre immer wieder hin und her. Ich weiß nicht, in welchem Alter diese Schritte jeweils erfolgen, ich weiß nur, dass diese Bewegungen und Positionen ganz bestimmten Altersstufen zuzuordnen sind. Weder bei Männern noch bei Frauen erreicht der Sitz des Nabels jemals genau den Phi-Quotienten, sondern bleibt am Ende, wenn ich mich recht erinnere, beim Mann etwas oberhalb, und bei der Frau ein klein wenig unterhalb der Stelle, wo er sich laut Phi-Quotient befinden müsste. Ermittelt man den Durchschnitt für diesen Punkt bei Männern und bei Frauen, so erhält man den perfekten Phi-Quotienten. Obgleich Leonardo also auf seiner Zeichnung einen Mann dargestellt hat, wird davon ausgegangen, dass hier der Phi-Quotient vorliegt, was natürlich in der Natur nie vorkommen würde.

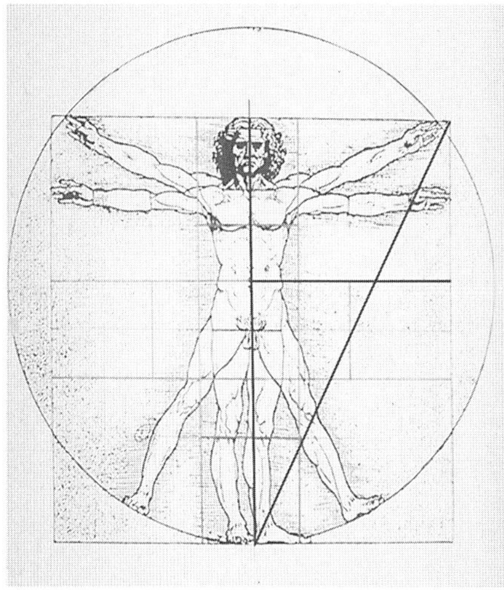

Abb. 7-31. Leonardos Zeichnung mit zusätzlichen Linien.

Da Vinci überlegte sich, wenn man ein Quadrat um einen Körper zeichnet, dann eine Diagonale vom Fuß bis zur Spitze des ausgestreckten Fingers und schließlich eine parallele Linie (wieder so eine Parallele) vom Nabel ausgehend horizontal zur Seite des Quadrats hinüberzieht, dass diese horizontale Linie die diagonale Linie sowie die vertikale Linie vom Kopf bis zu den Füßen exakt entsprechend des Phi-Quotienten schneidet [Abb. 7-31]. Nehmen wir einmal an, das ist der perfekte Punkt, und nicht für die Frauen leicht darunter und für die Männer leicht darüber, so heißt das, dass der menschliche Körper vom Kopf bis zu den Zehenspitzen in Phi-Quotienten unterteilt ist, wie schon zuvor festgestellt. Wären diese Linien die einzigen Stellen am menschlichen Körper, wo wir den Phi-Quotienten antreffen, so wäre es wahrscheinlich nur eine interessante Tatsache. Aber die Wahrheit ist, dass der Phi-Quotient an tausenden von Stellen im ganzen Körper auftritt, und das ganze ist mehr als ein Zufall.

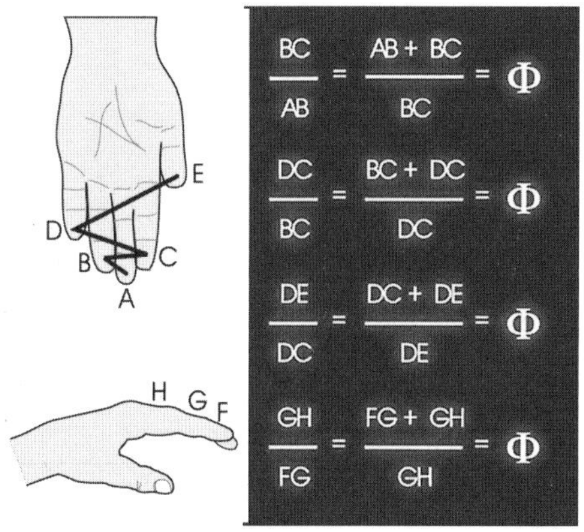

Abb. 7-32. Phi-Quotient am menschlichen Körper.

Hier einige offensichtliche Phi-Quotienten-Stellen am menschlichen Körper [Abb. 7-32]. Das Längenverhältnis jedes einzelnen Fingerknochens zu dem jeweils benachbarten entspricht dem Phi-Quotienten, wie in der nebenstehenden Zeichnung aufgezeigt. Die gleichen Proportionen finden sich bei sämtlichen Fingern und Zehen. Das ist schon eine durchaus ungewöhnliche Beziehung, denn ein Finger ist ja in scheinbar willkürlichem Maße länger als der andere – und doch ist die Willkür nur scheinbar: nichts am menschlichen Körper ist willkürlich. Die Strecken an den Fingern, die mit A bis B bis C bis D bis E gekennzeichnet sind, entsprechen alle dem Phi-Quotienten, und genauso verhält es sich mit den Längen der Fingerglieder, F bis G bis H. Vergleicht ihr die Länge der Hand mit der Länge des Unterarmknochens, so gilt hier der Phi-Quotient, und das gleiche betrifft die Länge des Unterarmknochens im Vergleich zu der des Oberarmknochens. Oder nehmt die Länge des Fußes im Verhältnis zum Schienbeinknochen, oder die dieses Knochens im Verhältnis zum Oberschenkelknochen und so weiter. Dieser Phi-Quotient durchzieht an allen erdenklichen Stellen und auf verschiedenste Weise das gesamte Knochengerüst. Gewöhnlich an Stellen, wo sich ein Knick befindet oder eine Richtungsänderung. Auch in den Proportionen der einzelnen Körperteile zueinander findet sich diese Relation. Wenn ihr euch hiermit näher befasst, kommt ihr aus dem Staunen nicht mehr heraus.

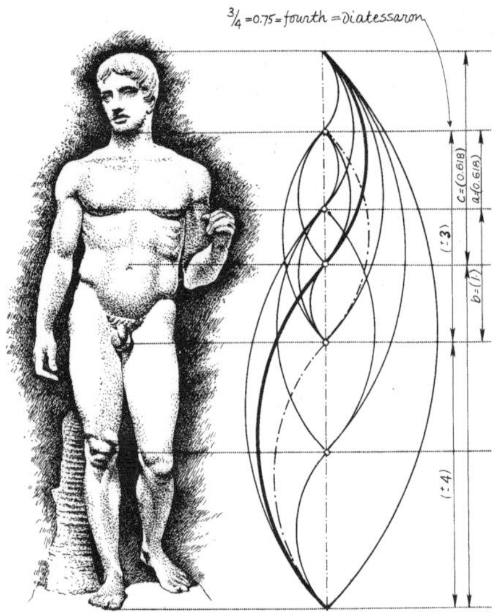

Abb. 7-33. *Phi-Quotienten am Körper von Doryphoros, dem Speerträger.*

Abbildung 7-33 zeigt ebenfalls den Phi-Quotienten auf, nur diesmal etwas anders. Ihr erstellt ein Diagramm, auf dem ihr sehen könnt, wie eine Kurve mit einer anderen verknüpft ist, und ihr seht die ganze Kaskade von Phi-Quotienten am menschlichen Körper. Diese Darstellung stammt aus *Die Kraft der Grenzen* von György Doczi. Ich kann dieses Buch wärmstens empfehlen. Beachtet, dass er an diesem Mann die Linie für den Nabel leicht oberhalb der Stelle gezogen hat, wo er sich nach Phi-Quotient befinden müsste. Er wusste also davon, und nur sehr wenige Autoren, die ich gelesen habe, verstehen das.

Ich will nun über diese griechische Statue sprechen. Die alten Griechen waren sich dieser Phi-Quotienten sehr bewusst. Ebenso die Ägypter und viele, viele andere Völker des Altertums. Wenn sie ein Kunstwerk wie dieses erschufen, benutzten sie beide Gehirnhälften gleichzeitig. Sie verwendeten ihre linke Gehirnhälfte, um alles sorgfältig zu vermessen – ich meine *wirklich* sorgfältig, und nicht nur so ungefähr. Sie nahmen Maß, um zu gewährleisten, dass wirklich alles mathematisch betrachtet exakt korrekt war, was den Phi-Quotienten anging. Um so kreativ zu sein, wie sie wollten, machten sie auch von ihrer rechten Gehirnhälfte Gebrauch. Sie konnten dem Gesicht jeden beliebigen Ausdruck verleihen und die Gestalt halten oder tun lassen, was immer sie wollten. Die Griechen kombinierten linke und rechte Gehirnhälfte.

Als die Römer ins Land kamen und die Herrschaft über Griechenland an sich rissen, wussten die Römer absolut nichts über heilige geometrische Figuren. Sie sahen die unglaublichen Kunstwerke der Griechen und versuchten sie zu kopieren, aber wenn man die Kunst der alten Griechen mit der der Römer nach der Eroberung Griechenlands betrachtet, wirken die römischen Kunstwerke wie von Amateuren geschaffen. Obwohl die römischen Künstler wirklich gut waren bei ihrer Arbeit, wussten sie einfach nicht, dass sie alles hätten abmessen sollen – dass da diese Art von Perfektion sein musste, damit der Körper echt wirkte.

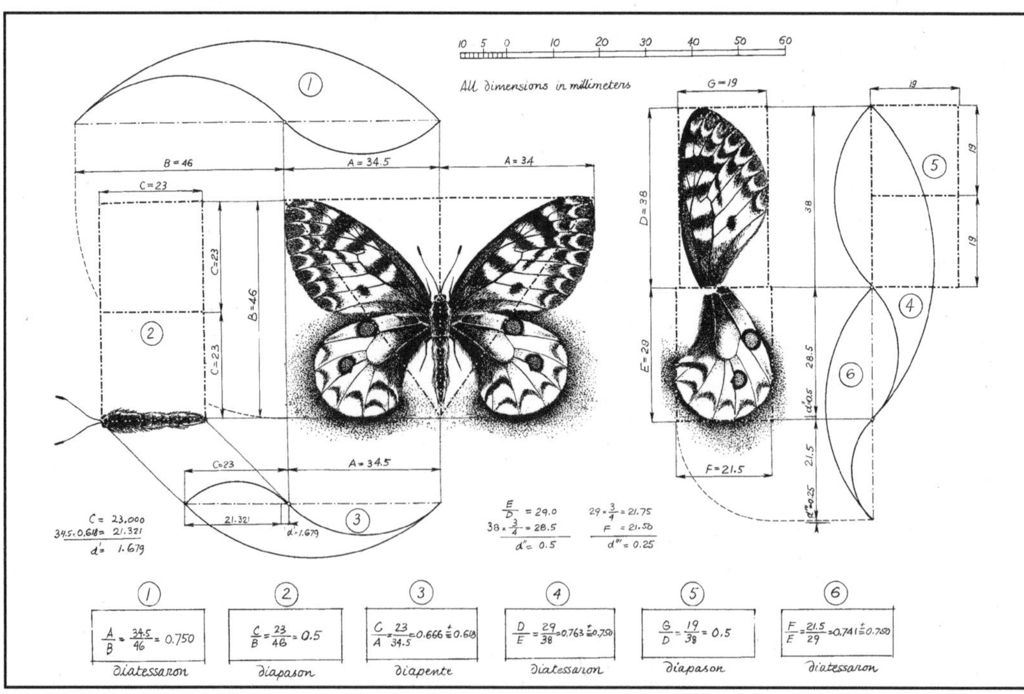

Abb. 7-34. *Phi-Quotienten an Schmetterlingen.*

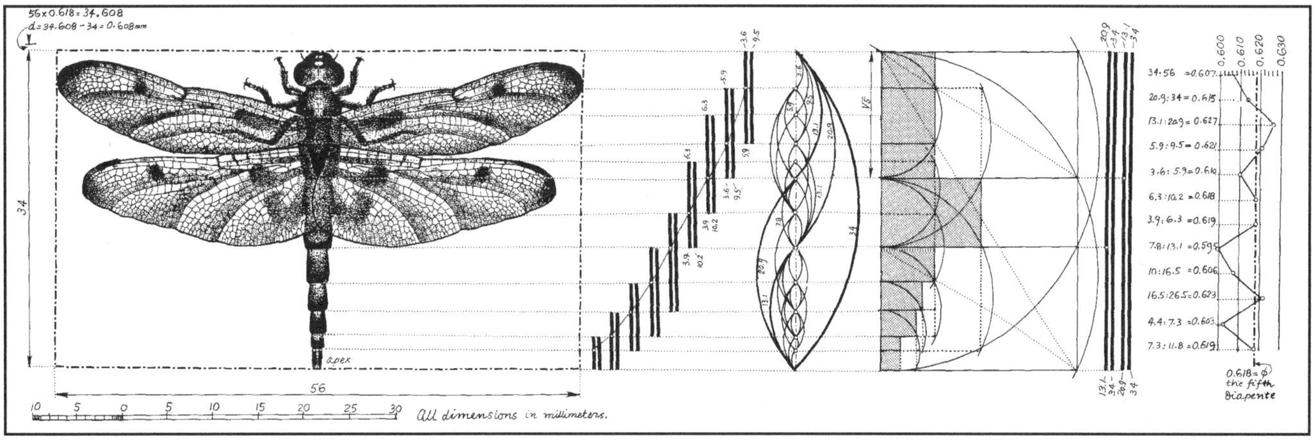

Der Phi-Quotient in allen bekannten organischen Strukturen

Abb. 7-35. Phi-Quotienten an der Libelle.

Die Phi-Quotienten-Mathematik zieht sich nicht nur durch das Lebewesen Mensch, sondern durch das gesamte Spektrum sämtlicher bekannter organischer Strukturen. Man findet sie in Schmetterlingen [Abb. 7-34] oder Libellen [Abb. 7-35], wo noch der kleinste Abschnitt des Rumpfes sich in seinen Proportionen am Phi-Quotienten orientiert. Die Längen der einzelnen Abschnitte bei der Libelle entsprechen dem Phi-Quotienten. Dieser Illustrator konzentrierte sich auf eine bestimmte Sache, aber ihr könnt euch auch andere Stellen betrachten, solche, an denen etwa ein kleiner Knick in den Beinen auftritt, die Länge und Breite der Flügel, die Größe des Kopfes im Verhältnis zu seiner Breite und Länge – alles. Ihr könnt das immer weiter fortsetzen, und wohin ihr auch seht, stoßt ihr auf den Phi-Quotienten.

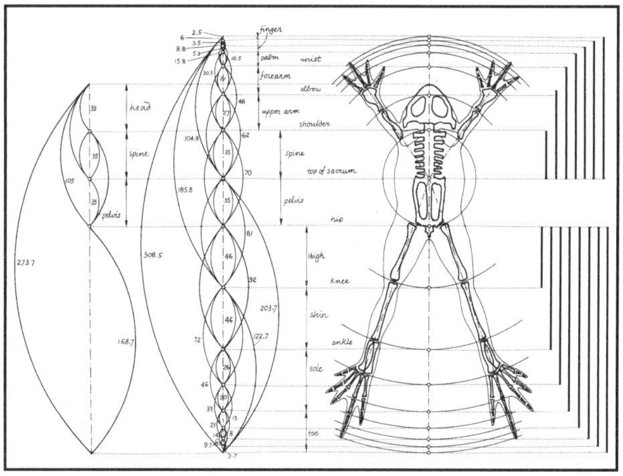

Abb. 7-36. Phi-Quotienten an einem Froschskelett.

Betrachtet einmal dieses Froschskelett [Abb. 7-36] und seht euch an, wie jeder einzelne Knochen diesem Muster mit dem Phi-Quotienten entspricht, genauso wie beim menschlichen Körper.

Fische sind, denke ich, wirklich unglaublich, da Fische gar nicht so aussehen, als gäbe es bei ihnen einen Bezug zum Phi-Quotienten – und abgesehen davon gibt es so viele verschiedene Arten. Aber wenn man sie näher analysiert, ist auch da der Phi-Quotient anzutreffen [Abb. 7-37].

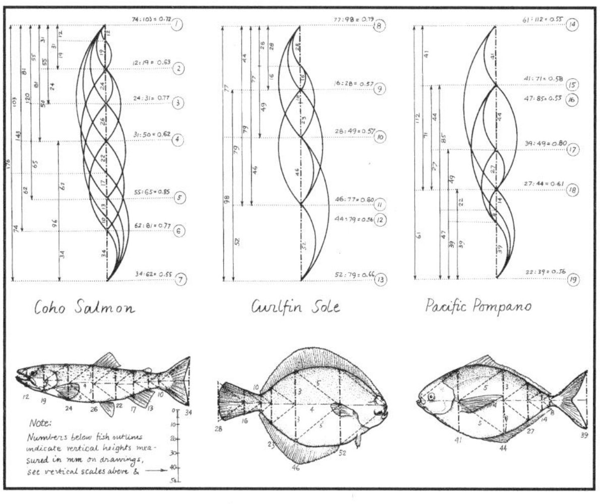

Abb. 7-37. Phi-Quotienten bei Fischen.

Das andere universelle Maß, das ihr antreffen werdet und das ich zuvor schon einmal angesprochen habe, sind 7,23 Zentimeter, die Wellenlänge des Universums. Ihr findet diese Wellenlänge im ganzen Körper verteilt, wie etwa im Abstand zwischen euren Augen, aber der Phi-Quotient tritt noch häufiger auf.

Sind die Maßverhältnisse einer Spezies erst einmal bestimmt worden, so folgt jede weitere Abmessung bei dieser Spezies nach den Proportionen des Phi-Quotienten. Anders ausgedrückt, es gibt nur bestimmte Möglichkeiten im Aufbau des Menschen, und ist erst einmal die Größe eines Körperteils festgelegt, so bestimmt das die Größe des nächsten, und so weiter und so fort. Bald werde ich euch das ägyptische

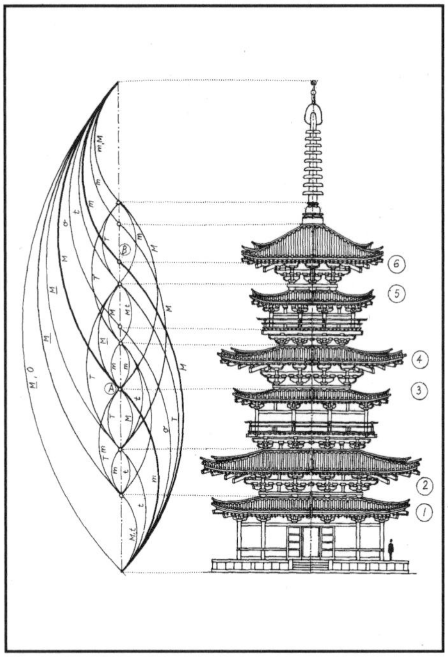

Abb. 7-38. Pagode des Yakushiji-Tempels in Japan.

Gebäude zeigen, das Lucy de Lubicz rekonstruiert hat, indem sie lediglich ein kleines Stück Trümmer vermaß. Sie ging dabei folgendermaßen vor: Nachdem sie die Größe des ersten Stücks kannte, wusste sie, dass jede andere Form danach nach dem Phi-Quotienten hierzu in Beziehung stehen würde.

Die Phi-Proportionen sind in diese japanische Pagodenarchitektur eingebaut [Abb. 7-38]. Das illustriert einen weiteren Punkt in Sachen Kreativität, den ich hervorheben möchte. Bei Konstruktion und Errichtung dieses Bauwerks wurde sorgfältig *jeder einzelne Abstand* gemessen, so dass eine Entsprechung zu den diversen hier gezeigten Linien hergestellt wurde – bis zu der kleinen Kugel, die sich ganz oben auf der Spitze befindet, damit das Gebäude den Relationen entsprechen würde, mit denen wir uns hier befasst haben. Ich bin sicher, sollte das jemand je einmal überprüfen, so würde er darauf stoßen, dass die Größe der Türen, der Fenster und wahrscheinlich noch das kleinste Detail auf Phi-Proportionen oder heiligen geometrischen Figuren basiert.

Auch in anderen klassischen Architekturen überall auf dem Globus wurden eben diese Prinzipien angewandt. Der griechische Parthenon sieht wirklich anders aus als dieses japanische Bauwerk, und doch verkörpert der Parthenon die gleiche Mathematik. Und die Große Pyramide sieht sehr anders aus als diese beiden anderen Gebäude, und doch verkörpert sie dieselbe Mathematik – nur noch viel mehr. Was ich hier sage, ist, dass eure linke Gehirnhälfte diese Mathematik verstehen und anwenden kann, und das verhindert überhaupt nicht die Kreativität. Es kann ihr sogar förderlich sein.

Nach dem Goldenen Schnitt proportionierte Rechtecke und Spiralen um den Körper

Noch eine weitere heilige geometrische Figur, die uns im Leben begegnet, ist die Spirale. Ihr fragt euch vielleicht, woher sie kommt. Wir leben in einer Spirale – der Galaxie, die Spiralarme aufweist. Ihr macht von Spiralen Gebrauch, um die Geräusche in eurem Umfeld zu hören, und zwar aufgrund des kleinen spiralförmigen Apparats in euren Ohren. Überall in der Natur gibt es Spiralen. Je mehr ihr Ausschau danach haltet, desto mehr werdet ihr finden. Spiralen findet man in Kiefernzapfen, Sonnenblumen, einigen Tierhörnern, Hirschgeweihen, Muschelschalen, Gänseblümchen und vielen Pflanzen. Wenn ihr eure geöffnete Hand vertikal vor euch haltet, den Daumen auf euer Gesicht zeigend, achtet auf die Bewegung, während ihr die Finger zur Faust ballt, beginnend mit dem kleinen Finger. Es ergibt sich eine Fibonacci-Spirale. Das ist eine ganz besondere Spirale, wie ihr sehen werdet.

Woher kommen Spiralen? Sie müssen ja irgendwoher kommen, und sie müssen aus der Dynamik des ursprünglichen Systems erzeugt worden sein, aus der Blume des Lebens, wenn das, woran wir da glauben, wahr ist. Nun, alles, was ihr zu tun braucht, ist, auf den menschlichen Körper zurückzukommen – auf das gleiche Muster, das wir für den Phi-Quotienten ermittelten [Abb. 7-30]. Wenn ihr einfach die diagonale Linie nehmt, sie flach hinlegt, und das mit der neuen Verlängerung entstehende Rechteck vervollständigt, habt ihr ein am Goldenen Schnitt orientiertes Rechteck als die Quelle der Spirale nach dem Goldenen Schnitt.

Das äußere Rechteck auf dieser Zeichnung [Abb. 7-39] wird als Rechteck nach dem Goldenen Schnitt bezeichnet, das gleiche wie oben. Um ein weiteres Rechteck nach dem Goldenen Schnitt zu erhalten, müsst ihr lediglich die kürzere Seite des Rechtecks messen (Seite A) und diese Strecke entlang der längeren Seite auftragen (Seite B), wodurch ein Quadrat entsteht (mit gleich langen Seiten; A = C). Der Bereich, der übrigbleibt (D), ist ein weiteres Rechteck nach dem Goldenen Schnitt. Das kann immerzu so weitergehen. Beachtet, dass jedes neu gebildete Rechteck um 90 Grad gedreht ist. Wenn ihr Diagonalen durch jedes Rechteck führt, so gibt ihre Kreuzungsstelle das exakte Zentrum der Spirale an, die sie bilden werden. Ihr könnt sehen, wie die Diagonalen ein Schlüssel zu weiteren Informationen werden. Linie F hat eine am Goldenen Schnitt orientierte Relation zu Linie E, die sich nach innen fortsetzt. Wir können sagen, dass F sich zu E verhält wie G zu F und I zu H und so weiter. Es gibt noch andere Arten von Spiralen, aber die am Goldenen Schnitt orientierte ist bei der Schöpfung zentral.

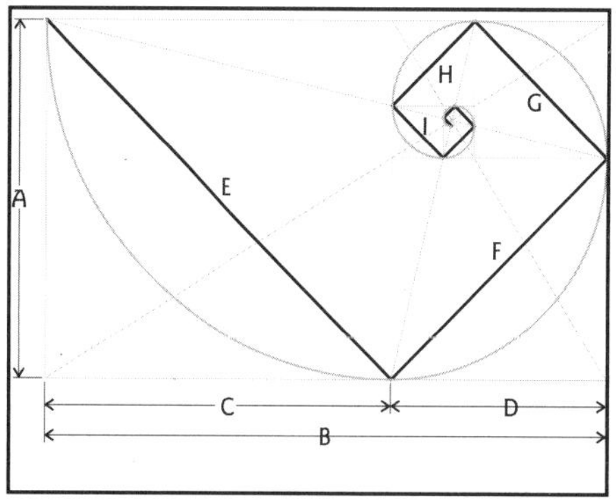

Abb. 7-39. Das auf dem Goldenen Schnitt basierende Rechteck sowie männliche und weibliche Spiralen.

Männliche und weibliche Spiralen

Es gibt zwei Arten von Energien, die durch am Goldenen Schnitt orientierte Rechtecke fließen. Die eine Energie sind die Diagonalen, die die Quadrate durchqueren und dabei 90°-Winkel beschreiben, hier in Schwarz gezeigt. Das ist die männliche Energie. Die weibliche Energie ist die Linie, die sich in Richtung Zentrum immer weiter einrollt, hier in Grau. Sie haben also eine weibliche logarithmische Spirale, die sich nach dem Goldenen Schnitt ausrichtet, und eine männliche Spirale, die gerade Linien mit 90°-Wendungen verläuft, gemäß dem Phi-Quotienten. In einem nicht unerheblichen Teil unserer Arbeit werden wir nur den männlichen Aspekt betrachten, aber ihr dürft nicht vergessen, dass immer auch noch der weibliche Aspekt da ist.

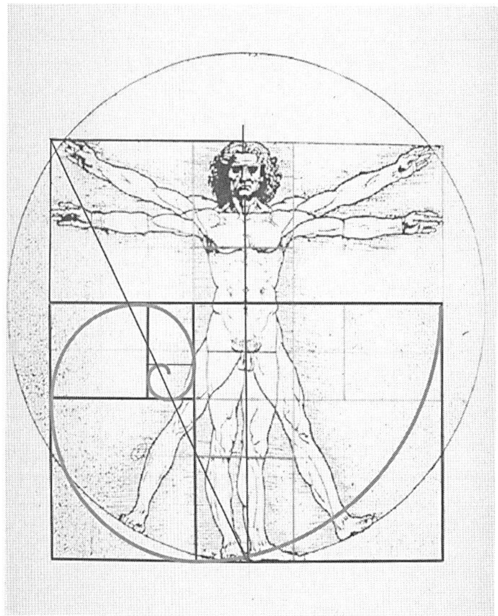

Abb. 7-40. Leonardos Normalformen und Spirale.

In einigen Büchern heißt es, wenn man eine horizontale Linie durch den Nabel von da Vincis Mann zöge [Abb. 7-40], so behielte man im unteren Teil ein Rechteck über, das sich am Goldenen Schnitt orientiert; und wenn man eine Linie von der oberen Ecke des großen Quadrats zum Mittelpunkt an seinen Füßen zöge (der Mitte der gegenüberliegenden Seite des Quadrats), so würde die Halbdiagonale genau durch die Mitte einer Spirale nach dem Goldenen Schnitt verlaufen, wie in der Abbildung illustriert. Ihr könnt eine Spirale erzeugen, wenn ihr die immer kleiner werdenen Rechtecke, die sich aus dem Goldenen Schnitt ergeben, einzeichnet, wie wir das in Abbildung 7-39 getan haben. Ich habe hierüber mehrere Bücher gelesen, und ich glaube, es ist *fast wahr*. Doch noch etwas anderes passiert dabei, bei dem es wichtig ist, es zu verstehen, wenn man wirklich etwas über Mutter Natur wissen will.

Ich bin de facto überzeugt, dass keine Rechtecke oder Spiralen existieren, die sich nach dem Goldenen Schnitt richten und die nicht künstlich erzeugt sind. Die Natur macht keinen Gebrauch von Rechtecken oder Spiralen nach dem Goldenen Schnitt – sie weiß nicht, wie. Der Grund dafür, dass die Natur das nicht weiß, liegt darin, dass eine Spirale, die sich am Goldenen Schnitt orientiert, auf immer und ewig weiter nach innen geht – vielleicht nicht mit Bleistift und Papier, aber technisch gesehen wird sie sich immer weiter fortsetzen. Sie wird auch für immer nach außen weitergehen, denn ihr könnt die längste Linie eines Rechtecks nehmen, das dem Goldenen Schnitt entspricht, ein Quadrat erstellen, um ein größeres Rechteck nach dem Goldenen Schnitt zu erhalten, und damit ewig fortfahren. Ein Rechteck nach dem Goldenen Schnitt hat also keinen

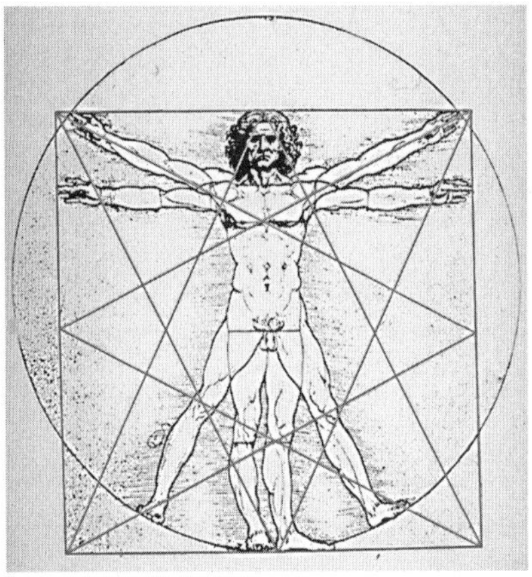

Abb. 7-41. Diagonale Linien, entstanden durch Verbinden jeder Ecke mit der Mitte der gegenüberliegenden Seite des Quadrats.

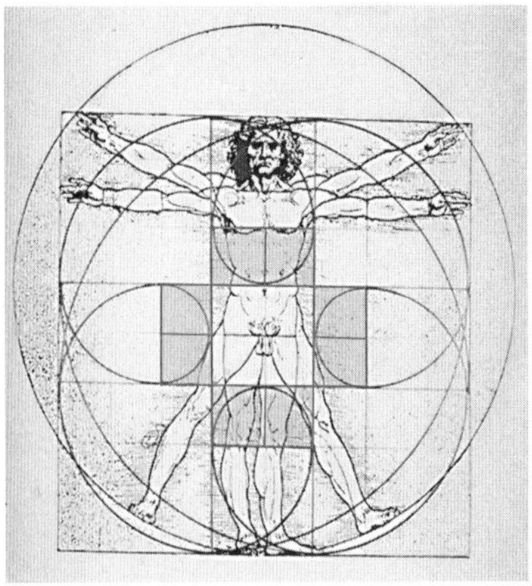

Abb. 7-42. Spiralen und die acht Ausgangsquadrate.

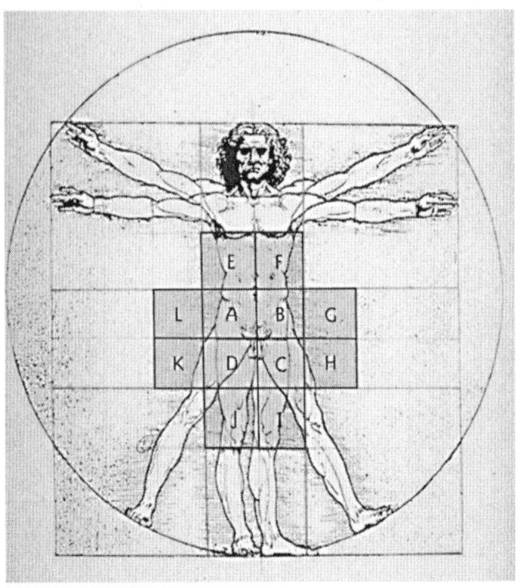

Abb. 7-43. Leonardo zeichnete Linien, die ein Raster ergeben, das über dem Körper und seinem Umfeld liegt.

Anfang und kein Ende. Es setzt sich bis in alle Ewigkeit nach innen oder nach außen fort.

Das ist für Mutter Natur ein Problem. Das Leben weiß nicht, wie es mit etwas umgehen soll, das weder Anfang noch Ende hat. Wir können durchaus irgendwie mit etwas umgehen, das kein Ende hat, aber wenn Sie einmal darüber nachdenken, ist es schwierig, sich etwas vorzustellen, das keinen Anfang hat. Es fällt uns schwer, da wir geometrische Wesen sind, und die Geometrie hat Zentren, Anfänge.

Da das Leben nicht weiß, was es hiermit anfangen soll, hat es eine Möglichkeit gefunden, ein wenig zu schummeln. Es hat eine andere Spirale ersonnen, mit der Neues entsteht. Das Leben hat sich ein mathematisches System ausgedacht, das dem Ganzen so nahe kommt, dass man kaum einen Unterschied erkennt. In den Büchern steht, dass diese Spirale auf Leonardos Zeichnung in Abb. 7-40 eine Spirale sei, die sich am Goldenen Schnitt orientiert; aber ich sage, dass das nicht stimmen kann. Außerdem haben wir hier nicht nur eine kleine Spirale – wir haben gleich acht Spiralen, die sich um den Körper winden – eine für jedes am Goldenen Schnitt orientierte Rechteck, verknüpft mit den acht möglichen Halbdiagonalen um den menschlichen Körper [Abb. 7-41]. Diese Zeichnung zeigt die acht, die den menschlichen Körper schneiden.

Abbildung 7-42 zeigt die acht Spiralen mit ihren acht Zentren, die um die Körpermitte angesiedelt sind, nach dem gleichen Muster und mit dem gleichen Zentrum wie die ursprünglichen acht Zellen im Körper – richtig?

Leonardo zeichnete diese kleinen Linien, die ein Raster ergeben, das über dem Körper und seinem Umfeld liegt [Abb. 7-43]: Es gibt vier Quadrate in der Mitte (A, B, C und D) und acht Quadrate um diese herum (E bis L). Diese äußeren acht Quadrate sind dort, wo die acht Halbdiagonalen von Abb. 7-41 den Körper schneiden und wo die acht Spiralen von Abbildung 7-42 anfangen. Wir haben also acht Stellen um den Körper herum und ein zentrales Muster aus vier Quadraten in der Mitte, exakt um die ursprünglichen acht Zellen zentriert. Das Leben vollbringt schon Erstaunliches, oder?

Als mir dies an Leonardos Zeichnung auffiel, überlegte ich mir, dass diese Beziehung wirklich wichtig sein musste. Doch als mir klar wurde, dass so etwas wie das Rechteck oder die Spirale nach dem Goldenen Schnitt in der Natur nicht vorkommt, kam mir der Verdacht, dass diese Spiralen wahrscheinlich minimal anders waren. Und genau das stellte sich auch heraus: Sie sind minimal anders.

Es zeigt sich, dass diese Spiralen ihrer Natur nach Fibonacci-Spiralen sind, und darauf werden wir nun im nächsten Kapitel eingehen. Den Unterschied zwischen den Spiralen nach dem Goldenen Schnitt und nach Fibonacci zu verstehen, mag simpel und unwichtig wirken, bis sich ein umfassenderes Bild der Natur offenbart, um über diese Beziehung etwas ganz Erstaunliches zu offenbaren. Ohne diesen Unterschied zu kennen, kann niemand je verstehen, warum die 83.000 heiligen Stätten auf der Erde erbaut wurden oder worin ihr Zweck bestand.

ACHT

Aussöhnung der Fibonacci-Binärpolarität

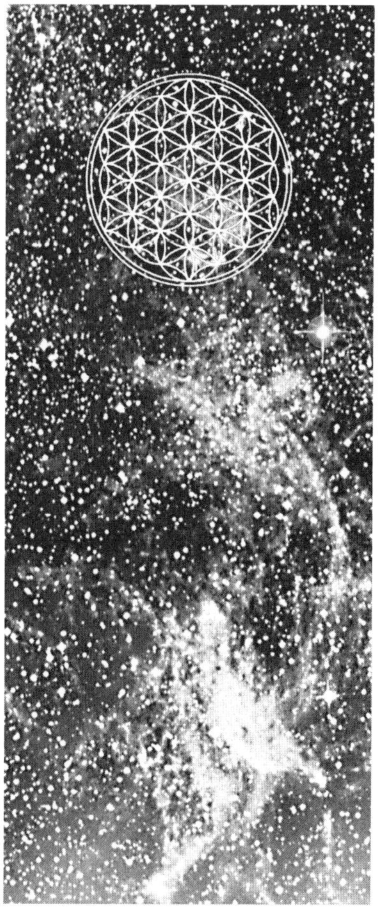

Die Fibonacci-Sequenz und -Spirale

Um zu verstehen, warum diese acht Spiralen um da Vincis Normalform sich nicht nach dem Goldenen Schnitt richten, und um herauszufinden, was es mit ihnen auf sich hat, müssen wir uns mit einer weiteren Person befassen – und zwar nicht mit Leonardo da Vinci, sondern mit Leonardo Fibonacci. Fibonacci lebte über 250 Jahre vor da Vinci. Nach dem zu schließen, was ich über ihn gelesen habe, führte er ein Mönchsleben und befand sich oft in einem Zustand der Meditation. Er ging sehr gerne durch baumreiche Wälder und meditierte im Gehen. Doch offenbar war dabei gleichzeitig seine linke Gehirnhälfte aktiv, denn ihm fiel auf, dass mit den Pflanzen und Blumen bestimmte Zahlen verbunden waren [Abb. 8-1].

Die Anordnung der Blütenblätter, Blätter und Samen entsprechen bestimmten Zahlen, und die Blumen auf dieser Liste sind diejenigen, die er nach meinem Dafürhalten gesehen hat, wenn ich mich nicht irre. Ihm fiel auf, dass Lilien und Irisse drei Blütenblätter haben und Butterblumen, Rittersporn und Akelei (die Blume in Abb. 8-1 oben rechts) fünf. Manche Rittersporne haben acht Blütenblätter, Ringelblumen 13, und manche Astern 21. Gänseblümchen haben fast immer 34, 55 oder 89 Blütenblätter. Er begann überall in der Natur immer wieder auf dieselben Zahlen zu stoßen.

Abb. 8-1. *Fibonacci-Sequenz beim Pflanzenwachstum.*

Diese kleine Pflanze hier [Abb. 8-2] existiert in Wirklichkeit gar nicht – wir haben sie als Computergrafik erzeugt und sie dabei durcheinandergemischt wie ein Kartendeck. Die Ausgangspflanze, auf der diese Illustration basiert, trägt den Namen Nieswurz; wir haben einfach die Computergrafik auf diese Pflanze abgestimmt.

Fibonacci fiel auf, dass der Nieswurzspross in dem Moment, wo er aus dem Boden kam, nur ein Blatt entwickelte, nichts als ein kleines Blatt. Als er weiterwuchs, wuchs ihm weiter oben auf seinem Stengel ein weiteres Blatt; dann wuchsen ein Stückchen weiter noch einmal zwei, dann drei, dann fünf, dann acht; schließlich hatte er dreizehn Blüten. Wahrscheinlich sagte Fibonacci, als er das sah: »Mensch, das sind ja dieselben Zahlen, die ich immer wieder bei den Blütenblättern von anderen Blumen sehe: 3, 5, 8, 13.«

Abb. 8-2. *Computergenerierter Nieswurz.*

Schließlich wurde diese Zahlenreihe, 1, 1, 2, 3, 5, 8, 13, 21, 34, 55, 89 und so weiter unter dem Namen *Fibonacci-Sequenz* bekannt. Hat man drei beliebige aufeinander folgende Zahlen aus dieser Reihe, so kann man das Muster erkennen: Ihr addiert einfach zwei aufeinanderfolgende Zahlen, um die nächste Zahl zu erhalten. Seht ihr, wie das funktioniert? Eine ganz besondere Zahlenreihe. Sie ist im Leben ganz entscheidend. Warum ist sie so wichtig? Vielleicht ist das Nachfolgende meine Deutung des Grundes dafür, aber ich werde mein Bestes geben, es euch aufzuzeigen.

Abb. 8-3. Hibiskusblüte.

Hier haben wir eine Hibiskusblüte mit fünf Blütenblättern [Abb. 8-3]. Der Staubfaden in der Mitte hat am Ende fünf Staubsäcke, und die Richtung dieser beiden geometrischen Figuren ist umgekehrt: Die eine weist nach oben, die andere nach unten. Die meisten Leute denken, wenn sie sich diese Blume ansehen, nicht: »Lass mich doch mal sehen – aha, sie hat fünf Blütenblätter.« Sie sehen sie einfach an, stellen fest, dass sie wunderschön ist, riechen daran und erfahren sie über ihre rechte Gehirnhälfte. Sie machen sich keine Gedanken über die Geometrie oder Mathematik, die sich auf der anderen Gehirnseite abspielt.

Die Lösung des Lebens für die unendliche Spirale nach dem Goldenen Schnitt (Phi)

Ruft euch in Erinnerung, wie ich sagte, die Spirale, die sich am Goldenen Schnitt orientiert, hätte keinen Anfang und kein Ende, und dass das Leben sich damit schwertäte? Es kann damit fertigwerden, dass etwas kein Ende hat, aber ihm macht es Probleme, etwas zu verkraften, das keinen Anfang hat. Ich habe wirklich meine Schwierigkeiten damit, und ich denke, wir alle haben mit dieser Situation zu kämpfen.

Was die Natur also unternahm, bestand darin, dass sie sich die Fibonacci-Sequenz erdachte, damit sie so um dieses Problem herumkam. Es war, als würde Gott sagen: »Okay, und nun geht los und erschafft auf der Basis der Spirale nach dem Goldenen Schnitt«, und wir sagten: »Aber das können wir nicht.« Also dachten wir uns etwas aus, das zwar nicht der Spirale nach dem Goldenen Schnitt entspricht, ihr aber so sehr nahe kommt, dass man kaum den Unterschied zu sagen weiß [Abb. 8-4].

Zum Beispiel beträgt der Phi-Quotient in Zusammenhang mit dem Goldenen Schnitt näherungsweise 1,6180339. Seht euch einmal an, was geschieht, wenn man jede Zahl in der Fibonacci-Sequenz durch die nächstniedere teilt. Hier die Zahlenfolge in der linken Spalte: 1, 2, 3, 5, 8, 13, 21, 34, 55, 89. In der zweiten Spalte habe ich die Sequenz um eins verschoben, so dass wir die Zahl in der ersten Spalte durch die Zahl in der zweiten Spalte teilen können (siehe Spalte 3). Achten Sie darauf, was geschieht, wenn man eine Zahl aus Spalte 1 durch eine aus Spalte 2 teilt. Teilen wir 1 durch 1, erhalten wir 1,0. Nun ist 1,0 ja *viel* weniger als der Phi-Quotient. Aber wenn wir zur nächsten Zeile weitergehen und 2 durch 1 teilen, erhalten wir 2, was größer ist als Phi, aber schon näher daran als 1. Teilen wir 3 durch 2, erhalten wir 1,5, was Phi bereits viel näherkommt als die beiden vorherigen Ergebnisse, aber es liegt immer noch darunter. 5 durch 3 ergibt 1,6666, was leicht darüberliegt, aber Phi viel näherkommt. 8 geteilt durch 5 ergibt 1,60 und ist damit darunter. 13 geteilt durch 8 macht 1,625, liegt also darüber. 21 durch 13 ergibt 1,615 – darunter also. 34 dividiert durch 21 ist 1,619 – darüber. 55 durch 34: 1,617 – darunter. 89 durch 55: 1,618 – darüber. Für die nächste Zahl kommt man wieder darunter, dann darüber, und jedesmal nähert man sich weiter dem tatsächlichen Phi-Quotienten. Derartiges wird als asymptotisches Erreichen eines Grenzwerts bezeichnet. Der Wert kommt nie an die eigentliche Zahl heran, aber in der Praxis könnte man nach ein paar Divisionen den Unterschied nicht mehr ausmachen. Graphisch dargestellt sieht das so aus wie auf Abbildung 8-5.

Abb. 8-4. Fibonacci-Sequenz.

Φ = 1.6180339...
(Fibonacci Sequence)

aktuelle Zahl	vorherige Zahl	Division	Quotient
1	1	1 / 1	1.0
2	1	2 / 1	2.0
3	2	3 / 2	1.5
5	3	5 / 3	1.6666
8	5	8 / 5	1.600
13	8	13 / 8	1.625
21	13	21 /13	1.615384
34	21	34 /21	1.619048
55	34	55 /34	1.617647
89	55	89 /55	1.618182
144	89	144 /89	1.617978
233	144	233 /144	1.618056

Die hellgrauen Quadrate sind die vier zentralen Quadrate des menschlichen Körpers, wo sich der Sitz der ursprünglichen acht Zellen befindet. Die acht dunkelgrauen Quadrate um diese mittigen Quadrate sind die Stelle, wo die Spiralen ansetzen. Ist das verständlich?

Statt die Bewegung der Spiralen für immer fortzuführen, werden wir es etwas anders angehen: Denn genau das tut, glaube ich, auch das Leben. Ich werde eines der äußeren Quadrate als Ausgangspunkt verwenden, und das wird für alle acht zutreffen. Ich wähle eines davon als Beispiel.

Wir verwenden jetzt eine Diagonale über nur eines der winzigen Hintergrundquadrate als Maßstab und nennen diese Diagonale eine Einheit. Dann geht es entsprechend der Fibonacci-Zahlen weiter: 1, 1, 2, 3, 5, 8, 13, 21, 34, 55,89, wobei nach jeder Zahl eine Drehung um 90 Grad erfolgt. Bei unserem ersten Schritt legen wir eine Strecke von einer Einheit zurück, dann drehen wir um 90 Grad und legen eine weitere zurück. Dann drehen wir wieder um 90 Grad und gehen zwei Längen weiter, dann drehen wir erneut um 90 Grad und gehen drei Längen weiter. Zwischen jedem Schritt erfolgt eine Drehung um 90 Grad. Der nächste Schritt ist 5 Einheiten lang, der übernächste 8. Wir haben also 1, 1, 2, 3, 5, 8, 13.

Dann ziehen wir eine Diagonale über 21 Quadrate, dann über 34 [Abb. 8-6]. Dann 55, und danach 89 [Abb. 8-7]. Dabei entrollt sich die Spirale immer weiter und nähert sich zusehens mehr Phi an, der Spirale nach dem Goldenen Schnitt, bis man bald nicht mehr sagen kann, worin im tatsächlichen Leben der Unterschied besteht, zumindest visuell nicht.

Das Vergleichen der beiden Spiralen muss ein sehr wichtiger Punkt gewesen sein, wenn man sich mit den Grundlagen des Lebens befasste, denn die alten Ägypter ließen sowohl die Fibonacci-Spirale als auch die Spirale nach dem Goldenen Schnitt an der Großen Pyramide zutagetreten. Obwohl diese Spiralen unterschiedlicher Herkunft sind, sind die beiden Linien, bis sie zu den Schritten 55 und 89 kommen, praktisch gleich. Als Leute, die sich mit Ägypten befassten, die drei Pyramiden sahen, die sich an der Spirale aneinanderreihten, dachte sie, das ist die Spirale, die sich nach dem Goldenen Schnitt ergab, nicht die Fibonacci-Spirale. Dann kamen sie noch einmal zurück und stießen auf eines der Löcher (vergleiche Seite 109). Ein paar Jahre später entdeckten sie, dass nur ein kurzes Stück hiervon entfernt, vielleicht 90 Meter entfernt, eine weitere Markierung anzutreffen war. Sie hatten gar nicht bemerkt, dass es *zwei* Spiralen gab. Ich weiß nicht, ob diejenigen, die hiermit arbeiten, bislang die Bedeutung dessen verstehen.

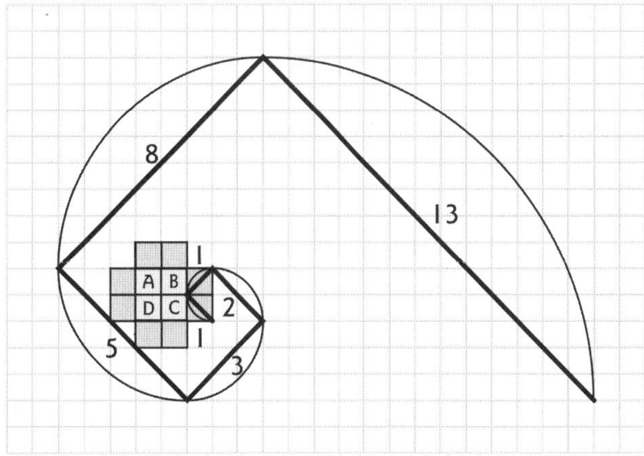

Abb. 8-5. Weibliche (gekrümmte) und männliche (rechtwinklige) Fibonacci-Spiralen auf ausgebreiteter Gitterstruktur.

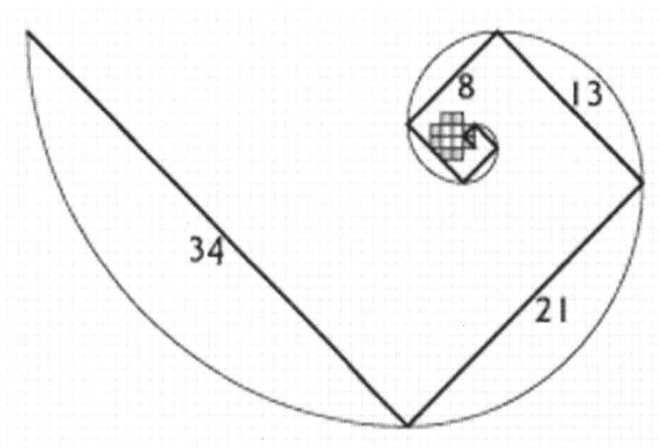

Abb. 8-6. Ansicht der Fibonacci-Spirale, sowohl männlich (gerade Linie) als auch weiblich (gekrümmt).

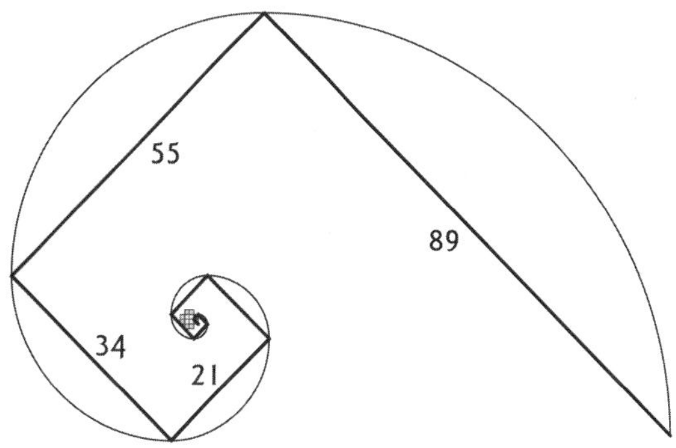

Abb. 8-7 Ansicht aus größerer Entfernung

Abb. 8-8. Scheibe eines Nautilus.

Abb. 8-9. Kieferzapfen.

Spiralen in der Natur

Hier haben wir heilige geometrische Figuren in der Natur [Abb. 8-8] – ganz »in echt«. Es handelt sich um die Schale eines Nautilus, der in der Mitte durchgeschnitten wurde. Es ist ein ungeschriebenes Gesetz, dass in jedem guten Buch über heilige geometrische Formen ein Nautilusgehäuse abgebildet sein muss. In vielen Büchern steht, dass dies eine Spirale sei, die sich nach dem Goldenen Schnitt richtet, aber dem ist nicht so – es ist eine Fibonacci-Spirale.

Ihr seht die Perfektion der Kurven der Spirale, aber wenn ihr in die Mitte blickt oder den Anfang betrachtet, sieht sie nicht ganz so perfekt aus. Ihr könnt dieses winzige Detail hier allerdings nicht so genau sehen. Ich schlage euch vor, euch eine echte Muschel anzusehen. Dieses innerste Ende kommt an der anderen Seite heraus und macht einen Knick, da sein Wert 1,0 beträgt, was von Phi recht weit entfernt ist. Auch beim zweiten und dritten Schritt erfolgt ein Knick, aber nicht ganz so sehr, da es Phi schon näherkommt. Dann passt das ganze immer besser, bis man sieht, wie sich die makellose Anmut dieser Form entwickelt. Man könnte meinen, dieser kleine Nautilus hätte am Anfang einen Fehler gemacht; es sieht aus, als wüsste er nicht so ganz, was er da tat. Aber es war perfekt, es ist kein Fehler. Er folgte lediglich der Mathematik der Fibonacci-Sequenz.

An diesem Kiefernzapfen [Abb. 8-9] seht ihr eine Doppelspirale, von denen die eine in die eine, und die zweite in die andere Richtung führt. Würdet ihr die Spiralen zählen, die sich in eine Richtung drehen und die, die sich in die andere drehen, so würdet ihr herausfinden, dass es sich gewöhnlich um zwei aufeinanderfolgene Zahlen aus der Fibonacci-Sequenz handelt. Es gibt vielleicht 8, die in eine Richtung verlaufen und 13, die in die andere gehen, oder 13, die in eine Richtung verlaufen, gegenüber 21, die in die Gegenrichtung gehen. Die vielen sonstigen Doppelspiralmuster, die man überall in der Natur findet, entsprechen dem in allen mir bekannten Fällen. Zum Beispiel hängen die Sonnenblumenspiralen immer mit der Fibonacci-Sequenz zusammen.

Abbildung 8-10 zeigt den Unterschied zwischen den beiden auf. Die Spirale, die sich am Goldenen Schnitt orientiert, ist das Ideal. Sie ist wie Gott, die Quelle. Wie ihr sehen könnt, haben die oberen vier Quadrate auf beiden Zeichnungen die gleiche Größe. Der Unterschied liegt in den Zonen, aus denen sie entspringen (den unteren Abschnitten in den beiden Diagrammen). Das untere Ende der Fibonacci-Spirale nimmt eine Zone von der Hälfte der Größe (0,5) der Zone oben ein; die nach dem Goldenen Schnitt ausgerichtete Spirale belegt eine Fläche von 0,618 der Größe der obigen Fläche. Die Fibonacci-Spirale, ist auf der Basis von acht gleichen Quadraten konstruiert, wogegen die Spirale, die sich nach dem Goldenen Schnitt richtet, weiter im Innern beginnt (eigentlich beginnt sie nirgendwo – es gibt sie schon immer und sie setzt sich so fort, wie Gott). Obwohl der Ausgangspunkt unterschiedlich ist, nähern sie sich sehr schnell aneinander an.

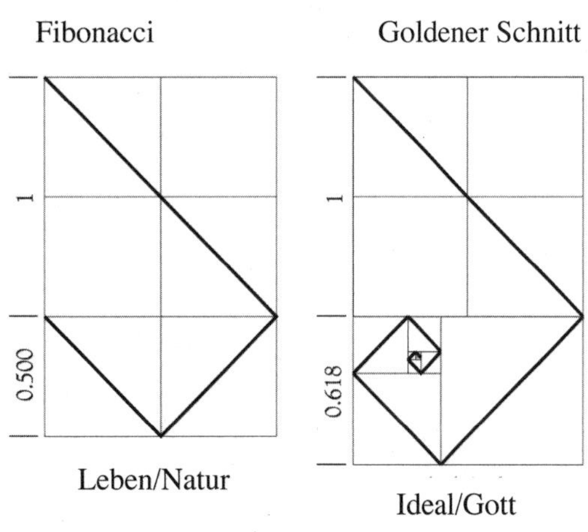

Abb. 8-10. Vergleich zwischen Fibonacci-Spirale und Spirale nach dem Goldenen Schnitt.

Ein weiteres Beispiel: In vielen Büchern wird angegeben, dass die Königskammer einem Rechteck mit den Proportionen des Goldenen Schnitts entspräche, doch das trifft nicht zu. Auch diese richtet sich nach der Fibonacci-Sequenz.

Fibonacci-Spiralen um den Menschen

Zeichnen wir ein aus 64 Quadraten bestehendes Raster und integrieren dieses Spiralmuster, so erhalten wir Abbildung 8-11. Schichten wir nun da Vincis Normalformen über dieses Raster von 8 x 8 Feldern [Abb. 8-12], so scheinen die acht Quadrate (schattiert) ein einzigartiges Attribut zu haben. Es gibt vier Möglichkeiten, eine Fibonacci-Spirale aus einem der vier Doppelquadrate herauskommen zu lassen. Kehren wir zu Abbildung 8-11 zurück und verwenden wir das obere Doppelquadrat als Beispiel. Eine Möglichkeit, hiermit zu beginnen, ist die, in der oberen rechten Ecke anzufangen, wie durch die dunklere Linie angedeutet. Sie überkreuzt ein Quadrat (1), biegt dann nach rechts ab, um ein weiteres Quadrat zu durchkreuzen (1), wendet sich dann wieder nach rechts, um zwei Quadrate zu kreuzen (2) – interessanterweise erreicht sie an diesem Punkt die obere Begrenzung des Rasters. Sie wendet sich weiter nach rechts und durchkreuzt 3 (die nächste Zahl in der Zahlenreihe) – und schon hat sie, Donnerwetter, die rechte Seite des Gitters erreicht! Die nächste Zahl ist die 5, durch die die Linie zur unteren Begrenzung des Gitters geführt wird. Die nachfolgende Zahl, die 8, führt die Linie über drei Quadrate, bevor sie das Gitter verlässt. Es ist ein perfekter Spiegel dessen, wie diese Spirale sich aus dem Anfangsquadrat herausbewegt.

Eine weitere Möglichkeit, wie ihr in diesem Doppelquadrat beginnen könntet, ist von der unteren rechten Ecke, wie durch die hellere Linie dargestellt (diese bildet in den oberen beiden Quadraten eine kleine Pyramide). In diesem Fall erfolgt die 90-Grad-Wendung nach links. Ihr durchkreuzt also ein Quadrat (1), dann wieder eines (1), dann 2 – wobei ihr dieses Mal durch die vier Quadrate im Zentrum des Rasters kommt (wo die acht ursprünglichen Zellen angesiedelt sind). Nach einer erneuten Linkswendung, um 3 Quadrate zu überqueren, berührt die Linie die rechte Begrenzung des Gitters. Die nächste Zahl, die 5, wird aus dem Gitter herausführen, nachdem zwei Quadrate durchkreuzt wurden. Es ist eine perfekte Synchronizität der Bewegung. Immer wenn ihr diese Art von Perfektion vor euch seht, wisst ihr, dass ihr beinahe sicher sein könnt, wirklich auf elementare Geometrie zu stoßen.

All das ist entscheidend dafür, zu verstehen, wenn ihr das wissen möchtet, wie die Ägypter die Wiederauferstehung erreichten. Sie taten das auf wissenschaftlichem Wege, könnte man sagen. Sie machten sich die Wissenschaft zunutze, um einen synthetisch erzeugten Bewusstseinszustand zu erschaffen, der zu Unsterblichkeit führen würde. Wir werden unser Bewusstsein nicht synthetisch erreichen; wir werden das auf natürlichem Wege tun, aber vielleicht merkt ihr, dass es nützlich für euch ist, zu verstehen, wie der Versuch einer alten Zivilisation aussah, das zu erreichen.

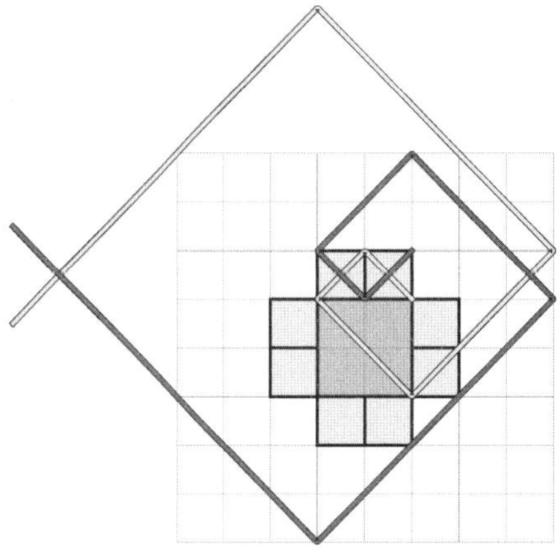

Abb. 8-11. Gitternetz ohne Normalform mit zwei sich spiegelnden Fibonacci-Spiralen, männlich (dunkle Linie) und weiblich (helle Linie).

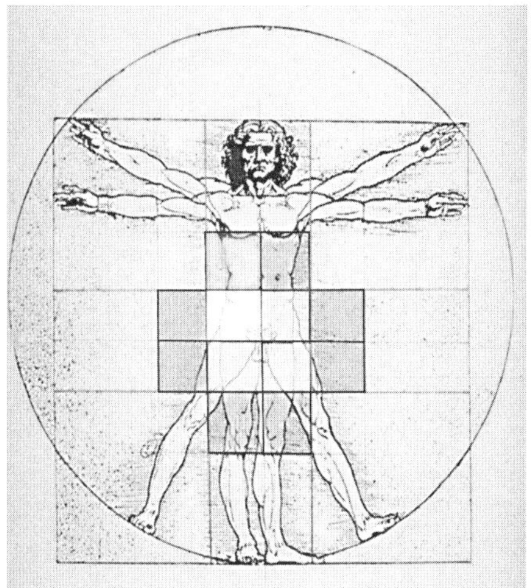

Abb. 8-12. Raster mit da-Vinci-Normalform.

Das menschliche Gitternetz und die Nullpunkttechnologie

Diese grundlegende heilige geometrische Figur aus einem aus 64 Feldern bestehenden Raster um den menschlichen Körper [Abb. 8-12] wird mittlerweile von der Wissenschaft begriffen. Es entsteht sogar eine neue Wissenschaft, die sich hierum rankt, obwohl sie es aus politischen Gründen schwer hat. Diese neue Wissenschaft wird Nullpunkttechnologie genannt. Das Raster hier ist, glaube ich, die Geometrie der Nullpunkttechnologie, obwohl die meisten Wissenschaftler das anders sehen.

Die meisten, die sich mit Nullpunkttechnologie befassen, denken sie sich als Wellenformen oder Energie. Sie sprechen von den fünf Stellen in einer

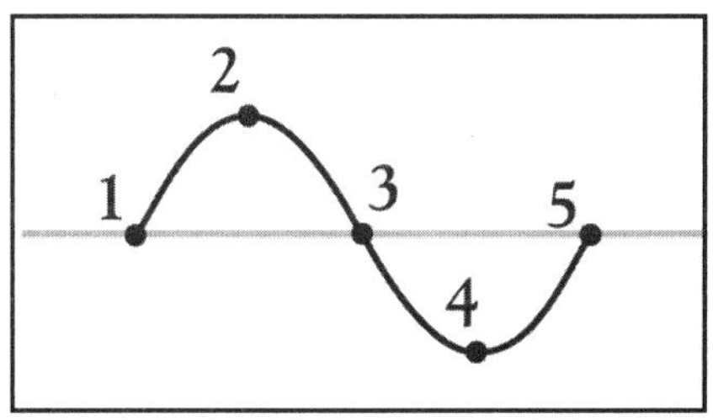

Abb. 8-13. Wellenform mit 5 Nullpunkten.

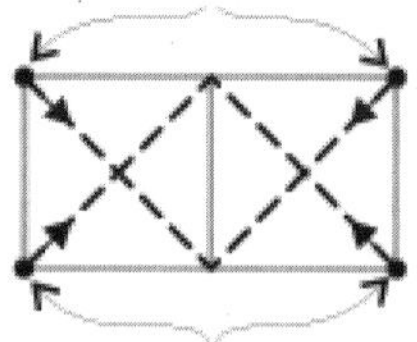

Abb. 8-14. Die Ursprungspunkte.

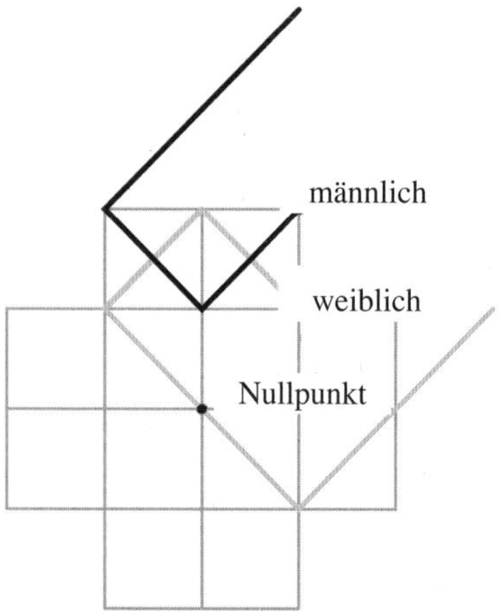

Abb. 8-15. Die beiden Arten von Spiralen.

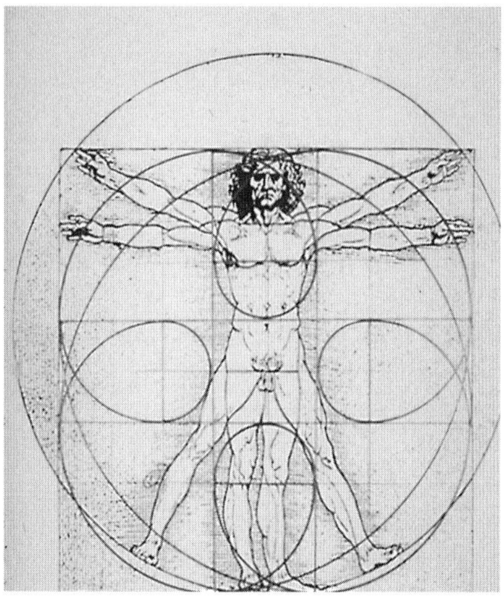
Abb. 8-16. Spiralen männlichen Ursprungs mit weiblichen gekrümmten Linien.

Wellenform, wie hier gezeigt [Abb. 8-13]. Oder sie denken sich den Nullpunkt als die Energiemenge, die die Materie aufweist, wenn (und falls) sie Null Grad Kelvin erreicht, oder den absoluten Nullpunkt. Für mich sind diese Wege gleichermaßen gültig, aber der Weg, der auf den heiligen geometrischen Formen basiert, wird schließlich der Grundstein dieser neuen Wissenschaft werden, da er so fundamental ist.

Diese Punkte, die mit der Wellenform in Verbindung stehen, hängen auch mit dem Atmen zusammen. Diese Punkte sind die Stellen, wo der Nullpunkt erreicht wird. Sie sind wie Portale in eine andere Welt. Beim yogischen Pranayama ist in der Regel von zwei oder drei Stellen die Rede (je nachdem, ob man den Anfang des nächsten Zyklus mitzählt), die zwischen Einatmen und Ausatmen liegen. Auch das ist Nullpunkttechnologie, wenn man sie auf das menschliche Atmen bezieht.

Hinter diesem neuen Verständnis, das sich um den Nullpunkt rankt, verbirgt sich eine Geometrie, und diese Geometrie dreht sich um den menschlichen Körper. Der menschliche Körper ist stets die Messlatte der Schöpfung.

Energie nicht zum Nulltarif

Seit den Tagen von Tesla haben die Regierungen nicht zugelassen, dass das Wissen rund um den Nullpunkt öffentlich wurde. Warum? Tesla wollte der Welt kostenlose, unbegrenzte Energie geben, und er wusste, diese würde sich mit der Nullpunkttechnologie erreichen lassen. Doch J. P. Morgan, Besitzer zahlreicher Kupferminen, wollte nicht, dass Strom umsonst erhältlich sein würde. Vielmehr wollte er erreichen, dass die Elektrizität gezwungenermaßen durch Kupferdrähte fließen würde, damit er sie messen, der Allgemeinheit in Rechnung stellen und damit Geld machen könnte. Tesla wurde von der Weiterverfolgung seiner Ziele abgehalten, und seitdem ist die Welt unter Kontrolle gewesen.

Seit damals, in den vierziger Jahren, ist jede Person, die die Nullpunkttechnologie erforscht und öffentlich darüber gesprochen hat, umgebracht worden oder verschwunden – bis in die allerneueste Zeit. 1997 brachte eine Videofirma namens *Lightworks* heimlich einige dieser Wissenschaftler zusammen und filmte ihre Arbeiten.

Sie erzählten den geschichtlichen Hergang seit den vierziger Jahren und zeigten klare Arbeitsmodelle der Erfindungen. Sie zeigten Maschinen, die, wenn sie erst einmal laufen, mehr Elektrizität abgeben als für ihren Betrieb erforderlich. Sie zeigten Batterien, die nie aufgeladen werden müssen. Sie zeigten, wie ein gewöhnlicher Benzinmotor sich so umrüsten lässt, dass er mit normalem Leitungswasser läuft, und das bei größerer Energieausbeute als mit Benzin. Sie zeigten Energie-Platten, die immer und ewig kochendes Wasser produzieren, solange die Außentemperatur über minus 27,6° Celsius lag. Sie zeigten viele weitere wissenschaftliche Erfindungen, die nach heutigen Maßstäben als nicht machbar gelten. Als *Lightworks* mit der Arbeit fertig war, wurde an einem einzigen Tag das Video verfügbar gemacht und die Information auf einer Website bekanntgegeben [»Kostenlose Energie: Das Rennen zum Nullpunkt«, 105minütiges Video von *Lightworks*, (800) 795-8273, $40.45; www.lightworks.com]. Das hat die Welt gezwungen, eine andere Richtung einzuschlagen. Zwei Jahre später gab man sowohl in Japan als auch in England bekannt, man sei nahe daran, das Problem der kalten Fusion zu lösen. Die Welt begann sich zu ändern.

Am 13. Februar 1998 stellte Deutschland ein weltweites Patent für eine

Maschine auf Kohlenstoffbasis aus, die kostenlos Energie produziert – eine dünne Tafel Material nur, die auf unbegrenzte Zeit 400 Watt Strom erzeugt. Das bedeutet, dass sämtliche kleineren Geräte wie Computer, Haarfön, Mixer, wiederaufladbare Taschenlampe etc. nicht ins Netz eingestöpselt werden müssen. Es ist das Ende der alten Vorgehensweise und die Geburt unbegrenzter kostenloser Energie.

Spiralen männlichen und weiblichen Urspungs

Zunächst einmal müssen wir verstehen, dass es zwei Arten von Spiralen gibt, je nachdem, ob es sich um gerade Linien handelt (männlich), oder um gekrümmte Linien (weiblich). Hiervon war ja schon früher die Rede. Nun jedoch werden wir noch einen neuen Gedanken ins Spiel bringen. Auch der *Ausgangspunkt* der Spirale in diesem geometrischen Muster entscheidet auf eine andere Weise darüber, ob diese männlich oder weiblich ist. In einem Doppelquadrat gibt es vier Ecken, aus denen eine Spirale entspringen kann: oben links, oben rechts, unten links und unten rechts (siehe Abb. 8-14). Die beiden oberen Positionen bringen männliche Spiralen hervor, die beiden unteren weibliche. Die männlichen Spirallinien führen nie durch die vier Mittelquadrate, die weiblichen immer.

Abbildung 8-15 zeigt die beiden Arten von männlichen und weiblichen Spiralen und wie sie sich durch dieses geometrische Muster bewegen.

Hier zur Verdeutlichung ein Beispiel: Wenn die Spirale an dem Punkt oben rechts beginnt, so handelt es sich bezogen auf dieses geometrische Muster um eine männliche Spirale. Darüberhinaus wäre der gebogene Aspekt dieser männlichen Spirale weiblich, und der geradlinige Aspekt männlich. Jegliche Polarität trägt immer eine weitere Polarität in sich, und innerhalb dieser neuen Polarität findet sich stets noch eine weitere. Dieser TeilungsProzess geht theoretisch immer so weiter.

Abbildung 8-16 ist ein Beispiel für die Spiralen männlichen Ursprungs, die oben beginnen (was bedeutet, im größten Abstand zur Mitte), dabei aber nur ihren weiblichen (gebogenen) Aspekt zeigen. Diese Zeichnung zeigt alle acht möglichen Spiralen männlichen Ursprungs, die um den Körper existieren, aus Fibonacci-Perspektive, in ihrer weiblichen (gebogenen) Form. Sie tragen die Fibonacci-Sequenz nur bis zur 5 in sich (1-1-2-3-5). Bei dieser begrenzten Anordnung ist es interessant, einmal darauf zu achten, wie die gebogenen Spiralen sozusagen Schleife an Schleife aneinandergeraten. Die Energie könnte tatsächlich zur jeweils anderen werden und rückzirkulieren. Diese Fibonacci-Bewegung entspricht dem, was sich meiner Überzeugung nach wirklich um den menschlichen Körper abspielt – nicht der Goldene Schnitt, wie in den meisten Büchern behauptet.

Auf Abbildung 8-17 sehen wir Spiralen männlichen Ursprungs um den menschlichen Körper. Hier zeigen wir den männlichen (geradlinigen) Aspekt, aber nur mit zwei weiblich gebogenen Linien.

Auf Abbildung 8-18 sehen wir die weiblichen Spiralen um den menschlichen Körper, die unten entspringen, oder den Punkten, die dem Zentrum am nächsten kommen. Hier zeigen wir primär den männlichen (geradlinigen) Aspekt dieser weiblichen Spiralen. Es wird der weibliche (gekrümmte) Aspekt von nur zwei weiblichen Spiralen gezeigt (nicht von allen acht), die ein Herz bilden. Achten Sie einmal auf das Muster, das sie erzeugen. Ein Herz zeigt in die eine Richtung, und nachdem es um 180 Grad ausgedehnt wurde, zeigt ein größeres Herz in die andere Richtung. Jede dieser gekrümmten weiblichen Linien passiert genau im Zentrum des

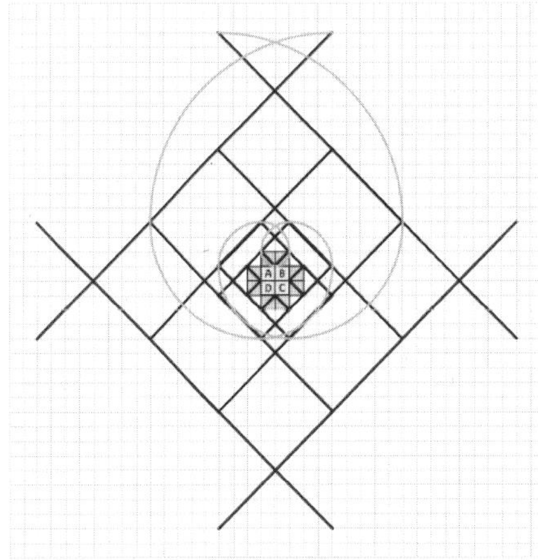

Abb. 8-17. Spiralen männlichen Ursprungs mit männlichen geraden Linien.

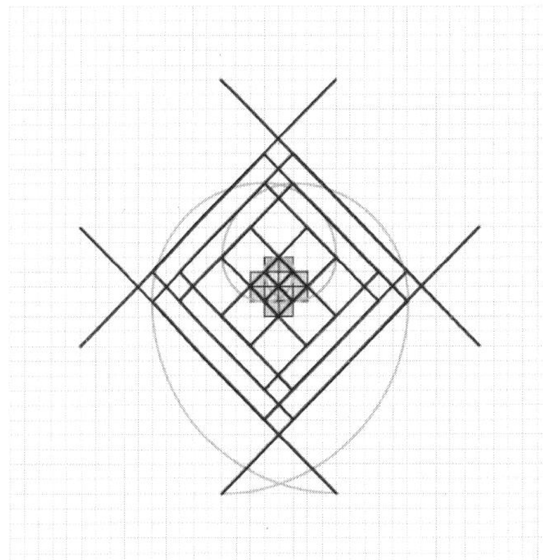

Abb. 8-18. Spiralen weiblichen Ursprungs mit männlichen geraden Linien.

Binärsequenz

1, 2, 4, 8, 16, 32, 64, 128, 256, 512 ... (die ersten neun miotischen Zellteilungen)

1. Es gibt 10^{14} (100.000.000.000.000) Zellen im durchschnittlichen menschlichen Körper.

2. Ist der menschliche Körper vollendet (Erwachsenenalter), so muss er in jeder Sekunde seines Lebens 2,5 Millionen rote Blutzellen ersetzen.

Abb. 8-19 Die Binärsequenz bei der miotischen Zellteilung

menschlichen Körpers den Nullpunkt. Dieser Nullpunkt ist der Schöpfungspunkt oder das, was wir als Mutterleib bezeichnen würden. Aus diesem Grund haben die Frauen die Gebärmutter in ihrem Körper, und die Männer nicht. Das Männliche kommt nie durch den Nullpunkt. Später werdet ihr sehen, wie diese herzförmig angeordneten Beziehungen mit vielen weiteren Phänomenen in der Natur verknüpft sind, wie etwa Licht, Augen und Emotionen, um nur einige wenige zu nennen – behaltet sie also im Sinn.

Mit diesem Verständnis betrachten wir uns nun eine weitere Zahlenreihe. Es gibt Tausende mathematischer Zahlenreihen; ich schätze, auf einer Ebene könnte man sogar sagen, unendlich viele. Aber was ihren praktischen Nutzen angeht, gibt es viele. Eine Zahlenreihe kann ganz schlicht 1, 2, 3, 4, 5 , 6, 7, 8 lauten. Bei jeder der dem Menschen bekannten Zahlenreihen braucht man drei Zahlen, um das Muster, die gesamte Zahlenreihe, zu identifizieren – mit Ausnahme der logarithmischen Zahlenreihe für den Goldenen Schnitt: In diesem Fall braucht man nur zwei. Daraus folgt, dass sie möglicherweise der Ursprung aller anderen Zahlenreihen ist.

So, wie es mir eingegeben wird, gibt es noch zwei weitere Zahlenreihen neben dem Goldenen Schnitt, die für die Natur und das Leben von zentraler Bedeutung sind. Nämlich die Fibonacci-Sequenz, die wir gerade betrachtet haben, und die Binärsequenz, die wir uns gleich noch ansehen werden. Hier werden wir Fibonacci als weiblich und Binär als männlich sehen. Sie sind wirklich mehr als nur weiblich und männlich; sie agieren eher als Mutter und Vater. Beide sind primärer Natur, sie gehen unmittelbar aus dem Goldenen Schnitt hervor, genauso wie die beiden Primärfarben, die sich aus weißem Licht ergeben, Rot und Blau sind.

Binäre Zahlenreihen bei der Zellteilung und bei Computern

Bei der Binärsequenz [Abb. 8-19] handelt es sich um eine Zellkernteilung, bei der einfach jedes Mal eine Verdopplung stattfindet, wie etwa von 1 auf 2 auf 4 auf 8 auf 16 auf 32. Statt die letzte Zahl hinzuzuaddieren wie bei der Fibonacci-Sequenz, nehmen wir eine Verdopplung vor.

Betrachten wir uns die Binärsequenz für einen Moment. Sie lautet 1, 2, 4, 8, 16, 32 – bei jedem Sprung wird verdoppelt. Um das charakteristische Merkmal dieser Sequenz zu bestimmen, muss man nur drei aufeinanderfolgende Zahlen aus der Sequenz herausgreifen – etwa 2, 4 und 8. Man verdoppelt die 2 und erhält 4, und dann verdoppelt man die 4 und hat 8. Man benötigt also drei aufeinanderfolgende Zahlen, um den Verdopplungsprozess mit Sicherheit als solchen zu identifizieren.

Was die Zellkernteilung eines Pronukleus angeht, so haben zu dem Zeitpunkt, zu dem die ersten Zellen die Apfelform annehmen, neun Zellteilungen stattgefunden, was insgesamt 512 Zellen ergibt. Behaltet das im Sinn und betrachtet die beiden folgenden Fakten:

Fakt eins (siehe Darstellung in Abb. 8-19): Im menschlichen Körper gibt es durchschnittlich 10^{14} Zellen. Will heißen, 100 Billionen Zellen im Durchschnittsmenschen. Ganz schön viele Nullen. Fakt zwei (gleiche Abbildung): Der Körper eines Erwachsenen muss in jeder Sekunde seines Lebens zweieinhalb Millionen rote Blutkörperchen ersetzen. Das klingt natürlich nach einer ganzen Menge. Ihr würdet etwa zweieinhalb Monate brauchen, um auch nur bis zweieinhalb Millionen zu zählen, wenn ihr das Tag und Nacht, 24 Stunden lang an sieben Tagen in der Woche tätet. Und dennoch muss unser Körper, wenn wir am Leben bleiben sollen, in jeder Sekunde Millionen neuer roter Blutkörperchen erzeugen, um abgestorbene zu ersetzen. Und das kann einzig und allein durch Zellkernteilung erreicht werden.

Ihr seht euch das an und sagt: »Tja, bei nur neun Zellteilungen hat man 512, da muss der Körper also schon ganz schön loslegen, um auf diese 100 Billionen zu kommen. Aber es geschieht dabei etwas, das an Magie grenzt. Jeder, der sich schon näher mit Mathematik befasst hat, kennt dieses Phänomen, aber wer sich noch nie damit beschäftigt hat, für den ist es fast so etwas wie Magie. Was geschieht, ist folgendes [Abb. 8-20]: Nach den nächsten zehn Teilungen haben sich die Zellen bereits auf mehr als eine halbe Million vermehrt. Bei noch zehn weiteren Teilungen hat man 536 Millionen.

Wie Anna C. Pai und Helen Marcus Roberts in ihrem Buch *Genetics, Its Concepts and Implications*, schreiben, erfordert es 46 Zellkernteilungen, um die 10^{14} Zellen des menschlichen Körpers zu erreichen. *Nur 46 Teilungen!* Für mich scheint es wie Magie, dass diese Zahl – 46 ausgerechnet der Anzahl von Chromosomen entspricht, die wir in einer durchschnittlichen Zelle aufweisen. Reiner Zufall?

Diese Zahlen sind schon erstaunlich. Sie sind nicht erstaunlich, wenn man sich näher mit ihnen befasst hat, denn dann gewöhnt man sich daran. Aber mich bringen sie noch immer zum Staunen.

Und jetzt möchte ich gerne darauf zu sprechen kommen, wie Computer funktionieren. Ich habe ja schon angefangen damit, indem ich erwähnte, dass wir Kohlenstoff und Silizium haben, und was für Zusammenhänge es zwischen den beiden gibt. Und wer stellt die Siliziumcomputer her? *Wir* – Wesen auf Kohlenstoffgrundlage. Von all den unterschiedlichen mathematischen Möglichkeiten haben wir die Binärsequenz als Basis für das Funktionieren des Computer ausgesucht. Sie ist die Grundlage des gesamten Computersystems, und sie ist auch eine der primären Grundlagen des Lebens an sich. Ich bin sicher, dass es kein Zufall war, dass wir uns für die Binärsequenz entschieden haben, denn wir sind Leben, und tief in unserem Innern wissen wir um die Wichtigkeit dieser Sequenz.

Ich weiß, die meisten von euch wissen es wahrscheinlich, aber ich will euch dennoch einmal aufzeigen, wie ein Computer funktioniert. Stellt euch kleine Lichtschalter namens Computerchips vor, und wenn ihr einen dieser Schalter andreht, seht ihr die Zahl, die diesem Chip zugewiesen ist. Dreht ihr Chip 1 an, seht ihr eine 1. Habt ihr fünf Computerchips in eurem Computer, so sind ihnen die 1, 2, 4, 8 und 16 zugewiesen. Ihr könnt diese fünf Chips an- und abstellen und so jede Zahl zwischen 1 und 31 erhalten. Wenn ihr nur Chip »1« anstellt, seht ihr die Zahl 1. Stellt ihr den zweiten Chip an, mit »2« bezeichnet, seht ihr die Zahl 2. Das gleiche gilt für Chip »4«, Chip »8« und Chip »16«.

Indem ihr alle *Kombinationen* dieser fünf Chips aktiviert und miteinander addiert, könnt ihr auf jede Zahl zwischen 1 und 31 kommen. Mit anderen Worten, wenn ihr den ersten Chip anstellt, bekommt ihr die 1. Stellt den zweiten an, und ihr habt die 2. Und wenn ihr die beiden gleichzeitig aktiviert, habt ihr die 3. Der nächste, den ihr anstellt ist die »4«; 4 plus 1 macht 5; 4 plus 2 ist 6; 4 plus 2 plus 1 ist 7. Um die 8 zu erhalten, aktiviert ihr dann Chip »8«. 8 plus 1 ist 9; 8 plus 2 ist 10; 8 plus 2 plus 1 ist 11; 8 plus 4 ist 12; 8 plus 4 plus 1 macht 13; 8 plus 4 plus 2 ist 14; und 8 plus 4 plus 2 plus 1 macht 15. Um die 16 zu erhalten, stellt ihr dann Chip

Die nächsten 10 miotischen Zellteilungen

1024
2048
4096
8192
16384
32768
65536
131072
262144
524288

(Von 512 Zellen bei den ersten neun miotischen Zellteilungen bis über eine halbe Million bei den nächsten 10 Teilungen)

1048576
2097152
4194304
8388608
16777216
33554432
67108864
134217728
268435456
536870912

(Von einer halben Million bis einer halben Milliarde Zellen am Ende d. 29 miot. Zellteilung)

Abb. 8-20. Die nächsten 20 miotischen Zellteilungen

»16« an. Wenn ihr also den fünften Chip hinzunehmt, erhaltet ihr sämtliche Zahlen bis 31, wenn sie auf jede machbare Weise addiert werden. Nehmt nun noch einen weiteren Chip hinzu und nennt ihn »32«, so könnt ihr jede Zahl zwischen 1 und 63 erhalten. Nehmt ihr noch einen dazu und nennt ihn »64«, bekommt ihr jede Zahl zwischen 1 und 127 und so weiter. Habt ihr einen Computer, der über 46 Chips verfügt, so könnt ihr absolut jede Zahl zwischen 1 und 100 Billionen erzielen – einfach nur, indem ihr 46 kleine Chips an- und ausstellt! Das ist es, was die derart rapide Entwicklung des Wissens ermöglicht hat, die sich aktuell auf dem Planeten abspielt. Und euer Körper nutzt diese Technik bereits seit Jahrmillionen!

Auf der Suche nach der Form hinter der Polarität

Ich habe die Fibonacci- und Binärsequenzen unter der Anleitung der Engel studiert, die mich dabei ständig führten. Je mehr ich mich damit befasste, desto mehr gelangte ich persönlich zu der Überzeugung, dass da eine Geometrie hinter ihnen sein musste, eine geheime Form, die diese Zahlenreihen erzeugte. Da die Engel sagten, der menschliche Körper und die geometrischen Felder seien die Messlatte des Universums, hatte ich den dringenden Verdacht, dass es dann, wenn diese beiden Sequenzen wie Mutter-/Vater-, männliche/weibliche Komponenten waren, eine einzige geometrische Form geben musste, die sich hinter ihnen verbarg, eine Form, die beide erzeugte. Ich suchte nach einem Weg, sie zu vermählen.
Nach diesem Geheimnis forschte ich jahrelang. Lange Zeit war es mir sehr ernst damit, dann gab ich es auf, weil ich mir nicht vorstellen konnte, worin es bestehen mochte. Aber ich behielt noch weiterhin ein Auge offen für eine mögliche Antwort, immer auf der Suche nach einem kleinen Hinweis, der vielleicht ausreichen würde. Und eines Tages erhielt ich ihn dann.

Die Polardiagramm-Lösung

Ein Mathebuch aus der sechsten Klasse

Ein kleiner Junge, den ich beaufsichtigte, war gerade in der sechsten Klasse, und er wollte etwas über ein ganz bestimmtes mathematisches Problem wissen. Es war ein relativ einfaches Problem, aber ich konnte mich nicht erinnern, wie es zu lösen wäre. Ich blätterte also durch dieses Buch, um mich wieder daran zu erinnern, wie das ging, damit ich es ihm erklären könnte. Als ich dieses Buch durchsah, sah ich die Geometrie, die ich brauchte – in einem Mathematikbuch für die sechste Klasse! Der Schulbuchautor verstand nicht, was *ich* sah, denn mein Denken ging in eine völlig andere Richtung. Aber ich sah in dieser Mathematik etwas, nach dem ich gesucht hatte, und es war der Schlüssel, der diese beiden Primärsequenzen miteinander verknüpfte.
Ich bedaure, dass ich mich an den Namen des Buches oder an den Verfasser nicht erinnern kann – es liegt lange zurück –, aber jedenfalls war darin ein Polardiagramm abgebildet und seine Beziehung zur Spirale nach dem Goldenen Schnitt. Abbildung 8-21 zeigt eine Landkarte des Südpols auf einem Polardiagramm. Beachtet das Kreuz, das durch die Mitte verläuft, wobei eine Linie der x- und die andere der y-Achse folgt. Tatsache ist, dass jeder Kreis diese Linien hat, die ihn kreuzen. Wir haben das demonstriert,

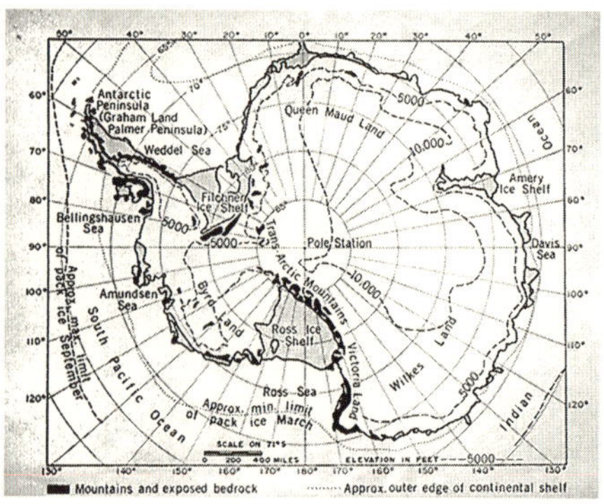

Abb. 8-21 Polardiagramm und Landkarte [aus World Atlas of Geomorphic Features von Rodman E. Snead].

indem wir eine flache Scheibe von etwa acht Millimeter Dicke nahmen und nach dem Zufallsprinzip Sand darüber streuten. Wir hielten die Scheibe an einem unter ihr angebrachten Griff fest und schlugen mit einem Holzhammer darauf. Und schon formierte sich der Sand so um, dass ein perfekt quadratisches Kreuz entstand wie auf dieser Illustration abgebildet. Wenn wir einen Schallgenerator auf der Scheibe benutzten, veränderte sich der Sand dahingehend, dass er viele weitere geometrische Muster bildete. Das allererste Muster jedoch, das entsteht, wenn man langsam gegen eine runde Scheibe schlägt, ist ein perfekt quadratisches Kreuz.
Habt ihr einen Kreis mit einem quadratischen Kreuz darüber, so nehmt den Radius eures Kreises als Messlatte und nennt ihn 1 (das erleichtert die Berechnungen sehr). Zeichnet ihr nun konzentrische Kreise im gleichen Abstand nach außen vom ersten Radius, so erhaltet ihr ein Polardiagramm.

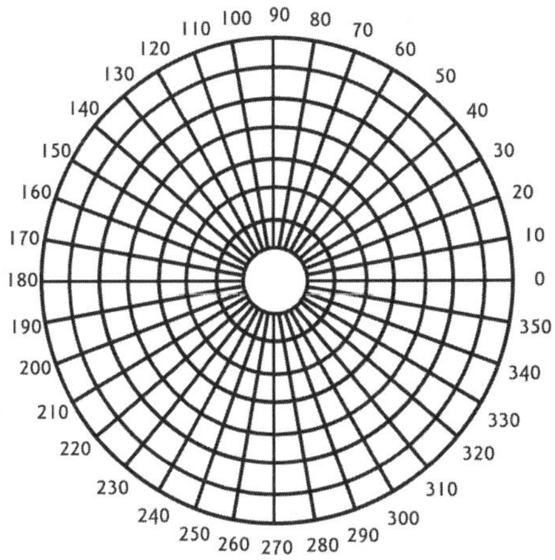

Abb. 8-22. Polardiagramm.

Spiralen auf einem Polardiagramm

So sieht ein Polardiagramm in der Regel aus [Abb. 8-22]: mit 36 Radiallinien einschließlich der vertikalen und horizontalen Linien. Diese Linien geben 360 Grad in Schritten zu je 10 Grad an. Dann werden konzentrische Kreise gezeichnet, jeder mit gleichem Abstand wie der vorherige, so dass acht gleiche Abmessungen auf jedem Radius entstehen, wenn man den Innenkreis als eins zählt. Es steckt eine Menge an Überlegungen hinter einem Polardiagramm. Denkt zuerst einmal darüber nach, was es darstellt. Es ist eine zweidimensionale Zeichnung, die sich bemüht, durch Projektion auf eine ebene Fläche eine dreidimensionale Kugel zu zeigen, eine der heiligen Formen. Es ist die Schattenform. Schatten zu werfen ist eine der heiligen Weisen, Informationen zu erlangen. Außerdem hat ein Polardiagramm sowohl gerade Linien (männlich) und kreisförmige Linien (weiblich), die übereinander geschichtet werden – männliche und weibliche Energien gleichzeitig.
Denkt euch den kleinen Kreis in der Mitte als einen Planeten im Weltraum. Von der Oberfläche des Planeten zeichnete der Verfasser des Mathematikbuchs eine Spirale nach dem Goldenen Schnitt – nicht Fibonacci, sondern Goldener Schnitt. Sie beginnt beim Nullradius auf dem Umfang des kleinen »Planeten« in der Mitte, und wird einmal rundherum gezeichnet, von Null auf 360°, oder zurück auf Null [Abb. 8-23].

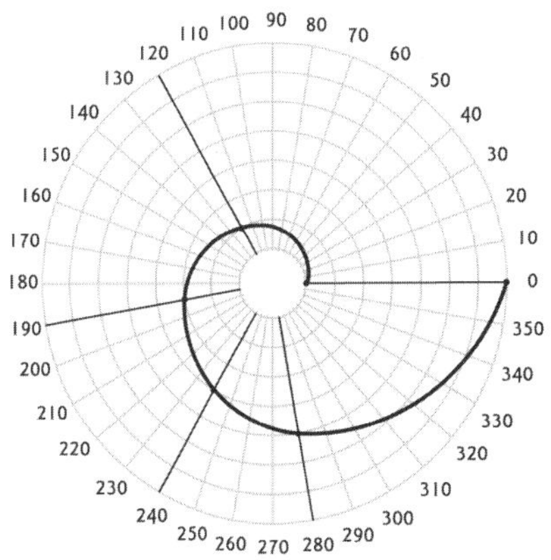

Abb. 8-23. Spirale nach Goldenem Schnitt auf Polardiagramm.

Nun, um den Wert eines beliebigen Punktes zu ermitteln, würdet ihr den Mittelkreis als Referenzwert verwenden, der den Wert 1 hat (da er ja den Abstand vom Zentrum zum ersten Kreis darstellt, den wir den »Planeten« nennen), dann zählt nach außen bis zu dem Punkt, an dem die Spirale einen Radius kreuzt. Bei 260° auf dem Radius (zwischen viertem und fünftem Ring) hättet ihr also bis auf schätzungsweise 4,5 nach außen gezählt. (Auf einem Computer wäre es natürlich exakter.) Soweit verstanden?
Betrachtet nun, was mit den tatsächlichen Daten von Null bis 360° geschieht. Bei null Grad ist die Spirale exakt einen Kreis (radialen Schritt) weit vom Zentrum entfernt, da ihr euch auf der Oberfläche dieser kleinen Kugel oder dieses Planeten befindet. Dann führt sie unter diversen Veränderungen rundherum, bis sie zu 120° gelangt, wo die Spirale den zweiten Kreis kreuzt. Die Spirale setzt sich weiter nach außen fort, zum vierten Kreis, exakt dort, wo die radiale 240°-Grad-Linie sitzt. Und sie erreicht den achten (äußeren) Kreis genau beim 360°- (auch 0°-) Radius. Die radialen Schritte haben sich exakt bei 0°, 120°, 240° und 360° verdoppelt (eine binäre Zahlenreihe: 1, 2, 4, 8).

Winkel	radialer Zuwachs vom Zentrum	Winkel	radialer Zuwachs vom Zentrum	Winkel	radialer Zuwachs vom Zentrum	Winkel	radialer Zuwachs vom Zentrum
0° ☆	1.0 ★						
10°	1.1	100°	1.8	190°	3.0 ★	280°	5.0 ★
20°	1.1	110°	1.9	200°	3.2	290°	5.3
30°	1.2	120° ☆	2.0 ★	210°	3.4	300°	5.6
40°	1.3	130°	2.1	220°	3.6	310°	6.0
50°	1.3	140°	2.2	230°	3.8	320°	6.3
60°	1.4	150°	2.4	240° ☆	4.0	330°	6.7
70°	1.5	160°	2.5	250°	4.2	340°	7.1
80°	1.6	170°	2.7	260°	4.5	350°	7.5
90°	1.7	180°	2.8	270°	4.7	360° ☆	8.0 ★

Winkel	0°	120°	240°	360°	Binär-Sequenz
Entfernung vom Pol	1.0	2.0	4.0	8.0	

Winkel	0°	120°	190°	280°	360°	Fibonacci-Sequenz
Entfernung vom Pol	1.0	2.0	3.0	5.0	8.0	

Abb. 8-24. Tabelle zu Abstand der Spirale vom Pol, in radialen Teilschritten gemessen.

Beachtet Abbildung 8-24, die die Überschneidungspunkte der Spirale zeigt. Die weißen Sterne links von der Spalte mit den radialen Schritten zeigen, wo die Binärsequenz einen Radius kreuzt. Die schwarzen Sterne zeigen, wie die Spirale in einer Fibonacci-Sequenz (1, 2, 3, 5, 8) fortschreitet und dabei bei 120°, 190°, 280° und 360° die Radiale überkreuzt. Beide Sequenzen erreichen gleichzeitig den vollen Kreis (360°), wenn auch nach dieser Spirale gemäß dem Goldenen Schnitt in verschiedenen Teilschritten. Diese auf einem Polardiagramm gezeigte Spirale hat die Binär- und Fibonaccisequenz integriert!

Ich war so aus dem Häuschen, dass ich tagelang Purzelbäume schlug. Ich wusste, dass ich etwas wirklich Außergewöhnliches herausgefunden hatte, wenn ich auch nicht in vollem Umfang wusste, was. (Das ist wieder so eine meiner Schwächen, die ich an dieser Stelle eingestehen muss. Nachdem ich sie gesehen hatte, wusste ich, wenn ich eines der Muster entschlüsseln würde, würde es auch für das andere zutreffen, und ich bin nie einen Schritt zurückgegangen, um das andere Muster auch nur anzusehen, das wahrscheinlich ebenso interessant ist.)

Von anderer Seite wurde das andere Muster dekodiert, und es ist Fibonacci, wie schon von mir vermutet. Was das letztlich für das Bewusstsein bedeutet, habe ich nicht erforscht.

Aber ich analysierte durchaus, was eine Binärsequenz bewirkt. Die Spirale kreuzt bei 0, 120, 240 und 360 Grad. Wie ihr sehen könnt, bildet sich so ein gleichseitiges Dreieck [Abb. 8-25]. Würde diese Binärspirale weiterhin nach außen weitergehen, so würde sie bei weiteren Teilschritten von 16, 32, 64 und so weiter Radien kreuzen und dabei dennoch immer auf diese drei Radiallinien von 120, 240 und 360 Grad treffen, da auch diese sich ausstrecken.

Nicht nur habt ihr ein Dreieck, sondern ihr seht auch ein dreidimensionales Tetraeder vor euch, da die 120-, 240- und 360-Grad-Radien sich zur Mitte hin ausdehnen und so die Vogelperspektive eines Tetraeders sowie eine Seitenansicht davon wiedergeben.

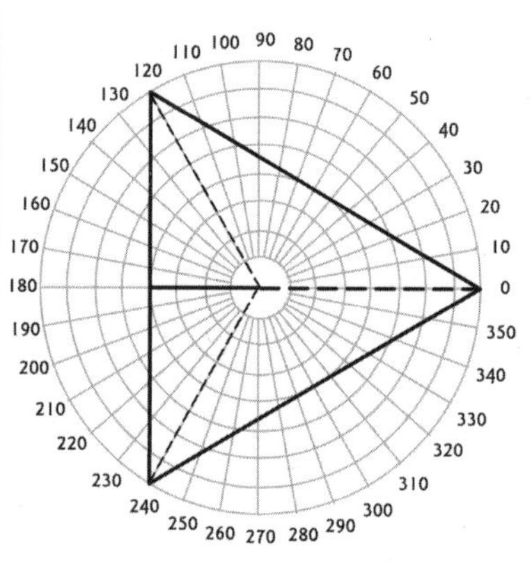

Abb. 8-25. Binäre Spirale, die auf Polardiagramm einen Tetraeder bildet.

Keith Critchlows Dreiecke und ihre Bedeutung in der Musik

Ein weiteres Bild auf dieser Zeichnung ist ein gleichseitiges Dreieck mit einer waagrechten Linie, die direkt von 0 bis 180 Grad durch die Mitte verläuft. Das ist die Seitenansicht eines Tetraeders. Nun, ihr denkt vielleicht nicht, dass das sonderlich wichtig ist, und ich hätte es wahrscheinlich auch nie aufgegriffen, wenn es nicht schon jemand vor mir getan hätte: Keith Critchlow. Wir wissen nicht, was er sich dabei dachte oder wie er dazu kam. Er wusste, als er das machte, nicht, was ihr jetzt wisst. (Er weiß es vielleicht jetzt, nachdem er diese Arbeit hier gesehen hat, aber er wusste es nicht, als er sein Buch schrieb).

Abbildung 8-26 ist Critchlows Arbeit. Er zeichnete ein gleichseitiges Dreieck mit einer Linie durch die Mitte, dann maß er bis zur Mitte der Mittellinie (siehe schwarzer Punkt) und zog eine Linie bis zur Ecke hinunter und hinauf zum oberen Rand, und dann senkrecht hinunter zur Mittellinie, wie hier gezeigt. Wer weiß warum? Dort, wo diese erste Diagonale die Mittellinie überkreuzte, zog er dann eine vertikale Linie zum oberen Rand und dann hinunter zur selben unteren Ecke. Er benutzte dann den Punkt, wo diese die Mittellinie kreuzte und wiederholte das, was er zuvor gemacht hatte, und dann wiederholte er es noch einmal weiter links. Man könnte das ausgehend von der ersten Linie in beide Richtungen fortsetzen. Durch das Zeichnen dieses merkwürdigen kleinen Gebildes entdeckte er etwas, das von großer Wichtigkeit war.

»Wenn man so fortfährt« (nach diesem Konstruktionsmuster), sagt er, »wird jede aufeinanderfolgende Proportion das harmonische Mittel zwischen der vorherigen Proportion und der Gesamtlänge darstellen, und all diese Proportionen werden in musikalischer Hinsicht bedeutsam sein, ist doch $^{1}/_{2}$ die Oktave, $^{2}/_{3}$ die Quinte, $^{4}/_{5}$ die große Terz, $^{8}/_{9}$ der Ganztonschritt, und $^{16}/_{17}$ der Halbtonschritt.« Mit anderen Worten, er vergleicht die Abmessungen dieser Linien mit den Noten in der Musik.

Dann versuchte er eine andere Art der Messung, indem er an einem anderen Punkt [Abb. 8-27] der Mittellinie begann, bei drei Vierteln (siehe schwarzer Punkt), und herausfand, dass die Abmessungen $^{1}/_{7}$, $^{1}/_{4}$, $^{2}/_{5}$, $^{4}/_{7}$, $^{8}/_{11}$ und $^{16}/_{19}$ betrugen – und all diese Zahlen sind in der Musik von Bedeutung.

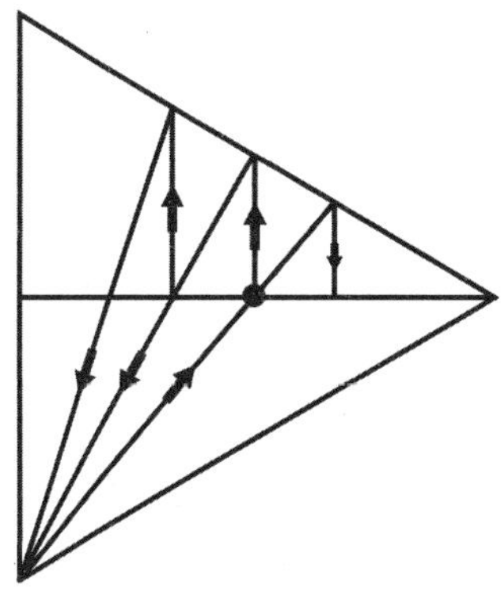

Abb. 8-26. Keith Critchlows Dreiecke.

Das ist sehr, sehr interessant. Es heißt, dass die Harmonien in der Musik irgendwie in Beziehung zu den Proportionen dieser Mittellinie stehen, die durch ein Tetraeder führt. Aber Critchlow musste zuerst einmal messen, um beginnen zu können, und sobald man einen Maßstab benutzen muss, befindet man sich nicht im Kern der heiligen geometrischen Formen – irgendetwas fehlt. Wenn man sich inmitten der Formenwelt der heiligen Geometrie befindet, muss man *nie* irgendetwas zum Messen verwenden. Der Messapparat ist eingebaut, so dass man alles berechnen kann, ohne irgendeine Form von Taschenrechner oder Lineal, oder was auch immer. Es ist immer unmittelbar in das System eingebaut.

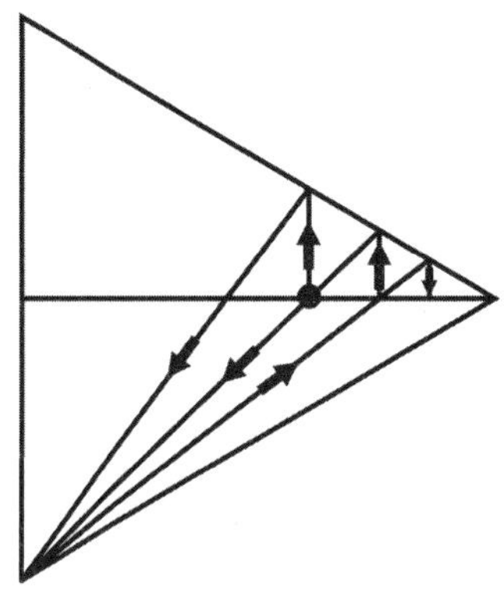

Abb. 8-27. Keiths Arbeit.

Ich habe mit seinen Zeichnungen experimentiert und bin darauf gestoßen, dass, wenn ich das Polardiagramm hinter dieses Muster legte, sein erstes Muster reproduzieren konnte, das die Oktave zeigte – die Kennzeichnung der halben Strecke – ohne irgendetwas ausmessen zu müssen [Abb. 8-28].

Alles, was ich tun musste, war, von der niedrigsten Spitze des Dreiecks durch die Mitte der Kugel zur gegenüberliegenden Seite des Dreiecks über eine Linie zu zeichnen, die bereits vorhanden war; wenn ich die Linie geradewegs absinken ließ, so teilte sie die Mittellinie *genau* in zwei Hälften, was dem Oktavpunkt entsprach, den Critchlow gefunden hatte. Dann konnte man automatisch die anderen drei Linien zeichnen.

Dann entdeckte ich, dass der äußerste Kreis des Polardiagramms, der das gleichseitige Dreieck umschreibt, auch harmonisch zur Mittellinie war: Die vertikale Linie überlagert mit 60 Grad (Linie A) exakt Linie B. Es gibt eine Entsprechung zwischen den männlichen (gerade Linien) und den weiblichen (gekrümmte Linien) Komponenten innerhalb und außerhalb des Dreiecks, und diese Proportionen waren allesamt in musikalischer Hinsicht relevant. *Und ich brauchte absolut nichts zu messen!*

Wir haben dies nun Lichtjahre weiter als das obige gebracht. Ein Forschungsteam hat herausgefunden, dass man diese Linien nicht nur von der Mitte aus zeichnen kann, sondern von jedem der Knotenpunkte innerhalb der oberen Hälfte des Dreiecks, und man wird auf alle bekannten Harmonien stoßen, die es gibt. Mit anderen Worten, wenn man

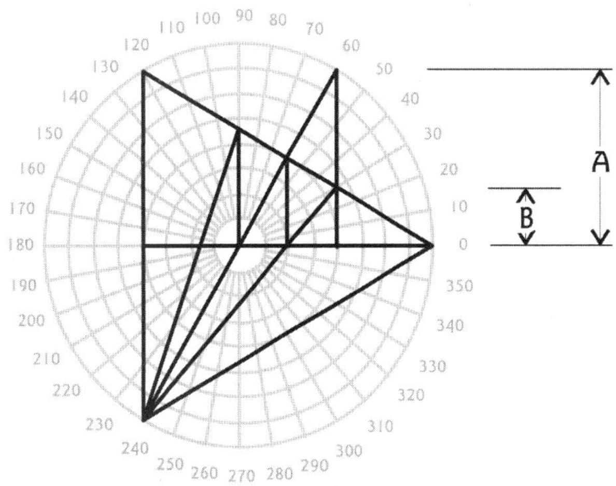

Abb. 8-28. Critchlows Dreiecke auf Polardiagramm.

eine Linie von irgendeinem der Punkte zieht, wo gerade und gekrümmte Linien sich zwischen 0 und 120 Grad kreuzen, und dann hinunter zur Ecke des anfänglichen Dreiecks, und seine Muster zu erstellen beginnt, stößt man auf alle Harmonien, nicht nur auf die westliche Tastatur, sondern auch auf östliche Harmoniegefüge – de facto alle bekannten Harmoniegefüge, und viele unbekannte, die noch nie benutzt wurden.

Personen, die diese Forschungsarbeit durchgeführt haben, gehen nun davon aus, dass *sämtliche* Gesetze der Physik sich von musikalischen Harmonien ableiten lassen, wo nun das vollständige System der Harmonien offengelegt worden ist. Ich persönlich glaube, dass die Harmonien der Musik und die physikalischen Gesetze wechselseitig verflochten sind, und wir glauben nun, mathematisch und geometrisch den Beweis dafür erbracht zu haben, wenn es auch hier nicht vollständig aufgezeigt wird.

Ich fand es damals sehr spannend, als ich diese Informationen sammelte, da es unglaubliche Auswirkungen hat. Es bedeutet, dass die musikalischen Harmonien innerhalb eines Tetraeders angesiedelt sind, und dass diese Harmonien nun bestimmbar sind. Seit damals haben wir ein weiteres geometrisches Muster hinter dem in dieser Illustration Gezeigten entdeckt, das alle Schlüssel offenlegt, und es hat alle inneren Bedeutungen offenbart, um die es in Ägypten ging.

Die Ägypter reduzierten ihre gesamte Philosophie auf die Quadratwurzel von 2, 3 und 5 sowie das 3-4-5-Dreieck. Viele haben Erklärungen hierfür abgegeben, aber es verbirgt sich noch eine weitere Erklärung hinter der Geometrie des Tetraeders. Diese Idee ist vermutlich allen irgendwann zu hoch gewesen, wobei ich mich selbst in gewisser Hinsicht nicht ausschließen kann. Aber sie ist da, und wir arbeiten nun an ihr.

Schwarzweiße Lichtspiralen

Während ich an den musikalischen Harmonien arbeitete, schickte mir jemand eine Postkarte. Die Karte zeigte ein Polardiagramm mit reflektierenden Oberflächen [Abb. 8-29]. In jeder Komponente fanden sich kleine Reflektoren. Ich will, dass ihr sehen könnt, wie das Licht von einem Polardiagramm in den Raum gespiegelt wird. Es spiegelt etwas, was scheinbar

Abb. 8-29. Postkarte mit Spirale.

eine Fibonacci-Spirale ist oder eine Spirale, die sich am Goldenen Schnitt orientiert.

Die Spirale hat zwei Arme, die entgegengesetzt zueinander verlaufen, genau im Abstand von 180 Grad. Beachtet, dass das Licht zwischen den reflektierenden Armen sehr dunkel wird. Die Spiralen aus schwarzem Licht drehen sich im Winkel von 180 Grad zueinander und im Winkel von 90 Grad zum weißen Licht (wir haben dies zuvor bei der wirbelnden Galaxie gesehen). Wenn ihr genau in die Mitte blickt, könnt ihr sehen, dass sich die beiden gegenüberliegenden Arme genau im 180-Grad-Winkel zueinander befinden.

Abb. 8-30. Wirbelnde Galaxie.

Und hier haben wir Derartiges schon zuvor gesehen [Abb. 8-30]. Hier kommt eine Spirale aus weißem Licht in einer Richtung heraus, und im Winkel von 180 Grad von ihr verläuft eine andere Spirale aus weißem Licht in die entgegengesetzte Richtung. Die dunklen Arme – die weiblichen – kommen zwischen den Lichtarmen heraus. Das erklärt, warum das schwarze Licht zwischen den Lichtarmen der Spirale sich von der Schwärze im restlichen Raum unterscheidet [siehe Abb. 2-35], wie die Wissenschaft festgestellt hat, da das schwarze Licht innerhalb einer Spirale die weibliche Energie ist, und die Dunkelheit draußen im Weltraum ist die Leere, nicht dasselbe also. Die Wissenschaftler konnten nicht ganz verstehen, wieso da ein Unterschied bestand.

Landkarten für die linke Gehirnhälfte und ihre emotionale Komponente

Es gibt noch eine weitere simple Erkenntnis, die ich hier vermitteln möchte. Wenn man das Tetraeder über dem Polardiagramm zeichnet, wird die Harmonielehre in der Musik geometrisch dargestellt. Diese Zeichnung und die Informationen, die ich euch zu diesem Thema an die Hand gegeben habe, finden über eure linke Gehirnhälfte Eingang in euer Verstehen. Aber erinnert ihr euch, wie wir diese Visualisierungen durchspielten, bei denen ich sagte, dass jede Zeile auf einer Seite nicht eine Zeile auf einer Seite sei, sondern eine Landkarte, die zeigt, wie der Geist sich durch die

Große Leere bewegt? Diese Zeichnungen sind also Landkarten – für die linke Gehirnhälfte.

Aber es gibt noch eine weitere Komponente, die gleichermaßen wichtig ist für das Verständnis: Abgesehen davon, dass sie eine Landkarte ist, die zeigt, wie sich der Geist in der Großen Leere bewegt, stehen die Linien auf einer Zeichnung, die heilige Geometrie wiedergibt, immer auch für etwas anderes. *Für jede Linie in einer heiligen geometrischen Figur gibt es immer einen mit diesem zusammenhängenden emotionalen und erfahrungsmäßigen Aspekt.* Da ist nicht nur eine mentale Komponente, sondern eine emotionale Komponente, die man auch persönlich erfahren kann. Eine Zeichnung einer heiligen geometrischen Figur kann über die linke Gehirnhälfte in das menschliche Bewusstsein eindringen, aber es gibt eine Möglichkeit, wie sie auch über die Erfahrung durch die rechte Gehirnhälfte hineingelangen kann. Mitunter ist diese emotionale Erfahrungskomponente nicht gleich offensichtlich.

Was heißt das? Nehmen wir zum Beispiel die Musik. Musik kann als Klang Eingang in das menschliche Erleben finden und kann in uns hörbar und fühlbar werden, oder man kann sie über die linke Gehirnhälfte als Proportionen und Mathematik verstehen. Wenn ihr euch mit heiligen geometrischen Figuren befasst, denkt daran, dass die beiden Gehirnhälften die gleiche Information unterschiedlich nutzen.

(Hier spielte Drunvalo eine Sioux-Lakota-Flöte, damit die Anwesenden eine unmittelbare Erfahrung machen konnten. Er bat sie, die Augen zu schließen und die Musik zu erleben, statt sie geistig zu analysieren oder über sie nachzudenken.)

Die Form und die heiligen geometrischen Figuren, die damit zusammenhängen, sind der Ursprung, aber die Art und Weise, wie diese Informationen ins menschliche Bewusstsein eindringen, ist jeweils anders. Es ist gewöhnlich viel leichter, die Information erfahrungsmäßig über die rechte Gehirnhälfte aufzunehmen als über die logisch denkende linke Gehirnhälfte, aber die beiden sind einander ebenbürtig. Es ist schwer zu sehen, dass sie ebenbürtig sind, aber sie sind es. Bei dieser ganzen Geometrie ist es, wenn ihr euch diese Dreiecke und Quadrate um den Körper anseht und die Kugeln und Formen, die damit zusammenhängen, so, dass mit jeder Geometrie eine bestimmte Art von Erfahrung einhergeht. Vielleicht wisst ihr nicht, worin die Erfahrung im einzelnen besteht. Es mag ein ganzes Leben beanspruchen, herauszufinden, worin die Beziehung besteht, aber ich bin der Überzeugung, dass mit jeder heiligen geometrischen Form ein Erfahrungsaspekt einhergeht.

Rückkehr zur Frucht des Lebens durch das zweite Informationssystem

Nun werde ich für all das eine Art Grundlinie angeben. Erinnert euch daran, dass wir dieses Dreieck aufzeichneten, und seine Spitzen trafen bei 0, 120 und 240 Grad auf, und wir dann diese Linien hinzufügten [Abb. 8-28]? In der Natur jedoch, wie in der Galaxie, ist da nicht nur eine Spirale, sondern zwei, die aus der Mitte herauskommend in unterschiedliche Richtungen verlaufen (siehe Abb. 8-29 und 8-30). Wenn ihr also die Natur nachahmt, so müsst ihr zwei Spiralen zeichnen, die auf dem Polardiagramm zwei einander gegenüberliegende Dreiecke ergeben würden [Abb. 8-31]. Wenn ihr genau hinseht, entstehen eigentlich zwei Tetraeder – genauer gesagt, ein sternförmiges Tetraeder, innerhalb einer Kugel.

Falls ihr Richard Hoaglands Arbeit gesehen habt: Erinnert ihr euch, worin die Botschaft auf dem Mars in der Cydonia-Region bestand? Es war ein sternförmiges Tetraeder in einer Kugel. Falls ihr Richard Hoaglands Arbeit nicht gesehen habt, schlage ich euch vor, euch anzusehen, was er den Vereinten Nationen vorgelegt hat. Obwohl die Wissenschaft gerade erst zu verstehen beginnt, was es damit auf sich hat, wird das, was Mr. Hoagland den Vereinten Nationen gezeigt hat, jetzt für euch vielleicht eine Menge Sinn ergeben.

In dem sternförmigen Tetraeder in der Kugel findet sich ein weiteres sternförmiges Tetraeder [Abb. 8-32]. Und in das kleinere Tetraeder passt perfekt eine Kugel. Wenn ihr die Größe dieser Kugel nehmt und sie auf jedem der Punkte auf dem Tetraeder zentriert, habt ihr am Ende die Frucht des Lebens. Dreht diese Zeichnung um 30 Grad und löscht einige der Linien, so könnt ihr das Ergebnis klarer sehen [Abb. 8-33].

Was ihr gerade gesehen habt, nur als umgekehrtes Bild, war das zweite Informationssystem der Frucht des Lebens. Alle obigen Informationen mit dem sternförmigen Tetraeder, der am Goldenen Schnitt orientierten Spirale, Licht, Klang und den musikalischen Harmonien und so weiter stammten aus diesem zweiten Informationssystem.

Ich hätte mit der Frucht des Lebens anfangen und das ganze in die andere Richtung zurückverfolgen können, aber so ist es bei mir nicht passiert. Ich wollte euch zeigen, dass man Zugang zum zweiten Informationssystem erhält, indem man die konzentrischen Kreise der Frucht des Lebens mit *Radial*linien verbindet, die *aus dem Zentrum herausführen*, statt sämtliche Zentren miteinander zu verbinden, wie wir das taten, um die Platonischen Festkörper zu finden und die Informationen über Kristalle. Es ist nur eine andere Möglichkeit, männliche Linien den weiblichen Linien in der Frucht des Lebens zu überlagern.

In diesem ersten Informationssystem – Metatrons Würfel – sind wir auf die Aufbaumuster des Universums gestoßen, die auf den fünf Platonischen Festkörpern basieren. Diese treten in den Gitterstrukturen von Metallen und Kristallen sowie in vielen anderen Mustern in der Natur zutage, auf die wir hier nicht eingegangen sind. Die Kieselalgen, aus denen Kieselgur besteht, gehörten zu den ersten Lebensformen auf der Welt, und Kieselalgen sind nichts anderes als kleine geometrische Muster oder Funktionen der Muster. Was euch gerade gezeigt wurde, ist, wie Licht, Klang und musikalische Harmonien durch ein Feld in Form eines sternförmigen Tetraeders miteinander verbunden sind, das in eine Kugel eingeschrieben ist, die wiederum direkt aus der Frucht des Lebens hervorging, dem dritten Rotationsmuster der Genesis [Abb. 8-34].

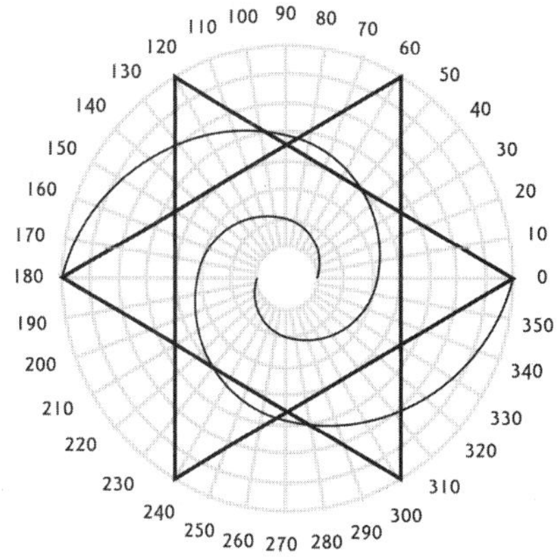

Abb. 8-31. Zwei Spiralen bilden ein Tetraeder auf einem Polardiagramm.

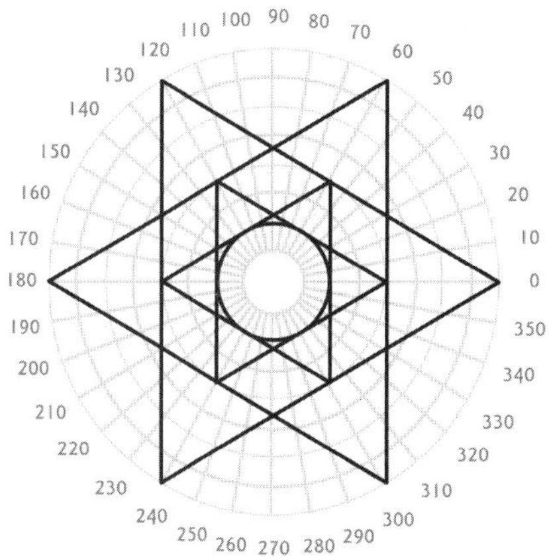

Abb. 8-32. Ein Stern im Stern.

Abb. 8-33. Frucht über Sternen und Kugel.

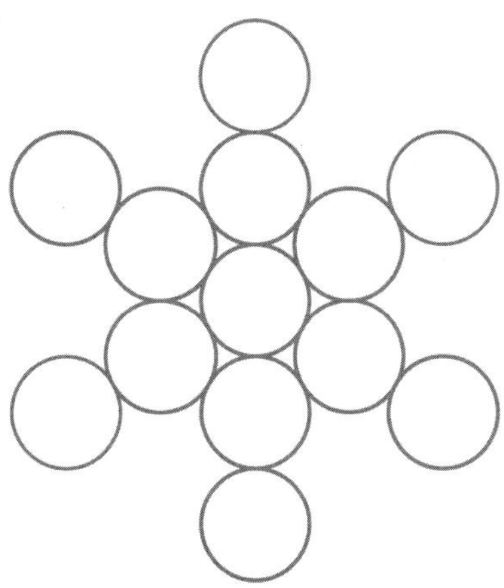
Abb. 8-34. Frucht des Lebens.

Nachwort

Es wird nun deutlich, dass die Geometrie – und von daher die Proportion – ein verborgenes Naturgesetz ist. Dieses ist noch grundlegender als die Mathematik, denn alle Naturgesetze lassen sich direkt aus heiligen geometrischen Formen herleiten.

Im zweiten Teil dieser Arbeit werden wir euch mehr von den Geheimnissen der Natur zeigen. Wir glauben, dies wird die Art und Weise zu ändern beginnen, wie ihr die Welt seht, in der ihr lebt. Es wird klarwerden, dass euer Körper die Messlatte oder das holographische Abbild des Universums ist, und dass ihr, der Große Geist, eine wichtigere Rolle im Leben spielt, als die Gesellschaft uns gelehrt hat.

Schließlich (und das wird in dieser Arbeit herausragende Bedeutung haben) wird euch zunehmend klarwerden, wie die geometrischen Strukturen in den elektromagnetischen Feldern um euren Körper angesiedelt sind, die einen Durchmesser von etwa 16,50 Meter aufweisen. Erinnert euch daran, dass diese Felder der Anfang des menschlichen Erwachens darstellen, wie ein Vogelküken, das aus der Dunkelheit in seiner Eierschale ausbricht ins Licht. Der heilige menschliche Lichtkörper, der in alter Zeit Mer-Ka-Ba genannt wurde, wird Wirklichkeit. Diese Mer-Ka-Ba ist das »Rad in den Rädern« bei Hesekiel in der Bibel. Der Weg nach Hause durch die Sterne wird offenbar, während sich die Blaupause der Schöpfung zeigt.

Wir sind auf das engste mit der Quelle allen Lebens verbunden. In unserer Erinnerung an diese Informationen wird sich ein Erwachen einstellen, das den Mythos der Getrenntheit vernichten und euch tatsächlich in die Gegenwart Gottes bringt. Darum bete ich.

Bis zu unserem Wiedersehen in Band zwei,
in Liebe und in euren Diensten, Drunvalo

Quellen

Kapitel Eins

Liberman, Jacob: *Die heilende Kraft des Lichts. Der Einfluß des Lichts auf Psyche und Körper.* 1996 ISBN 3-492-22005-3

Temple, Robert K.G., *The Sirius Mystery*, Destiny Books, Rochester ,VT, USA (www.gotoit.com)

Satinover , Jeffrey: *Die verborgene Botschaft der Bibel. Der Code der Bibel entschlüsselt.* 1997 ISBN-442-12778-5

West, John Anthony, *Die Schlange am Firmament*, bei 2001

Cayce Edgar: Über ihn wurden viele Bücher geschrieben. Das bekannteste ist wohl von Stearn, Jess: *Der schlafende Prophet.* Prophezeiungen in Trance ISBN 3-7205-2083-8

Kapitel Zwei

Lawlor, Robert, *Sacred Geometry: Philosophy and Practice*, Thames & Hudson, London,1982

Hoagland, Richard C.; siehe www.enterprisemission.com

White, John,*Pole Shift*, ARE Press, Virginia Beach, Va,1988

Hapgood, Charles, *Earth's Shifting Crust* und *The Path of the Pole, vergriffen*

Braden, Gregg, *Das Erwachen der neuen Erde. Die Rückkehr einer vergessenen Dimension*, Hans-Nietsch-Verlag ISBN 3-920475-85-5

Kapitel Drei

Hamaker, John and Donald A. Weaver, T*he Survival of Civilization*, Hamaker-Weaver Pub., 1982

Sitchin, Zecharia: Versunkene Reiche. Der Ursprung der Zivilisation im Reich Maya und Inka. 1988 Mit Abb. ISBN 3-426-72215-1.

Begich, Nick and Jeanne Manning, Löcher im Himmel, Verlag 2001 ISBN 3-86150-200-3

Kapitel Vier

Keyes, Ken, Jr. *The Hundredth Monkey*, vergriffen.

Watson, Lyall, *Lifetide*, Simon and Schuster, New York, 1979.

Strecker, Robert, M.D., «The Strecker Memorandum« (Video), The Strecker Group, 1501 Colorado Blvd., Eagle Rock, CA 90041, USA, Tel:+01-203-344 8039.

Doreal, translator, *The Emerald Tablets of Thoth the Atlantean*, Brotherhood of the White Temple, P.O. Box 966, Castle Rock, Co 80104, 1939. Eine dt Übers. Die Smaradtafeln erschein 1998 bei Assunta ISBN 3-9521290-4-6

Kapitel Sechs

Anderson, Richard Feather (labyrinths); siehe www.gracecom.org/veriditas/

Penrose, Roger; siehe htp://galaxy.cau.edu/tsmith/KW/goldenrose.html.
htp://turing.mathcs.carleton.edu/penroseindex.html .
www.nr.infi.net/~drmatrix/progchal.htm .

Adair, David; siehe www.flyingsaucers.com/adair1.htm .

Sorrell, Charles A., *Rocks and Minerals: A Guide to Field Identification*, Golden Press, 1973.

Vector Flexor toy, zu bziehen über Source Books (siehe unten).

Langham, Derald, Circle Gardening: Producing Food by Genesa Principles, Devin-Adair Pub., 1978

Kapitel Sieben

Charkovsky, Igor; siehe www.earthportals.com ; www.vol.it/ ; www.well.com

Doczi, György: *Die Kraft der Grenzen. Harmonische Proporionen in Natur, Kunst und Architektur.* Neuaufl. 1998, ISBN 3-927118-12-5

Kapitel Acht

Braden, Gregg: Das Erwachen der neue Erde. Die Rückkehr einer vergessenen Dimension. 1999, ISBN 3-929475-85-5

Pai, Anna C and Helen Macus Roberts, Genetics, Its Concepts and Implications, Prentice Hall, 1981

Critchlow, Keith, *Order in Space: A Design Source Book*, Viking Press, 1965, 1969 und andere Bücher sind vergriffen; siehe
www.wwnorton.com/thames/aut.ttl/at03940.htm .

Die meisten Bücher der Heiligen Geometrie, aber auch Kassetten und CD's sind erhältlich bei Source Books, P.O. Box 292231, Nashville, TN 37229-2231, Tel: +01-615-773 7652

Die Erfahrungen, die **Drunvalo Melchizedek** in seinem Leben gemacht hat, lesen sich wie eine Enzyklopädie von Durchbrucherlebnissen im Hinblick auf menschliches Streben überhaupt. Er studierte an der University of California in Berkeley, hat aber persönlich das Gefühl, dass der wichtigste Teil seiner Ausbildung erst nach dem College einsetzte. In den vergangenen 25 Jahren studierte er bei über 70 Lehrern aller Glaubenshintergründe und jeden religiösen Verständnisses. Sie schenkten ihm eine große Bandbreite an Wissen sowie Mitgefühl und Annehmenkönnen.
Drunvalo erkundet den Entwicklungsweg der Menschheit von uralten Zivilisationen bis zur Gegenwart und zeichnet ein klares Bild des derzeitigen Bewusstseinszustands unserer Welt.
Den im Band 2 beschriebenen Weg zur Aktivierung der Merkaba hat Drunvalo Melchizedek inzwischen zu einer Aktivierung über den Einheitsatem und das Herz erweitert. Er beschreibt seine Erkenntnisse in dem Buch »Aus dem Herzen leben.«
Der Verlag empfiehlt die Merkaba und den Weg des Herzens bei einem von Drunvalo ausgebildeten Lehrer zu erlernen. Die von Drunvalo gegründete School of Remembering befindet sich unter der Adresse:
www.theschoolofremembering.com

Unity Breath Meditation – Einheitsatem-Meditation:

Drunvalo beschreibt in seinem Buch »Aus dem Herzen leben«, wie Sri Yukteshwar, der Lehrer von Yogananda vor seinem geistigen Auge erschien: »Sri Yukteshwar sagte mir, dass es in Indien niemandem einfallen würde, sich dem Göttlichen ohne die entsprechende innere Geistes- und Herzenshaltung zu nähern und gab mir sehr genaue Anweisungen darüber, wie man bewusst mit dem Göttlichen und dann auch mit Gott in Verbindung gehen kann. Du kannst es überall machen, aber ich verwende gerne einen Altar mit einer einzigen Kerze, um meine Konzentration zu bündeln. Ich spüre und ehre die Anwesenheit meiner Lehrer und wir beginnen, alle in Einheit zu atmen.«
Diese Meditdation, gesprochen vonDrunvalo in englisch findest du auf: www.youtube.com/user/kohamovie/playlists unter Meditation

Andreas Beutel beschäftigt sich seit vielen Jahren mit der Heiligen Geometrie, Meditation und Emotionalarbeit, um das Bewusstsein der Menschen wieder mit einer höheren Realität auszusöhnen. Dabei helfen Erkenntnisse aus der Wissenschaft, die eine anschauliche Brücke bauen. Er hat mehrere Bücher und DVDs veröffentlicht und hält zahlreiche Vorträge zum Thema. Andreas Beutel ist seit 1996 von Drunvalo Melchizedek persönlich ausgebildeter Lehrer der Merkaba und dem Weg zum Erwecken des erleuchteten Herzens.
www.pythagoras-institut.de

Drunvalo Melchizedek
Schlange des Lichts
Das Erwecken der Erd-Kundalini und das Erwachen des weiblichen Lichts

TB, 328 Seiten
€ [D] 12,95 / / € [A] 13,40
ISBN 978-3-86728-219-2

Alle 13.000 Jahre nimmt ein heiliges Ereignis seinen Lauf, das alles verändert … Die Leser begleiten Drunvalo Melchizedek auf seinen Reisen rund um den Globus, von Yucatan über den Grand Canyon und Neuseeland bis in die Anden von Chile und Peru: Sie erleben mit ihm die Geschichte einer ungebrochenen Kette von Zeremonien zur Heilung der Herzen, Ausrichtung von Energien, Harmonisierung alter Ungleichgewichte und zur Stärkung unseres Bewusstseins, dass alles Leben im Universum eins ist.
Wer »Die Schlange des Lichts« öffnet, betritt eine Welt, in der Wunder an der Tagesordnung sind – Wunder, die zutiefst berühren und erahnen lassen, dass die Wirklichkeit so viel größer ist als das, was wir mit bloßem Auge erkennen.

Drunvalo Melchizedek
Die Blume des Lebens Band 2

TB, 240 Seiten
€ [D] 14,95 / € [A] 15,40
ISBN 978-3-86728-336-6

Aus dem Inhalt:
- Geistige Welt und heilige Geometrie
- Die Mysterienschule »Linkes Auge des Horus«
- Einflüsse des Altertums auf unsere heutige Welt
- Die Mer-Ka-Ba, der menschliche Lichtkörper
- Mer-Ka-Ba-Geometrien und Meditation
- Die Mer-Ka-Ba und die Siddhis
- Liebe und Heilung
- Die drei Ebenen des Selbst
- Jenseits der Dualität
- Der Dimensionswechsel
- Die neuen Kinder

Drunvalo Melchizedek
Aus dem Herzen leben
Verständigung ohne Worte,
Schöpfung jenseits der Polarität

160 Seiten, mit Meditations CD
€ [D] 24,95 / € [A] 25,70
ISBN 978-3-936862-16-4

In der Tiefe unseres Herzens befindet sich jener heilige Ort, an dem wir mit Gott vereint sind, von dem aus wir uns erinnern können, wer wir wirklich sind. Wir sind mehr als nur menschliche Wesen, viel mehr. Dieses Buch ist »aus der Tiefe des Herzens« geschrieben, um uns den Weg zu zeigen, auf dem wir selbst zu diesem vergessenen Ort in unserem Herzen zurückkehren können.

Drunvalo Melchizedek
Ein neuer Zyklus beginnt
Lebe in deinem Herzen und du bist vorbereitet

gebunden, 208 Seiten
€ [D] 14,95 / € [A] 15,40
ISBN 978-3-86728-209-3

Spannend wie immer erzählt Drunvalo von den rituellen Zeremonien, die er zusammen mit Vertretern der Maya-Ältesten, aber auch mit den indigenen Stämmen der polynesischen Inselwelt und einer Gruppe von »Weltvertretern« an diversen Orten durchgeführt hat, damit die Menschheit die schwierige Zeitenwende gut überstehen und den Aufstieg in die vierte Dimension vollziehen kann. Mit einem Rückblick auf die untergegangenen Kulturen von Atlantis und des frühen Ägypten zeigt er auf, wie das uralte Wissen der Menschheit in Vergessenheit geraten konnte; doch es ist immer noch in Pyramiden, Tempeln und anderen heiligen Stätten verborgen und wartet nur darauf, wiederentdeckt und entschlüsselt zu werden.

Drunvalo Melchizedek
MER-KA-BA

Meditations-CD, 60 min
€ 19,50
ISBN 978-3-929512-64-9

Auf dieser CD leitet Drunvalo selbst die Mer-Ka-Ba Meditation mit der Einheitsatmung an. Zuerst wird die persönliche Mer-Ka-Ba aufgebaut, stabilisiert, in Bewegung gebracht und dann mit Mutter Erde und Vater Himmel verbunden.
Die CD beinhaltet zwei Meditationen: Die Originalfassung, gesprochen von Drunvalo und die deutsche Übersetzung, gesprochen von Konrad Halbig.
Musik: Karl Grunick.

Andreas Beutel

Die Mer-Ka-Ba

Lichtkörper, Herzensraum und heilige Geometrie

112 Seiten, farbig
€ [D] 7,99 / € [A] 8,20
ISBN 978-3-86728-202-4

Die Welt ist Illusion. Doch wie entsteht sie? Und was ist unser Platz darin? Kommen Sie mit auf eine Reise in die Tiefen des »Kaninchenbaus«, zur Heiligen Geometrie, und lernen Sie die Matrix hinter unserer Welt kennen. Erfahren Sie alle mythischen Traditionen über die Mer-Ka-Ba als Thronwagen, himmlisches Pferd und geheimnisvolles Dimensionsfahrzeug. Entdecken Sie schließlich das größte Geheimnis aller Religionen, das in unserer Mitte verborgen ist: das Herz.

Andreas Beutel
Die »Blume des Lebens« und der Quantenraum
Eine Einführung in die Heilige Geometrie

DVD Single Disc, Sprache: Deutsch
€ 14,99
Format: Pal, 16:9 Widescreen
Lauflänge 108 min + Bonus
ISBN 978-3-86728-167-6

Die »Blume des Lebens« ist ein uraltes Symbol aus der Geometrie des Universums – der heiligen Geometrie. In ihr sind der Beginn, der Aufbau und die Informationswege der gesamten Realität beschrieben. Die Präsentation entführt Sie auf eine Reise durch unsere Geschichte und in ein fein gesponnenes Netz aus Schwingung, Information und Energie im Hintergrund unserer Welt. Spielerisch lernen Sie einzelne Bausteine der heiligen Geometrie kennen, die sich in der Formensprache der Natur – vom kleinsten Atom über den Bau des Menschen bis hin zur größten Galaxie – offenbart. Dabei werden Sie wieder eine tiefe Verbundenheit mit dem Universum spüren.

Andreas Beutel

Die Blume des Lebens in dir

112 Seiten, farbig
€ [D] 7,99 / € [A] 8,20
ISBN 978-3-86728-203-1

Erinnern Sie sich? An die Zeit, als alles eins war? Als Trennung und Polarität nicht existierten? Folgen Sie einer spannenden Reise durch alle Ebenen der Schöpfung, vom Großen bis hin ins ganz Kleine, und entdecken Sie die einfache, klare Sprache der Heiligen Geometrie, auf der die Welt basiert. Lernen Sie durch Meditationen und Zeichnungen sich wieder zu erinnern, wer Sie sind und warum Sie hier sind.
Der Kenner der Heiligen Geometrie und Seminarleiter Andreas Beutel vom Pythagoras Institut Dresden führt in diesem Buch in anschaulicher, bildhafter Sprache in die Grundstruktur des Universums ein. Seine praktische Erfahrung aus vielen Jahren Seminar- und Vortragstätigkeit zum Thema eröffnet völlig neue Perspektiven auf die Erde und den Menschen.

Andreas Beutel
Das erwachte Herz
Anleitung zu Harmonie und
innerer Ausgeglichenheit

gebunden, 240 Seiten
€ [D] 14,95 / € [A] 15,40
ISBN 978-3-86728-246-8

Ein erwachtes Herz ist ein Herz, das in liebevoller Verbindung mit jedem Wesen im gesamten Kosmos fühlt. Es macht uns glücklich, weil es lebendig ist. Wir spüren uns wieder in unserem Leben, denn ein erwachtes Herz ist der Wegweiser zu einer neuen Sicht auf eine Welt jenseits der Polarität.
Dieses Buch ist ein Praxisbuch! Hier finden Sie Grundlagen und Hintergründe der inneren menschlichen Seelenwelt klar beschrieben. Das Buch ermöglicht Ihnen, in die tiefen Erfahrungen der Einheit allen Seins einzutauchen, und begleitet Sie auf Ihrer Reise zum Herzen. Der Einstieg in die Meditation, die einfachen Übungen und bildhaften Geschichten können somit helfen, Ihre eigene Aufmerksamkeit verstärkt zu schulen, um wieder zu sich selbst zu finden. Sie erhalten hier eine Basis, von der aus sich einzelne Bereiche der Seele bereisen lassen, um verborgene Programme und vergessene Bilder zu beleuchten.

Andreas Beutel
Die Harmonische Ordnung des Universums
Schwingungen im Quantenraum

DVD Single Disc, Sprache: Deutsch
€ 14,99
Format: Pal, 16:9 Widescreen
Lauflänge 82 min + Bonus
ISBN 978-3-86728-181-2

Nada Brahma – die Welt ist Klang –, so lautet ein bekanntes Wort aus dem Sanskrit. Doch was heißt das wirklich? Auf den Spuren großer Mystiker, Philosophen und Mathematiker führt Sie dieser Vortrag in die Sprache der Musik und in die Schwingungsnatur unserer Welt. Wir erkunden die Grundlagen von Musik und Schwingung und entdecken, wie Klänge Formen entstehen lassen. Es wird gezeigt, welche Geheimnisse in unserer Stimme verborgen sind und was die Planeten mit einer Blüte verbindet. Als Pythagoras vor Jahrtausenden sagte, alles sei Klang, schien es nur eine philosophische Spekulation. Mit unseren modernen Erkenntnissen der Wissenschaft und Astronomie wird offensichtlich, dass das Universum ein harmonisches Lied singt.

Dr. Joe Dispenza

Werde übernatürlich
Wie gewöhnliche Menschen das Ungewöhnliche erreichen

gebunden, 464 Seiten
€ [D] 24,95 / € [A] 25,70
ISBN 978-3-86728-325-0

Wir können lernen, unsere schöpferischen Fähigkeiten auf einer höheren Ebene zum Ausdruck zu bringen; wir können uns in Frequenzen einschwingen, die unsere materielle Welt transzendieren, sowie unser Bewusstsein und unsere Energie auf mehr Ordnung und Kohärenz ausrichten. Durch regelmäßige Meditationspraxis ist es möglich, die chemischen Prozesse im Gehirn willentlich zu verändern und dadurch profunde mystisch-transzendente Erfahrungen auszulösen. Weiterhin profitieren wir von einem gesünderen Körper, einem Geist, der weniger Beschränkungen unterliegt, und gewinnen den Zugang zu spirituellen Wahrheiten.

Dr. Joe Dispenza

Ein neues Ich
Wie Sie Ihre gewohnte Persönlichkeit in vier Wochen wandeln können

gebunden, 400 Seiten
€ [D] 18,99 / €[A] 19,60
ISBN 978-3-86728-196-6

Alle Menschen sind fähig, sich die Wirklichkeit, in der sie leben wollen, selbst zu erschaffen. In seinem Buch »Schöpfer der Wirklichkeit« hat Dr. Joe Dispenza ausführlich die wissenschaftlichen Grundlagen dafür dargestellt. Nun zeigt er in seinem jüngsten Werk »Ein neues Ich«, wie wir diese Erkenntnisse aus Quantenphysik, Neurobiologie, Gehirnforschung und Genetik praktisch umsetzen können. Nach einer leicht lesbaren Einführung in ein tieferes Verständnis unseres Quantenselbst und einer Entmystifizierung der Meditation führt Dispenza Sie in vier Wochen durch einen Prozess der neuronalen Umstrukturierung, der es Ihnen ermöglicht, das Leben zu leben, dass Sie sich wünschen.

Bruce Lipton
Intelligente Zellen
Wie Erfahrungen unsere Gene steuern

gebunden, 320 Seiten
€ [D] 16,95 / € [A] 17,50
ISBN 978-3-86728-307-6

Erstaunliche wissenschaftliche Erkenntnisse über die biochemischen Funktionen unseres Körpers zeigen, dass unser Denken und Fühlen bis in jede einzelne unserer Zellen hineinwirkt. Der Zellbiologe Bruce Lipton beschreibt genau, wie dies auf molekularer Ebene vor sich geht. In leicht verständlicher Sprache und anhand eingängiger Beispiele führt er vor, wie die neue Wissenschaft der Epigenetik die Idee auf den Kopf stellt, dass unser physisches Dasein durch unsere DNS bestimmt würde. Vielmehr wird sowohl unser persönliches Leben als auch unser kollektives Dasein durch die Verbindung zwischen Innen und Außen, zwischen Geist und Materie gesteuert.

Kiesha Crowther
Aus Liebe zu Mutter Erde
Little Grandmothers Botschaft an die Welt

TB, 272 Seiten
€ [D] 14,95 / € [A] 13,40
ISBN 978-3-86728-308-3

In bewegenden persönlichen Erinnerungen und prophetischen Offenbarungen berichtet Little Grandmother von den Lehren und Visionen, die ihr Mutter Erde und ihre Geistführer übermittelt haben. Der Aufstieg mit Mutter Erde in einen höheren Bewusstseinszustand ist nur durch unsere Herzen möglich. »Aus Liebe zu Mutter Erde« enthält einfache, aber wesentliche Schlüssel für unsere spirituelle Evolution und Visionen der tiefgreifenden Veränderungen, die der Erde und der Menschheit in den nächsten Jahren bevorstehen. Indem wir in unsere Herzen zurückkehren und aus dem Herzen heraus leben, können wir unsere Zukunft verändern und sie zu etwas Schönerem werden lassen, als wir uns je träumen ließen.

Pierre Franckh
Das Gesetz der Resonanz

gebunden, 240 Seiten
€ [D] 14,95 / € [A] 15,40
ISBN 978-3-86728-066-2

Können sich wirklich alle Wünsche erfüllen? Sind unsere Zukunft und unsere Vergangenheit eins? Können wir sogar unsere DNA durch Gedankenkraft verändern? Sind zielgerichtete Wünsche »Angebotswellen« an das Universum und wird dadurch eine neue Wirklichkeit erschaffen?
Der Quantensprung der Menschheit ist in greifbare Nähe gerückt. Das »Gesetz der Resonanz« erfasst uns alle. Wir lernen auf einer tiefgreifenden Ebene, wie wir Ursache und Wirkung bewusst beeinflussen können.
Dieses Buch schlägt die Brücke zwischen dem alten Wissen und den Erkenntnissen der modernen Wissenschaft – einem Wissen, das seit Jahrtausenden in der Geschichte unserer Evolution geschrieben steht, aber erst jetzt allen Menschen zugänglich ist.
Lass dich entführen in die faszinierende Welt deiner eigenen Möglichkeiten!

Gregg Braden
Im Einklang mit der göttlichen Matrix
Wie wir mit Allem verbunden sind

Tb., 256 Seiten
€ [D] 9,95 / € [A] 10,30
ISBN 978-3-86728-021-1

Gregg Braden verknüpft in seinem neuen Werk Spiritualität und Wissenschaft auf eine vollkommen neue Art. Er erklärt die Zusammenhänge der Matrix, die schon Max Planck als »Urgrund der Materie« identifizierte. In dieser Matrix des Lebens spiegeln sich alle unsere Überzeugungen und Einstellungen wider. Lassen auch Sie sich von der Matrix faszinieren, und lernen Sie so, die Botschaften des Lebens leicht zu verstehen und umzusetzen.
Das Besondere an diesem Buch ist: Sie brauchen kein physikalisches Fachwissen. Der Autor erklärt auf verständliche Art, wie Sie mit der Matrix im Einklang leben können, um Ihre Wünsche und Ziele zu verwirklichen.

Jasmuheen
In Resonanz
Das Geheimnis der richtigen Schwingung

€ [D] 14,95 / € [A] 13,40
TB, 416 Seiten
ISBN 978-3-86728-078-5

Erhöhe deine Schwingung, dann ändert sich dein Leben!
Jasmuheen lehrt uns dank ihrer reichen Spiritualität, unseren Körper und Geist von belastenden Erinnerungen und hinderlichen Emotionen zu reinigen und uns dem göttlichen Licht zu öffnen.
Eine Fülle von Meditationen, schöpferischen Visualisierungen und Affirmationen begleitet uns auf dem lichterfüllten Weg zur Meisterschaft.

Masaru Emoto
Die Botschaft des Wassers
Sensationelle Bilder von gefrorenen Wasserkristallen

TB- XL, 144 Seiten
€ [D] 14,95 / € [A] 15,40
ISBN 978-3-86728-0123-2

Masaru Emoto hat erstmals die Kristalle von gefrorenem Wasser fotografiert. Unter schwierigsten Bedingungen entstanden atemberaubende Aufnahmen von Wasser aus der ganzen Welt – faszinierende Impressionen, die uns die Sinne und Herzen öffnen für die tief greifende Botschaft von Worten, Gedanken und Gefühlen. Immerhin besteht unser menschlicher Körper zu etwa zwei Dritteln aus Wasser: Was also bewirken die Werke unserer berühmten Komponisten, die Melodien von internationalen Volksliedern oder von Heavy Metal auch in uns? Wie reagiert das Wasser auf aussagekräftige Wörter in verschiedenen Sprachen? Diese Bilder bezaubern und erschüttern zugleich, denn sie beweisen: Wasser ist lebendig!